Johannes Volkelt

Zwischen Dichtung und Philosophie

Johannes Volkelt

Zwischen Dichtung und Philosophie

Unveränderter Nachdruck der Originalausgabe von 1908.

1. Auflage 2022 | ISBN: 978-3-36827-609-6

Verlag: Outlook Verlag GmbH, Zeilweg 44, 60439 Frankfurt, Deutschland
Vertretungsberechtigt: E. Roepke, Zeilweg 44, 60439 Frankfurt, Deutschland
Druck: Books on Demand GmbH, In de Tarpen 42, 22848 Norderstedt, Deutschland

Zwischen Dichtung und Philosophie

Zwischen Dichtung und Philosophie

Gesammelte Aufsätze

von

Johannes Volkelt

Professor der Philosophie und Pädagogik an der Universität
zu Leipzig

C. H. Beck'sche Verlagsbuchhandlung Oskar Beck
München 1908

C. H. Beck'sche Buchdruckerei in Nördlingen

Vorwort

Die Veröffentlichung der hier zusammengestellten Aufsätze hat mit der anspruchsvollen Mode, flüchtigen Gelegenheitserzeugnissen durch Herausgabe in Buchform einen Schein von schwerwiegender Bedeutsamkeit zu geben und unverdiente Lebensdauer zu erobern, nichts zu schaffen. Nur langsam und von lange her Gewordenes, nur liebevoll Durchgearbeitetes biete ich hier dem Leser dar.

Wenn ich diese Aufsätze unter dem Titel Zwischen Dichtung und Philosophie zusammenfasse, so schwebt mir ein doppelter Sinn vor. Inhaltlich gehören sämtliche zur Sprache gebrachten Gegenstände und Fragen einem Gebiete an, das ebenso die Dichtung und Kunst wie die Philosophie angeht. Was aber die Form der Darstellung betrifft, so war ich überall bemüht, bei aller Strenge der Gedankenverknüpfung doch zugleich Stimmung und Phantasie zu Worte kommen zu lassen.

Leipzig, den 18. Oktober 1907

Johannes Volkelt

Inhaltsverzeichnis

I

Lebens- und Weltgefühle in der Lyrik
des jungen Goethe

I

Will man Goethe in seiner inneren Entwicklung verfolgen, so muß man seine großen Gefühle, seine Lebens- und Weltstimmungen in entscheidender Weise ins Auge fassen. Ich will sagen: man darf sich nicht begnügen, den Wandel seiner Gefühle gegenüber bestimmten Personen und bestimmten Verhältnissen, etwa gegenüber den von ihm geliebten Frauen oder den mitstrebenden Genossen, in Betrachtung zu ziehen; sondern man muß den Blick auch in die Tiefe, auf das verhältnismäßig Bleibende in seinen Gefühlen, lenken und achthaben, wie sich dieser tiefere, verhältnismäßig beständige Grund seines Gefühlslebens wandelt. Man muß beobachten, wie Goethe zur Natur, zur Menschheit und ihrer Entwicklung fühlt, mit welcherlei Gefühlen er den menschlichen Gütern und Werten, etwa dem Guten, dem Schönen, der Kunst, gegenübersteht, zu welcherlei Gemütserregungen er durch den Blick auf die Welt und Gott gebracht wird. Erst wenn man diese — um einen kurzen Ausdruck zu gebrauchen — philosophischen Gefühle Goethes in den Mittelpunkt stellt, erhält die Betrachtung, die man seiner inneren Entwicklung widmet, in gebührendem Maße Gehalt und Schwergewicht.

Ich habe hier also nicht die Lebensanschauung, nicht die Weltgedanken, nicht die Philosophie Goethes im Auge, sondern

seine Lebensgefühle, seine Weltstimmungen, seine philosophischen
Wallungen und Regungen. Seine Gedankenwelt ist schon oft
genug Gegenstand der Betrachtung gewesen. Erst vor kurzem
noch hat uns Hermann Siebeck eine tiefgreifende, strengdurch=
dachte Darstellung der Gedankenarbeit Goethes gegeben.[1]) Da=
gegen wird über die Entwicklung seiner philosophischen Gefühls=
welt gewöhnlich nur ungefähr und in Bausch und Bogen be=
richtet. Man begnügt sich mit zu gewöhnlichen und zu allgemeinen
Wendungen. Und doch ist Goethe auch dort, wo er sich zusammen=
hängendem und begrifflichem Denken nach Möglichkeit nähert, in
seinen Gedanken von Gefühl, Phantasie, künstlerischem Bedürfnis
wesentlich mitbestimmt. Daher sollte auch die Entwicklung der
Philosophie Goethes im Zusammenhang mit seinem inneren Er=
leben von Natur, Menschheit, Welt und Gott behandelt werden.

Will man die Lebens= und Weltgefühle Goethes kennen
lernen, so hat man sich vor allem an seine Dichtungen, an seine
Briefe und Tagebücher zu halten. Unter den Dichtungen bildet
naturgemäß die Lyrik eine besonders ergiebige Quelle. Viele
seiner Gedichte sind wie aus einer mit den Weltgeheimnissen ver=
kehrenden Seele herausgeboren. Sie lassen uns in ein von den
Weltfragen und Weltmächten drangvoll erfülltes Gemüt hinein=
blicken. Ein unabsehbar weiter Hintergrund scheint sich hinter
ihnen zu öffnen. Ich glaube: es sollte Goethes Lyrik mehr, als
es bisher geschehen ist, für das Verstehen seiner Lebens= und Welt=
gefühle verwertet werden. Erst wenn man sich befleißigt, aus
Goethes Lyrik sein Welterleben herauszuholen, kann es gelingen,
seine innere Entwicklung so darzustellen, daß sie die gebührende
Farbentiefe und Klangfülle erhält.

Ich will nun den Versuch machen, einige Gedichte Goethes
aus der Wertherzeit in der angedeuteten Richtung zu betrachten.

[1]) Hermann Siebeck, Goethe als Denker. (15. Band in „Frommanns
Klassikern der Philosophie") Stuttgart 1902.

Dabei gebrauche ich das Wort „Wertherzeit" nur in ungefährem Sinne: ich meine damit nicht nur die Zeit von 1772 bis 1774, sondern ich werde mir gestatten, auch in die vorausliegenden Jahre ein wenig zurückzugreifen und das Jahr 1774 um ein weniges zu überschreiten. Und zwar soll meine Aufmerksamkeit dabei vor allem auf die Gefühle Goethes für Natur, Welt und Gott gerichtet sein. Wie er zur Menschheit und ihren verschiedenen Gütern und Zielen steht, soll uns nicht geradezu beschäftigen. Nur einer unter den menschlichen Werten mag eine Ausnahme bilden: die Kunst. Was seinem Gefühle die Kunst und das künstlerische Schaffen gilt, das soll auch unmittelbar in den Kreis meines Fragens und Betrachtens treten.

II

Ich greife zuerst Künstlers Abendlied oder, wie es ursprünglich hieß, Lied des physiognomischen Zeichners — aus dem Jahre 1774 — heraus. In keinem anderen Gedichte ist das Gefühl, das Goethe von seinem künstlerischen Schaffen in der Kraftgeniezeit hatte, so bezeichnend zum Ausdruck gebracht. Er fühlt sein Schaffen in äußerstem Gegensatz zu allem Tun, das sich von Überlegung leiten läßt. Er charakterisiert sein Schaffen als unmittelbar hervorquellend aus den leidenschaftlichen Erregungen seines Innern. Es ist ein Gestalten aus Trieben, die die Gewalt von Naturmächten haben. Es gibt auch wesentlich anders geartete und dennoch wohlberechtigte Weisen des künstlerischen Schaffens. Man braucht nur an den späteren Goethe zu denken. Stellt man sich Goethe vor, wie er etwa die Gedichte des Divan schuf, so muß man sich den Stimmungs= und Gefühlserregungen ein überschauendes Sinnen, eine nachdenklich betrachtende Haltung gegenüber der Welt hinzugesellt denken. Die Gefühle gehen gleichsam durch eine eigenartige Vernunftschicht hindurch und erfahren hier eine gewisse Klärung, Ordnung, Ermäßigung; erst

1*

nach dieser Anähnlichung an jenes Vernunftmedium geben sie
sich sprachlichen Ausdruck. So entwirft denn auch Goethe in
einem Gedicht aus seinem Alter, in dem 1816 entstandenen
Künstlerlied, ein Bild von dem künstlerischen Gestalten, das in
der soeben bezeichneten Richtung in entschiedener Weise von dem,
was er in jenem Jugendgedichte ausgesprochen, abweicht. In
dem Abendlied ist Goethe eines unerschöpflich reichen Schoßes
unwiderstehlich drängender Kräfte sicher: diese setzen sich unmittel=
bar in Bild und Ausdruck um. Die „innere Schöpfungskraft"
dringt ihm bis in die Finger und quillt saftig von da in seine
Gestaltungen hervor. Im Künstlerlied dagegen heißt es:

> Der Gedanke, das Entwerfen,
> Die Gestalten, ihr Bezug,
> Eines wird das andre schärfen,
> Und am Ende seis genug!
> Wohl erfunden, klug ersonnen,
> Schön gebildet, zart vollbracht,
> So von jeher hat gewonnen
> Künstler kunstreich seine Macht.

Wurde dort das naturartig strömende, unbewußt zwingende
Schaffen gefeiert, so wird hier die Besonnenheit im Gestalten,
die Verbindung des künstlerischen Triebes mit klarem Sinnen ge=
priesen. Der Untergrund des Geheimnisses soll nicht fehlen; aber
auf diesem Untergrunde soll, wie in den folgenden Strophen des
Künstlerliedes ausgeführt wird, das Wahre mit siegreicher Klar=
heit hervortreten.

Aber Künstlers Abendlied ist nicht nur ein Kunstgedicht;
auch des Dichters Stellung zur großen Natur, zum All=Leben
spricht aus ihm. Die Triebkräfte in seinem Innern, aus denen
sein Dichten hervorströmt, fühlt Goethe eingebettet in die unend=
liche Natur. Und auch diese steht ihm unter dem Zeichen der
quellenden, schöpferischen Kraft. So stellt sich ihm also sein
künstlerisches Schaffen schließlich dar als strömend aus der All=

kraft der Natur, mit der er sich eins weiß. Sein künstlerisches Bilden ist eins mit der Schöpferkraft der Natur. Sonach wird dieses Gedicht zugleich zu einem starken Zeugnis für das Gefühl des Einsseins mit der Natur. Goethes künstlerischer Drang ist im letzten Grunde dasselbe wie sein Natureinheitsdrang.

Insofern sich in Künstlers Abendlied ein überquellendes Kraftgefühl und auf Grund dessen die Gewißheit, mit der Natur in innerste Einheit treten zu können, ausspricht, wird jedermann sich an den Faust des ersten Monologs erinnert fühlen. Wie der junge Goethe seinen Faust angesichts des Makrokosmus und bei der Beschwörung des Erdgeistes reden läßt: das sind ähnliche Töne wie hier, nur daß natürlich durch die Persönlichkeit Fausts und die innere Lage, in die ihn der Dichter setzt, die Ergießungen eine bedeutende Steigerung erfahren.

Mehr aber noch erinnert Künstlers Abendlied an einige derselben Abteilung „Kunst“ angehörige Gedichte: an Kenner und Künstler, Kenner und Enthusiast, Monolog des Liebhabers, Sendschreiben, auch an Künstlers Morgenlied. Hier überall wird das künstlerische Schaffen als ein urquellartiges Strömen aus dem „von hundert Welten trächtigen Busen“ bis „in die Fingerspitzen hervor“, als etwas dem geschlechtlichen Zeugen innerlich Verwandtes geschildert.

> Nicht in Rom, in Magna Graecia,
> Dir im Herzen ist die Wonne da!
> Wer mit seiner Mutter, der Natur, sich hält,
> Findt im Stengelglas wohl eine Welt.

III

Noch in die Zeit unmittelbar vor den Wetzlarer Monaten fällt die Hymne Wanderers Sturmlied. Richard M. Meyer charakterisiert das Jahr 1774, aus dem Künstlers Abendlied stammt, mit Recht als eine Zeit, in der im Vergleich zu der Zeit vor und in Wetzlar eine gewisse Beruhigung und Sammlung

über Goethe gekommen ist.[1]) So werden wir denn durch
Wanderers Sturmlied in weit höherem Grade als durch jenes
spätere Gedicht in den Kraftgeniestil hineingerissen. Wanderers
Sturmlied ist so recht ein Beispiel — ich sage dies im guten
Sinne — für die Unlogik des Gefühls, für das echt kraftgenie=
mäßige Sichhalten des Ausdrucks auf der Stufe der vorrationalen,
sich stoßweise und abgerissen offenbarenden Natur.

Auch in diesem Sturmerguß spricht Goethe von der Art
seiner künstlerischen Begeisterung und seines künstlerischen Schaffens.
Und noch weit stärker als in jenem Abendlied verkündet er sein
Dichten als ein Hervorströmen aus seinem Einssein mit der un=
bändigen, glühenden, stürmenden Natur. Das Schaffen in der
Weise Pindars steht ihm als Ideal vor der Seele. In Pindar
„hängt" er, in Pindar „wohnt" er, wie es in Briefen aus dieser
Zeit heißt. Nicht mit der sanften, zärtlichen, blumenartigen Natur
fühlt er sich eins, wenn er dichtet, nicht mit der Natur, wie sie
Anakreon und Theokrit zum Schaffen hinlenkte; sondern mit der
in allen Tiefen aufgewühlten, von der Vernunftwelt möglichst
entfernten, einem Genius mit Feuerflügeln gleichenden Natur.

Aber Wanderers Sturmlied entstammt nicht, wie Künstlers
Abendlied, hauptsächlich dem Drange Goethes, sich über die Art
seines dichterischen Schaffens auszutönen; sondern er will vor
allem seinen Lebensgefühlen Ausdruck geben. Und da heben
sich nun besonders zwei Seiten an den ihn erfüllenden Lebens=
gefühlen hervor.

Erstlich tönt uns seine königliche Diesseitsfreude entgegen.
Er fühlt die Erde jubelnd als seine Heimat; er lebt sich in das
„Herz der Wasser", in das „Mark der Erde" hinein. Er schreitet
mit mutigem Gesang in göttergleicher Sicherheit durch die feind=
lichen Gewalten der Natur und des Lebens.

---

[1]) Richard M. Meyer, Goethe. 3. Aufl. Bd. 1. Berlin 1905. S. 137 ff.

Mit diesem Diesseitsjubel verbindet sich aber zugleich ein sehnendes Aufwärts! Indem der Dichter stark und erdgesättigt in dem Naturboden wurzelt, blickt er zugleich verehrend zu den großen heiligen Gewalten der Welt empor. Was er seinen Genius, was er Apollo, was er Jupiter Pluvius nennt, das sind die ewigen göttlichen Mächte in dem irdischen Getriebe. So haben also seine Lebensgefühle beides an sich: das Erdgesättigte und das ehrfuchtsvoll zu den oberen Mächten Emporgewandte.

Später ist es bei Goethe anders. Das sehnend und drängend Emporgerichtete des Gemütes weicht einer Gemütshaltung, die sich durch das strenge Beschlossenbleiben im Endlichen kennzeichnet. Das Emporsehnen wandelt sich in die feste Gewißheit, im Endlichen selbst das Göttliche zu ergreifen. Auch in Wanderers Sturmlied freilich spricht sich die Gewißheit aus, daß in der Natur selbst heiliges und göttliches Leben walte. Aber doch wird die heilige Natur nicht als etwas empfunden, in dem man kurz und gut mitten innesteht; sondern das Gemüt muß sich sehnend hinaus- und hinaufwenden, um ihrer habhaft zu werden. Diese starke Zumischung von Sehnsuchtsgefühl zu der Gewißheit, mit der Natur eins zu sein, ist für die ganze Kraftgeniezeit Goethes, ja für den deutschen Sturm und Drang überhaupt charakteristisch. Im Urfaust zeigt der Sehnsuchtsdrang nach den Quellen der Natur den Charakter höchster Leidenschaft. Und noch deutlicher tritt dies im Spaziergang vor dem Tore hervor. Wiewohl diese Szene erst in der Ausgabe von 1808 hinzugekommen ist, hat sich hier Goethe völlig in den Charakter des Faustes seiner frühen Jugend hineinzufühlen vermocht. Die Doppelseitigkeit, die man aus Wanderers Sturmlied nur durch feineres Lauschen heraus- hört, wird dort von Faust geradezu ausgesprochen: zwei Seelen wohnen in seiner Brust; die eine klammert sich an das Irdische mit derber Liebeslust, die andere strebt aufwärts „zu den Ge- filden hoher Ahnen". Wesentlich anders ist Goethes Natur- und

Weltgefühl, wenn er später den Gott verkündet, der „Natur in sich, sich in Natur" hegt; wenn er den Gegensatz von „drinnen" und „draußen", von „Kern" und „Schale" für aufgehoben erklärt, oder wenn er in den Sprüchen sagt:

> Willst du ins Unendliche schreiten,
> Geh nur im Endlichen nach allen Seiten.

Hier spricht sich sehnsuchtsfreies Gott=Natur=Gefühl aus, das des Mittendrinnenstehens einfach gewiß ist und sich des Ergreifens und Besitzens wie selbstverständlich erfreut. Die Erregungen des Hin= aus und Hinauf, von denen das Sturmlied voll ist, sind hier ausgeschaltet.

In den Lebensgefühlen dem Sturmlied nahverwandt ist das Gedicht An Schwager Kronos. Wenn in jenen Hymnus Selbstbekenntnisse über die Art des künstlerischen Schaffens hinein= spielten, ist Schwager Kronos ausschließlich dem Erguß von Lebensgefühlen gewidmet. Und zwar liegt das Auszeichnende hier in der starken Lebensausschöpfung: ein Wille zum Leben (um Schopenhauers Ausdruck zu gebrauchen) spricht sich darin aus, der möglichst viel Leben erraffen, vom Leben trunken werden will. Man hört aus dem Gedichte die Fanfaren des Lebens. Alles in dem Gedicht — die symbolisch herangezogenen Vorgänge, die Phantasie= und Stimmungswerte der gebrauchten Worte — ist darauf angelegt, den Drang nach höchster Lebenssteigerung auszudrücken. Nur kein Zaudern, sondern raschestes Zugreifen! Nur kein Sinken und Versiegen, sondern Eilen von einem Lebens= triumph zum andern! Vor allem kein kümmerliches Altern, son= dern lieber ein plötzliches Hinabstürzen in die Nacht des Todes mitten aus dem Lebensrausch heraus! Man sieht: die Beruhi= gung, die, wie ich vorhin hervorhob, im Jahre 1774 in Goethes Gemüt eingetreten ist, darf nur — denn Schwager Kronos ent= stammt dem Herbst dieses Jahres — als eine sehr relative an= gesehen werden. In auffallender Weise erinnert Schwager Kronos in der hervorgehobenen Richtung an gewisse Worte im Urfaust, vor allem an die Verse:

> Ich fühle Mut, mich in die Welt zu wagen,
> All Erdenweh und all ihr Glück zu tragen,
> Mit Stürmen mich herumzuschlagen
> Und in des Schiffbruchs Knirschen nicht zu zagen.

Wie im Sturmlied, so ist auch hier mit dem Lebensdrang ein Aufblicken zu den oberen Mächten verbunden; nur daß der Ton des Sehnens, des begeisterten Entrücktseins hier nicht so hervorklingt. Das Erleben, das sich der Dichter wünscht, ist nicht etwa grobes Genießen, sondern im Genießen zugleich ein Verkehren mit dem ewigen Geist. Das Leben liegt vor ihm ausgebreitet wie eine Weite voll ragender Gipfel, um die der Weltgeist weht.

> Weit, hoch, herrlich der Blick
> Rings ins Leben hinein!
> Vom Gebirg zum Gebirg
> Schwebet der ewige Geist,
> Ewigen Lebens ahndevoll.

IV

Das Verlangen, mit der Natur eins zu werden, klang schon aus den bisher betrachteten Gedichten, besonders aus Künstlers Abendlied, vernehmlich hervor. Doch bildete es bisher nirgends den eigentlichen Gegenstand. So ist es nun im Ganymed. Dieser Hymnus ist ausschließlich ein Erguß der Sehnsucht nach liebendem Umfangenwerden vom göttlichen All-Leben. Mit einer Phantasie, die leicht und anmutig im Erhabenen spielt, mit einem Gefühlsnachdruck, der kühn und zärtlich zugleich ist, mit Worten, die von Drang und Erregung überquellen, gibt Goethe seinem Empor- und Hineinstreben in das allliebende Herz der Welt Ausdruck.

Der Drang nach Einheit mit der Natur erhebt sich hier nicht von bedrohender, aufgewühlter Grundlage, wie in Wanderers

Sturmlied. Der Dichter steht nicht mitten in tobenden Natur=
mächten, sondern alles ist hier Licht und Schönheit. Von der
Frühlingsschönheit der Erde unten — hinauf zu der Seligkeit im
Schoße der Gottheit: dies ist der lichte Zug, der durch den
Hymnus geht.

Schon bei Wanderers Sturmlied war auf den starken Ein=
schlag von Sehnsucht hingewiesen, der in den Lebens= und Natur=
gefühlen des jungen Goethe wahrzunehmen ist. Mehr vielleicht
aber als jedes andere Gedicht zeigt Ganymed, daß für den jungen
Goethe die Gewißheit, mit der Natur eins zu sein, wesentlich in
Form der Sehnsucht zustande kommt. Es ist Einheit mit der
Natur nach dem Typus Rousseaus. So ist es im Urfaust, in
Werther, im Mahomet. Für den späteren Goethe besteht der
Natur gegenüber vielmehr das Gefühl des einfachen Habens
und Drinnenstehens; die Gewißheit, mit der Natur eins zu sein,
vollzieht sich später in bruchloser Weise, nicht dualistisch, nicht in
Mischung von Haben und Nichthaben, von Sein und Sollen.
Man denke etwa an die Art, wie Goethe Faust in der ein=
leitenden Szene des zweiten Teiles der Dichtung seine Stellung
zur Natur aussprechen läßt. Hier baut sich gleichsam Faust mit
seinen fest und stark geprägten Gefühlen in die Natur hinein.

Der Mischung von Haben und Sehnen auf der subjektiven
Seite entspricht nun auch eine ähnlich dunkle Verbindung in
objektiver Hinsicht. Man darf aus Ganymed keineswegs einen
strengen Pantheismus herauslesen. Goethe fühlt seinen Gott
allerdings als in der Natur waltend, aber zugleich als unbestimmt
darüber hinausragend. Gott ist ihm Naturseele, zugleich aber
allliebender Vater. Überhaupt besteht für den Goethe der Kraft=
geniezeit, trotz seiner Verehrung für Spinoza, nicht das scharfe
Entweder=Oder: unpersönlich oder persönlich, immanent oder tran=
szendent; sondern vielmehr ein dunkles Zusammen der beiden
Seiten. Für den Goethe der mittleren Zeit tritt dann dieses

dunkle Hinausgehen des Göttlichen ins Transzendente zurück. Als er sich zu dem Ideale der griechischen Formschönheit bekannte, näherte sich seine Weltanschauung noch am meisten einem strengen Pantheismus. Für den alten Goethe dagegen treten an Gott wieder die dem sittlichen Bedürfnis entsprechenden Seiten stärker hervor.[1]

Noch etwas interessiert uns an Ganymed. Goethes Stellung zur Natur ist hier beides: künstlerisch und religiös zugleich. Er sieht hier die Natur nicht ausschließlich oder auch nur überwiegend mit Künstleraugen an; das Überwiegende besteht vielmehr in andachtsvollen Weltgefühlen. Liebend und geliebt werdend unterzutauchen in die heilige Natur, ist das beherrschende Verlangen. Verknüpft aber ist hiermit ein künstlerisch anschauendes Verhalten: Morgenglanz und Morgenwind, Blumen und Gras, Nachtigall und Nebeltal, Wolken und ihr Schweben — dies sind Eindrücke, denen der Dichter mit aufnehmenden, hingebenden Sinnen gegenübersteht.

Diese Verbindung künstlerischer und religiöser Gefühle gegenüber der Natur ist für den jungen Goethe charakteristisch. Auch Wanderers Sturmlied und Schwager Kronos zeigen solche Mischung. Natürlich können an der Verbindung die beiden Seiten mit den verschiedensten Gradunterschieden beteiligt sein. Die Harzreise im Winter beispielsweise zeigt bei aller Stärke der religiösen Töne doch das künstlerische Schauen und Zeichnen der Naturgestalten in einem bedeutend höheren Grade entwickelt, als dies von jenen drei Gedichten gilt. Der Wanderer und Mahomets Gesang zeigen uns den Dichter in noch stärkerem Grade als reinen

---

[1] Einsichtsvoll stellt Eugen Filtsch „Goethes religiöse Entwicklung" in dem Buche dieses Titels dar (Gotha 1894). Siebeck sagt in dem genannten Werke treffend: das Eigenartige der Frömmigkeit Goethes liege „in der Verschmelzung seines Naturpantheismus mit dem Verlangen nach einem menschlich-persönlichen Verhältnis zu seinem Gott" (S. 142).

Künstler der Natur gegenüberstehend; doch treten hier die reli=
giösen Natur= und Weltgefühle weniger entwickelt hervor. Selbst=
verständlich gibt es auch noch andere Verbindungen von Gefühlen
gegenüber der Natur. Eine der häufigsten ist die Verschmelzung
von Liebesleidenschaft mit künstlerischer Naturbetrachtung. Man
denke an das Mailied, an Willkommen und Abschied, an Herbst=
gefühl.

In der Lyrik des späteren Goethe tritt das rein anschauende
Aufnehmen und Hinzeichnen der Natur bedeutend stärker hervor.
Natürlich darf man nur die reine Lyrik zur Vergleichung herbei=
ziehen. In erzählenden Gedichten liegen die Bedingungen für
das Hervortreten des reinen Künstlerblicks wesentlich anders, und
zwar günstiger. So darf man beispielsweise die Ballade Der
Fischer, die freilich im höchsten Grade rein künstlerische Beschau=
lichkeit den Naturgestalten gegenüber zeigt, nicht ohne weiteres
mit jenen Hymnen vergleichen. Dagegen könnte man die lyrischen
Stellen in den späteren Teilen der Faustdichtung, soweit sie die
Natur hereinziehen, zum Beweise benutzen; so etwa die Natur=
beschreibungen in der nordischen Walpurgisnacht.

V

Ganymed=Stimmung findet man in zahlreichen anderen Dich=
tungen Goethes aus jenen Jahren. Unter Ganymed=Stimmung
aber verstehe ich die religiös gehobene, optimistisch und in dem
bezeichneten eingeschränkten Sinne pantheistisch gestimmte Sehn=
sucht nach Einheit mit der Natur.

Solche Stimmungen trifft man im Werther. Der Brief
vom 10. Mai, gleich zu Beginn des ersten Buches, klingt wie
eine Natursymphonie. Werther schildert, wie er im hohen Grase
liegt, das Wimmeln der kleinen Welt zwischen den Halmen näher
an seinem Herzen fühlt und dabei des Wehens des Allliebenden,
der uns in ewiger Wonne schwebend trägt und erhält, inne wird.

Und ähnlich, nur noch überschwenglicher, ergießt sich Werther in dem Briefe vom 18. August. „Wie oft habe ich mich mit Fittigen eines Kranichs, der über mich hinflog, zu dem Ufer des un=gemessenen Meeres gesehnt, aus dem schäumenden Becher des Unendlichen jene schwellende Lebenswonne zu trinken und nur einen Augenblick, in der eingeschränkten Kraft meines Busens, einen Tropfen der Seligkeit des Wesens zu fühlen, das alles in sich und durch sich hervorbringt."

Sodann ist das dramatische Bruchstück Mahomet heran=zuziehen. Besonders das stammelnde fünfstrophige Gebet, das Goethe dem Propheten in den Mund legt, gehört hierher. Wenn auch Sterne, Mond, Sonne sich verhüllen, Er, der Erschaffende, bleibt! Ihn umfaßt Mahomet in andachtsvoller Entzückung.

Vor allem aber bietet sich in diesem Zusammenhang der religiöse Erguß Fausts auf die Frage Gretchens: „Glaubst du an Gott?" unserer Erinnerung dar. Gott lebt in allem: in Himmel, Erde, Menschenauge. Er ist unvorstellbar, unaufweis=bar und doch dem fühlenden Ahnen zwingend gewiß. Er ist ein Fernes, kaum zu Berührendes und doch dem Gefühlsgenius in uns selig nahe, eine volle spendende, strömende Gegenwart. Er ist ein Unbestimmtes, Vielgestaltiges, Schwankendes, aber doch eine überwältigende Gefühlsmacht.

Eine Mischung von Tönen aus Ganymed und aus Wan=deres Sturmlied zeigt Pilgers Morgenlied, das Goethe von Wetzlar aus an seine Freundin Luise von Ziegler richtete.

Allgegenwärtge Liebe!
Durchglühst mich,
Beutst dem Wetter die Stirn,
Gefahren die Brust;
Hast mir gegossen
Ins früh welkende Herz
Doppeltes Leben,
Freude zu leben
Und Mut!

Und auch Mahomets Gesang fällt uns hier ein: das freudebrausende Münden aller Lebensströme in das schöpferische Allleben ist der Schlußakkord dieses Hymnus.

Goethe bildet in seinem religiösen Fühlen in mehr als einer Richtung einen scharfen Gegensatz zu Kant. Auf eine Seite dieses Gegensatzes hinzuweisen, drängt sich hier auf. Legt man Kants Philosophie zugrunde, so entspringt das religiöse Verhalten des Menschen einzig aus seiner sittlichen Betätigung. Indem wir uns dem Sittengesetz in uns unterwerfen, kommt als eine Folge= erscheinung der sittlichen Haltung die Wendung auf Gott als den sittlichen Gesetzgeber hin, die Wendung also ins Religiöse zu= stande. Die Bedeutung der Naturbetrachtung für das religiöse Gefühl kommt bei Kant nur nebenbei vor: insofern nämlich als die Wahrnehmung der Zweckmäßigkeit der Natur das Gemüt für das Entstehen des Gottesgedankens empfänglich stimmen kann. Es ist nach Kant streng verboten, von der Zweckmäßigkeit der Natur auf das Dasein Gottes zu schließen. Dennoch, so meint Kant, wird sich das Gemüt niemals dem Eindruck „der Wunder der Natur und der Majestät des Weltbaues" verschließen können und immerdar hierin einen Antrieb zu Gott hin empfinden. Aber in unmittelbarerer, reinerer und innerlicherer Weise ist das sittliche Wollen mit dem religiösen Fühlen verknüpft. Einzig dem sitt= lichen Wollen kommt bei Kant die eigentliche Führerschaft zur Religion hin zu.

Umgekehrt ist es bei Goethe. Sein religiöses Fühlen wird bei weitem überwiegend von seinem hochentwickelten Natursinn ausgelöst. Allerdings wird er auch durch die Betrachtung des Menschenlebens, seiner eigenen und fremder Schicksale, zur Ahnung einer Vorsehung und überhaupt zu religiösen Gefühlen geführt. Allein vor allem ist es doch die Natur, die ihn zu religiösen Er= regungen auffordert. Seine Frömmigkeit betätigte sich, wie Siebeck in dem genannten Werke sagt, ursprünglich in der Richtung des

Naturempfindens, und sein Bedürfnis geht zunächst darauf, Gott in der Natur zu sehen. So ist denn Goethes Gott zunächst Naturseele und unpersönlichen Charakters. Zugleich aber treten an Gott auch Seiten hervor, die dem Bedürfnis entsprechen, durch die Beziehung zu ihm als sittlich fühlende Persönlichkeit befriedigt zu werden. Goethe fühlt auch das Verlangen, sich als Persönlichkeit in Gott geborgen zu wissen.[1])

VI

Bisher haben wir Goethe mit der Natur überwiegend durch die Stimmung des Rausches geeinigt gefunden. Ich trete jetzt an ein Gedicht heran, in dem er sich beschaulich und sanft zur Natur verhält. In dem Zwiegespräch Der Wanderer steht Goethe mit den Augen des gesichtsfreudigen Künstlers der Natur gegenüber. Die religiöse Erregung tritt zurück; und soweit sie durchklingt, hat sie einen sanft schwärmerischen Zug. Sie ist angepaßt dem reinen Schauen und künstlerischen Abspiegeln, das das Hauptgepräge der seelischen Haltung bildet, mit der hier Goethe die Natur auf sich wirken läßt. Ich darf auch die Ausdrücke „dionysisch" und „apollinisch" gebrauchen. Häufiger freilich sind in der Wertherzeit dionysische Stimmungen. Aber der Wanderer zeigt, daß Goethe selbst in der Zeit des heftigsten Sturmes und Dranges — mag das Gedicht nun im Jahre 1772 oder schon 1771 entstanden sein — die Natur auch mit apollinisch gestimmtem Gemüte anzusehen imstande ist. Goethe lebte ja nicht nur in Pindar und Ossian, sondern er liebte auch die zärtliche Schwärmerei Theokrits; und auch die helle, formenreine Welt der Homerischen Gestalten war ihm vertraut.

Nicht nur die Natur, sondern auch die Kunst ist Gegenstand dieses Gedichtes. Was sich dem aufmerksamen Auge des Wanderers zunächst darbietet, sind die Überreste eines antiken Tempels.

---

[1]) Hierüber spricht Siebeck in dem genannten Buch S. 143 ff.

Und da geht nun die Grundstimmung des Gedichtes dahin, daß
Natur und Kunst in hohem, segensreichem Bunde stehen. In
vielfacher Weise bringt dies das Gedicht zum Ausdruck. Sym=
bolisch drückt es sich darin aus, daß einfaches, unschuldsvolles
menschliches Glück sich mitten in den Trümmern des alten Bau=
werkes angesiedelt hat; aber auch darin, daß der Wanderer dem
schlafenden Knaben, der „über Resten heiliger Vergangenheit"
geboren ist, ein Leben wünscht, das der Geist dieser Vergangen=
heit umschweben möge. Und auch in dem Wanderer selbst ver=
körpert sich jener Bund: denn der Wanderer lebt zugleich in der
Anbetung der Kunst und in der Verehrung der einfachen, reinen
Natur; er ist ein entrückter Künstler und zugleich ein schlichter,
der Natur treu gebliebener Mensch.[1] Schon Künstlers Abend=
lied war auf die Einheit von Natur und Kunst gerichtet. Doch
während dort das künstlerische Schaffen als aus dem Urquell der
Natur entspringend angesehen wurde, werden hier Kunst und
Natur als überhaupt zusammengehend, als miteinander stimmend
und miteinander gedeihend gefühlt.

Noch eine Seite am Wanderer sei hervorgehoben: die Sehn=
sucht nach der einfachen, eingeschränkten, unschuldsvollen, welt=
unberührten Natur. Die Mutter, der Säugling, die Hütte, die
ganze Daseinsweise ihrer Bewohner erregen im Wanderer sehn=
suchtsvoll idyllische Gefühle. Auch am Schlusse von Wanderers

---

[1] Manche Erklärer dieses Gedichtes (Viehoff, Düntzer) sprechen von
einer Bekehrung des Wanderers: erst sei er nur Verehrer der Kunst, äußere
sich über die Natur feindlich, stelle sie in Gegensatz zur Kunst; dann werde
er durch den schlafenden Säugling mit der Natur „ausgesöhnt", „bekehrt" und
trete auf den Standpunkt der Frau hinüber. Mir scheint der Vorwurf des
Wanderers gegen die Natur in Zeile 77 bis 82 einer augenblicklichen, aus dem
Anblick der durch die Natur überwucherten Tempelüberreste entspringenden
Stimmung zu entfließen. Der Wanderer fühlt sich von Anfang an einfach
und traulich zur Natur hingezogen; er ist von Anfang an beides: Kunst=
verehrer und Freund der stillen, reinen Natur.

Sturmlied kommt das Verlangen nach einem stillbeglückten Leben in einer ländlichen Hütte zum Vorschein.

Das ist echt Rousseausche Stimmung. Goethe fühlt sich als verwickelten Kulturmenschen, für den die Natur in ihrer traulichen Enge und unschuldsvollen Einfachheit nicht mehr die selbstverständliche Heimat bildet. So dehnt sich denn sein Gefühl sehnend nach diesem Reiche, zu dem er nicht mehr ungeteilt gehört. Schon im Anschluß an Ganymed war ich auf diese widerspruchsvolle, zwischen Nichthaben und Haben schwebende Haltung des Gemütes zur Natur zu sprechen gekommen. Dort kam indessen die Natur nur im allgemeinen in Frage; hier dagegen ist an der Natur im besonderen das idyllisch Eingeschränkte, das Verharren in Einfachheit und Unschuld betont. Auch die Ballade vom Veilchen hat zum Untergrunde diese nach Stille und Einfalt verlangende Gemüts-verfassung.

Vor allem kennzeichnet sich Werther durch Sehnen nach Idylle. Man lese etwa im ersten Buche die Briefe vom 10. Mai und 29. Junius, und im zweiten den Brief vom 9. Mai. Hier ist alles voll von Rousseauscher Sentimentalität. — Nebenbei bemerkt: ich gebrauche dieses Wort durchaus nicht in irgendwie herab-setzendem Sinne. Sentimentalität ist keineswegs notwendig ein Zeichen von Schwächlichkeit, Unreife, Ungesundheit. Sentimentalität gehört zu den großen, menschlich vollauf berechtigten Gefühlsweisen.

Auch Faust ist von diesem Rousseauschen Sehnen nach idyllischer Umschränktheit keineswegs frei. Aus dem Gespräch Fausts mit Mephisto, das im Urfaust unmittelbar auf die Valentin-szene folgt, geht hervor, daß es nicht zum wenigsten die kleine idyllische Welt Gretchens ist, was ihn, den Übermenschen, an dieses Kind fesselt:

> Und seitwärts sie, mit kindlich dumpfen Sinnen,
> Im Hüttchen auf dem kleinen Alpenfeld,
> Und all ihr häusliches Beginnen
> Umfangen in der kleinen Welt.

Wer die innere Entwicklung Goethes darlegen wollte, müßte sich die Frage vorlegen, wie sich aus äußeren Eindrücken und inneren Erlebnissen der Leipziger, Frankfurter, Straßburger und der folgenden Zeit, und aus inneren Entwicklungsbedingungen dieses Rousseausche Sehnen nach unschuldsvoller Natur erzeugt hat. Mein viel bescheideneres Unternehmen muß diese Frage wie alle ähnlichen entwicklungsgeschichtlichen Fragen, zu denen die hier angestellten Betrachtungen Anlaß geben, abseits liegen lassen. Übrigens pflegen die Biographen Goethes über seine innere Ent= wicklung nur das Allernächste und Gröbste zu sagen.

Noch einmal bringe ich den apollinischen Charakter des Wanderer in Erinnerung. Das Gedicht atmet eine so reine Be= schaulichkeit, wie sie unter den hohen Gedichten jener Zeit nur noch Mahomets Gesang zeigt. Es ist erstaunlich, wie in jenem Gedichte ein fortreißender brausender Schwung und klares künst= lerisches Schauen miteinander ins Gleichgewicht gebracht sind. Unter den übrigen Gedichten jener Jahre zeichnet sich Auf dem See durch einen — man möchte sagen — schöpfungsfrischen künstlerischen Blick aus. Es ist, als ob der Dichter die Gestalten und Reize der Natur so unberührt, wie sie eben aus der Hand des Schöpfers hervorgegangen sind, empfände.

Weit mehr tritt dann nach Beginn der Weimarer Zeit diese beschauende und ruhige Gemütshaltung hervor, der Natur wie dem Leben gegenüber. Die Kraftgeniestimmungen klären sich; das Bedürfnis nach reiner Gestaltung auch im Gemüte wird immer stärker; Goethe strebt immer mehr nach einem in Stille zu= sammengezogenen Innenleben. Will man sich das Vorwiegen der beschauenden Stimmungen vergegenwärtigen, so denke man an Gesang der Geister über den Wassern, an Grenzen der Menschheit oder an das Mond=Gedicht Füllest wieder Busch und Tal. Bezeichnend ist auch die Art, wie er in dem Gedichte Meine Göttin vom Jahre 1780 die Phantasie schildert: nicht

mehr wie in Wanderers Sturmlied als wilde Trunkenheit erscheint
sie ihm, sondern überwiegend als eine Göttin mit hellem Auge,
mit lieblichem Spiele.

Wenn man Goethes Tagebuchaufzeichnungen aus den Jahren
um 1778 herum liest, so sieht man, in wie hohem Grade er an sich
arbeitete, um in seinem Innern zu gehaltener Tiefe, zu reinem
Gleichmaß zu kommen. Am 13. Mai 1780 schreibt er: „Das Beste
ist die tiefe Stille, in der ich gegen die Welt lebe und wachse und
gewinne, was sie mir mit Feuer und Schwert nicht nehmen können."
Und im August 1779 verzeichnet er Tage voll „stiller innerer Ar=
beit" und „schöner reiner Blicke". Und er fügt hinzu: „Möge die
Idee des Reinen immer lichter in mir werden." So ist es denn
begreiflich, daß in diesen Jahren jene gekennzeichnete Wandlung
im Tone seiner Gedichte wahrzunehmen ist.

VII

Es würde ein wichtiger Zug in dem Bilde der Lebens=
gefühle des jungen Goethe fehlen, wenn nicht hinzugefügt würde,
daß die Natur für ihn auch eine derbere Gestalt besaß. In den
Hymnen, in Werther, in Faust ist ihm die Natur ein Feierliches,
eine hehre Göttin; sie erscheint ihm aber auch als saftiges, dralles
Weib, als muntere Schelmin, als spaßende, humorvolle Zauberin.
Er sieht sie nicht bloß in edlem Gewande, sondern auch in be=
quemem Hauskleide.

Von solch werktagsmäßiger, handfester, ehrlicher Gesundheit
ist die Natur in dem Götz=Drama. Die Natur als Landschaft
freilich kommt merkwürdigerweise in diesem Drama überhaupt nicht
vor, auch nicht in seiner ursprünglichen Gestalt. Wohl aber ist
Götz selbst eine prächtig grobgehauene Ausgestaltung der Natur,
ein Held, bei dessen Erschaffung die Natur auch mit ihrem saftigen
Humor beteiligt war. Und ähnliches gilt von Selbitz, Lerse, Georg
und anderen. So spürt man ja auch in der Sprache dieses

2*

Dramas überall eine Natur, die auch das Rohe und Niedrige durch ihre Gesundheit adelt.

Sodann aber ist hier auf alle jene Dichtungen hinzuweisen, in denen sich Goethe mit Spott und Satire gegen sittliches Schein=getue, gegen scheinheilige Tugendhaftigkeit, gegen naturlosen Rationalismus, süßlichen Pietismus und ähnliche Widermenschlich=keiten wendet. Hier nimmt die Natur übermütig lachende, sich kecker Sinnlichkeit freuende Gestalt an. So ist es vor allem in Hanswursts Hochzeit, wo die ehrliche frohe Tierheit im Men=schen sich in ungeheuren Zoten auslebt; sodann im Jahrmarktsfest zu Plundersweilen, im Satyros und anderen kleinen Dichtungen.

Goethe hat eben Natur nicht nur in Anakreon, Theokrit, Homer, nicht nur in Pindar und Ossian gefunden, sondern auch in Shakespeare, nicht nur in Raffael, sondern auch in Rubens, Rembrandt, Dürer. Besonders herzhaft und deutsch trat ihm die Natur in Hans Sachs entgegen. Und so darf denn Hans Sachsens poetische Sendung als ein besonders deutliches Zeugnis für diese irdischere Art des Naturgefühls bei Goethe gelten.

Die Natur, wie sie der Dichter hier für Hans Sachs vor=handen sein läßt, ist von grundehrlicher, klargesunder Art, dabei aber zugleich voll wunderlicher Wirren und närrischer Einfälle, eine Zauberin, die eine kunterbunte Masse von Gestalten hinzu=streuen weiß; eine Macht, die Tragisches und Possenhaftes, sittlich Ernstes und schwankartige Torheit ins Leben ruft. Von solcher Mischung ist die Natur, wie sie die allegorischen Frauen schildern, die Goethe zu Hans Sachs in die Werkstatt treten läßt. Und wie hoch diese Art Natur in Goethes Augen steht, geht daraus hervor, daß er auch dem von solch derber und närrischer Natur geleiteten Hans Sachs einen hohen Genius zuspricht:

> Das heilig Feuer, das in dir ruht,
> Schlag aus in hohe, lichte Glut!

So gehört also zu Goethes Natur= und Weltgefühl auch das Wunderliche und Närrische. Goethe fühlt sich wie Hans Sachs in einem „Weltwirrwesen". Auch in dem Bruchstück Der ewige Jude legt Goethe Christus bei seinem Wiederherabsteigen zur Erde Worte in den Mund, die die gegensatzreiche Wunder= lichkeit alles Seins zum Ausdruck bringen:

O Welt voll wunderbarer Wirrung,
Voll Geist der Ordnung, träger Irrung,
Du Kettenring von Wonn und Wehe,
Du Mutter, die mich selbst zum Grab gebar,
Die ich, obgleich ich bei der Schöpfung war,
Im ganzen doch nicht sonderlich verstehe.

Wären Goethes Lebens= und Weltgefühle nur von jener feierlich=erhabenen Art, wie dies früher dargelegt wurde, so stünde er uns nicht so menschlich=reich vor Augen. Durch die Zumischung des lässig Behaglichen, des Rohgesunden, des derb Humorvollen erhalten seine Weltgefühle allererst volle Freiheit und Leichtigkeit. Das Getragene, Gedehnte, Gespannte lockert und löst sich. Lachende Überlegenheit kommt in seine Stellung zur Welt. Er ist von seinen eigenen Weltgefühlen nicht mehr bloß gefesselt und gebannt, son= dern er weiß sich ihnen gegenüber in die befreiende Haltung des Humors zu werfen. Und nimmt dieser Humor zuweilen auch ge= wagte Formen in der Weise des Aristophanes oder Rabelais an, so fühlen wir auch hier die gesundheitstrotzende Geistesfreiheit des jungen Goethe heraus. In Schillers Jugendlyrik lebt ein ähnlicher Reichtum an Weltgefühlen wie bei Goethe. Allein es fehlt dort, neben vielem anderen, auch die spielende Überlegen= heit, mit der Goethe der Welt gegenübersteht.

VIII

Vielleicht hat sich mancher Leser schon gewundert, daß das Prometheus=Gedicht — aus dem Spätherbst 1774 — noch nicht erwähnt wurde. Ich setze es mit Absicht erst an diese Stelle,

da die in ihm zum Ausdruck gebrachte Stimmung nicht so um=
fassend=charakteristisch für den jungen Goethe ist wie die in den
bisher betrachteten Gedichten zutage tretenden Gefühle.

Ohne Zweifel herrscht im Prometheus=Hymnus eine andere
Stellung zur Welt, als wir bis jetzt kennen gelernt haben. Aus
den Worten des Prometheus hören wir keine Sehnsucht, mit der
Natur eins zu werden, heraus, keine liebende Hingebung an die
Welt; vielmehr ein leidenschaftlich trotziges Stehen auf sich selber,
ein gottgleiches Gefühl der Selbstschöpferkraft. Indem Vischer
das Wesen des Hymnus in dem Emporsingen zu dem objektiv
angeschauten Göttlichen sieht, darf er sagen: in Goethes Pro=
metheus drehe sich das Hymnische merkwürdig so, daß die Hoheit
der Götter eigentlich in den sie antrotzenden Helden herüber=
trete.[1])

Allein man darf aus dieser trotzig selbstherrlichen Pro=
metheusstimmung nicht zu viel schließen. Filtsch hat Recht, wenn
er dagegen Einsprache tut, daß man in dem Gedicht ein „reli=
giöses Unglaubensbekenntnis“, ein „Zeugnis für Goethes aus=
gesprochenen Atheismus“ findet, und wenn er in ihm nur ein
aus dem Unabhängigkeitsdrang der Genieperiode hervorgegangenes
Stimmungszeugnis erblickt.[2]) In der Tat, man muß bedenken:
Prometheus lehnt sich nicht etwa gegen Gott als Allliebenden
auf, sondern gegen einen teils selbstsüchtigen, teils ohnmächtigen
jenseitigen Herrn der Welt, wie Zeus es ist; Gott also als liebend
umfassende Macht kommt überhaupt nicht in Frage. Und ferner
ist zu bedenken: Goethe fühlt sich hier in die Seele einer be=
stimmten mythologischen Gestalt hinein; wie denn ja auch das
Gedicht im Zusammenhange mit dem dramatischen Bruchstück
Prometheus entstanden ist. Darf man denn alle Gemüts=

---

[1]) Friedrich Vischer, Ästhetik, § 890.
[2]) Eugen Filtsch, Goethes religiöse Entwicklung, S. 67 ff.

zustände Fausts, etwa seine Verzweiflung, in der er den Bund mit dem Teufel schließt, als wesenhafte Eigenerlebnisse Goethes betrachten? So darf man daher auch zweifeln, ob alles, was Goethe seinen Prometheus aussprechen läßt, genau so zu den typischen Lebensgefühlen des Dichters gehöre.

Überschaut man die Lyrik und überhaupt die Dichtungen, auch die Briefe des jungen Goethe, so wird man zu dem Er= gebnis kommen, daß sich der Drang, mit dem Allleben eins zu werden, die liebende, vertrauende Hingabe an die Welt überaus häufig ausgesprochen findet, daß dagegen der selbstherrliche Trotz gegenüber den göttlichen Mächten eine ganz vereinzelte Erschei= nung ist. Man wird daher in der Prometheusstimmung keine wesentliche Seite an dem Lebensgefühl des jungen Goethe er= blicken dürfen. Nur zuweilen, nur vorübergehend — so allein wird man sagen dürfen — ist in ihm jenes liebende Alleinheits= gefühl durch die empörerische Selbstherrlichkeitsstimmung, wie sie das Prometheusgedicht enthält, verdrängt worden. Das kühne Wagen, das Herrschaftsbewußtsein gegenüber dem Leben, wie dies in Wanderes Sturmlied, im Schwager Kronos, etwas später in der Seefahrt ausgesprochen ist, nimmt in des Prometheus Kriegserklärung gegen die Götter eine Wendung ins gesteigert Individualistische: das Menschliche tritt an die Stelle der Götter= macht. Nur die eherne Notwendigkeit des Weltlaufs wird ge= zwungenermaßen anerkannt. Dagegen fehlen durchaus die liebe= und ehrfurchtsvollen Abhängigkeitsgefühle (um diesen an Schleier= macher anklingenden Ausdruck zu gebrauchen) gegenüber dem Unendlichen. Es wäre das Gegenteil von überschauender und unbefangener Beurteilung Goethes, wenn man auf Grund dieses Gedichtes sagen wollte, daß sein innerstes Wesen auf eine un= fromme Menschheitsverherrlichung, auf einen individualistischen Atheismus abziele.

IX

In dem viel feine Beobachtungen enthaltenden Buch von Arthur Kutscher über Goethes Naturgefühl[1]) stößt man auf eine Art und Weise, die Lyrik der Kraftgeniezeit Goethes zu werten, die mir in hohem Grade einseitig scheint. Gedichte wie Wanderers Sturmlied, Schwager Kronos und ähnliche werden als schlecht= weg einer niedrigeren künstlerischen Entwicklungsstufe zugehörig charakterisiert. Dementsprechend wird das Übergehen zu dem Stile, in dem das Mondgedicht Füllest wieder Busch und Tal oder die Ballade vom Fischer gehalten sind, ebenso geradezu als Fort= schritt zu einer höheren künstlerischen Art behandelt. Ich glaube, daß in solcher Wertung eine arge Ungerechtigkeit gegen die Lyrik der Kraftgeniezeit liegt. Freilich vollzieht sich in der Weimarer Zeit insofern ein künstlerischer Fortschritt, als Bestimmtheit, Ruhe, Einschränkung und ähnliche Vorzüge an Goethes Lyrik hervor= treten. Allein darüber ist nicht zu vergessen, daß die Weise der kraftgenialen Lyrik mit ihrer Abgerissenheit und Aufgewühlt= heit, mit ihren wehenden Ahnungen und seligen Entrückungen eine vollauf berechtigte künstlerische Eigenart bedeutet. Indem im Laufe der Zeit Klärung und Begrenzung zunehmen, treten freilich künstlerische Werte auf, die der früheren Lyrik fehlen; da= mit ist aber zugleich der Verlust jener Vorzüge und Reize ver= bunden, durch die die Lyrik der Kraftgeniezeit hervorleuchtet. Und es fragt sich sehr, ob entfesselte Leidenschaftlichkeit und kühne Formlosigkeit für die Entfaltung gewisser Arten des Lyrischen, z. B. des Hymnus, nicht weit günstiger sind als Abgemessenheit

---

[1]) Arthur Kutscher, Das Naturgefühl in Goethes Lyrik bis zur Ausgabe der Schriften 1789. Leipzig 1906. Die kraftgeniale Lyrik Goethes wird im Vergleich mit der späteren als unklar, krankhaft, verzerrt u. dgl. gekennzeichnet. Übrigens fehlt es diesem Buche einigermaßen an dem psychologisch=ästhetischen Rüstzeug. Die Untersuchung dringt daher oft zu wenig in Goethes Gefühls= und Phantasiearbeit ein.

und Klarheit. Bei Kutscher und bei vielen anderen Schriftstellern
über Goethe fehlt diese Anerkennung, daß das Große der Lyrik
in Goethes Kraftgeniezeit etwas Eigenberechtigtes und in sich
Vollkommenes ist, also keineswegs gegenüber den Vorzügen der
späteren Lyrik Goethes als eine niedrigere Stufe erscheint.

Ähnlich verhält es sich in inhaltlicher Hinsicht. Wenn
wir Goethes naturwissenschaftliche Schriften in ihrem Gedanken=
gehalt mit den philosophisch gestimmten Gedichten der Kraft=
geniezeit vergleichen, so herrscht dort freilich mehr Zusammenhang,
größere Annäherung an das Begriffliche, strengere wissenschaft=
liche Arbeit. Allein es wäre töricht, darum die Art, wie Goethe
sich in den naturwissenschaftlichen Studien ausspricht, ohne weiteres
über die Weltgefühle seiner Jugendlyrik zu setzen. Denn fehlen
dieser auch jene Vorzüge, so kommt in ihr doch eine reichere,
kühnere, tiefere, genialere Menschlichkeit zutage. Es ist daher un=
zutreffend, wenn Rudolf Steiner Goethes „Weltanschauung" aus=
schließlich aus seinen „Naturstudien" schöpft und glaubt, daß
die so gewonnene Weltanschauung der „Gesamtpersönlichkeit
Goethes" vollkommener entspreche als die Anschauungen seiner
Jugend und seines Alters.[1]) Indem Steiner so die religiösen
Bedürfnisse und überschwenglichen Gefühle Goethes ausschaltet,
entsteht vielmehr eine Verarmung seiner Innenwelt.

Ich überblicke noch einmal den Reichtum, der sich uns in
Goethes Lebens= und Weltgefühlen auseinandergelegt hat, so=
weit sie sich in den lyrischen Gedichten der Wertherzeit zum Aus=
druck bringen.

In den verschiedensten Formen und Graden äußerte sich
die Gewißheit von der göttlichen Natur des Alllebens. Zugleich
aber trat uns das, was Siebeck die „Ethisierung" des Goetheschen
Pantheismus[2]) nennt, entgegen: das Erfühlen eines allliebenden

---

[1]) Rudolf Steiner, Goethes Weltanschauung. Weimar 1897. S. 80 ff.
[2]) Siebeck, Goethe als Denker, S. 174.

Urgrundes der Natur. Eine andere Doppelseitigkeit zeigte sich uns, indem wir die Gewißheit Goethes, mit der Natur eins zu sein, betrachteten: das Gefühl, mitten inne in der Natur zu stehen, und ein starker Einschlag von Sehnsucht nach Natur; ich darf auch sagen: die Mischung von Haben und Nichthaben, von Naivität und Sentimentalität in der Gemütshaltung gegen= über der Natur. Diese Sentimentalität kam besonders insofern zum Vorschein, als Goethe sich vom Standpunkte des verwickelten Kulturmenschen nach der Stille und Eingeschränktheit des Natur= lebens sehnt. Die Natur ist ihm erhabenes Allleben und lieb= liche Idylle. Doppelseitig ist seine Gemütshaltung gegenüber der Welt auch dadurch, daß er von ihr bald dionysisch ergriffen, bald mehr apollinisch berührt wird. Mystisch religiöse Schauer und klares künstlerisches Betrachten gehen in seinen Gedichten mannigfaltige Verbindungen ein. Damit ist aber die Fülle der Synthesen nicht erschöpft. Goethe erhält von der Natur nicht nur hohe Weihen, sondern er sieht in ihr auch ein Wesen voll urbehaglicher Derbheit. Und so steht er ihr denn auch mit der Überlegenheit saftigen Spaßes und grotesken Humors gegenüber. Dazu kommt dann noch als vorübergehende Stimmung das Gefühl prometheisch=trotziger Selbstherrlichkeit. Faßt man aber Goethes Gemütshaltung gegenüber der Lebensführung ins Auge, so ist das Vorherrschende eine festlich freudige Lebensbejahung, ein starkes und wagendes „Hinein ins Leben“. Doch kommen auch schon gelassenere Töne vor. Und endlich zeigte sich uns innige Verbindung von Naturgefühl und Künstlerbewußtsein: die Gewißheit, mit der Natur eins zu sein, ist für Goethe zu= gleich die Gewißheit, zum künstlerischen Schaffen bestimmt zu sein. Und überhaupt erscheinen ihm Natur und Kunst in sinnreich freundlichem Bunde.

      So tönereich ist die Weltstimmung des jungen Goethe. Und doch war es nur die Lyrik, aus der dieser Reichtum heraus=

geholt wurde. Und wie leicht und flüssig fügen sich all diese
verschiedenen Töne zu einer volllebendigen Individualität zu=
sammen! Nichts steht spröde und unvermittelt da, sondern alle
die mannigfaltigen Seiten schmelzen weich und fest zusammen
und ergeben eine Persönlichkeit, die nichts Gezwungenes und
Übertriebenes an sich hat und frei und wohlgelungen entsprungen
zu sein scheint.

Fausts Entwicklung vom Genießen zum Handeln in Goethes Dichtung

I

Nicht in allen seinen Schritten und Übergängen wollen meine Betrachtungen den Entwickelungsgang des Goetheschen Faust verfolgen. Nur ein einziger Fortschritt darin — allerdings der wichtigste — soll ins Auge gefaßt werden: die Hinwendung vom Genießen zum Handeln, vom schwelgenden Erleben zur Schaffenstat. Sonach werden wir vorzugsweise im zweiten Teil der Dichtung zu verweilen haben.

Überblickt man Fausts Lebenshaltung, Bedürfnisse und Ziele im ersten Teil, so steht uns ein Mensch vor Augen, dem gefühls= mäßiges, rauschartiges Erleben das Höchste ist. „Gefühl ist Alles": dies Wort bedeutet für den ganzen Faust des ersten Teiles Lebensinhalt und Lebensrichtung. Um starke, berauschende Ge= fühle, kühne, tief erregende Genüsse, seien sie geistiger oder sinn= licher Art, zu erlangen, will er Leben und Welt ausschöpfen. Auch Betrachten und Sinnen gilt ihm vor allem als erhabenes Genießen.

Zu Beginn treffen wir Faust in der tragischen Lage eines im Erkenntnisstreben gescheiterten Genies. Er ist von Wider= willen gegen alles, was Begriff und Gelehrsamkeit ist, erfüllt. Das in den Büchern überlieferte Wissen mutet ihn wie Staub und Moder an. Mit diesem Widerwillen verbindet sich in seiner

Feuerseele aber zugleich ein leidenschaftlicher positiver Drang: er will die Naturtiefen magisch erraffen, er will die zeugenden, zerstörenden, wiedergebärenden Naturmächte unmittelbar erleben. Er ist von mystischem Drange, mit der Natur eins zu werden, geschwellt. Dieses Verlangen kommt gegenüber dem Zeichen des Makrokosmus, noch mehr in der Beschwörung des Erdgeistes zum Ausdruck.

Als ihn dann der Erdgeist zurückgeworfen hat und so eine bedeutende Verschärfung seiner tragischen Anfangslage eingetreten ist, verschärfen sich auch seine pessimistischen Stimmungen. Zu dem Wissenspessimismus des Anfangs gesellt sich Lebenspessimismus. Er sieht alles Geistige und Ideale durch die Grobheit und Gemeinheit des Irdischen verunreinigt; er gibt den Glauben an Glück und Größe preis. Und es entfaltet sich dieser Lebenspessimismus bei ihm nicht etwa auf dem Grunde gescheiterten rüstigen, männlichen Handelns; sondern die Grundlage für die verzweifelnden Stimmungen bilden Enttäuschungen eines betrachtenden und genießenden, nach Glück und Idealen dürstenden Geistes. Wir treten also aus dem Umkreis genießender Lebensstimmung nicht heraus.

Es kommt dann zur Wette. Hier tritt uns das Genießen in einer neuen Form entgegen. Wenn Faust das Leben im Sinne der Wette genußgierig durchjagen will, so ist dies kein einfaches, naives Genießenwollen, sondern ein Genußstreben mit der Betonung des Unbefriedigtbleibenwollens. Faust will seinen Stolz darein setzen, die Genüsse unter seinen Händen zerrinnen zu sehen, die Genüsse sich in Überdruß zersetzen zu lassen. Er will genießen, aber sich mit dem Genuß nicht betrügen lassen. Er will genießen, aber nicht im Genusse sich selbst gefallen. Sein Streben geht also dahin, mit Schmerzen zu genießen, mit Haß zu lieben, sich am Verdruß zu erquicken. Mit diesem Streben tritt Faust seine Fahrt ins Leben an. Das Zeichen, unter dem

sie steht, ist also wiederum Genuß, nur in veränderter, verwickel=
terer Form. Faust will die Lust in wilden Zügen trinken, aber
mit der Überlegenheit eines Geistes, der sich ihr nie gefangen gibt.

Es braucht kaum hervorgehoben zu werden, daß auch die
Gretchentragödie von Anfang bis zu Ende in der Leidenschaft
des Genießens verläuft. Mag es Faust drängen, „so ein Ge=
schöpfchen zu verführen“, oder mag er, um das „Gewühl“ in
seiner Brust zu bezeichnen, zu den Namen „unendlich“ und „ewig“
greifen: immer ist es der Stachel starken und wonnigen Genießens,
der ihn vorwärts treibt.

Nur an wenigen Stellen des ersten Teiles begegnet uns
bei Faust ein Erwachen des Strebens nach starker Tat. Doch
handelt es sich dabei immer nur um ein Aufleuchten, das bald
wieder erlischt. Schiller hatte freilich schon am 26. Juni 1797 an
Goethe geschrieben: „Es gehörte sich, meines Bedünkens, daß der
Faust in das handelnde Leben geführt würde.“ Allein Goethe
war innerlich nicht in der Lage, diesem Rate Gehör zu geben.
So kommt es im ersten Teile nur zu vorübergehenden Regungen
des Tatendranges.

Ich erinnere zunächst an folgende Verse in der Beschwörung
des Erdgeistes:

> Ich fühle Mut, mich in die Welt zu wagen,
> Der Erde Weh, der Erde Glück zu tragen,
> Mit Stürmen mich herumzuschlagen
> Und in des Schiffbruchs Knirschen nicht zu zagen.

Gemäß diesen Worten, die im Urfaust nahezu ebenso lauten,
gesellt sich zum Naturdurst, der Faust erfüllt, der Drang zum
Kämpfen, zum gefahrvollen Wagen. Und dies ist begreiflich:
denn der Erdgeist ist nicht nur Naturgeist, sondern zugleich Geist
des ringenden, stürmenden Menschengeschlechts. Wie ihn denn
auch das erste Paralipomenon als „Welt= und Taten=Genius“
bezeichnet. Überhaupt scheint Goethe gemäß dem ersten Para=

lipomenon ursprünglich die Absicht gehabt zu haben, in dem ersten Teile der Dichtung das kühn in die Welt hinausgreifende Handeln zu entscheidender Geltung zu bringen. Darauf deuten die Worte „Lebens Taten Wesen" und „Taten Genuß nach außen". Bei der Ausführung jedoch blieben jene Worte, in denen sich bei der Erdgeistbeschwörung dieser „Taten Genuß nach außen" ankündigt, ein Vereinzeltes.

Sodann sei an die Worte erinnert: „Im Anfang war die Kraft" und „Im Anfang war die Tat". Ohne Zweifel kommt auch hier etwas von dem in Faust schlummernden Tatendrang zum Vorschein. Aber auch diese Regung bleibt ohne weiteren Einfluß.[1]

Ein für allemal bemerke ich, daß ich hier Goethes Faust als eine Dichtung betrachte, die als eine Einheit verstanden und genossen sein will. Ich lasse daher alle Fragen beiseite, die sich auf einen Wechsel der zu Grunde liegenden Pläne, auf Unausgeglichenheiten und Widersprüche in dem Wesen Fausts und Mephistos und in der Führung der Handlung beziehen. Ich bin überzeugt, daß derartiges in weitem Umfang und in eingreifender Weise von Goethes Dichtung gilt. Aber für den Zweck der hier angestellten Betrachtungen sind diese für die Fausterklärung sonst so wichtigen Fragen ohne Belang.[2]

---

[1] Vielleicht glaubt der Leser, auch noch auf die Stelle in dem großen Fluche hinweisen zu können: „Verflucht sei Mammon, wenn mit Schätzen er uns zu kühnen Taten regt!" Friedrich Vischer sagt in seinem tiefeindringenden Buche „Goethes Faust" (Stuttgart 1875) treffend über diese Stelle: Faust erwähne die Tat hier nur nebenher als Anhängsel zum Mammon; er sehe die Tat von der Seite ihres Glanzes an, werfe sie in das Gebiet der Genüsse; vom inneren Wert der Tat habe er kein Bewußtsein (306 f.).

[2] Der Versuch Minors, die insbesondere von Kuno Fischer in schlagender Weise dargelegten Verschiebungen und Unverträglichkeiten in der Dichtung hinwegzuschaffen und die Einheit festzuhalten, scheint mir in den Hauptsachen nicht gelungen zu sein (Minor, Goethes Faust. 2 Bände. Stuttgart 1901).

II

So müssen wir denn, wenn wir die entscheidende Wendung vom Genießen zum Handeln finden wollen, in den zweiten Teil der Dichtung eintreten. Ich will übrigens dies nicht etwa als einen Mangel der Dichtung angesehen wissen, daß Goethe seinen Faust eine ganze lange Tragödie hindurch im genießenden Aus= leben seiner selbst festhält. Denn sich selbst in Gefühl, Phantasie, Betrachtung mit starkem Genießen auszuleben: dies ist eine wich= tige und große Seite der Menschlichkeit, und es ist eine gerade eines genialen Dichters wahrhaft würdige Aufgabe, das Ver= langen eines außergewöhnlichen Geistes, im Ergreifen der Welt zum Selbstgenusse seines herrlichen Ichs zu kommen, nach seinen hohen und gefährlichen Seiten als Mittelpunkt eines ganzen großen Kunstwerkes festzuhalten.

Wenn wir in den zweiten Teil hinübertreten, so bleibt unser Blick sofort an der hochbedeutsamen Eingangsszene haften. So= wenig diese auch an die Erlebnisse der Gretchentragödie anschließt, und sowenig ihr auch das unmittelbar Folgende entspricht,[1) so weist sie doch mit kernhaften Worten auf die Wandlung hin, die dann endlich im vierten und fünften Akte mit Faust eintritt. Die Worte, die Faust spricht, offenbaren uns ein Innenerlebnis viel= sagender und symbolisch verdichteter Art. Er erlebt in sich die erste Hinwendung zu einer neuen, reineren und strengeren Da= seinsstufe. Und aus den mannigfaltigen Zügen, durch die diese höhere Stufe geschildert wird, tritt besonders das klare Insauge=

[1) Baumgart freilich, mit seiner um jeden Preis harmonisierenden Deu= tungswillkür, findet in dem Eingangsmonolog Faufts ein organisches, Ver= gangenheit und Zukunft in allem Wesentlichen umspannendes Bindeglied zwischen den beiden Teilen (Goethes Faust als einheitliche Dichtung erläutert. Erster Band. Königsberg 1893. S. 416 ff. Zweiter Band. Königsberg 1902. S. 29 f.). Da hat schon der alte Weiße richtiger geurteilt, wenn er von der „ziemlich isolierten" Stellung dieser Szene spricht (Kritik und Erläuterung des Goetheschen Faust. Leipzig 1837. S. 167).

faſſen, das kraftvolle Beſchließen, das Sicheinſchränken auf das
irdiſch Feſtgegründete und irdiſch Erreichbare hervor. Er wendet
ſeinen Blick von der blendenden Sonne ab, der beſtändig zu
ſeinen Füßen ruhenden Erde zu. Mit den hochfliegenden, über=
ſchwenglichen, allzu kühn ſtrebenden Wünſchen will er brechen.
Der Waſſerſturz mit ſeiner ſtarken, der Erde zugewandten Kraft=
entladung ruft ſein Entzücken hervor. Daneben ſcheinen die
Worte Fauſts freilich auch etwas von Hinwendnng zum Schön=
heitsglanze der Welt, etwas von äſthetiſcher Lebensſtimmung zu
enthalten. So wäre auch das Helena=Drama durch ſie vor=
bereitet.

Wie ich ſchon andeutete, werden die durch den Eingangs=
monolog erregten Erwartungen zunächſt lange Strecken hindurch
nicht erfüllt. Wir ſehen, wie Fauſt ſich am Hofe des Kaiſers
während der Feier des Karnevals unter der Maske des Gottes
Plutus als Zauberkünſtler einführt, und wie er in dieſer Rolle
allerhand Weisheit allegoriſch andeutet und zugleich verhüllt.
Hier überall kommt es nicht nur zu keinem Aufſtieg Fauſts, ſon=
dern es fehlt überhaupt an begründetem, zielbewußtem Fortgang
und an machtvoller künſtleriſcher Geſtaltung. In Wort und Ge=
ſchehen klingt Großes und Tiefes an; es heben ſich Schleier, und
helldunkle Weiten tun ſich auf; man wird bald durch zierliche
Schalkhaftigkeit, bald durch hervorſcheinende Satire, bald durch
beſchauliche Weisheit erfreut. Aber trotz alledem kommt es doch
zu keiner vollen Befriedigung. Der Leſer wird auf Schritt und
Tritt zu Fragen nach dem Was, Warum und Wozu getrieben,
ohne doch aus der Dichtung unzweideutige und genügende Ant=
wort zu erhalten. Bedeutſames und Vielſagendes weht uns an,
verbindet ſich aber nicht zu feſtem und klarem Gefüge, zu ſicherem
und notwendigem Fortgang.[1]

---

[1] Wenn man lieſt, mit welcher Sicherheit und Befriedigung gewiſſe
Fauſt=Erklärer, neueſtens noch in beſonders hohem Grade Baumgart, in den

Dann platzt das Helena=Motiv herein. Der Kaiser hat den
Einfall, da er solch geschickten Zauberkünstler bei sich hat, sich
Helena und Paris aus der Schattenwelt heraufzaubern zu lassen;
und Faust glaubt, diesem Wunsche nachkommen zu müssen. Doch
knüpft sich an diesen Einfall des Kaisers für Faust eine hoch=
wichtige neue Entwicklungsstufe. Denn das Sehnen und Suchen
nach Helena und die Vereinigung mit ihr bedeutet für ihn die
Ausfüllung mit einem neuen, ihm bis dahin unbekannt geblie=
benen, seine Entwicklung ergänzenden Lebensgehalt. Freilich
liegt dieses Neue nicht unmittelbar in der Richtung des Handelns,
Arbeitens, Schaffens, sondern wiederum in der Richtung von
Phantasie und gefühlsmäßigem Erleben. Und Goethe hat auch
nicht einmal das Verhältnis der neuen Stufe zu dem Ziele des
handelnden Lebens klar und bewußt herausgestaltet. Doch mag

Vorgängen des Karnevals tiefe Zusammenhänge offenbart finden und für
das vermeintlich Klare, Treffende, einheitlich Gefügte dieser Allegorien Worte
der höchsten Bewunderung haben, so steht man vor einem interessanten
psychologischen Problem. Vor allem muß man für das Verstehen dieser Er=
scheinung annehmen, daß bei diesen Erklärern vor der erstaunlich entwickelten
Lust am suchenden und findenden Deuten die Fähigkeit, sich schlicht, sachlich
hinzugeben und künstlerisch zu schauen und zu genießen, gänzlich zurücktritt.
Unter dem Einfluß dieser Deutungssucht steigern und verfestigen sich in diesen
Erklärern alle solche Vorstellungen, durch die sie eines geheimen Sinnes hab=
haft geworden zu sein glauben, ins Ungeheure. Es fehlt alles Verständnis
für die Beantwortung der Frage, ob der herausgespähte tiefe Sinn und eine
etwa hierauf gerichtete Absicht des Dichters denn wohl auch in den Zusammen=
hang der menschlichen Entwicklung Fausts und in den Umkreis der vom Dichter
in dem Leser erweckten Hauptinteressen hineinpasse, und ob die allegorischen
Gedanken derart zu kraftvoller und durchsichtiger künstlerischer Ausprägung ge=
langt seien, daß sie des Lesers Phantasie und Stimmung zu zwingen und zu
bezaubern vermögen. Die Entdeckung der Möglichkeit, einen allegorischen
Sinn herauszuspähen und herauszukünsteln, wirkt auf diese Erklärer in solchem
Grade beseligend und erlösend, daß hiergegen alle Schwächlichkeiten und Mängel
in der künstlerischen Gestaltung unbeachtet bleiben. Dazu kommt dann noch
der Aberglaube, der es als eine Art Majestätsverbrechen ansieht, wenn man
sich das Große und Einzige in Goethes Genius mit allerhand Schwächen ge=
paart vorstellt.

dies auch so sein: jedenfalls empfindet der Leser nach so langer
für die Hauptsache unergiebiger Wanderung eine Art Erlösung,
wenn er sieht, daß endlich überhaupt eine Höherentwicklung bei
Faust eintritt.

Worin besteht denn nun diese neue Entwicklungsstufe?
Faust, der deutsche, nordische Mensch, ergänzt sich durch das
Bündnis mit dem antiken Wesen. Der einseitig geistige, gestalt=
los innerliche, zu gärender Überschwenglichkeit neigende Mensch
vermählt sich mit dem Plastischen, Durchsichtigen, Formenstrengen,
Maßvollen des Griechentums. So entspringt eine höhere Mensch=
heitsstufe. Und es ist dies keine bloß ästhetische Entwicklung
Fausts, wenn auch der klassische Schönheitszauber im Vorder=
grunde steht. Das Antike ist für ihn nicht bloß im ästhetischen
Anschauen, sondern zugleich als Lebensprinzip vorhanden. Das
Antike übersetzt sich ihm in eine entsprechende Weise des Strebens,
Handelns, kurz des ganzen Menschen. Faust ist jetzt als gesamter
Mensch fester gegründet, geschlossener geprägt, klarer gerundet.
Es besteht mehr als ehedem in ihm ein starkes Bündnis von
Ideal und Irdischem, Unendlichem und Endlichem. Es ist also
eine allseitig menschliche und daher zugleich sittliche Entwicklungs=
stufe, was Goethe in dem Faust des Helena=Dramas andeutet.

Ich sage nicht, daß Goethe diesen Sinn in dem Helena=
Drama vollkommen klar und befriedigend durchgeführt habe.
Schon die Eingliederung der Begegnung Fausts mit Helena in
den — noch dazu allegorischen — Traum eines heraufgeholten
Schattens von seiner Vergangenheit ist eine Quelle böser Stö=
rungen. Und auch Faust selbst schwankt zwischen einer leibhaften
Einzelperson und einem allegorischen Gebilde unklar hin und her.
Doch es liegt außerhalb des von mir verfolgten Gedankenganges,
auf diese und andere Mißlichkeiten einzugehen.[1] Genug, daß

---

[1] Diese Mißlichkeiten werden von Theobald Ziegler in Bielschowskys
„Goethe" (Band 2, S. 655 ff.) scharf beleuchtet. Nur tritt die sittliche Seite an

jener bezeichnete Sinn durch das Helena=Drama deutlich hindurch=
scheint.

So steht also Faust als Geliebter und Gatte Helenas der
Entwicklungsstufe des Handelns und Herrschens näher als je vor=
her. Und es scheint, daß Goethe dies gefühlt hat. Denn schon
im Helena=Drama tritt Faust mit starker Betonung als Herr, als
Herrscher, als Willensmensch auf. In dieser Weise wird er schon
von Phorkyas=Mephisto angekündigt. Sodann wo er zum ersten
Male an Helena herantritt, in der Szene mit dem Turmwächter
Lynceus, erscheint er als kühndenkender, zugleich harter Herrscher,
der es mit seinem Herrsein in höchstem Maße ernst nimmt. Und
ebenso weiterhin, als das Heer des Menelaos herandringt, zeigt
sich in der Art, wie er den deutschen Heerführern ihre Aufgaben
zuweist, seine starke Herrscherkraft. Mag es sich hier auch überall
um allegorische und in den Traum eines Schattens hineingerückte
Vorgänge handeln, so sind doch ohne Zweifel die Erlebnisse
Fausts in ihrem Kernpunkte als Entwicklungsstufe gemeint, die
sich in die Gesamtentwicklung des Helden der Dichtung ein=
gliedert.

Erst im vierten Akte jedoch wendet sich Faust mit klarer
Entschiedenheit und in dem ausdrücklichen Bewußtsein, damit
zum ersten Male auf eine neue Lebensstufe zu treten, dem Ideal
des Herrschens und Handelns zu. Im Helena=Drama vollzieht
sich das Weiterschreiten zu Herrschen und Handeln mehr unaus=
drücklich, ohne Bewußtsein von der wesenhaften Bedeutung dieser
Wandlung. Die Klärung und Befestigung durch die griechische
Schönheit ist im Helena=Drama der Kernpunkt; jene Wendung
spielt nur hinein. Trotzdem dürfte im vierten Akte das Empor=
schreiten zum Handeln von Faust nicht als ein Neues und Erst=
maliges hingestellt werden. So wird der Fortgang vom dritten Akt

der Entwicklung Fausts im Helena=Drama denn doch stärker hervor, als Ziegler
zugibt.

zum vierten einigermaßen unklar. Es fehlt an unzweideutigem Herausarbeiten des Aufstieges.

III

Treten wir also in den vierten Akt hinein! Nachdem Faust sich von seiner Wolke, die ihn von Griechenland her getragen, in deutschem Hochgebirge zur Erde herabgelassen hat, gesellt sich bald Mephistopheles zu ihm. Das Gespräch, das sich um die Entstehung der Gebirge bewegt, erhält durch die Bemerkung Fausts, daß ihn auf seiner Luftfahrt „ein Großes" angezogen habe, eine andere Wendung. Nachdem Mephisto mit Ironie und Verführung ausgemalt hat, wie er sich dies neue „Große", das Faust gefangen habe, vorstelle, enthüllt es Faust selbst.

> ... Dieser Erdenkreis
> Gewährt noch Raum zu großen Taten.
> Erstaunenswürdiges soll geraten,
> Ich fühle Kraft zu kühnem Fleiß ....
> Herrschaft gewinn ich, Eigentum!
> Die Tat ist alles, nichts der Ruhm.

Und dann erklärt sich Faust näher: er habe auf seinem Fluge das Meer in seinem ewig gleichen, zwecklosen Spiel von Ebbe und Flut an flacher Uferstrecke gesehen. Da sei ihm der Gedanke aufgestiegen: es solle der Mensch den Kampf gegen die rohen, zwecklosen, unbändigen Gewalten des Meeres aufnehmen. Er habe den Plan gefaßt, dem Meere fruchtbares, menschennährendes Land abzuringen. Dieser Gedanke erfüllt ihn mit Hochgefühl der Kraft, mit dem Bewußtsein segensreichen Schaffens.

> Da faßt ich schnell im Geiste Plan auf Plan:
> Erlange dir das köstliche Genießen,
> Das herrische Meer vom Ufer auszuschließen,
> Der feuchten Breite Grenzen zu verengen,
> Und, weit hinein, sie in sich selbst zu drängen.
> Von Schritt zu Schritt wußt ich mirs zu erörtern;
> Das ist mein Wunsch, den wage zu befördern!

Er stellt sein neues Streben in Gegensatz zu der Genußsucht des durch das Papiergeld noch mehr in Not geratenen Kaisers. Ihm steht als Idealmensch der Herrscher mit starkem, für die anderen unergründlichem Willen, der Herrscher, der zu sich selbst frohes und unbedingtes Zutrauen hat, vor Augen. „Regieren und zugleich genießen" gilt ihm als „großer Irrtum". „Genießen macht gemein." Hiermit will Faust sagen: der Genießende tritt in erniedrigende Gemeinschaft mit der Masse; der Herrscher dagegen steht in einsamer Höhe, unzugänglich und unergründlich für die anderen. Wie auch sonst im zweiten Teile, so ist hier eine gewaltige innere Wandlung in wenige Worte zusammengedrängt. Faust bricht mit seiner Vergangenheit, mit dem Faust des ersten Teiles, mit dem Leben unter der Herrschaft des Genußstrebens.

Der Kampf mit dem Meere ist von Goethe als Betätigung Fausts glücklich gewählt. Dem wilden Meere fruchtbares Land abringen: ist eine Arbeit, die der ursprünglichen, einfachen, nahen Stellung des Menschen zur Natur entstammt, die so recht bezeichnend ist für das Hervorwachsen der Kultur aus der rohen Natur, und die an die Kämpfe sagenhafter Heroen mit verheerenden Naturgewalten erinnert.[1]) Für Faust ist auch in seiner früheren Entwicklung die Natur in ihren großen, erschreckenden Zügen eine entscheidende Macht gewesen.

Mephisto will nun dem Faust bei seinem neuen Trachten helfen. Sein Plan ist, dem schwer bedrängten, vor einer Entscheidungsschlacht stehenden Kaiser durch Zaubermittel beizustehen. Habe der Kaiser dann die Schlacht gewonnen, so werde er Faust zum Lohn für seine Hilfe ohne Säumen eine Strecke Landes am Strande zum Lehen geben. So werde dann Faust seinen Schaffens- und Herrschensdrang, sein Herrentum befriedigen können.

---

[1]) Hierauf hat Karl Köstlin mit Recht hingewiesen (Goethes Faust, seine Kritiker und Ausleger. Tübingen 1860. S. 133). Vgl. auch Richard M. Meyer, Goethe (2. Aufl., Berlin 1898), S. 642 ff., 649.

Wenn der Leſer nun freilich erwartet, Fauſt werde dieſes neue Streben auch im weiteren Verlaufe des vierten Aktes an den Tag legen und ſich davon erfüllt erweiſen, ſo wird er gewaltig enttäuſcht. Vielmehr werden in der für den zweiten Teil der Dichtung charakteriſtiſchen Weiſe, die Ablenkendes ungeheuer anſchwellen und überwuchern läßt, die weiteren ausgedehnten Szenen des vierten Aktes von den Zauberkunſtſtücken Mephiſtos und vielen anderen Dingen ausgefüllt, die im Vergleich mit dem Hauptintereſſe an Bedeutſamkeit weit zurückſtehen. Selbſt die Belehnung Fauſts iſt unbegreiflicherweiſe in der Dichtung nicht unmittelbar dargeſtellt. Doch hatte Goethe die Aufnahme des Belehnungsvorganges in die Dichtung urſprünglich beabſichtigt, wie uns der handſchriftlich erhaltene Entwurf einiger Verſe zeigt.[1]) Kurz, Fauſt erhält, ſo muß man annehmen, nach Schluß des vierten Aktes das gewünſchte Land und kann ſich nun arbeitend und herrſchend betätigen. So bezeichnet der vierte Akt trotz aller Stockungen und Überwucherungen ein kräftiges und entſchiedenes Weiter- und Höherrücken in der Entwicklung Fauſts.

IV

Der fünfte Akt gibt ganz beſonders viel Belege für den Stil des Verdichtens und Zuſammendrängens, der ungeheure Wandlungen und Aufſtiege in wenigen bedeutſamen Worten darſtellt und eine eingeſchränkte Beſonderheit ſtellvertretend ſein läßt für ein allgemeiner Menſchliches. Eine ganze Reihe bedeutungsvoller Wendungen in Fauſt ſind im fünften Akt zu

---

[1]) Es iſt bezeichnend für die vielfach erlahmende Kraft im Führen der Handlung, daß Goethe im zweiten Teil auch noch zwei andere für den Zuſammenhang hochwichtige äußere Vorgänge unausgeführt gelaſſen hat: die Überredung des Kaiſers zur Gutheißung des Papiergeldes und die Gewinnung Helenas von Perſephone. So weiſt der Verlauf an drei Stellen empfindliche Lücken auf.

solchem symbolisch zusammengedrängten Ausdruck gebracht: das Besondere ist mit Betonung als vielsagend, als übergreifend auf= zufassen.[1])

Jahrzehnte sind vergangen. Fauft ist hochbetagt. Er hat all die Zeit in dem Sinne, wie es der vierte Akt als seinen Vorsatz zeigte, sein Herrentum betätigt. Durch Philemon und Baucis erhalten wir über die Erfolge seines Ringens mit dem Meere anschauliche Kunde. Weite Strecken Landes sind für menschliches Wohnen und Walten gewonnen worden. Freilich hören wir auch: Mephifto mit seinen Gesellen hat mitgeholfen; Zauberei also war mittätig. Indessen dürfen wir nichts anderes erwarten: hat sich Fauft doch noch nicht vom Bunde mit Mephifto losgefagt. Zugleich hören wir: blutige, grausame Gewalttaten

---

[1]) Über den Stil des zweiten Teiles der Dichtung ist noch wenig gesagt worden, was auf schmiegsamer Einfühlung, auf weder pessimistisch, noch opti= mistisch verblendeter Zergliederung beruhte. Was Friedrich Vischer über ihn ausführt, trifft in ausgezeichneter, zum Teil unübertrefflicher Weise die Schwächen des Stils. Je öfter ich mich indessen mit der Dichtung beschäftigt habe, um so weniger glaube ich, daß Vischer Recht hat, wenn er meint, die von ihm gegebene Charakteristik gelte, abgesehen von einigen glücklichen Stellen, von dem ganzen zweiten Teil. Weniger freilich noch haben die unbedingten Be= wunderer des zweiten Teiles mit ihren eintönigen, farblosen Lobeserhebungen Recht. Auch die Art, wie in der jüngsten Zeit Witkowski das künftlerisch Vollendete des zweiten Teils zu begründen versucht hat (Goethes Fauft, Leipzig 1906, Band 2, S. 121 ff. und sonst), vermochte mich nicht zu überzeugen. Die ästhetischen Vorzüge des zweiten Teiles sind vielmehr zum größten Teil Schönheiten, die ihr Wenn und Zwar und Aber haben, aber um deswillen auch ganz besondere, eigenartige, seltene Reize besitzen; Schönheiten, die nicht auf einfachem, sondern voraussetzungsreichem Grunde, nicht aus den gewöhn= lichen, sondern aus schwierigen und fremdartigen Mitteln, nicht auf den gang= baren Hauptpfaden, sondern auf ungewöhnlichen Seitenlinien erwachsen; Schön= heiten, wie sie dort entstehen, wo eine gewaltige, geniale Dichterkraft die Höhe überschritten hat, aber gerade im Rückgange noch neue, eigenartige, köst= liche Vorzüge zu entfalten vermag; Schönheiten also der Überreife, der selbst im Altern und Welken noch überraschende und merkwürdige Blüten treibenden Dichterkraft.

sind dabei geschehen. Aber auch dies ist ganz im Sinne Fausts. Faust ist, als er sich zur Stufe des Schaffens, Besitzens, Herrschens erhob, hiermit nicht zu einem einfach tugendhaften Manne geworden. Wie im vierten Akte, so ist er auch jetzt noch von gewalttätigem, herrisch rücksichtslosem Gelüsten erfüllt. Was er übt, ist Herrenmoral. Es stimmt zu Fausts Natur mit den zwei Seelen, daß er auch jetzt hochgerichteten Sinn und irdisches Gelüsten, Größe und Schuld in sich vereinigt. Goethe läßt diese Zumischung von Besitzgier und Gewalttat geflissentlich hervortreten.

So sehen wir denn Faust, wo er im fünften Akt zuerst auftritt, nicht etwa befriedigt von seinem Schaffen und Besitzen, sondern gereizt und aufgeregt, da er durch das Läuten in dem nahen Kirchlein daran gemahnt wird, daß sich so nahe bei seinem Schlosse fremdes Besitztum ausbreite.

Des Allgewaltigen Willens Kür
Bricht sich an diesem Sande hier.

Es ist der alte Unendlichkeitsdrang Fausts, der sich jetzt in der Form des Herrseinwollens äußert und ihn zum Kampfe gegen die ihm hart an den Leib gerückte Besitzesschranke antreibt. Um die Gewalttat Fausts zu verschärfen, hat Goethe ein idyllisches Glück, ein rührendes Stück Leben gewählt, an dem er Faust seine Gewalttat ausüben läßt. Jenes uralte, friedliche Ehepaar will er austreiben und auf anderem Gute ansiedeln. Hier ist — nebenbei bemerkt — wieder eine Stelle, von der das vorhin über den Stil des symbolischen Besonderns und Verdichtens Gesagte gilt. So ist auch das Luginsland, das Faust errichten will, ein verdichteter Ausdruck für den sich der weiten Herrschaft erfreuen wollenden, immer weiter strebenden Sinn.

Der Befehl Fausts wird von Mephisto und seinen Gehilfen gewalttätiger ausgeführt, als er gemeint war. Philemon und Baucis stürzen vor Schreck entseelt nieder; der Wanderer, der bei ihnen eingekehrt war, wird hingestreckt; ihre Hütte brennt „als

Scheiterhaufen dieser drei". Da geht in Faust etwas Bedeutsames vor: Reue durchzuckt ihn; er flucht der rohen Gewalttat. „Tausch wollt ich, wollte keinen Raub." „Geboten schnell, zu schnell ge= tan!" So bahnt sich in Fausts Wesen eine Reinigung an. Er wendet sich von allem habgierigen, gewalttätigen Treiben, von der Herrenmoral ab.

Dies ist die erste Reinigung. Nun folgt Schlag auf Schlag eine Reinigung und Höherbildung nach der anderen. Und eine jede ist in dem Stil des symbolischen Verdichtens gehalten. Frei= lich wird man durch das machtvoll Gedrängte, schwerwiegend Abgekürzte dieser Darstellungsart nicht völlig entschädigt für den Mangel an psychologischer Vorbereitung und Durcharbeitung.

Die nächste Reinigung begegnet uns in dem Selbstgespräch Fausts beim Anblick der grauen Weiber. Er hört aus ihrem Munde düstere Worte, es klingt ihm so etwas wie Not und Tod entgegen. Wie sich der uralte Faust an den Tod gemahnt hört, fällt es ihm schwer auf die Seele, wie fern er noch von gründ= licher Läuterung sei.

> Noch hab ich mich ins Freie nicht gekämpft.
> Könnt ich Magie von meinem Pfad entfernen,
> Die Zaubersprüche ganz und gar verlernen;
> Stünd, ich Natur! vor dir ein Mann allein,
> Da wärs der Mühe wert, ein Mensch zu sein.
> Das war ich sonst, eh ich im Düstern suchte,
> Mit Frevelwort mich und die Welt verfluchte.
> Nun ist die Luft von solchem Spuk so voll,
> Daß niemand weiß, wie er ihn meiden soll.

So sagt sich also Faust los von dem Bunde mit Geistern, von allen Zauberkünsten. Er will von nun an rein menschlich, selb= ständig, ohne Geisterhilfe, allein auf eigene Kraft gestellt handeln. Er will sich von all den Gefährdungen, Entstellungen und Herab= würdigungen reinigen, die ihm durch den Bund mit Mephisto und seinen Künsten eine so lange Lebensstrecke hindurch wider=

fahren sind. Ohne Zweifel eine höchst bedeutungsvolle Aufwärts=
wendung in Fausts innerem Werdegange.[1])

Noch ein weiterer Reinigungs= und Befreiungsruck knüpft
sich an das Auftreten der Sorge. Die Sorge ist der Inbegriff
des Grübelns, Zweifelns, der Entschlußlosigkeit, der Unfreudigkeit
im Besitzen und Handeln. Die Sorge naht sich Faust als der
typisch=menschliche Feind der Besitzenden und Handelnden, be=
sonders derer, die schuldvoll und gewalttätig gehandelt haben.
Faust indessen bleibt stark und aufrecht vor der Sorge stehen.
Auf die Frage: „Hast du die Sorge nie gekannt?" antwortet er:

> Ich bin nur durch die Welt gerannt.
> Ein jed Gelüst ergriff ich bei den Haaren,
> Was nicht genügte, ließ ich fahren,
> Was mir entwischte, ließ ich ziehn.
> Ich habe nur begehrt und nur vollbracht,
> Und abermals gewünscht und so mit Macht
> Mein Leben durchgestürmt; erst groß und mächtig;

[1]) Ich befinde mich in diesem Punkte, wie überhaupt in der Auffassung
der Dichtung und namentlich ihres Schlußaktes in schärfstem Widerspruch zu
den bekannten Erklärungskunststücken Hermann Türcks (Eine neue Fausterklä=
rung, 2. Aufl., Berlin 1901). Türck sieht an der Magie immer nur die eine
Seite: sie ist ihm Ausdruck für das vertiefte Schauen des Genies und nur
dies. Ohne Zweifel ist die Magie, der sich Faust ergibt, zunächst, das heißt:
vor allem gegenüber dem Makrokosmus und dem Erdgeist, intuitives, begriff=
loses, übervernünftiges, plötzliches Erschauen und Erraffen des wahren Wesens
der Dinge. Anderseits aber tritt an der Magie von der Verbindung mit
Mephisto an überwiegend die Seite der dumpfen und entwürdigenden Zauberei
hervor. Durch Zaubermittel wird Faust von dort angefangen die ganze Dich=
tung hindurch an seiner Selbständigkeit und reinen Menschlichkeit schwer ge=
schädigt, ja stellenweise in den trübsten Dunst und Qualm des Sinnlichen ver=
wickelt. Dies liegt so offen zutage, daß ich mit jedem Wort des Beweises dem
unbefangenen Faustleser lästig zu fallen fürchte. Von diesen Zaubermitteln,
die seine Menschlichkeit in ihrer Klarheit und Selbständigkeit beständig schwer
geschädigt haben, will Faust sich nun endlich losmachen. Nur unter dem
Einfluß eines ungewöhnlich starken Vorurteils können die oben betrachteten
Worte Fausts als Abfall des Genies von seiner genialen Tätigkeit gedeutet
werden.

Nun aber geht es weise, geht bedächtig.
Der Erdenkreis ist mir genug bekannt,
Nach drüben ist die Aussicht uns verrannt;
Tor! wer dorthin die Augen blinzelnd richtet,
Sich über Wolken Seinesgleichen dichtet;
Er stehe fest und sehe hier sich um;
Dem Tüchtigen ist diese Welt nicht stumm;
Was braucht er in die Ewigkeit zu schweifen;
Was er erkennt, läßt sich ergreifen;
Er wandle so den Erdentag entlang;
Wenn Geister spuken, geh er seinen Gang,
Im Weiterschreiten find er Qual und Glück,
Er! unbefriedigt jeden Augenblick.

Der Rückblick auf sein Leben, den diese Worte enthalten, zeigt, daß er sich des Wilden und Besinnungslosen in seinem früheren Leben, zugleich aber des Kraftvollen und Großen, das sich darin offenbarte, wohl bewußt ist. Und jetzt — so will er weiter sagen — steht er selbstkräftig, fest auf sich gegründet da, in entsagender und herber Selbstbeschränkung sein Können und Arbeiten förderlich entfaltend, einzig in rastlosem, unbefriedigtem Weiterschreiten Befriedigung findend. Das Neue, das sich Faust hier erarbeitet, ist das Erstarken seines Inneren bis zur Unbesieg= barkeit. Alles, was die angeführten Worte enthalten, weist nach dieser Richtung hin. Er hat erstlich an wahrhafter Selbsterkenntnis zugenommen. Er hat zweitens allem überschwenglichen Schweifen ins Grenzenlose entsagt und die Schranken menschlichen Wirkungs= kreises als etwas Heilsames anerkannt. Er hat drittens sich von dem besinnungslosen Durchhetzen aller Genüsse abgewandt und an ihre Stelle das rastlos weiterstrebende Schaffen treten lassen. Durch dies alles ist sein Inneres derart geklärt, umgrenzt, ge= festigt, geordnet, daß es einer uneinnehmbaren Burg gleicht. Dies ist die dritte Reinigung und Erhöhung, die mit Faust im fünften Akt vorgeht.

So ist Faust denn auch jetzt imstande, sich gegen die Sorge, vor deren Macht ihm zu Beginn des ersten Teiles in der Stunde

seines Selbstmordentschlusses graute, erfolgreich zu wehren. Sein
Inneres verfällt selbst diesem schlimmsten und feinsten Feinde nicht.

> Doch deine Macht, o Sorge, schleichend groß,
> Ich werde sie nicht anerkennen.

Nur äußerlich vermag die Sorge ihn erblinden zu lassen. Innerlich steht er ungebrochen, ununterjocht da. Ja er wird durch den
Kampf mit der finsteren Sorge nur noch innerlicher, noch sehen-
der. Indem er erblindet, spricht er:

> Die Nacht scheint tiefer tief hereinzudringen,
> Allein im Innern leuchtet helles Licht.

Hiermit sind wir bereits auf den vierten und letzten Aufstieg
Fausts zu reinerer und größerer Menschlichkeit gestoßen.[1])
In dieser Durchleuchtung seines Inneren geht ihm der Ge-

---

[1]) Hermann Türck freilich verficht die Ansicht, die Erblindung Fausts
bedeute, daß er durch die Gewalt der Sorge zu einem gewöhnlichen, philisterhaften Menschen herabsinke. Faust von der Begegnung mit der Sorge an
gilt ihm als ein Mensch, der seine geniale Natur eingebüßt hat, in seiner
Größe zerstört ist und sich trivialen Hoffnungen hingibt. Er stirbt als innerlich
„ruinierter“ Mensch (a. a. O.). Damit hängt zusammen, daß Türck der Sorge
eine Bedeutung gibt, die sie in den Mittelpunkt der Dichtung rückt. Dieses
ungewöhnliche Ergebnis wird mit ebenso ungewöhnlicher Methode erreicht.
Türck scheint zu glauben, daß die Goethische Dichtung mehr aus allerhand
Parallelstellen als aus ihrem eigenen Zusammenhange verstanden werden müsse.
Zu diesem Zwecke hält er eine gewisse Art von Vorstellungsassoziation für das
passendste Werkzeug der Fausterklärung: eine Vorstellungsassoziation nämlich,
die das Überzeugen von sachlichen Zusammenhängen durch das Mittel ge-
schickter Einfälle im Gruppieren und Zusammenrücken von Stellen und Parallelstellen leisten will. Zudem hat diese seine Vorstellungsassoziation das Eigentümliche, daß sich ihr der Sinn der herangezogenen Stellen sei es aufbauscht,
sei es ins Unbestimmte verflüchtigt, sei es sonstwie verrückt. Auch richtet sie
sich immer nur nach einem oder ganz wenigen Gesichtspunkten, die nun mit
dem Druck verdunkelnden Vorurteils auf ihr lasten. Das im höchsten Maß
Vielseitige, Verwickelte der Faustdichtung, ihr geradezu ungeheurer Reichtum
an Menschlichkeit tritt in Türcks Gesichtskreis nur wenig ein. Endlich glaubt
er seltsamerweise, daß die Beweiskraft eines Satzes erhöht werde, wenn man
denselben Gedanken immer und immer, wo möglich mit den gleichen Worten,
wiederhole und ihn so dick als möglich unterstreiche.

danke eines neuen Werkes auf, des größten, das er jemals unter=
nommen. Er vergißt seiner Blindheit, tritt tastend ins Freie und
glaubt schon das Geklirre der Spaten zu vernehmen, die im Dienste
des geplanten neuen Werkes tätig sind. Was er selbst, der Tod=
geweihte, nicht mehr auszuführen vermag, nimmt er doch in
seherisch entrücktem Geiste als vollendet voraus.

Was seinem Geiste als Höchstes vorschwebt, das ist die
Landgewinnung als Mittel für die blühende Entwicklung eines
kraftvollen, selbsttätig freien Volkstums. Er möchte Räume er=
öffnen „vielen Millionen, nicht sicher zwar, doch tätig=frei zu
wohnen“.

> Solch ein Gewimmel möcht ich sehn,
> Auf freiem Grund mit freiem Volke stehn.

Diese Erhebung zu dem Gedanken des selbstlos sozialen
Handelns ist der letzte Aufstieg, der sich in Faust vollzieht. Jetzt
ist er an dem Gegenpol zur schwelgend genießenden Lebens=
führung angelangt. Hingabe an die Kulturentwicklung eines
starken und freien Volkes ist das Schlußglied in Faufts Ent=
wicklung. Freilich kommt er nicht mehr dazu, dieses Ziel zu ver=
wirklichen oder auch nur an seiner Verwirklichung zu arbeiten.
Nur als seherischer Gedanke erfüllt es ihn. Der Tod schneidet
alles Weitere ab.

V

Jetzt nämlich läßt der Dichter Faust endlich die Worte
sprechen, auf die Mephisto so lange gelauert hat, und die in
ihm den irrigen Glauben erwecken, als wäre die Wette von ihm
gewonnen. Doch nur dem oberflächlichen Wortlaute nach er=
scheint Mephisto als Sieger.[1] In Wahrheit haben die jetzt an
den Augenblick gerichteten Worte: „Verweile doch, du bist so

---

[1] Man vergleiche hierzu die gute Auseinandersetzung bei Georg Wit=
kowski, Goethes Faust, Bd. 2, S. 125 ff.

schön!" eine gründlich andere Bedeutung als die gleichen Worte beim Abschluß der Wette. Damals war das gierige Kleben an den sinnlichen Genüssen gemeint. Jetzt dagegen ist es eine edle selbstlose Tätigkeit, an deren beglückenden Erfolgen sich Faust dauernd erfreuen möchte. Faust ist, als er diese Worte spricht, in Wahrheit längst dem Machtbereich Mephistos entwachsen. Die Höherbildungen vom dritten Akte des zweiten Teiles angefangen zeigen Faust in immer stärkerem Grade als einen Strebenden, der sich des rechten Weges wohl bewußt bleibt. Und nun gar die Reinigungen des fünften Aktes machen Faust gänzlich unangreifbar für Mephisto. Dies ist der Ansicht entgegenzuhalten, daß Mephisto im Grunde mit Unrecht die Wette an Faust verliere.[1]) So ist denn auch die innere Ursache von Fausts Tode nicht der Umstand, daß jetzt die Wette scheinbar dem Wortlaute nach zum Austrag gekommen ist, sondern die tiefere Tatsache, daß Faust seinen Entwicklungsgang zu innerem Abschluß gebracht hat.

Freilich könnte man sich diesen Abschluß noch innerlicher vorstellen. Im Grunde nimmt Faust doch nur eine Arbeit an äußeren Kulturbedingungen in Aussicht. Es ist die Kultur von der wirtschaftlichen Seite, was ihm als Ideal vor Augen steht. Es würde mehr befriedigen, wenn der Dichter Faust die unmittelbare Arbeit an inneren Kulturwerten als letztes Ziel ins Auge fassen ließe. Friedrich Vischer hat in einem bekannten gedanken- und phantasievollen Aufsatz der „Kritischen Gänge", in dem er den Plan zu einem zweiten Teil der Faust-Tragödie entwickelt, Faust zum Schluß als Anführer im Bauernkrieg auftreten lassen.[2]) Hat man den Dichter des Götz, überhaupt den jungen Goethe,

---

[1]) Dies ist beispielsweise die Ansicht Richard M. Meyers (Goethe, 3. Aufl., Berlin 1905, Bd. 2, S. 788 f.).

[2]) Friedrich Vischer, Kritische Gänge. Neue Folge, 3. Heft. Stuttgart 1861. S. 137. (Zum zweiten Teil von Goethes Faust.) So auch schon in der Vorrede zum 1. Band der Kritischen Gänge (1844), S. XLII ff.

von dem Lavater im Jahre 1774 sagte, daß er ein herrliches
handelndes Wesen bei einem Fürsten wäre, vor Augen, so kann
der Gedanke kommen, Faust in solch sozialpolitischer Weise, wie
Vischer es will, vorstürmen zu lassen. Fragt man dagegen, wie
im Sinne des alten Goethe Faust, der soeben das Helena-Drama
durchlebt hat, innerlicher, als es bei Goethe geschieht, zu Ende
geführt werden könnte, so wird man wohl nur an ein sittliches
Wecken und Erneuern der Menschheit denken können. Faust, sich
in weihevollem Entschlusse der sittlichen Veredlung und weisen
Beglückung der Menschheit zuwendend — dies wäre ein Schlußglied von noch tieferem Gehalte und noch abschließenderer Kraft
als das von Goethe gewählte.

Auch wird man sich nicht darüber täuschen dürfen, daß die
symbolisch verdichtende, in allerknappsten Worten ganze große
Entwicklungsstufen andeutende Art, wie Goethe den Aufstieg
Fausts zum Handeln und dann innerhalb des Handelns selbst
darstellt, kein rechtes Gegengewicht zu dem Früheren bildet. Man
bedenke: die Stufe des Genießens ist im ersten Teil mit ein-
dringender Psychologie behandelt, das Seelenleben Fausts ist in
machtvollen Fluß gebracht, der Leser wird in die innere Entwicklung Fausts mit hineingerissen, er kann nicht anders als sich
mit hingebendstem Nacherleben beteiligen. Dagegen ist die Empor-
bildung Fausts zum Handeln ohne psychologisches Eingehen, mehr
in der Weise des Hinstellens und Soundnichtandersseins, und zudem in dem Stile des symbolischen Andeutens, Verkürzens und
Stellvertretens dargestellt. Dazu kommt das ungeheuer über-
wuchernde Beiwerk im zweiten Teil. Ganze große dramatische
Sonderdichtungen, die nur in äußerst entfernter Beziehung zu
Faust stehen, sind in den ersten und zweiten Akt hineingeschoben.
Da muß naturgemäß der Eindruck entstehen, daß die Wendung
zum Handeln nicht mit dem gehörigen Nachdruck behandelt worden
ist. Selbst noch im vierten Akt schwillt in der zweiten Hälfte das

Abschweifende dermaßen an, daß man oft mehr mitten in einem
großen Schlachtenzauberdrama als im Faust zu stehen glaubt.

Zweierlei aber muß als besonders nachteilig empfunden
werden: daß Fausts Hinwendung zum Handeln als nicht genug
aus seinen inneren Trieben entspringend erscheint, und daß die
letzte Stufe auf seinem Tatenwege: die Erhebung zu dem Ge=
danken des selbstlos sozialen Handelns gar so kurz und nur in
der Form eines Entschlusses und Wunsches behandelt wird. So
begreift es sich, daß von seiten der Kritik so oft die genügende
Grundlage für die Erlösung Fausts vermißt wird. Theobald
Ziegler sagt: der Schlußakt lasse unbefriedigt, weil die sittliche
Tat fast durchweg gefehlt habe; Faust komme unverdienterweise,
aus bloßer Gnade, in den Himmel.[1]) Und Paulsen meint: die
Rettung Fausts habe etwas Überraschendes; er hätte innerlich
gereinigt werden können entweder durch „großes, in freiwilliger
Buße aufgenommenes Leiden" oder durch „große opferwillige
Tat". Beides bleibe ihm fern; so liege demnach ein Gerettet=
werden nicht durch eigenes Verdienst, sondern aus Gnade vor.[2])
Solche Einwendungen zwar gehen etwas zu weit; denn Goethe
hat, wie meine Darlegung zu zeigen versucht hat, den Aufstieg
Fausts zur Tat und seine Reinigung auf diesem Wege in wohl=
bedachter Folge schrittweise eintreten lassen. Allein durch die Art,
wie er dies ausgeführt hat, entsteht in der Tat der Eindruck, daß
in der Dichtung die Stufe des Handelns und der Sittlichkeit bei
weitem zu kurz gekommen sei.

VI

Jedenfalls ist es für Goethe charakteristisch, daß er Faust
mit dem Ausblick auf soziales Wirken enden läßt. So tritt der

---

[1]) Theobald Ziegler in Bielschowskys Goethe, Bd. 2, S. 667.
[2]) Friedrich Paulsen, Schopenhauer, Hamlet, Mephistopheles. Berlin
1900. S. 201.

zweite Teil von Fauſt in nächſte Nähe zu Wilhelm Meiſters
Wanderjahren. Die Entwicklung, die Wilhelm zurücklegt, hat be=
deutſame Ähnlichkeit mit Fauſts Werdegang. Wilhelm entwickelt
ſich von äſthetiſchem Genießen des bunten Weltſchauſpiels, von
ſpielend beweglicher Weltempfänglichkeit, von läßlicher Pflege der
eigenen eindrucksfähigen Individualität in der Richtung be=
ſonnener, zielbewußter Tätigkeit, bis er in den Wanderjahren
immer mehr in die Auffaſſung hineinwächſt, die in dem arbeits=
freudigen, ſtill tüchtigen, aus ſtrenger Selbſtbeſchränkung heraus
doch für das Ganze lebenden und wirkenden Sinn das Höchſte
erblickt.[1])

Sehe ich mich in der deutſchen Dichtung der Goethiſchen
Zeit um, ſo bleibt mein Blick beſonders auf Jean Pauls Titan
haften. Dieſe gewaltige, unermeßlich reiche und tiefe Dichtung,
die auch in anderen Beziehungen im Sinne des Ebenbürtigen
zuſammen mit Fauſt genannt werden darf, weiſt mit dieſem auch
inſofern Verwandtſchaft auf, als auch in ihr der Held gegen den
Schluß hin eine ähnliche Reinigung, Begrenzung und Feſtigung
erlebt. Albano wird aus Gefühlsübermaß, Phantaſieherrſchaft,
ſentimentaler Überſchwenglichkeit, titanenhafter Selbſtherrlichkeit zu
einem Leben geführt, das hohe Gefühle mit beſonnenem Handeln,
Phantaſiezauber mit Sinn für das tätige Leben und ſeine Auf=
gaben verbindet. Am Schluſſe des Titan ſind all die ſtürmiſchen,
gefährlichen, allzu weichen oder allzu wilden Großen auf die eine
oder andere Weiſe verſchwunden; nur die maßvolleren, ſchlichteren
Menſchen ſind übrig geblieben; und Albano, das Allkraftgenie,
hat ſich ihrer Weiſe angepaßt. Auch er iſt zu gehaltener Kraft,
zu gezügelter Tiefe übergegangen. So geht durch dieſe drei
Dichtungen: Goethes Fauſt und Wilhelm Meiſter und Jean Pauls
Titan der gleiche Drang: von dem Zauber der äſthetiſchen und

---

[1]) Schon Ch. H. Weiße hat auf dieſe „auffallende Verwandtſchaft" hin=
gewieſen (a. a. O. S. 266 f.).

romantischen Lebenshaltung überzugehen zu einem Leben mit
festerem und herberem Wirklichkeitssinn.

Freilich kann durch die letzte Szene des fünften Aktes bei
Goethe nur zu leicht eine gewisse Unklarheit im Leser entstehen.
Soeben stand er noch unter dem Eindruck des willensstarken
Emporstrebens Fausts zu immer reinerem und wertvollerem
Handeln, und nun wird er beim Eintreten in den Himmel von
Strömen der Liebe und Gnade umrauscht. Und auch ganz ausdrücklich wird gesagt, daß an der Errettung Fausts auch die Liebe
und Gnade von oben wirksam teilhabe. Liegt hier nicht ein
Widerspruch vor? Ich glaube: doch nicht; sobald man nämlich
nur die Sache vom Standpunkt der Dichtung und des Dichters
aus ansieht. Für Goethe handelt es sich hier nur um das Hin-
zukommen einer neuen Beleuchtung, einer vorher nicht zum Ausdruck gebrachten Betrachtungsweise. Was vom menschlich-natür-
lichen, sittlichen, vernünftigen Standpunkte aus als Ergebnis selbsttätigen Strebens des Menschen erscheint, das nimmt — so müssen
wir uns im Sinne der Dichtung sagen — vom Standpunkte des
ahnenden Glaubens oder — objektiv ausgedrückt — des über-
vernünftigen Weltgeheimnisses ein anderes Aussehen an: von
solchem transzendenten Gesichtspunkte aus betrachtet, wirkt nämlich
mit der selbsttätigen Arbeit des Menschen doch irgendwie Liebe
und Gnade von oben zusammen. So liegt also kein Grund vor,
ein Sichuntreuwerden der Dichtung anzunehmen. Man kann eine
Lehre Kants als Beispiel heranziehen. Bei Kant zeigt die Ein-
reihung unserer Willensakte in die ursachliche Verkettung der
Erscheinungswelt sofort ein ganz anderes Gesicht, sobald man die
Willensakte von der Tiefe des Intelligiblen aus betrachtet. Dann
nämlich erscheinen sie, trotzdem daß sie als Glieder der Erscheinungswelt mit strenger Notwendigkeit erfolgen, dennoch zugleich
als Freiheitstat. In ähnlicher Weise muß man sich in Goethes
Dichtung das Verhältnis des menschlichen Strebens zur göttlichen

Gnade zurecht legen. Was uns Menschen als Ergebnis selbst=
tätigen Ringens erscheint, das ift, von transzendenter Seite aus
betrachtet, zugleich Sache der Liebe und Gnade.

Ob sich freilich diese harmonisierende Auffassung philo=
sophisch rechtfertigen lasse, ift eine andere Frage. Wer die in
dem Goethischen Faust zum Ausdruck gebrachte Philosophie auf
ihre Haltbarkeit prüft, wird sich mit dieser Frage zu befassen
haben. Dem Zwecke dieser meiner Betrachtung liegt eine solche
Prüfung gänzlich ferne. Von dem Leser ift ohnehin zunächst zu
fordern, daß er sich unbefangen in die Gefühls= und Denkweise
der Dichtung versetze.

Eins allerdings wird auch der Leser, der dies tut, als miß=
lich empfinden. Der Prolog im Himmel vertritt von dem Ent=
wicklungswege Faufts durchaus die menschlich=natürliche Auffassung.
Von Gnade ift dort keine Rede. So gehen also die beiden im
Himmel spielenden Szenen, die die Fauftdichtung einrahmen, in
der Art, wie sie das Streben Faufts beleuchten, wesentlich aus=
einander. Hierin liegt eine sich empfindlich fühlbar machende
Unklarheit.

Blicken wir noch einmal auf die Fauftdichtung zurück, so
dürfen wir im großen und ganzen sagen, daß sie der Reihe nach
unter drei Werturteilen steht. Der erste Teil steht unter dem
Zeichen des rauschartigen Erlebens, des Genießens in Sturm und
Drang, des Gefühls= und Phantasieüberschwanges. Ein Leben
in diesem Sinne erscheint als das Höchste. Es ift der Goethe des
Sturmes und Dranges, der sich in diesem Werturteil ausspricht.

Das Helena=Drama steht unter dem Zeichen der Aufnahme
des antiken Ideals in die Persönlichkeit. Hier liegt also ein
Werturteil vor, demgemäß Schönheitsverehrung als das Höchste
gilt. Es ift vor allem der Goethe der mittleren Zeit, der streng
klassische, im Griechentum lebende Goethe, der auf dem Boden
dieses Werturteils steht.

Der vierte und fünfte Akt des zweiten Teiles endlich werden durch die Hinwendung zum starken, zuhöchst sozialen Handeln charakterisiert. Hier herrscht das Werturteil: Handeln, vor allem soziales Handeln ist die höchste Stufe des Menschlichen. Es ist der alte Goethe vor allem, der sich zu diesem Werturteil bekennt.

So schließt also Goethe — abgesehen von der Verklärung Fausts im Himmel — sein Weltgedicht mit dem philosophischen Glaubensbekenntnis, daß höher als genießendes Erleben, höher auch als Schönheitsverehrung das aus strengem Wirklichkeitssinn hervorgehende, zuhöchst der Volksgemeinschaft selbstlos dienende Handeln stehe. Ob und inwieweit Goethe hiermit Recht hat, ist eine Frage für sich, die hier abseits liegen bleibt. Keinesfalls aber sollen durch die Darstellung des vierten und fünften Aktes jene beiden früheren Stufen verworfen werden; vielmehr bleiben sie als echt menschliche Offenbarungen von eigentümlicher und unersetzlicher Größe und Tiefe bestehen. Und hält man sich gar die dichterische Behandlung und Durchführung vor Augen, so kann nicht zweifelhaft sein, daß Goethe die erste Stufe, das über- schwenglich genießende Erleben, mit einem Wunderglanze umgeben hat, der alle folgenden Teile der Dichtung weit überstrahlt.

Die Philosophie der Liebe und des Todes in Schillers Jugendgedichten

I

Schillers Anthologie auf das Jahr 1782 kündigt sich schon äußerlich merkwürdig genug an. Auf dem Titelblatte steht: „Gedruckt in der Buchdruckerei zu Tobolsko." Und die Vorrede soll in Tobolsko den zweiten Februar geschrieben sein. Einer „sibirischen Anthologie", wie sie sagt, will sie das Geleitwort geben. Das alles ist satirisch gemeint: in Schwaben herrsche, obwohl Stäudlin, der Herausgeber des Schwäbischen Musen= almanachs, Schillers Nebenbuhler in der Lyrik, die Morgensonne über Schwaben leuchten sehe, auf dem Felde der lyrischen Dichtung noch sibirischer Winter. Gewidmet aber ist das Buch „Meinem Prinzipal, dem Tod". Und der kurze Widmungsaufsatz treibt mit dem halb grauenhaften, halb lächerlichen Ungeheuer des Todes sein verwegenes Spiel. Schon hierdurch spricht sich etwas von der wilden pessimistischen Grundstimmung der Gedichte aus.

Die Gedichte der Anthologie rühren nicht von Schiller allein her; auch einige Freunde haben beigesteuert. Die Gedichte sind mit Chiffern unterzeichnet, deren Bedeutung vielfach ungewiß ist. So ist es auch von einigen Gedichten zweifelhaft geblieben, ob sie Schiller angehören.[1]) Doch sind die zweifelhaften Gedichte

---

[1]) Hierüber handelt ausführlich Richard Weltrich, Friedrich Schiller, 1. Band (Stuttgart 1899), S. 501 ff.

unbedeutender Art im Vergleich mit denen, die als Schillerisch feststehen. Zu ihnen gehören alle Kolossalgebilde der Anthologie. Für meinen Zweck genügt es, sich ausschließlich an die unzweifelhaft Schillerschen Gedichte zu halten.

Über die Gedichte der Anthologie hört man gewöhnlich nicht viel Gutes. Und wer könnte die schweren künstlerischen Mängel leugnen! Vielfach herrscht eine Wildheit leidenschaftlichen Wesens, die auch künstlerisch nicht Herr über sich geworden ist, ein Wüten, das vor lauter Ungebärdigkeit des künstlerischen Gestaltens unfähig ist. Damit hängt zusammen, daß seine Phantasie oft mehr als erträglich im Zotenhaft=Burlesken, im Häßlich=Erhabenen, im Aufgetürmt=Großen schwelgt. Auch macht sich oft eine pathetische Art geltend, die sich zu Glut und Hitze steigert, doch eben wegen dieses ihres künstlichen Sichemportreibens kalt läßt. Schiller hat es übrigens, wie die Besprechung zeigt, die er der Anthologie sehr bald nach ihrem Erscheinen im Wirtembergischen Repertorium gewidmet hat, keineswegs an Einsicht in die Überspannungen und Geschmacklosigkeiten in seinen eigenen Gedichten gefehlt.

Aber daneben darf nicht verkannt werden, daß die Sprache eines trotzigen Feuergeistes zu uns spricht, eines titanenmäßig rüttelnden und gegen die Welt sturmlaufenden Revolutionärs, eines nicht nur leidenschaftlichen, sondern auch phantasiekühnen und gestaltungsmächtigen Genies. Solch ein Genie kann sich nicht in maßvoll ausgereifter Art äußern. Es schafft im Stil des Kolossalen, der unbehauenen und empörten Größe, auch im Stil der reichen, üppigen, lautkündenden Pracht, und wo der Anlaß zur Satire vorliegt, im Stil wilder Zynismen und grausigen Lachens. Kurz die künstlerischen Mängel der Anthologie sind nicht Mängel der Unkraft, sondern der Überkraft.

Indessen will ich mich hier mit der künstlerischen Seite an Schillers Jugendlyrik nicht beschäftigen. Sie soll uns vielmehr

hier als ein Zeugnis seiner Jugendphilosophie gelten. Wir werden
sehen, daß Schillers Anthologie, ihrem philosophischen Geiste nach
beurteilt, zu fast unvermuteter Größe anwächst.

Schillers Jugendphilosophie steht nicht nur in der begriff=
lichen Durchbildung, sondern auch nach dem sachlichen Werte ihrer
Gedanken hinter seiner späteren, unter dem Einfluß Kants stehen=
den Philosophie weit zurück. Dennoch legt sie in beredter Weise
Zeugnis ab von der Gewalt, mit der in Schillers jugendlichem
Geiste die Gedanken gärten und sich den tiefsten und schwersten
Fragen zuwandten. Seine Jugendphilosophie stellt eine hin=
reißende Vereinigung von ungeduldigem, hochfliegendem Denken,
schwelgerischem Gefühl und einer auf das Titanische gerichteten
Phantasie dar. Durch diese Vereinigung von Eigenschaften ist es
ihm gelungen, ein Weltbild von wuchtigen Zügen und voll eigen=
artigen Tiefsinns hinzustellen, ein Weltbild, das sowohl nach der
Seite des Harmonischen und Lichtvollen wie des Schroffen und
Düstern den Charakter einer genialen, Höchstes ankündigenden
Jugendlichkeit trägt.

Wollte ich Schillers Jugendphilosophie ordnungsgemäß ent=
wickeln, so müßte ich zunächst an die beiden Festreden herantreten,
die aus der Zeit seines Aufenthaltes in der Militärakademie
stammen. Sie behandeln moralphilosophische Fragen. In der
ersten herrscht noch Schülerhaftigkeit, die sich indessen schon zu
ungeheurem Schwunge vorbereitet; die zweite zeigt einen Fort=
schritt in Bestimmtheit und Besonnenheit. Sodann wären die
beiden Abhandlungen, durch die er seine medizinische Reise dartun
sollte, ins Auge zu fassen: die Philosophie der Physiologie, von
der uns nur Stücke des ersten Abschnittes erhalten sind, und
der Versuch über den Zusammenhang der tierischen Natur des
Menschen mit seiner geistigen. Wenn jenes Bruchstück noch aus
einem dunklen Zusammengären philosophischer, naturwissenschaft=
licher und dichterischer Ideen hervorgegangen ist, so läßt die zweite

Differtation eine klarere Scheidung diefer Triebkräfte in des Ver=
faffers Geifte erkennen. Hierauf wären die Räuber auf ihren
philofophifchen Gehalt hin zu prüfen, und dann erft dürfte ich
an die Gedichte der Anthologie herantreten. Auf folche ent=
wickelnde Darftellung indeffen verzichte ich hier. Ich fetze mich
fofort in der Anthologie feft, um aus ihr Schillers Weltanfchauung
herauszuholen. Zufammenhänge mit Früherem wie Späterem in
Schillers philofophifcher Entwicklung werden fich uns dabei an
manchen Stellen nahelegen.

II

In feiner Jugendzeit ift Schillers Denken weit mehr als
fpäter von einem kosmifchen und metaphyfifchen Zuge beherrfcht:
es bedrängen ihn Fragen nach den Weltmächten, nach Grund,
Sinn und Wert der Welt. Später waren es weit überwiegend
Fragen des Schönen und der Kunft, der Sittlichkeit und Kultur,
die fein Denken erregten und fefthielten.

Schiller beraufcht fich in feiner Jugend wie Haller und
Klopftock an dem Gedanken von der Unendlichkeit der Welt. Er
trinkt in gierigen Zügen den fchaurigen Genuß der Unendlichkeit.
So ift es in der Hymne an den Unendlichen und noch charakte=
riftifcher in der Größe der Welt. In diefem Gedicht wendet
er in wirkungsvoller Weife verfchiedene kühne Phantafiemittel an,
um im Lefer das unfaßbare Gefühl von der Grenzenlofigkeit der
Welt nach vor= wie rückwärts entftehen zu laffen. Kühnemann
hat Recht, wenn er bemerkt: wenn Schiller als jugendlicher Denker
fpreche, fcheine vieles angelernt; in der Dichtung komme auch das
Angelernte ganz als ein Eigenes heraus.[1]

Mit dem Unendlichkeitsgedanken verbindet fich ihm der meta=
phyfifche Einheitsgedanke. Nicht etwa daß er der trockenen Ein=
heit des Gefetzes nachginge. Was ihn ergreift, das ift die Einheit

---

[1] Eugen Kühnemann, Schiller. München 1905. S. 24.

des Lebens. Er versetzt sich nacherlebend in den strömenden, be=
seelenden Mittelpunkt der Welt hinein. Das Weltleben ist ihm
ein Zusammenrauschen der Weltwesen und Weltstufen zu einer
unendlichen Harmonie. Schon in jener ersten Rede schwelgte
Schiller in der Vorstellung, daß die tausend zitternden Saiten
der Natur melodisch zusammenklingen.

Mit besonderer Stärke ist das philosophisch bedeutsamste
und philosophisch abgeklärteste Gedicht der Anthologie Die
Freundschaft von diesem Einheitsgedanken getragen. „Eines
Rades Schwung" wälzet „Geisterreich und Körperweltgewühle"
zum Ziele hin. Der Dichter sieht Harmonie in den „Labyrinthen=
bahnen" der Himmelskörper und in dem Fluten der Geister nach
der „großen Geistersonne" hin. Und auch mit seinem Freunde
fühlt er sich durch dieses metaphysische Einheitsband in hoch=
gestimmter Liebe verbunden.

Und noch überschwenglicheren Ausdruck findet der Ein=
heitsrausch in der Phantasie an Laura. Körper wie Geister,
Sonnenstäubchen wie Weltsysteme bewegen sich umeinander in
Harmonie. Man fühlt beim Lesen dieses Gedichtes, in wie kolos=
salen Bildern seine Phantasie mitgerissen wurde, wenn er sich in
die im Größten wie im Kleinsten, im Körper= wie im Seelenreiche
geschauten und geahnten Weltentänze vertiefte.

Zugleich sagt uns die Phantasie an Laura, daß die einigende
Macht im Weltenleben die Liebe ist. Schillers Jugendphilosophie
ist eine Philosophie der Liebe.

III

Schon in der Philosophie der Physiologie nennt Schiller
die Liebe „die große Kette der empfindenden Natur". Nur durch
die „Bande der allgemeinen Liebe" ist Vollkommenheit und Glück=
seligkeit möglich. Diese Bedeutung der Liebe findet sich in der
Phantasie an Laura dahin gesteigert, daß die Liebe auch die

körperliche Natur durchwaltet, daß sie allgemeine Weltmacht ist. So ist also die Vorstellung, die Schiller von der einigenden Weltmacht hat, anthropologischen Ursprungs.

Zugrunde liegt die Liebesglut, die er für seine Laura, und der Freundschaftsrausch, den er für seinen Raphael empfand. Das Glutenherz der Schöpfung ist nichts anderes als die ins Unend= liche gesteigerte und dann hinausverlegte Liebesgewalt in seinem eigenen Innern.

Betrachtet man die Liebe zu Laura, das ist zu der dichterisch verklärten Frau Luise Vischer, nach der Art der Äußerung in den Gedichten, so tritt ohne Zweifel die sinnliche Seite sehr stark her= vor. Die Begierden wüten und rasen. Aber sie sind nicht ein Nacktes und Letztes; sondern in ihnen spricht sich immer zugleich geistiger Einheitsrausch, Verlangen nach unbedingter Wechsel= durchdringung der Seelen, Lechzen nach Unendlichkeit und Gött= lichkeit aus. Rein als Liebesgedichte angesehen, sind die Laura= oden zum großen Teil wenig individuell, allzu situationslos; als Weltanschauungsgedichte dagegen tragen sie das Gepräge des Selbsterlebten, des drangvoll Herausgeborenen.

Die Liebe des jugendlichen Schiller trägt so recht den Cha= rakter des Kraftgenialen an sich. Und doch spricht sich eine ganz andere Kraftgenialität in ihr aus als etwa in der Liebe des stürmenden Goethe. Bei dem jungen Goethe hat die Liebe etwas Frohgemutes, sie ist ein sicheres und selbstverständliches Verweilen im Sinnlichen, und ebenso frei und leicht gesellt sich dem Sinn= lichen Seele und Seelengemeinschaft zu. Die Liebe, wie sie in den Gedichten aus der Kraftgeniezeit Goethes zum Ausdruck kommt, läßt uns fühlen, daß es sich in ihr um etwas menschlich Gutes, um eine holde Gabe der Götter handelt. Bei dem jungen Schiller dagegen hat die Liebe etwas krampfhaft Gespanntes, etwas Gequältes, sich Hineinsteigerndes, sich Herauspressendes. Das gilt von ihrer sinnlichen Seite wie von ihrem geistigen Gehalte.

Oder man möge Heinses Ardinghello zum Vergleich heranziehen. Der Sinnentaumel ist hier ähnlich wie bei Schiller zugleich All= lebens= und Unendlichkeitsrausch. Aber während Heinse sich sinnenfroh, unbekümmert, bakchantisch den Freuden der Wollust hingibt, fühlt man bei Schiller überall in seiner Wollusthitze doch den gebrochen nordischen, einseitig innerlichen Menschen, der sich anstrengt, die Liebesgenüsse auszuschöpfen, und dem dabei auch das Bereich der Wollust zu einem Schauplatz für an= gespanntes geistiges Titanentum wird.[1])

Man betrachte etwa das Geheimnis der Reminiszenz. Der Dichter steht staunend vor einem Rätsel: woher stammt das „Wutverlangen", sich mit Laura zu vereinigen? Und er findet die Lösung darin, daß er und Laura einstens im Herzen der Welt eins waren, ein einziges gottähnliches Wesen bildeten und in dieser Ineinanderschmelzung Weltenwonne genossen. Beide waren ein einziger weltenbewegender, wahrheitschauender, un= endliche Wollust genießender Gott.

> Aus den Angeln drehten wir Planeten,
> Badeten in lichten Morgenröten,
> In den Locken spielten Edens Düfte,
> Und den Silbergürtel unsrer Hüfte
>   Wiegten Maienlüfte.
>
> Uns entgegen gossen Nektarquellen
> Tausendröhrig ihre Wollustwellen,
> Unserm Winke sprangen Chaosriegel,
> Zu der Wahrheit lichtem Sonnenhügel
>   Schwang sich unser Flügel.
>
> Unsern Augen riß der Dinge Schleier,
> Unsre Blicke, flammender und freier,
> Sahen in der Schöpfung Labyrinthen,
> Wo die Augen Lyonets erblinden,
>   Sich noch Räder winden.

---

[1]) In interessante Beleuchtung finden sich die Laura=Oden bei Richard Maria Werner gerückt (Lyrik und Lyriker. Leipzig 1890. S. 308 ff.).

Diese Einheit nun ging entzwei; er und Laura — sie sind nur noch „des Gottes schöne Trümmer". Und so ist denn ihre jetzige Liebe das Sehnen nach der ehemals genossenen metaphysischen Einheit. Man wird an die Mythologie der Liebe, wie sie Aristophanes in Platos Symposion vorträgt, erinnert.

Und ähnlich ergeht er sich in dem Gedichte Die seligen Augenblicke an Laura. Auch hier schlingen sich in sein wollustheißes Liebesglück überall Vorstellungen kosmischer Art herein. Indem er mit Laura leiblich und seelisch zusammenwächst, weiten sich ihm alle seine Gefühle ins Ungeheure aus durch die in mannigfaltigen Formen hereinspielenden Phantasieanschauungen vom Weltleben.

So darf bei Schiller von einer dichterisch-philosophischen Metaphysik der Liebe gesprochen werden. Liebe bedeutet bei ihm zuhöchst die bewegende und einigende Weltmacht. Die Liebe der Geschlechter ist nur ein schwacher Abglanz der im Weltenherzen glühenden Liebeswonne. Gott ergießt sich als ewiger Liebesstrom durch die Welten. Eine liebestrunkene Gottheit begeistert und beglückt die Welt. Das Reich der Menschengeister strebt vermöge eingeborenen Verlangens nach dem Urquell der Liebe hin. So steht vor Schillers Augen eine leidenschaftlich bewegte Welt. Der christliche Gedanke von Gott als dem Gott der Liebe erscheint hier weitergeführt und umgeformt durch den pantheistischen Gedanken einer von Liebesrausch erfüllten Welt. Ebenso liegt der Zusammenhang mit Leibnizischen Gedankenkreisen auf der Hand. Was Leibniz von dem harmonisch geordneten Stufenreich der Monaden und dem liebenden Streben der Monaden zu Gott hin lehrt, das klingt mannigfach in Schillers Metaphysik der Liebe an.

Für Schillers Metaphysik der Liebe sind außer den herangezogenen noch zwei Gedichte von besonderer Wichtigkeit: Der Triumph der Liebe und Die Freundschaft. In keinem

anderen Gedichte schildert er die Allverbreitung der Liebe in so
leichtbeflügelten Versen wie im Triumph der Liebe. Aus der
ganzen Natur, aus Sternenwelt, Silberbach und Nachtigallensang
tönt ihm Liebe entgegen; und Liebe ist ihm die Führerin des
strebenden Geistes zu Gott und Unsterblichkeit hinan. Selbst die
Göttin der Weisheit weicht vor der Liebe.

Am tiefsinnigsten aber ist die Liebe in dem Freundschafts=
gedicht behandelt. Hier leitet Schiller die Erschaffung der Welt
der Geister von dem Liebesbedürfnis des Schöpfers ab. Gott
fühlte in seiner Einsamkeit Mangel; er wollte seine Seligkeit nicht
für sich allein genießen, sondern Geschöpfe sehen, an deren Selig=
keit er sich freuen könnte. So schuf er denn „selge Spiegel seiner
Seligkeit". Gott hat also den Drang in sich, seine Unendlichkeit
aufzuschließen, andere Wesen in sich hineinzuschlingen. Er will,
daß ihm seine Unendlichkeit aus der Welt liebender und zu ihm
aufstrebender Geschöpfe gewiß werde.

> Aus dem Kelch des ganzen Seelenreiches
> Schäumt ihm die Unendlichkeit.

Hegel hat die Verwandtschaft dieses dichterphilosophischen Ge=
dankens mit seinem Monismus des absoluten Geistes so stark
empfunden, daß er seine Phänomenologie des Geistes mit diesen
Worten Schillers schloß.

Daß es sich bei Schiller in seiner Philosophie der Liebe
nicht nur um dichterische Ergüsse, sondern um ernst gemeinte
Philosophie handelt, geht daraus hervor, daß auch die Theo=
sophie des Julius sich zu dieser Philosophie bekennt. Die
Theosophie des Julius wurde von Schiller den Philosophischen
Briefen, die dem Jahre 1786 angehören, einverleibt, stammt aber
in der Hauptsache aus der Zeit der Anthologie. Jeder Blume,
jedem Wurm, jedem Gestirn fühlt sich Schiller durch die Liebe
wesensverwandt. Er fühlt die ganze Schöpfung in seine Per=

sönlichkeit zerfließen. Liebe ist der allmächtige Magnet in der
Geisterwelt, die Leiter, worauf wir emporklimmen zur Gottähnlich=
keit. Die Philosophie der Liebe steigert sich nun in der Theosophie
des Julius zu einem Pantheismus der All=Vernunft. „Das
Universum ist ein Gedanke Gottes." Was in der Natur zur
Erscheinung kommt, ist einzig das denkende Wesen. Die Gesetze
der Natur sind die Chiffern, die das denkende Wesen zusammen=
fügt, um sich den endlichen Geistern verständlich zu machen. Die
Natur ist nichts als die unendliche Harmonie Gottes, nur in ver=
einzeltem, zerteiltem Zustande. „Die Natur ist ein unendlich ge=
teilter Gott." Die beiden Seiten des göttlichen Wesens freilich,
Lieben und Denken, hat Schiller miteinander in Übereinstimmung
zu bringen nicht versucht.

Lange noch klingt die Philosophie der Liebe bei Schiller
nach. Dies beweist vor allem das dem Herbst des Jahres 1785
angehörende Lied An die Freude. Wie früher die Liebe, so
erhebt er hier die Freude zu einer weltbelebenden Macht. Die
Freude ist Seele des Forschens, der Tugend, des Glaubens.
Selbst Tod und Hölle vergehen unter ihrer siegreichen Herr=
schaft. Urquell der Freude aber ist der gute Geist über dem
Sternenzelt.

IV

Schillers Jugendphilosophie wäre sehr einseitig charakterisiert,
wenn man sie in diese harmonistische und optimistische Welt=
anschauung aufgehen ließe. Sie trägt auch eine starke pessi=
mistische Seite an sich. So ist es schon in den Räubern. So=
wenig Schiller eins ist mit Karl Moor, so ist doch ein gut Teil
der Brandmarkungen, die Karl Moor gegen die Kulturwelt
schleudert, aus der Seele des Dichters heraus gesprochen. Schiller
erscheint in den Räubern stark in den Rousseauschen Kultur=
pessimismus eingetaucht. Ja auch die zynische und medizinische

Freigeisterei Franz Moors deutet auf ähnliche Zweifel und Em=
pörungen in der Seele des jungen Dichters hin.[1]

Es ist nun beachtenswert, daß sich der Rousseausche Kultur=
pessimismus Schillers in der Anthologie verbreitert, auf um=
fassendere Gebiete ausdehnt. Er steht hier nicht mehr bloß den
gegenwärtigen gesellschaftlichen Zuständen, sondern dem Leben
und der Menschheit, ja dem Dasein überhaupt anklagend und
verwerfend gegenüber. Die Welt machte eben auf den ringenden
jungen Schiller zwei unvermittelt entgegengesetzte Eindrücke. Ein=
mal erschienen ihm Natur und Geistwelt als von Liebe bewegt,
als durchflutet von einem Zug nach seliger Einheit, und indem
er sich diesem Eindruck hingab, kam seine Phantasie in freudigen
Aufschwung und seherhafte Entzückung. Dann aber wieder sah
er in dem Tod den Schlüssel zum Welträtsel. Schiller gehört
zu denen, die von dem Eindruck der Endlichkeit und Nichtigkeit
gepackt und geschüttelt sind, denen sich dieser Eindruck zu einer
das ganze Gefühls= und Gedankenleben bestimmenden Macht
verschärft. Er sieht den Tod der Welt im Herzen hausen und
alles mit Nichtigkeit durchsetzen. So verbindet sich mit der Philo=
sophie der Liebe vermittlungslos eine Philosophie des Todes.

Schiller muß damals unter dem Eindruck, den der Tod auf
ihn machte, viel gelitten und gekämpft haben. Das geht schon
aus der Leichenphantasie hervor, die der Klage um einen
1780 dahingeschiedenen, Schillers Freundeskreis angehörigen Zög=
ling der Akademie — August von Hoven — dramatisch bewegten
Ausdruck gibt. Mit wahrer Wollust wühlt hier der Dichter in
dem Grausen von Grab und Todesnacht. Auch in seinen Briefen
aus jenen Tagen spricht sich Lebensüberdruß und Todessehnsucht
mit beängstigender Heftigkeit aus. Dichterisch weit höher als die

---

[1] Über den philosophischen Gehalt der Räuber handelt in vortrefflicher
Weise Karl Berger (Schiller. Sein Leben und seine Werke. Bd. 1. München
1905. S. 149 ff.).

Leichenphantasie steht die Elegie auf den frühzeitigen Tod
Johann Christian Weckerlins, trotzdem daß es ein im Auf-
trage der Freunde des Verstorbenen verfaßtes Leichenkarmen ist.
Schiller beugt sich hier mit verehrendem Grauen vor dem „Gott
der Grüfte". Und ebenso geht, wie wir weiterhin sehen werden,
noch aus einer ganzen Anzahl anderer Gedichte der aufwühlende,
fast aus den Fugen werfende Eindruck hervor, den er in jener
Zeit vom Tode empfing.

So waren es die zwei merkwürdigsten Ereignisse in allem
Menschlichen, die zwei gewaltigsten Mächte, Liebe und Tod, um
die sich damals das aufgeregte Fühlen und Sinnen Schillers
gruppierte. Man wird an Schopenhauer erinnert, dessen Weltanschauung nicht zum kleinsten Teile dadurch bestimmt wird, daß
er seinen Blick von der überschwenglichen Wollust des Zeugungs-
vorganges zu dem bleichen Schrecken der Todesstunde schweifen
läßt. Und wer wird leugnen, daß die lebenzeugende Liebe und
der sinnlos vernichtende Tod eine beängstigende Menge von
Rätseln enthalten! Es legt Zeugnis ab von Schillers tiefer
Natur, daß diese beiden Ereignisse, in denen das Metaphysische
des Lebens mehr als anderswo zutage tritt, sein Dichten und
Denken so gewaltig durchdrangen, daß sie zugleich die zwei
Grundtriebfedern für die Gestaltung seiner damaligen Weltanschauung bildeten.

V

Unter den pessimistischen Gedichten ragt die Melancholie an
Laura hervor. Der Erde Beste ist lange schon vom Reich der Nacht
untergraben; alle Pracht der Erde ruht auf modernden Gebeinen.

> Früher, später reif zum Grab,
> Laufen, ach, die Räder ab
> An Planetenuhren.

Selbst Schönheit und Liebe erwächst aus Verwesung. Hinter dem
rotesten Leben grinst überall der Tod hervor.

Aus dem Frühling der Natur,
Aus dem Leben, wie aus seinem Keime,
Wächst der ewge Würger nur.

Man kann aus diesem Gedicht so recht die ungeheueren Phantasieanstrengungen kennen lernen, die der Dichter macht, um seine erhabenen Gedanken zu dichterischen Gesichten zu gestalten. Und es gelingt ihm auch, unsere Phantasie ins Große und Kosmische hin in Bewegung zu setzen. Allein man merkt zu sehr das Gequälte: Schiller möchte mit seiner Phantasie wahre Blöcke wälzen und werfen. Anderseits wieder blickt hinter den Phantasiebildern allzu deutlich der treibende Gedanke hervor.

Ernst Elster bestimmt den Typus, den das dichterische Schaffen des jungen Schiller trägt, durch folgende Dreiheit: fliegende Assoziation, mangelhafte Anschauung, vorwaltende Abstraktion.[1]) Es scheint mir, daß, wenn dem Schaffen Schillers Gerechtigkeit widerfahren soll, eine positive Seite an seiner Phantasietätigkeit hinzugefügt werden muß. Mag sie auch noch so viel Mangelhaftes aufweisen, so ist ihr doch ein machtvoller, mitreißender Zug nach gewissen Arten des Erhabenen hin eigentümlich. Selbst in einem Gedichte, das, wie die Melancholie, zu den weniger gestaltungskräftigen gehört, weiß er uns durch weiträumige, empor- und hinausdrängende, ins Unermeßliche weisende, großartig unförmliche Phantasiebilder zu bannen.

Weit wirkungsvoller noch nach der anschaulichen Seite ist die schon vorhin erwähnte Elegie. Auch hier freilich weiß der Dichter weder sich selbst noch auch die geschilderten Gegenstände mit individuell gezeichneter Anschaulichkeit vor Augen zu führen. Überhaupt liegt seine starke Seite, besonders soweit die Lyrik in Betracht kommt, nicht darin, daß er unsere Phantasie durch die aufgewandten sinnlichen Mittel in die Richtung auf individuelle

---

[1]) Ernst Elster, Schiller. Rede, gehalten bei der Gedenkfeier der Universität Marburg am 9. Mai 1905. Marburg 1905. S. 9.

Bestimmtheit hin triebe und uns zu dem Glauben brächte, in unserem
Vorstellen individuell geprägte Gestalten, Lagen, Vorgänge vor
uns zu haben. Darum fehlt es aber seiner Phantasiegestaltung
keineswegs an Individualität. Nur ist es nicht eine Individualität
der sinnlichen Ausgestaltung, sondern des Gefühlswertes.
Schillers Phantasiegebilde wirken individuell, weil er ihnen selbst=
erlebte Gefühle eingeschmolzen hat. Man merkt die individuelle
Gemütslage, aus der die Phantasieanschauungen herausgeboren
wurden.

Aber ich habe hier nicht die Eigenart der Phantasiearbeit
Schillers zu zergliedern, sondern auf das in seiner Lyrik nieder=
gelegte Philosophische zu achten. Und da zeigt uns nun die
Elegie den Dichter als unter dem Eindruck der in der Welt herr=
schenden Nichtigkeit, Wüstheit und Unvernunft stehend. Das Leben
erscheint ihm als Verbindung von grauser Tragik und abgeschmackter
Posse. Die Gebärde des Anklagens und Brandmarkens im großen
Stil, des höhnenden Aufdeckens und grimmigen Vernichtens steht
Schiller in hervorragendem Grade zu Gebote.

> Aber wohl dir! — Köstlich ist dein Schlummer,
>   Ruhig schläft sichs in dem engen Haus;
> Mit der Freude stirbt hier auch der Kummer,
>   Röcheln auch der Menschen Qualen aus.
> Über dir mag die Verleumdung geifern,
>   Die Verführung ihre Gifte spein,
> Über dich der Pharisäer eifern,
>   Fromme Mordsucht dich der Hölle weihn,
> Gauner durch Apostelmasken schielen,
>   Und die Bastardtochter, die Gerechtigkeit,
> Wie mit Würfeln, so mit Menschen spielen,
>   Und so fort bis hin zur Ewigkeit.
>
> Über dir mag auch Fortuna gaukeln,
>   Blind herum nach ihrem Buhlen spähn,
> Menschen bald auf schwanken Thronen schaukeln,
>   Bald herum in wüsten Pfützen drehn;

5*

Wohl dir, wohl in deiner schmalen Zelle!
   Diesem komischtragischen Gewühl,
Dieser ungestümen Glückeswelle,
   Diesem possenhaften Lottospiel,
Diesem faulen fleißigen Gewimmel,
   Dieser arbeitsvollen Ruh,
Bruder! — diesem teufelvollen Himmel
   Schloß dein Auge sich auf ewig zu.

Auch das Gespräch, das Schiller in seinem Wirtembergischen Repertorium erscheinen ließ, Der Spaziergang unter den Linden, gibt uns von dem gleichen Pessimismus Kunde. Die Wirklichkeit erscheint ihm wie ein grinsendes leeres Nichts, das in ekelhafter Weise mit Dasein und Fülle prahlt. Er hat das Harte, Nichtzubewältigende, das in dem Gedanken der Endlichkeit für das tiefere Denken liegt, gründlich durchgekostet. Und auch das schon früher für die Metaphysik der Liebe herangezogene Geheimnis der Reminiszenz kann als Zeugnis für die Metaphysik des Todes angeführt werden. Die Liebenden erscheinen ihm wie Trümmer eines einstmals seligen einheitlichen Gottes. Nur zu einer leisen Ahnung jener goldenen Zeiten vermögen es bei der gegenwärtigen Zersplitterung des Seins die Liebenden zu bringen.

So ist es denn kein Wunder, daß Schiller mit Vorliebe Stoffe aus dem Umkreise des Grauenhaft-Erhabenen wählt. Man denke an Die Pest: in den Pestilenzen und würgenden Seuchen sieht er einen grellen Hohn auf den Gott der Liebe. Oder man vergegenwärtige sich das Gedicht In einer Bataille: mit welch eingehender Vertiefung arbeitet hier seine Phantasie in dem Wüten und Morden der Schlacht. Hier hat es Schiller sogar zu Bildern von höchst individueller sinnlicher Gestaltung gebracht. Auch an solche Gedichte wie Die Kindes-mörderin, Gruppe aus dem Tartarus, Morgenphantasie (später als Der Flüchtling bezeichnet) kann hier erinnert werden.

VI

Wenn Schiller so den Tod an allem Dasein zehren sieht,
so ist sein Auge besonders geschärft für alle Unwürdigkeiten, die
an Gesellschaft und Kultur hervortreten. So hängt mit der
Philosophie des Todes bei ihm aufs engste die Rousseausche,
kulturpessimistische Seite seiner Lebensanschauung zusammen. Er
wird zum empörten Ankläger und höhnenden Brandmarker: alles
innerlich Leere, alles Gleißende, alles Knechtende, alles, was die
Menschheit schändet, stellt er an den Pranger. Wahre Denkmale
der Schande errichtet er in seinen Gedichten diesen Verzerrungen
der Menschheit. Das vorhin aus der Elegie Herausgehobene
fällt schon zum Teil unter diesen Gesichtspunkt.

Besonders ragt sein Gedicht Rousseau hervor. Wie vieles
an diesem Gedichte auch geschraubt und geschwollen ist: es ist
doch ein aus starker Natur geborenes Denkmal für Rousseau, ein
Denkmal im Stil ungefüger Größe und sich nicht genug tun
könnender Wucht. Er klagt „verderbengeifernde“ Priester an,
Rousseau zugrunde gerichtet zu haben. Und die gleiche Anklage er=
hebt er gegen „das Ungeheuer Vorurteil“ und gegen „die hundert=
rachigte Hyäne Eigennutz“. Und aus solcher Anklage entwickelt
sich ein allgemeiner Lebenspessimismus:

> Geh, erzähl dort in der Geister Kreise
> Diesen Traum vom Krieg der Frösch und Mäuse,
> Dieses Lebens Jahrmarktsdudelei.

Und nicht minder gehört das Gedicht Die schlimmen
Monarchen hierher: den verweichlichten, gewalttätigen, sich wie
Götter blähenden Fürsten hält er den jämmerlich ausgleichenden,
verunstaltenden Tod mit grimmigem Hohn entgegen. Dieses
Gedicht ist allein schon eine tapfere Tat.

Selbst das Genie erscheint ihm, wie er in der Melancholie
an Laura verkündet, als leidgeboren, als bestimmt, sich auf=
zureiben. Der elende Staubleib muß es mit dem Untergange

büßen, wenn er Götterfunken aus sich herausschlagen will. Schiller
hat hier eine Seite an der Tragik des Genies ergreifend zum
Ausdruck gebracht. Von einer anderen Seite aus setzt das Gedicht
Monument Moors des Räubers die Tragik des Genies in
grelle Beleuchtung.

Schillers Lauragedichte pflegen als verfehlt behandelt zu
werden. Nimmt man sie, wie sie denn auch genommen werden
sollen, nicht als bloße Liebesergüsse, sondern zugleich als Lebens=
und Weltanschauungsdichtungen, so erhalten sie sofort ein schwereres
Gewicht: sie werden, soviel Mangelhaftes und Abstoßendes ihnen
auch so noch anhaftet, zu Gesichten eines den höchsten Erhaben=
heiten zustürmenden Sehers, eines mit den dunkelsten Welträtseln
ringenden Geistes.

VII

Mit dieser seiner Verbindung von überschwenglicher Welt=
freude und wilder Lebensverachtung erinnert Schiller an manche
Gestalten aus Philosophie und Dichtung.

Empedokles, der Seher von Agrigent, taucht vor unserem
Auge auf: überall in der Natur sieht dieser Weise die einigende
Kraft der Liebe und die trennende Wut des Hasses. Auch zu
Plato führt uns, wenn auch über viele Wenn und Aber, eine
Vorstellungsverbindung: er schwelgt in dem Strahlenglanze der
Ideen, von denen alle Einheit, Harmonie, Schönheit und Güte
dieser Welt herrührt; zugleich aber steht er der Welt des Endlichen
mit der Gebärde der Abwehr und Verwerfung gegenüber. Aber
auch an einen so grundverschiedenen Denker wie Rousseau werden
wir gemahnt: die Natur ist ihm ein Heiliges, an dem er sich be=
rauscht, aber die Menschheit, wie sie geworden ist, gilt ihm als
Abfall und Zerrbild. Und in der Zeit Schillers hat wohl niemand
Welttrunkenheit und Weltgrauen zu so ausgereifter und durch=
erlebter Synthese gebracht wie Jean Paul.

Und endlich drängt sich eine gewisse Verwandtschaft mit Lyrikern der jüngsten Zeit, des letzten Sturmes und Dranges, auf. Auch hier findet man vielfach diese Synthese: illusionslose Scharf= sichtigkeit für das Jämmerliche und Nichtige im Dasein und damit innig verknüpft eine verzückte, seherhafte Daseinsfreude, eine Art Pantheismus der Liebe. Überhaupt steht die Dichtung des jugend= lichen Schiller, wie schon oft bemerkt wurde,[1]) in vielfacher naher Beziehung zu den jüngsten Bewegungen in der deutschen Literatur.

Die philosophische Lyrik hat Schiller bis in seine reifste Zeit begleitet. In seiner Jugend ist es die Metaphysik der Liebe und des Todes, in seiner späteren Zeit dagegen seine ästhetische Lebens= anschauung, seine künstlerisch=harmonistische Auffassung von Leben, Moral und Kultur, was er in ihr zum Ausdruck bringt. Auch der Stil der philosophischen Lyrik wurde ein völlig anderer. An die Stelle der aufgetürmten Erhabenheit und titanischen Wucht tritt die grenzenliebende Form und die gleichgewichtsvolle Schönheit. Und Denken und Phantasie, die in der Jugend eine gewisse kühne und grelle Paarung zeigen, kommen später einander freundlich entgegen und gleichen sich einander an. So sehr man aber auch diese Fortentwicklung im Stile der Gedankenlyrik Schillers be= wundern muß, so bleibt dennoch die Weise des jugendlichen Schiller in ihrer eigenen Art von Erhabenheit als ein relativ Berechtigtes bestehen.

---

[1]) Beispielsweise von Carl Weitbrecht in seiner vortrefflichen Schrift: Schiller und die deutsche Gegenwart (Stuttgart 1901), S. 147 ff. Der Lyrik Schillers indessen wird Weitbrecht nicht ganz gerecht.

IV

Was Schiller uns heute bedeutet

Geschrieben im Juli 1905

I

Die Schillerfeier im verflossenen Mai hat in eindringlicher wie erfreulicher Weise gezeigt, welche starke Macht Schiller auch heute noch im Leben des deutschen Volkes bedeutet. Wenn man auch von der Begeisterung, die in den Festreden und dem ganzen Festgetriebe zum Ausdrucke kam, noch soviel oberflächliches, teils harmlos gutmütiges, teils selbstgefällig eitles Miteinstimmen in Abzug bringen mag, so bleibt doch ohne Zweifel des Echten und Tiefgegründeten in ihr eine unermeßliche Fülle übrig. Es wurde offenbar, daß das Gefühl der nächsten Zugehörigkeit Schillers zu unserem geistigen Leben, das Gefühl, Schiller Höchstes und Teuerstes zu verdanken, dem deutschen Volke in stärkerem Grade und weiterem Umfange einverleibt ist, als wohl mancher miß=
trauische Beobachter unseres Volkslebens vermutet hatte.

Begreiflicherweise trat in jenen Tagen die gleichgültige, ab=
lehnende, gegnerische Haltung, die zahlreiche Kreise bei uns Schiller gegenüber einnehmen, nur wenig an die Oberfläche. Aber täuschen darf man sich nicht darüber: gerade unter unseren Hochgebildeten gibt es sehr viele, die aus Schiller kaum noch geistige Nahrung schöpfen zu können versichern. Nach ihrer

Meinung ist Schiller längst überholt, nach Form wie nach Inhalt, künstlerisch und philosophisch. Dem modernen Menschen könne er nur wenig oder nichts mehr bedeuten; nur geschichtlich sei es dem modern Gestimmten möglich, sich mit dem Dichter der Glocke und Wilhelm Tells zu beschäftigen.

Und in der Tat muß eingeräumt werden: auf manche Arten modernen Wesens kann Schiller unmöglich noch lebendige, unmittelbare Wirkung ausüben. Wer seinen Geschmack gänzlich auf perverse Feinschmeckerei eingestellt hat; wer von der Dichtung heißen erotischen Dunst erwartet; ebenso wer in den Dichtungswerken nur starkgeistige Romantik im Sinne des Nietzschischen Übermenschen oder etwa nur naturalistische Kleinmalerei des Lebensjammers zu finden hofft; auch wer es als einzige Aufgabe des Dichters ansieht, die seelischen Vorgänge kalt zu zergliedern oder etwa die Zuständlichkeiten der Umwelt zu schildern: der muß über Schiller zur Tagesordnung übergehen. Faßt man dagegen den modernen Menschen in einem volleren, vielseitigeren, ausgereifteren Sinne, so ist Schiller für ihn mitnichten ein überwundener Standpunkt, eine nur geschichtliche Größe.

Die folgenden Betrachtungen sollen diese Behauptung begründen. Wir wollen sehen, nach welchen Seiten und in welchem Umfange für den in solch gehaltvollem und organischem Sinne genommenen modernen Menschen Schiller immer noch ein Lebendiges, unmittelbar Wirksames und Beglückendes sei. Ohne Zweifel muß die Frage nach der Bedeutung Schillers für die Gegenwart wesentlich anders beantwortet werden, je nachdem man die breiteren Volksschichten oder die Kreise mittlerer Bildung oder die Hochgebildeten im Sinne hat. Ich fasse nur den dritten Fall ins Auge. Wir wollen sehen, wodurch Schiller den auf der Höhe der Bildung Stehenden unmittelbaren Gewinn und Genuß bieten kann. Und da soll uns Schiller zuerst als Dichter beschäftigen.

II

Das reife dichterische Schaffen Schillers gehört dem typi=
sierenden Stile an. In dieser Tatsache liegt aber keineswegs
etwa ein Verwerfungsurteil oder auch nur eine Bemängelung
ausgesprochen. Dies wäre nur dann der Fall, wenn Schillers
Gestalten blutlose Gattungswesen, starre Masken und leere
Puppen wären. So ist es aber nicht; sondern Schiller hand=
habt den typisierenden Stil derart, daß dennoch der Eindruck
lebensvoller Individualität entspringt. Bei allem Klären und
Durchsichtigmachen, bei allem gattungsmäßigen Vereinfachen, dem
Schiller seine Menschen unterwirft, sprechen sie uns doch als in
sich ruhende und aus sich lebende Wesen an, als gehörig zu
einer eigenkräftigen, lebensfähigen Welt. Und eine solche Aus=
übung des typisierenden Stiles hat ihre besonderen hohen Schön=
heiten: die Gestalten zeigen die Wärme und Geschlossenheit der
Individualität, und doch sind sie der Grobheit und Schwere des
Irdischen entnommen und scheinen ein reineres Dasein zu atmen.
Man kann an der verwickelnden, zusammendrängenden Indi=
vidualisierung, wie die modernen Dichter sie auszuüben pflegen,
seine volle Freude empfinden und dabei doch zugleich auch der
mehr ins Typische gestaltenden Kunstweise Schillers seine genuß=
volle Zustimmung geben.

Nicht alle Gestalten freilich in Schillers reifen Dramen
weisen diese Vorzüge des typisierenden Stiles in vollem Maße
auf. In der Jungfrau beispielsweise zeichnen sich Talbot, die
Jungfrau selbst, der alte Thibaut, auch der König durch das bei
aller typenmäßigen Behandlung dennoch kraftvolle Hervortreten
der Individualität aus; Lahire, Duchatel, Agnes Sorel, die
Königin Isabeau dagegen sind allzu gattungsmäßig gehalten.
Wallenstein, die Gräfin Terzky, Isolani, der Wachtmeister sind
innerhalb des gattungsmäßigen Stiles Meisterstücke dichten indi=
viduellen Gewebes; hiergegen treten Max, Thekla, Illo, Questen=

berg stark zurück. Oder wie heben sich Tell, Stauffacher und
seine Gattin, auch Attinghausen an runder und satter Individu=
alität vor Geßler, Rudenz und Bertha hervor! Doch auch diese
allzu gattungsmäßigen Personen sind noch immer weit von Leb=
losigkeit entfernt. Und wohl in jeder Dichtung Schillers fallen
für den Eindruck die stärker individualisierten Gestalten bedeutend
mehr in die Wagschale als die blasseren.

Auch darf man nicht die Art und Weise, wie etwa Goethe
den typisierenden Stil in seiner reifen Zeit, in Iphigenie, in
Hermann und Dorothea, in Wilhelm Meisters Lehrjahren hand=
habt, als einzig und allein maßgebend ansehen und sich so
die Freude an der Art, wie er bei Schiller auftritt, verkürzen
lassen. Bei Goethe ist das Gestalten mehr ein weiches, mildes,
weises Prägen, bei Schiller mehr ein seherisches Hinzeichnen mit
kühn aufwärts gerichtetem Blick. Goethe scheint sich liebend in
seine Gestalten zu versenken, Schiller sie mit kraftvoller Phantasie
emporzureißen. Jede der beiden Weisen hat ihr Schönes und
Berechtigtes. Wer an der Charakterisierung Iphigeniens sein
reines Wohlgefallen findet, kann sich darum ebensosehr an der
flammenden Zeichnung, die Schiller von seiner Jungfrau gibt, er=
freuen.

III

Will man Schillers Schaffen näher kennzeichnen, so muß
man den Stil der Steigerung, in dem es sich bewegt, ins
Auge fassen. Auch die Schöpfungen seiner Jugend zeigen diesen
Stil; doch mögen sie vorderhand beiseite bleiben. Das rechte
Verständnis für Schiller als Dichter hängt vor allem davon ab,
daß man zu dem steigernden, erhöhenden Stil seiner Dichtungen
die richtige Stellung gewinnt. Der steigernde Stil geht bei ver=
schiedenen Dichtern in höchst verschiedener Richtung: bei Homer
werden die Menschen in anderer Weise gesteigert als bei Äschylos;
bei Shakespeare anders als bei Byron; bei Calderon anders als

bei Cervantes. In welcher Richtung nun bewegt sich die Hinauf=
bildung des Menschlichen bei dem reifen Schiller?

Die Menschen Schillers sind nicht nach der Seite des Natur=
artigen, des Trieblebens, des Dämonischen gesteigert; nicht die
Härte des Eigenwillens, nicht die Glut der Sinnlichkeit, nicht die
Naturkraft der Leidenschaften ist in ihnen fühlbar erhöht. Son=
dern es ist die vernunftgeklärte Menschlichkeit, das durch=
gebildet Geistige, was in ihnen über das Tatsächliche hinaus
gesteigert ist. Auch ihre Gefühle und Leidenschaften nehmen
ihren Weg durch vielseitiges Sinnen, nachdenkliches Betrachten,
durch eine das einzelne ins Allgemein=Menschliche hebende Ge=
dankenarbeit und erhalten hierdurch Ermäßigung, Klärung und
Harmonisierung. Selbst wo in den Menschen Schillers ein Sturm
von Leidenschaft wütet, wie etwa in den beiden Königinnen
Maria und Elisabeth, ist doch immer mehr oder weniger das
Hindurchgegangensein durch die Werkstätte des Gedankens spür=
bar; sei dieses Denken nun mehr vornehmer oder kluger, edler
oder selbstsüchtiger, starkgeistiger oder beschränkter Art. Dies
wechselt nach den Charakteren. Vor allem seine hohen Menschen
zeigen diese Steigerung: mit ihnen ist gedankenreiches Sinnen,
weite Lebensüberschauung unzertrennlich verknüpft.

Diese steigernde Kunstweise würde uns nur dann kalt lassen,
wenn die vernunftgeklärte Menschlichkeit bei Schiller trockene Ver=
ständigkeit, naturlose Aufgeklärtheit bedeutete. Bei Schiller lebt
im Gegenteil der vernunftgeklärte Geist zugleich im Sinnlichen
und Natürlichen. Seine Menschen sind, so sehr sie sich im
Überlegen und Betrachten heimisch fühlen, doch zugleich von
warmer Sinnlichkeit umgeben; sie tragen einen Schooß frischer,
ursprünglicher Kraft in sich; es wohnt ihnen bei aller Vernünftig=
keit zugleich Macht und Fülle des Lebens inne; sie machen nicht
alles nur aus Vernunft, sondern sie haben zugleich die Sprung=
feder unwillkürlichen Aufschwunges in sich. Schopenhauerisch zu

reden: der „Wille zum Leben" ist in ihnen nicht getilgt oder
auch nur verkümmert; sondern so sehr auch die „Vorstellung" in
ihnen herrschend ist, so wird ihr Dasein doch überall fühlbar zu=
gleich vom „Lebenswillen" bewegt und erwärmt. Ich halte es
daher für höchst ungerecht, Schillers Menschen Naturlosigkeit,
Sinnlichkeitsarmut vorzuwerfen. Zu der vernunftgeklärten Mensch=
lichkeit, zu der Schiller seine Personen hinaufbildet, gehört auch
Kraft und Hauch der Natur, freudige Sinnlichkeit, warmer
Lebensdrang. Die Steigerung ins Vernunftgeklärte bedeutet bei
Schiller keine Verdünnung, keine Erkältung des Lebens. Wohl
aber steht sie im Gegensatze zu dem Stile der rohen Naturkraft,
der üppigen Sinnlichkeit in gutem und natürlich noch mehr in
schlechtem Sinne. Wer daher das Sinnliche in seiner Brutalität
verkündet sehen möchte, taugt nicht für die Welt Schillers. Es
ist nur in der Ordnung, wenn jener modernen Richtung, die
den Geschlechtstrieb um seiner selbst willen feiert, Schiller wider
den Strich geht.

Man denke etwa nur an Wallenstein und seine Generale:
hier macht bei aller Neigung zum Betrachten, bei allem Formen
und Ordnen der Gefühle und Triebe doch der Gesamtmensch den
Eindruck des Erdwurzelnden, des aus dem Naturgrunde der Zeit
Herausgewachsenen. Aber auch von den Menschen etwa der
Braut von Messina wäre es unrichtig, behaupten zu wollen, daß
alles in ihnen aus Gedanken und Vernunft entspringe, daß ihre
Leidenschaften gemachter, abstrakter Art seien; vielmehr fehlt auch
hier der Ton der Natur, der Lebensechtheit keineswegs. Zuweilen
freilich, dies sei bereitwillig zugegeben, geht Schiller in der Richtung
des Verallgemeinerns zu weit. Es gibt Stellen in seinen Dramen,
wo die Personen in ihren allgemein=menschlichen Betrachtungen
über den in ihrer Lage enthaltenen Antrieb hierzu allzuweit
hinausgreifen. Man denke an Melchthals Erguß über die edle
Himmelsgabe des Augenlichtes, an Tell in der hohlen Gasse, an

Wallensteins Selbstgespräch „Wär's möglich? Könnt' ich nicht
mehr, wie ich wollte?" Andere Male zeichnet Schiller seine
Personen allzu sehr ins Edle und Schöne. So ist dem König
Philipp und der Maria Stuart im Vergleich zu ihren Taten ein zu
großes Maß von Edelsinn verliehen. Auch aus Octavios Reden
geht nicht genügend die Gemeinheit seines Fühlens hervor, die
sich in seinem Handeln kund gibt. Aber diese Mängel wiegen
nicht im entferntesten das Große und Hinreißende auf, das in
dem steigernden Stil Schillers enthalten ist.

Die Vereinigung von Vernunftdurchdringung und Lebens=
echtheit, von Vergeistigung und Naturton gelingt Schiller bei
weitem mehr in seinen männlichen als in seinen weiblichen Ge=
stalten. Hier gerät er eher ins Dünne, Blutlose. Überhaupt
bewegt er sich freier und sicherer auf dem Gebiete des Männlichen.
Am meisten noch „liegt" Schiller die sentimentale, keusch schwär=
merische, dabei hochherzige, tapferer Entschlüsse fähige Jungfrau.
Weniger weiß er dem starkgeistigen, herrschaftsgewaltigen oder
üppig sinnlichen Weibe vollen Lebensatem zu geben. Man denke
an die Königinnen Elisabeth und Isabeau oder gar an die Gräfin
Julia im Fiesco. Auch die Fürstin in der Braut von Messina
hat etwas Starres. Aber auch innerhalb dieser weiblichen Art
hat uns Schiller lebensvolle Gestalten wie die Gräfin Terzky
und die Prinzessin Eboli geschenkt. Keinesfalls ist es gerecht und
einsichtsvoll, wenn man über Schillers Frauen geringschätzig die
Achseln zuckt. Sie sind aus seiner Phantasie leidenschaftlich heraus=
geboren, in großem Zuge entworfen, sie sind geschaut und erlebt.
Was ihnen fehlt, das ist der Reiz des Intimen, der Reiz des
Kleinen und Zufälligen, der unsagbare Hauch und Duft, wie
ihn Goethe oder auch Grillparzer ihren weiblichen Gestalten zu
geben verstanden.

Trotz aller Wenn und Aber jedoch gehört der steigernde
Stil Schillers mit seiner Vergeistigung und Harmonisierung zu

den bleibend wertvollen Ausdrucksmitteln des dichterischen Schaffens. Schiller hebt uns mühelos und sicher in eine Welt klarer Größe, lichtvoller Menschlichkeit, in eine Welt, in der die Vernunft warme, lebensvolle Gestalt gewonnen hat, in der der Gedanke zu einer freundlich bildenden, mild formenden Macht geworden ist. Es lebt sich mit gesichertem Bewußtsein und freudigem Aufschwung in dieser Welt. Es wird hell und glaubensvoll in uns.

IV

Einer der beliebtesten Vorwürfe gegen Schiller behauptet: er sei überwiegend ein rhetorischer Dichter. Otto Ludwig namentlich wird nicht müde, in den verschiedensten Wendungen und unter den mannigfaltigsten Beleuchtungen gegen Schiller diesen Vorwurf zu erheben: er oszilliere beständig zwischen Dichter und Redner; er lasse seine Personen wie Bücher reden; sein Wallenstein verberge seine innere Unwahrheit und Unklarheit „unter den reichsten Falten einer weiten, prächtigen Diktion".[1]) Und Unzählige haben ihm dies und ähnliches nachgesprochen.

Hierin liegt ein starkes Verkennen Schillers. Freilich liebt er Wortfülle und Wortpracht; seine Personen geben sich gern und reichlich in glanz- und machtvoll klingenden Worten aus. Oft fließen die Reden in wahrem Wortrausch dahin. So vor allem in Don Carlos, der Jungfau und der Braut von Messina. Und ohne Zweifel hätte mancher andere Dichter denselben Gegenstand bedeutend knapper und gedrängter dargestellt. Allein man darf nicht vergessen, daß es verschiedene berechtigte dichterische Weisen gibt. Und wenn die scharf umgrenzende, hart zusammendrängende Darstellung ihre Vorzüge hat, so kommen der Weise Schillers gleichfalls Vorzüge zu, nur Vorzüge anderer Art. Denn Schillers Wortreichtum und Wortglanz ist nicht etwa ein umgehängtes

---

[1]) Otto Ludwig in den beiden Studien „Schiller" und „Shakespeare und Schiller". Die Ästhetik Ludwigs ist nur auf wenige Töne gestimmt.

Gewand, das sich bläht und bauscht; nicht etwa ein pathetisches
Gepränge, hinter dem ein dürftiger Gehalt steht; sondern diese
Wortpracht gehört selbst zu der vernunftgeklärten schönen Mensch=
lichkeit, in der seine Gestalten leben. Schillers Menschen haben
das Bedürfnis, sich auszusprechen, sich auszutönen, sich in der
Sprache ein umfassendes und erschöpfendes Gegenbild ihrer Innen=
vorgänge zu geben. Und sie haben das Recht zu solchem Be=
dürfnisse. Denn ihre Seele ist drangvoll gefüllt und möchte sich
selber klar und durchsichtig gegenübertreten; sie tragen eine reiche
und tiefe Menschlichkeit in sich und möchten hierin sich selber in
vollem Umfange gegenständlich und offenbar werden und sie auch
anderen mitteilen. Und hierzu bedarf es umfassenden sprachlichen
Austönens. Wer sich dies klar gemacht hat, muß den ohne
weiteres erhobenen Vorwurf des Rhetorischen wohlfeil und ober=
flächlich finden. Nur soviel ist einzuräumen, daß Schiller hier
und da — z. B. in den Reden, mit denen Max Piccolomini
scheidet, in der Begegnung Johannas mit Montgomery — teils
allzu reichlich, teils zu pathetisch wird.

Übrigens bringt es die Natur des Dramas selbst schon mit
sich, daß sich die Personen bedeutend reichlicher aussprechen, als
dies uns der Durchschnitt des Lebens zeigt. Zwischen lauter ein=
silbigen Menschen kann kein Drama zustande kommen. Das Drama
bedarf des Gesprächsflusses. Es sind also im Drama die Menschen
überhaupt redefreudiger als im gewöhnlichen Leben. Doch trotz
dieser naturgemäßen Redesteigerung vermag auch der dramatische
Dichter schweigsame, in sich verschlossene Personen zu charakterisieren.
Man denke etwa an Cordelia bei Shakespeare, an Leander bei
Grillparzer. Was nun die Gestalten Schillers betrifft, so bilden
sie das äußerste Gegenteil zu solch wortkargen Menschen. Ja sie
gehen in ihrer Redefreudigkeit weit über die durch die Natur des
Dramas nötig werdende Steigerung hinaus. In weiten Wellen,
in ausgiebigen Atemzügen strömt die Rede dahin. Sie ist das

Gegenteil kurzatmiger Hast, stockenden Ringens, schwierigen Sich-
weiterarbeitens. Auch eine solche herbere Art hat ihre Berechtigung und besonderen Vorzüge. Bei Hebbel beispielsweise ist es
so, daß man aus dem Redefluß das beständige Ringen mit Wider-
ständen, das spröde Vorwärtskommen heraussühlt; und dies erhöht den Eindruck der Kraft und Wucht. Bei Schiller dagegen
umspannt jeder weitere Atemzug der Rede mit Leichtigkeit eine
reiche Wortfülle. Es schlingen sich die Reigen der Worte mühelos weiter.

V

Noch eine andere Seite an Schillers gereifter Kunstweise
ist zu beachten: der subjektive Zusatz zu seinem objektiven
künstlerischen Stil. In der Hauptsache ist sein Stil objektiv.
Das will heißen: seine Gestalten machen den Eindruck des auf
sich Gestellten, des von seiner Individualität Abgelösten. Ja
Schiller wählt für seine Dramen in seiner reifen Zeit nur Gegenstände, die von seinem persönlichen Fühlen, von seiner eigenen
Lebensanschauung weit abliegen. Eine gewisse menschliche Ferne
des Gegenstandes scheint ihm für das künstlerische Schaffen
günstig zu sein. Aber seine Persönlichkeit macht sich trotzdem in
seinen künstlerischen Welten fühlbar. Und dies ist kein Mangel;
vielmehr erhält sein objektiver Stil durch diese subjektive Färbung
einen ganz besonderen Zauber. Wir fühlen aus den Gestalten
und Vorgängen seine seherisch emporgerichtete, machtvoll und leicht
aufstrebende Seele. Es ist, als ob seine Phantasie uns auf ihre
Flügel nähme und stark und sanft dahintrüge. Es spricht ein
Dichter zu uns, der weitüberschauend über dem Leben schwebt,
dem sich das menschliche Geschehen in großen und lichten Massen
ordnet, vor dessen reinem Blick das Gemeine flieht und das
menschliche Wirrsal sich beruhigt und vereinfacht. Indem er sich
in die Menschenwelt vertieft, wird das Gewöhnliche bedeutsam,
neu und wunderbar. Wenn man auf diese subjektive und intime

Seite der Gestalten Schillers achtet, so kann es geschehen, daß
uns irgend eines seiner Dramen, das uns fast bis zur Abgenutzt=
heit bekannt ist, nun mit einem Male wie ein Wunderland an=
mutet. Für diesen subjektiven Hauch, der uns aus Schillers
Dramen anweht, müßte gerade der moderne Mensch besonderes
Verständnis haben.

　　So ist Schillers reifer Stil eine anziehende Mischung aus
künstlerischer Kühle und menschlicher Wärme. Seine Welten sind
von ihm gleichsam ins Weite gerückt, die Individualität des
Dichters ist nicht unmittelbar in ihnen gegenwärtig. Aus Karl
Moor, aus Posa hören wir unmittelbar den jungen Schiller,
auch aus Kabale und Liebe und aus Fiesco tönt uns die Partei=
nahme des Dichters mit Leidenschaft entgegen. In den späteren
Dramen sprechen die Personen viel mehr ihre eigene Sprache;
Schillers Geist liegt weit seitab. Und trotzdem fühlen wir in
dem Zuge, der durch diese Dramen geht, die aus der Ferne herein=
wirkende Eigenart des Dichters. Überall leuchtet und weht es
von seinem Geiste. Es ist merkwürdig, welch scharfe Empfindung
Schiller selbst für die Wandlung seines Stiles in dieser Hinsicht
besaß. Er kann sich während seiner Arbeit am Wallenstein nicht
genug tun, um die Gleichgültigkeit und Kälte zu bezeichnen, mit
der er diesem Stoffe gegenübersteht; er redet geradezu von einer
„gewissen Trockenheit der Manier". Aber so groß auch die künst=
lerische Kälte für den Gegenstand sei, nie habe er damit „eine
solche Wärme für die Arbeit" vereinigt. In dieser letzten Be=
merkung kündigt sich die subjektive Färbung seines Stiles an.

VI

　　Aber auch die Schöpfungen des jungen Schiller sind
uns mehr als nur interessante Zeugnisse für seine Entwicklung
und für den damaligen Zeitgeist. Ohne Zweifel sind sie reich an
Unreifem, Geschmacklosem, Wüstem; aber überwiegend ist doch der

Eindruck einer aus menschlicher Tiefe heraufwirkenden kolossalen
Kraft. Es spricht ein Genie zu uns, das sich gewaltig reckt, das
gegen alle Bande und Schranken empört ankämpft, es mit dem
Leben gewaltig schwer nimmt, sich in Zerrissenheit hin- und her-
wirft, und das zugleich die Freiheit des Geistes hat, sich zu hellem
Weltjubel emporzuschwingen. Selbst die bei vielen als geradezu
berüchtigt geltenden Laura-Gedichte verlieren, wenn man sie nicht
bloß als Liebes-, sondern vor allem als Weltanschauungsgedichte
auf sich wirken läßt, viel von ihrer kalten Geschraubtheit und
werden zum erschütternden Ausdruck eines in schwerem Welt-
anschauungszwiespalt ringenden Geistes.

Man darf geradezu sagen: durch den Sturm und Drang
des jüngsten Deutschland muß der Sturm- und Drangstil des
jungen Schiller dem Verständnis weiter Kreise besonders nahe-
gerückt worden sein. Wie Schiller in den Räubern an den Kultur-
ordnungen kühn und überkühn rüttelt, wie er in Kabale und
Liebe das unbedingte Recht der auf innere Zusammengehörigkeit
gegründeten Liebe verkündet, wie er in der Anthologie seinen
Weltekel hinausschreit und in Weltwonne schwelgt: dies alles sind
Töne, wie sie auch das jüngste Deutschland in mancherlei ähnlichen Weisen erklingen ließ und noch erklingen läßt.

Es gibt eine Menge charakteristischer und bedeutsamer Erzeugnisse der Kraftgeniezeit, in denen das Unkünstlerische, abson-
derlich Menschliche und Geschichtlich-Bedingte in solchem Grade
überwiegt, daß sie von uns nicht mehr als gültiger Ausdruck
unseres Natur- und Freiheitsdranges empfunden werden. Man
denke etwa an Klingers Sturm und Drang und Simsone Grisaldo,
an den Hofmeister von Lenz, an Wagners Kindesmörderin, an
Heinses Ardinghello. So reich dagegen auch Schiller an Übertreibungen und Häßlichkeiten ist, so fühlen wir doch bei ihm weit
leichter das Hochherzige, das menschlich Ergreifende, die berechtigte
und hinreißende Sprache der Jugend heraus. Wir bleiben bei

ihm nicht an gewissen abstoßenden Einzelheiten als solchen hängen,
sondern lassen uns von der tief wühlenden, ehrlich kämpfenden,
sich zum Lichte hinaufsehnenden Menschlichkeit fesseln.

VII

Soll nun auch das mehr Besondere an Schillers Künstler=
schaft herangezogen werden, so wird vor allem auf seine
dramatische Kraft hinzuweisen sein. In der dramatischen
Bändigung großer Massen, in dem durchsichtigen und groß=
geprägten Aufbau verwickelter Handlungen, in dem eindrucks=
vollen Wirken durch Vorbereitung und Steigerung, durch Gegen=
satz und Zusammenklingenlassen offenbart Schiller ein erstaunliches
Können. Und um so geneigter wird sich der moderne Leser der
Bewunderung dieses Könnens hingeben, als sich mit ihm zugleich
auch Vertiefung in das Seelenleben der Personen verbindet. Wie
sind nicht solche Gestalten wie Don Carlos und Wallenstein,
Luise Millerin und Maria Stuart seelisch durchgearbeitet! Nun
liebt ja freilich die moderne Dichtung eine Zuspitzung des Seelischen
in das mehr Eigenartige, ins geradezu Eigenwillige, ins unver=
gleichlich Individuelle; sie will auch die flüchtigen Färbungen der
Individualität, die Unterströmungen und Übergänge, die Winkel
und Verstecke in ihr zum Ausdruck bringen. Und damit verbindet
sich vielfach Abneigung gegen entscheidende und überraschende
Ereignisse, gegen markiges Eingreifen in die äußere Welt. Allein
so großen künstlerischen Wert auch dieses intime Seelendrama
haben mag, so bleibt doch das Handlungsdrama Schillers als
vollauf berechtigt bestehen.

Schiller hebt uns mit jedem Drama in eine hochbewegte
Welt, in eine Welt voll glänzender Gestalten, heldenhafter Ent=
schlüsse, weithin hallender Kämpfe, in eine Welt, in der man das
Schicksal gewaltig schreiten hört. Unter den Händen manches
Nachahmers mag daraus hohle Pracht, pathetisches Dröhnen

geworden sein; bei Schiller ist diese laute, ereignisgewaltige Welt einerseits derart verinnerlicht, anderseits mit solcher dramatischen Kraft rund und klar bezwungen, daß etwas in seiner Art Vollendetes dabei hervorgegangen ist.

Innerhalb des Dramatischen ist es nun wieder das Tragische, wo Schiller seine Eigenart zu besonders reicher und kraftvoller Entfaltung bringt. Vor allem drängten sich ihm Stoffe zur Ausgestaltung auf, die ein Tragisches der Schuld in ihrem Mittelpunkte aufweisen. Großangelegte, kühnstrebende Menschen, die sich gerade aus ihrer Größe heraus in schweren Frevel verstricken, bilden das von ihm bevorzugte tragische Thema. Karl Moor, Fiesco, Wallenstein, Maria Stuart, die Jungfrau ragen in dieser Richtung zumeist hervor. In der Braut von Messina ist die Tragik der Schuld durch das fluchartige Schicksal verschoben und verdunkelt. Zwar hat auch die Tragik des schuldlosen Leidens bei Schiller zahlreiche Vertreter: man denke an Luise und Ferdinand, Thekla und Max, an den alten Moor, an Tell. Allein bei weitem charakteristischer und bedeutsamer für Schiller ist die schuldvolle Tragik. Noch in seinem Demetrius wollte er einen im höchsten Grad eigenartig schuldvollen Helden schaffen: durch eine plötzlich hereinbrechende Wendung des Geschicks wird dem bis dahin reinen Demetrius das Hineinschreiten in Schuld und Schrecken nahezu aufgezwungen.

Das Tragische gilt ihm vor allem als Störung der moralischen Weltordnung: diese heilige Macht wird durch den frevelnden Helden verletzt und erfährt dann durch den Untergang des Verletzers ihre Wiederherstellung. Und zwar wird die moralische Weltordnung von Schiller nicht als ein Äußerliches, aus ferner Höhe Eingreifendes, sondern als eine in den Menschen und Dingen selbst waltende Macht, als deren eigene tiefe Gesetzlichkeit dargestellt. Nur in der Braut von Messina und einigermaßen auch in der Jungfrau ist es anders: hier greifen himmlische Mächte

in das menschliche Treiben ein. Abgesehen hiervon aber haben
die Tragödien Schillers trotz des starken Hervortretens der mora=
lischen Weltordnung nichts Transzendentes. Von einem aufdring=
lich moralischen Charakter nun gar aber ist nirgends in ihnen
etwas zu finden.

Angesichts der Entwicklung, die die Fassung und Gestaltung
des Tragischen bei Schiller aufweist, läßt sich freilich ein Wunsch
nicht unterdrücken. Hätte doch Schiller, so sagt man sich, auch
weiterhin tragische Kämpfe von derselben menschlichen Weite
und Tiefe, wie sie seine Jugendtragödien und auch noch Wallen=
stein zeigen, zum Gegenstande seiner Dichtungen gemacht. Am
meisten typisch=menschlicher Art ist die Tragik der Räuber: hier
wird der großfühlende, schwärmerisch edle, aber zugleich frevlerisch
gewalttätige Rousseausche Freiheitsdrang in seinem empörten An=
stürmen gegen die Verderbtheiten, aber ebenso gegen die wert=
vollen Ordnungen der Kultur geschildert. Und auch den vier
folgenden Dramen liegen tragische Kämpfe von hervorragender
Wichtigkeit für die Entwicklung der Menschheit zugrunde. Ver=
gleicht man hiermit Maria Stuart, die Jungfrau, die Braut von
Messina, so fühlt man sofort, um wieviel weniger die Tragik
dieser Dramen mit den großen Zügen und treibenden Kräften der
Entwicklung der Menschheit zusammenhängt. Überhaupt ist das
Tragische der typisch=menschlichen Form nicht in allzu zahlreichen
Gestalten bei unseren klassischen Dichtern vertreten. Goethe hat
drei schwerwiegende Beispiele: Faust, Werther, Tasso.

VIII

Was Schiller als Lyriker betrifft, so hat er ohne Zweifel
das Eigentümlichste in der Gedankenlyrik geleistet. Alle didak=
tische Haltung liegt ihm hier ferne; nirgends fällt er in lehrhafte
Darlegung, in begriffliche Auseinandersetzung. Sein Denken hat
in seinen Gedankendichtungen mit Phantasie und Gefühl einen

schönen, gleichgewichtsvollen Bund geschlossen. Weder treten die Gedanken nackt hervor, noch auch sind sie geradezu in Anschaulichkeit verwandelt; sondern sie scheinen von Anschaulichkeit wie von einem leisen und zarten Schleier umwoben zu sein. Sie halten sich in schöner Schwebe zwischen Sinnlichkeit und Geistigkeit. Und ähnlich ist das Verhältnis der Gedanken zu den Gefühlen. Die Gedanken sind nicht geradezu in die heilige Dunkelheit und kühne Unterbrochenheit des Gefühlslebens aufgelöst; sie treten in klarer und geordneter Bewegung hervor. Aber dabei sind sie warm ergriffen, schön geschlungen, der reizvollen Unbestimmtheit und satten Fülle des Dichterischen teilhaftig. Die Gedanken geben sich bei aller Durchsichtigkeit und Verknüpfung doch als freudige und schöne Gefühlserlebnisse. Alles Begriffliche und Logische ist von ihnen abgestreift. Gedichte wie die Künstler, die Götter Griechenlands, der Spaziergang, das Ideal und das Leben, das Glück, der Genius werden immerdar als Meisterwerke innerhalb des bezeichneten Stils der Gedankenlyrik gelten.

Auch hier ist ein Vergleich mit Goethe lehrreich. Aus Goethes Jugendzeit stammen zahlreiche Dichtungen, in denen Lebensgefühle, Weltstimmungen derart zum Ausdruck gebracht sind, daß alle sinnenden Betrachtungen, alle Gedankenzusammenhänge in das selbstherrlich irrationale Leben von Gefühl, Stimmung und Phantasie aufgelöst sind. Ich erinnere nur an Wanderers Sturmlied, Ganymed, Prometheus, an das Bruchstück vom ewigen Juden, an den Anfang des Urfaust, an Hans Sachsens poetische Sendung. Von allem, was Begriff und Logik ist, fühlt man sich hier weit, ganz weit entfernt. Diese Art gänzlicher Auflösung von Gedanke und Philosophie in das heilige Stammeln und Jauchzen des Gefühls, in das Erleben innerer Gesichte lag Schillers Art ferne. Aber auch die Gedankendichtung des alten Goethe stellt einen Typus dar, der sich bei Schiller nicht findet. Ich erinnere etwa an Gedichte wie Eins und Alles, Vermächtnis, Proömion,

an die Sprüche in Versen. Hier übt das Denken, das dem An=
schauungs= und Gefühlsstoffe innewohnt, ein liebevolles und be=
schauliches, leises und doch verniges Prägen an diesem Stoffe
aus. Oft, wie besonders an vielen Stellen des zweiten Teiles
der Faustdichtung, nimmt dieses Prägen freilich den Charakter des
Umständlichen und Verschnörkelten an. Ich will nun eben sagen,
daß von beiden Weisen der Goethischen philosophischen Dichtung
sich die Weise des reifen Schiller charakteristisch abhebt, und daß
sie an dem durchsichtigen Gleichgewicht von Gedanke auf der
einen und Gefühl und Phantasie auf der andern Seite ihr aus=
gezeichnet Eigenartiges hat.

IX

Schiller kennen heißt: mit ihm nicht nur als Dichter, sondern
auch als Philosophen und Menschen vertraut sein. Und bei der
Philosophie Schillers hat man nicht nur an seine Ästhetik, sondern
auch an seine Gedanken über Moral, Kultur und Entwicklungs=
gang der Menschheit zu denken. Und es sind nicht nur seine
Abhandlungen, sondern auch seine Briefe, die man heranzuziehen
hat, wenn man sich in seine Gedankenwelt vertiefen will. Nir=
gends tritt uns Schiller so eindrucksvoll, so ursprünglich, so um=
fassend in seiner Einheit als Dichter, Denker und Mensch ent=
gegen wie in seinen Briefen an Körner und Goethe.

Soll ich aus Schillers Gedankenwelt die Hauptsachen, so=
weit sie mir für die höhere Bildung unserer Zeit von unmittel=
barer Bedeutung zu sein scheinen, herausheben, so ist wohl vor
allem auf seine ästhetische Lebensanschauung hinzuweisen.
Er hat das Große, Reiche und Reife, was in der schönen,
künstlerischen Ausgestaltung der Persönlichkeit und des Lebens
liegt, aus tiefen und feinen philosophischen Zusammenhängen
heraus begründet. Und er feiert dieses ästhetische Prägen des
Lebensinhalts als Vollendung alles Menschlichen. Dabei ist

besonders anzuerkennen, daß sich bei ihm diese Erhebung des Schönen zur leitenden Lebensmacht von allen Übertriebenheiten und Geschmacklosigkeiten frei hält, wie sie etwa Friedrich Schlegel zeigt.

Die Führer der höheren Bildung im damaligen Deutschland weisen alle — mehr oder weniger — eine Menschlichkeit auf, die sich durch die Grundzüge des Vielseitigen, des Idealgerichteten, des vernunftvoll und harmonisch Durchgebildeten, des schön Ermäßigten, des weltoffen und freudig Gestimmten charakterisiert; eine Menschlichkeit, die durch diese Grundzüge nicht nur zu dem Idealmenschen der Aufklärung, sondern auch zu dem des Sturmes und Dranges — freilich zu jenem im höheren Grade als zu diesem — im Gegensatze steht. Man mag an Lessings Nathan oder Herders Ideen, an Wielands Agathon oder Goethes Wilhelm Meister oder an Wilhelm Humboldts Schrift über Hermann und Dorothea denken: überall begegnen wir, wenn auch in verschiedenen Formen, dieser edelentwickelten Menschlichkeit. Aber auch Jean Paul, Hölderlin, Friedrich Schlegel, ebenso Fichte, Schleiermacher und die weiteren spekulativen Philosophen — sie alle zeigen in ihrem Menschlichkeitsinbegriff jenes hervorgehobene gemeinsame Gepräge. Freilich tun sich darin verschiedene besondere Formen hervor: bald erscheint mehr das Moralische, bald mehr das Religiöse, bald mehr das Ästhetische als maßgebend für den ganzen Charakter der Menschlichkeit. Der reife Schiller weist nun ohne Zweifel den ästhetisch betonten Typus dieser Menschlichkeit auf, und zwar stellt er eine besonders durchsichtige und wohlabgewogene Form dieses Typus dar.

Schillers ästhetische Menschlichkeit zeichnet sich durch klare und siegreiche philosophische Durchbildung, durch das Gleichgewichtsvolle im Verhältnis der verschiedenen Seiten, aber ebenso durch großen, kühnen, seherischen Zug aus. Die Vereinigung dieser Eigenschaften gibt der ästhetischen Lebensanschauung Schillers ein

Gepräge, durch das sie sich von den ästhetischen Lebensanschauungen,
wie sie etwa Goethe, Wilhelm Humboldt oder Friedrich Schlegel
zeigen, bestimmt abhebt.

Das Ästhetische an Schillers Idealmenschen hat nicht den
Charakter des unbestimmten Schwebens, des lässigen Träumens;
es besteht nicht in einem bunten, zwecklosen Dahinspielen durch
das Leben. Eine Lebensführung, wie sie uns etwa Sternbalds
Wanderungen von Tieck zeigen, ist nicht in Schillers Sinne. Die
„freie schöne Seele“, die „Scherz mit Huld in anmutsvollem
Bunde“ vereinigt, hat, wie sie Schiller versteht, zugleich die männ=
liche, ihrer Gesetze bewußte Vernunft als mäßigende und schärfende
Macht in sich. Das „fröhliche Reich des Spieles und des Scheines“,
das Schiller als Vollendung des Menschlichen feiert, trägt doch
zugleich den zügelnden, strengen „Formtrieb“ in sich. Er hält es
für gefährlich, wenn das Interesse der Einbildungskraft über die
Gesetzgebung der Vernunft herrscht. Und ebensowenig darf das
Bewußtsein der sittlichen Würde durch die Herrschaft des Schönen
geschmälert werden. In diesem auf die Seite der Vernunft und
Sittlichkeit gelegten Gewicht hebt sich Schiller auch von Goethe
ab. Aber diese Vernunft fällt bei Schiller doch auch wieder nicht
aus der Harmonie der schönen Seele heraus. In Schillers Ideal=
menschen hat die Vernunft etwas Beflügeltes, Seherisches, der
Phantasie Verwandtes. Dieser emporgerichtete klare und doch
schwärmerische Blick ist, so scheint mir, der allerpersönlichste Zusatz,
den Schiller der schönen Seele gibt. So ist es denn auch er=
klärlich, daß der gereifte Schiller so wenig eigentümlich religiöses
Bedürfnis hat. Seine künstlerische Lebensanschauung vertritt bei
ihm die Religion.[1]

---

[1] Ich bringe hier die schönen Worte in Erinnerung, die Jakob Grimm
in seiner denkwürdigen „Rede auf Schiller“ (Berlin 1859) über Goethes und
Schillers Religion gesprochen hat (S. 24 ff.).

X

Gerade unsere Zeit ringt in vielen ihrer Erscheinungen dar=
nach, dem Schönheitsverlangen, dem Phantasiebedürfnis, der
ästhetischen Stimmung, der künstlerischen Freudigkeit eine maß=
gebende oder führende Stellung unter den Lebensmächten zu
geben. Dies gilt von Richard Wagner wie von Nietzsche, von
Emerson wie von Ruskin, von Ibsen wie von Gerhart Hauptmann
oder auch von Gobineau. Man darf sagen: die moderne Kunst
tritt, wenn sie es auch nicht immer ausdrücklich sagt, allenthalben
mit dem Anspruche auf, daß die Kultur in umfassenderer und
innerlicherer Weise, als es bisher der Fall war, von künstlerischem
Geiste durchdrungen werde. Auch die Kunsterziehungsbewegung
beweist, in wie hohem Grade jene Richtung gegenwärtig bei uns
lebendig ist. Aber auch schon Dichter der älteren Art wie Paul Heyse
und Gottfried Keller sind durch ihre Dichtungen für künstlerische
Lebensauffassung und phantasievolle Lebenshaltung eingetreten.

So legt sich denn, meine ich, gerade unserer Zeit Schillers
ästhetische Lebensanschauung besonders nahe. Unsere Bildung
könnte so recht von Schiller lernen, wie eine ästhetische Lebens=
anschauung edelster Art aussieht. Namentlich könnte ihr an
Schiller klar werden, was es heißt: durch ästhetische Lebens=
anschauung Sinnlichkeit und Vernunft, Natürliches und Geistiges
in Wechseldurchdringung setzen und so den großen und gefähr=
lichen Gegensatz, der durch die menschliche Natur geht, ausgleichen.
Gegenwärtig ist besonders in dem jüngeren Geschlecht die Meinung
weit verbreitet: die künstlerische Lebenshaltung bestehe in einem
vergnügten Sichausleben der sinnlichen Triebe, vorausgesetzt nur,
daß dieses Sichausleben mit Genialitätsgebärden auftrete und
durch geistreiche Feinschmeckerei und Genußneugier gewürzt sei.
Mancher unreife Jüngling bläht sich heute zu einem Über=
menschlein auf, das kraft des (freilich gründlich mißverstandenen)
Nietzschischen Evangeliums das Recht auf geniale Liederlichkeit

habe. Hier kann Schiller augenöffnend wirken. Es kommt, so kann er lehren, darauf an, daß das Sinnliche ins Seelische hinaufgehoben, geistig geadelt werde und zugleich das Geistige sinnliche Lebendigkeit empfange. An Schiller kann man es sehen, wie beglückend, ja beseligend es wirkt, wenn man sich mit dem Gedanken dieses freundlichen, fördernden Bundes von Sinnlichkeit und Geist erfüllt. Bei zahlreichen modernen Dichtern besteht die Überzeugung: die menschliche Intelligenz habe im Grunde ihren hauptsächlichen Zweck darin, daß sie für das tierische Genießen neue, seltene Mittel, Wege und Umwege aufspüre, um ihm noch nicht erlebte, noch verwickeltere, noch verzwicktere, noch perversere Genußmöglichkeiten aufzuzeigen. Wenn irgend etwas als Todsünde in der Welt der modernen Bildung bezeichnet werden kann, so ist es diese Herabwürdigung des Geistes zu einem Spürhunde für Perversitäten. Es tut wahrlich not, gegen solche häßliche Entartungen der modernen Bildung den Geist aufzurufen, der in Schillers Künstlern, in seiner Abhandlung über Anmut und Würde und in seinen Briefen über die ästhetische Erziehung des Menschen waltet.

XI

Schiller vertritt nun freilich die ästhetische Lebensanschauung nicht in völlig folgerichtiger Weise. Vielmehr stehen bei ihm zwei Lebensanschauungen im Kampf miteinander: die ästhetische und die moralistische. Vor allem unter dem überwältigenden Einfluß Kants befestigte sich in ihm die Überzeugung, daß Vernunft, Freiheit, Sittengesetz zur Herrschaft über die sinnlichen Triebe bestimmt seien. Der Dualismus zwischen der Sinnenwelt und der Welt der Freiheit in der Kantischen Philosophie ward ihm zur selbstverständlichen Voraussetzung. Er blickte, wie Kant, zur sittlichen Freiheit als zu einem Übersinnlichen empor, das dem Reiche der Natur unbedingt übergeordnet ist.

So geht also ein gewisser Zwiespalt durch Schillers philo=
sophisches Denken: bald tritt mehr die ästhetische, bald mehr die
moralistische Lebensanschauung hervor. Zwei Triebfedern
ringen in seinem Innern um die Herrschaft: eine auf das schöne,
glückliche Gleichgewicht der beiden Seiten des menschlichen Wesens
und eine auf die ausschließliche Herrschaft der Vernunft über die
Sinnlichkeit gerichtete. Schillers Künstlernatur ist ohne Zweifel
auf die Ausgestaltung jener ersten Richtung angelegt. Wo
Schiller das freundliche, fördernde Sichentgegenkommen des
Sinnlichen und Geistigen, ihre heitere und zwanglose Einheit,
die hohe Anmut der „schönen Seele" und die im „Spiele"
liegende Vollendung des Menschen verkündet, dort erscheint er
uns mehr als echter Schiller, als wo er sich Kants kategorischem
Imperativ annähert. Aber es ist doch auch nicht zu verkennen,
daß in seiner Natur auch bedeutsame Anknüpfungspunkte für die
Ausbildung herber Geistigkeit und erhabener Sittlichkeit liegen.
Das sehnsuchtsvoll Emporgewandte, das im edelsten Sinne Senti=
mentale seines Wesens legen eine solche Entwicklung nahe. Schon
seine Jugendphilosophie war dualistisch gestimmt. Die Neigung
des Überfliegens wurde nun zwar bei ihm durch die Kantische
Philosophie gezügelt. Zugleich aber lag in dieser Neigung etwas
dem Kantischen Dualismus Verwandtes. Durch den erfahrungs=
jenseitigen intelligiblen Charakter des Freiheitsreiches bei Kant
erhielt die schwärmerische Transzendenz des jungen Schiller be=
griffliche Schärfung. So gestaltete sich in ihm jene Pflichten=
moral, die der Moral der Lebensschönheit das Feld streitig
machte.

Es ist hier nicht der Ort, auseinanderzusetzen, wie diese
beiden Strömungen in Schillers Schriften wechseln, wie und
warum ihr Gegensatz zum Teil seinen Augen verhüllt bleibt, und
wie er anderseits, ihn erkennend, nach Annäherung und Aus=
gleichung zwischen beiden strebt. Besonders hart tritt diese Zwie=

spältigkeit seines Denkens in der Abhandlung über Anmut und
Würde hervor. In den Anfangsdarlegungen herrscht die Voraus=
setzung des Kantischen Dualismus; je weiter Schiller seine Ge=
dankengänge spinnt, um so mehr mündet er in die Einheit von
Natur und Geist ein. Aber auch in den Briefen über die ästhe=
tische Erziehung des Menschen, in denen die ästhetische Lebens=
anschauung Schillers kraft= und glanzvoll, kühn und zart zum
Ausdruck kommt, sind die Ausgangspunkte der Hauptentwicklungen
dualistischer Art. Jede eindringendere Darstellung von Schillers
philosophischem Entwicklungsgang wird ein Hauptaugenmerk auf
diese beiden Triebfedern seines Denkens zu lenken haben.

Vom wissenschaftlich=philosophischen Standpunkte aus beur=
teilt, muß dieser unausgeglichene Widerspruch bei Schiller ohne
Zweifel als ein Mangel gelten. Zugleich aber — und dies ist
hier für uns wichtiger — bedeutet diese Unausgeglichenheit einen
Reichtum. Schiller hat, wie kaum ein anderer, die beiden Haupt=
wertungen des Lebens — die pflichtmoralische und die ästhetische —
tief und gründlich in sich durchlebt. Schon allein die beiden
kleinen Aufsätze Über den moralischen Nutzen ästhetischer Sitten
und Über die Gefahr ästhetischer Sitten beweisen dies. Ver=
mochte er beide Wertmaßstäbe auch nicht in volle Übereinstimmung
zu bringen, so läßt sich doch von ihm lernen, wie menschlich ge=
wichtvoll sowohl die Moral der Lebensschönheit wie auch der
strenge Pflichtenstandpunkt sei, und in wie schwierige und tief=
greifende Fragen man hineingeführt werde, sobald man beide
Lebensauffassungen gegen einander abwägen will. Und um so
mehr müßte unsere Zeit für diese Seite in Schillers Philosophieren
Verständnis haben, als auch gegenwärtig in der ungeheuren
Gärung und Aufwühlung des ganzen moralischen Gebietes
beide Denkweisen — die Schönheits= und die Pflichtenmoral —
mannigfach sich bekämpfen oder dunkel durcheinanderlaufen. In
wie hohem Grade diese beiden Wertungen gerade die tiefdenken=

den modernen Geister beschäftigen, kann schon ein flüchtiger Blick auf unsere Dichter lehren. Man denke an Ibsens Rosmersholm und Baumeister Solneß, an Björnsons Laboremus, an Oskar Wildes Roman „Dorian Grays Bildnis", an Hauptmanns Versunkene Glocke: überall handelt es sich hier um die Frage, ob im Leben Freudigkeit und Schönheit oder die Herbheit der Pflicht maßgebend sein solle. Besonders von seiten der Kunst werden diese Fragen gegenwärtig oft viel zu leicht genommen. Es gibt eine Menge Künstler und Kunstfreunde, die sich leichten Herzens zu dem Glauben bekennen: für den Künstler sei die Moral ein überwundener Standpunkt; die Moral sei etwas Grämliches und Philisterhaftes und müsse der Heiterkeit und Ungebundenheit der Kunst weichen. Sie könnten von Schiller lernen, daß dort, wo ihnen alles leicht und einfach erscheint, sich dem schärfer eindringenden und ernster arbeitenden Denken schwerverwickelte Fragen und Aufgaben aufdrängen. Nietzsches bekanntes Witzwort über Schiller zeugt von einer plumpen Auffassung seiner Eigenart.[1]) Schiller ist so wenig ein trivialer Moralist, daß Nietzsche hinsichtlich des Durchdenkens der moralischen Prinzipienfragen sehr viel von Schiller hätte lernen können.

XII

Eine andere Frage bezieht sich auf die Förderungen, die die Ästhetik als Wissenschaft auch noch heute von Schiller empfangen kann. Hier möchte ich vor allem auf zwei Richtungen hinweisen, nach denen diese Förderung stattfinden kann.

Erstlich besaß Schiller für das frei und leicht Schwebende, das Begierde- und Zwanglose, das Gleichgewichtsvolle, für das

---

[1]) Nietzsche in der Götzendämmerung (in dem Abschnitt: Streifzüge eines Unzeitgemäßen). Von gleicher Verständnislosigkeit für die verwickelte Tiefe von Schillers Wesen ist die Behauptung: seine Sentenzen seien Theatersentenzen (Menschliches Allzumenschliches, 1. Band, 176. Aphorismus).

dem Spiel Verwandte des ästhetischen Verhaltens intimes Ver=
ständnis. Was vornehme künstlerische Stimmung im Gegen=
satze zum Ernst des Arbeitens, zur Verantwortungsschwere des
sittlichen Handelns, zur Prosa des Lebens ist, hat Schiller so fein
wie kaum ein zweiter empfunden. Ihm war das ästhetische Ge=
nießen und Schaffen eine beglückende Wirklichkeitsentrückung, eine
erlösende Entlastung. Und er hat diese künstlerische Verfassung
des Geistes nicht nur beschrieben, sondern auch zu wiederholten
Malen aus tiefen philosophischen Zusammenhängen heraus ab=
geleitet. Ich bin der Überzeugung, daß, wenn Schiller auch hier=
bei den Forderungen der modernen Psychologie keineswegs ge=
recht wird, doch auch heute noch die Ästhetik seinen in dieser
Richtung geäußerten Gedanken im wesentlichen folgen müsse.
Und so war ich denn auch bemüht, den Ertrag, den Schillers
Ästhetik in den bezeichneten Fragen bedeutet, meinem „System
der Ästhetik“ (1. Band, München 1905) nachdrucksvoll einzu=
gliedern. Wenn der Leser meines Buches aus den Abschnitten,
die der „dritten ästhetischen Grundnorm“, das heißt: der „Herab=
setzung des Wirklichkeitsgefühles“ im ästhetischen Verhalten ge=
widmet sind, in der Hauptsache Sättigung mit Schillerschem
Geiste heraussühlen sollte, so würde ich dies als einen schönen
Erfolg meiner Bemühung begrüßen.

Und zweitens habe ich die Verbindung vor Augen, in die
Schiller die Ästhetik mit der Kulturphilosophie setzt. In den
Künstlern und dann in den Briefen an den Augustenburger und
der hieraus hervorgegangenen Abhandlung über die ästhetische
Erziehung hat er seine Gedanken über die Bedeutung des Schönen
und der Kunst für den Entwicklungsgang, den die Menschheit
von der Natur zur Vernunft, von der Tierheit zur sittlichen Frei=
heit nimmt, dargelegt. Aber auch die Abhandlung über naive
und sentimentalische Dichtung stellt eine Vereinigung ästhetischer
und kulturgeschichtlicher Untersuchung dar. Schon Rousseau hatte

in seiner Dijoner Preisarbeit das Verhältnis von Kunst und Menschheitsentwicklung betrachtet. Er war dabei zu einem radikal verwerfenden Ergebnis für die Kunst gelangt: die Kunst bedeute Zerstörung der Tugend. Schiller nimmt die Frage Rousseaus wieder auf, beantwortet sie aber in einem völlig anderen Sinne. Er weist die von der Kunst und dem Schönen ausgehende Sittlichkeits=, Erkenntnis= und überhaupt Kulturförderung auf und bemüht sich, die Richtung, nach der diese Förderung vorzugsweise geschehe, und die Stellen in der Kulturentwicklung, an denen die Kunst vorzugsweise einzugreifen habe, zu bestimmen.

Für Schiller ist das ästhetische Verhalten nicht, wie für Kant, eine Betätigung, die ausschließlich neben dem sittlichen Wollen und neben dem Leben überhaupt ihren Platz hat. Schiller will, daß das künstlerische Verhalten in Leben und Persönlichkeit eingehe, das Lebensgefühl, die Lebenshaltung durchdringe. Nicht als ob das künstlerische Genießen und Schaffen, genau so wie es ist, einfach in Wollen, Leben und Handeln herüberzunehmen sei; sondern die Sache ist natürlich nur so zu verstehen, daß das Wollen, Leben, Handeln etwas dem künstlerischen Verhalten Verwandtes annehmen solle. Der ästhetische Mensch im Sinne Schillers ist nicht etwa beständig mit ästhetischem Genießen und Schaffen beschäftigt; wohl aber ist seine ganze Lebenshaltung in gewissen Grundzügen dem Künstlerischen angenähert. Insbesondere ist es das Verhältnis des Wollens zu Pflicht und Neigung und das Verhältnis des Einzelnen zur Menschheit, was im ästhetischen Menschen Schillers eine innere Veränderung im Sinne des künstlerischen Genießens und Schaffens erfährt. Die deutsche Romantik verfuhr darin rücksichtsloser, sie machte weniger Umstände und wollte das Leben einfach poetisieren. Alle Lebensbetätigungen sollten sich schlechtweg in Poesie und Kunst verwandeln. Schiller ging weit vorsichtiger, feiner, unterscheidender vor und gibt uns eben deswegen in seiner ästhetischen

Lebensanschauung ungleich mehr Haltbares als Friedrich Schlegel
oder Novalis.

Noch eins möchte ich an Schillers ästhetischer Lebensanschauung hervorheben: ihre Keuschheit. Eine Geistesströmung, die das
Leben mit künstlerischem Geiste erfüllen will, trägt naturgemäß
die Versuchung in sich, die Erhöhung des Rechtes der Sinnlichkeit, die eben hiermit gefordert ist, in Zuspitzung auf das Geschlechtliche hin zu verstehen. Wer eine Geschichte der ästhetischen
Lebensanschauung schreiben wollte, würde zahlreiche Beispiele für
diese Wendung in die Freiheit des Geschlechtlichen zu behandeln
haben. Ich erinnere an Schlegels Lucinde, an Gutzkows Wally,
an die Poeten des jungen Laube; aus neuester Zeit seien etwa
Huysmans Roman A rebours, Dorian Grays Bildnis von Wilde,
d'Annunzios Dichtungen genannt. In den letzten Beispielen ist die
geschmackvolle Gestaltung des Lebens gleichbedeutend mit unein-
geschränkter Hingabe an geistreich ausgeklügelte und mit allerhand künstlerischen Zutaten überkleidete Wollustgenüsse. Schiller
steht in äußerstem Gegensatze hierzu. Wohl liegt auf seiner
ästhetischen Lebensanschauung ein warmer Glanz von Sinnen-
freudigkeit; doch trägt diese das Maß einer edlen und keuschen
Seele in sich. Schiller würde die künstlerische Lebenshaltung,
wie sie viele unserer Jüngsten preisen, als „Schlaffheit", „Depra-
vation des Charakters" und „Nichtswürdigkeit" brandmarken.

XIII

Im Vergleich zu diesen zwei Stücken in Schillers ästhetischen
Gedankengängen — den Auseinandersetzungen über die künstlerische Stimmung und Verfassung und den Betrachtungen über
das Verhältnis der Kunst zu Leben, Sittlichkeit und Kulturentwicklung — treten seine übrigen Leistungen auf ästhetischem
Gebiete an Bedeutung einigermaßen zurück. Doch auch aus ihnen
läßt sich in reichem Maße Förderung und Genuß ziehen, wie

denn überhaupt das Studium der philosophischen Abhandlungen
Schillers als besonders geeignet erscheint, das Denken in ästhe=
tischen Dingen zu verfeinern. Nur auf einiges aus den sonstigen
Leistungen Schillers in ästhetischen Fragen lenke ich die Auf=
merksamkeit.

Die beiden ersten ästhetischen Aufsätze Schillers gelten dem
Tragischen. Soviel Einwendungen sich auch gegen seine Auf=
fassung vom Tragischen erheben lassen: ohne Zweifel hat Schiller
den Begriff des Tragischen aus Kantischem Geiste gestaltet. Im
Tragischen soll sich die Macht des Moralischen über das Leiden,
über die Naturkräfte offenbaren.

Sodann weise ich auf die Gegenüberstellung von Anmut
und Würde hin. In Schillers Innenleben fanden sich fördernde
Bedingungen für die Auffassung beider Erscheinungsweisen. Die
Anmut als die Erscheinungsform der schönen Seele erlebte Schiller
in der Weise sehnsuchtsvollen Ergreifens. Es schwebte ihm die der
Anmut entsprechende Geisteshaltung als etwas vor, in das er
sich zu seiner eignen Beglückung möglichst innig zu versetzen be=
müht war. Man braucht sich nur an solche Gedichte wie Der
Tanz, Das Glück, Würde der Frauen, oder an die Briefe zu er=
innern, die er an Goethe über Wilhelm Meister schreibt, um dessen
inne zu werden, mit welcher Kraft und Reinheit er sich in jenen
gleichgewichtsvollen, mühelosen, sinnlich=seelischen Geisteszustand,
der ihm von Natur nicht beschieden war, hineinzufühlen trachtet.
Was dagegen die „Würde" betrifft, so war sie ihm im eigensten
Erleben unmittelbar gegenwärtig. Würde zu haben, das heißt:
Beherrschung der Triebe durch die moralische Kraft zuwege zu
bringen — dies ist der Geisteszustand, auf den Schillers eigenstes
Wesen angelegt war, den er in sich unmittelbar verwirklichen
konnte. In ihm brauchte er sich nicht erst als in ein fernes Ideal
hineinzufühlen. So ist es denn höchst bedeutsam für Schillers
Sein und Sehnen, Besitzen und Suchen, daß er in jener Ab=

7*

handlung Anmut und Würde einander entgegensetzte und zugleich miteinander verknüpfte.

Noch ein anderes Paar gegensätzlicher Begriffe hat Schiller eingehend behandelt und darin gleichfalls sein Wesen und Sehnen niedergelegt: den Gegensatz des „Naiven“ und „Sentimentalischen“. Er hat hiermit in die Betrachtung der Dichtung und weiterhin der Kunst, ja des Menschlichen überhaupt einen Gesichtspunkt von wahrhaft erleuchtender Kraft eingeführt. Zwei Gefühlstypen stehen Schiller vor Augen: der griechische Mensch, der ohne Bruch in schöner, sicherer Einheit mit der Natur lebte, und der moderne Mensch, der sich sehnt, die verlorene Einheit mit der Natur wieder= zugewinnen. Wer sich mit diesem Gesichtspunkt der naturvollen und der naturentfremdeten, eben darum aber von Natursehnsucht erfüllten Menschlichkeit durchdrungen hat, wird sich in dem Auf= fassen der Entwicklung der Menschheit ungemein gefördert fühlen: er hat das lösende Wort für vieles, was sonst dunkel und wirr bliebe, gefunden.

Schiller steht in der diesem Gegenstand gewidmeten Ab= handlung mit seiner Vorliebe auf seiten der Natureinheit, des Naiven. Und er hat vor allem in Wallensteins Lager gezeigt, in welchem Grade er eine im Naiven lebende Menschenwelt darzustellen vermag.[1]) Aber er erkennt doch anderseits an, daß der Mensch, der die Natur verloren hat, höher entwickelt ist als der noch in Einfalt mit der Natur Lebende. Jener hat vor diesem ein „un= endliches Prärogativ“: die Erhebung zu freiem Bewußtsein und Willen, zum „Ideal“. Und so kündigt sich schließlich schon hier bei Schiller der große, welterleuchtende Gedanke an, der dann in der Philosophie Hegels ein Grundstein der Weltauffassung wird: der Gedanke, daß der menschliche Geist sich kraft seiner Vernunft

---

[1]) Ich erinnere hier an die treffenden Worte, die Friedrich Vischer in dem Vortrag „Der Krieg und die Künste“ (Stuttgart 1872) über Wallensteins Lager sagt (S. 44 f.).

von dem Boden der Natur losreißen, durch den Bruch mit der Natur hindurchgehen müsse, um zu seinem höchsten Ziele, zur wiederhergestellten, vermittelten Einheit mit der Natur zu gelangen. Die durch den Bruch hindurchgegangene Einheit mit der Natur ist ein Höheres als das noch unbefangene, unschuldige Stehen in der Natur.

Und so hört denn der feinere Leser aus jener Abhandlung das Streben Schillers heraus, über den Gegensatz von Naivem und Sentimentalischem, „Realismus" und „Idealismus", Natur und Vernunft hinauszugelangen. Schiller erstrebt einen künstlerischen Stil, der das Nur=Natürliche des Realismus und das Übergeistige des Idealismus überwindet und so — man denke an die Wallenstein=Tragödie — die höhere Mitte beider Einseitigkeiten bildet.

XIV

Endlich mag nun auch Schiller als Mensch zu Worte kommen. In wie vielfacher Hinsicht darf er uns als menschlich vorbildlich gelten! Man braucht seinen Lebensgang nur mit schlichtem Sinne zu lesen, um dieser Vorbildlichkeit inne zu werden.

Wie tapfer hat Schiller in seiner Jugend mit den engen, widrigen und feindseligen Verhältnissen gekämpft! Und wie siegreich hat er hierbei das Recht seines Genius vertreten! Und später, als im Winter 1790 auf 91 die furchtbare Krankheit über ihn kam, wie heldenhaft hat er ihren unterwühlenden Angriffen getrotzt und ihr die Kraft zu Werk auf Werk abgerungen!

Und dann sein Streben ins Große und Freie! Sich in Kleinigkeiten zu vertrödeln, sich in Spielereien zu ergehen, war ihm unmöglich. Hierin ist er Goethe weit voraus. Welche Fülle des herzlich Unbedeutenden zeigt zum Beispiel, neben den Meisterschöpfungen, das dramatische Schaffen Goethes! Schillers Sinnen und Schaffen ist immer Gegenständen zugewandt, die ihn aus=

füllen, die ihn weiterbringen und befreien. Sein Innenleben ist
stets um beherrschende Mittelpunkte gesammelt. Dieser hohe
Ernst des Wesentlichen geht durch seine ganze Entwicklung.
Und wenn er unsicher wird und in der Irre sucht, dann treibt
ihn die Sehnsucht, den Weg zu finden, auf dem sich das Echte
seiner Natur fruchtbar entfalten kann. So stellt denn auch seine
innere Entwicklung einen ins Große entfalteten, scharf gegliederten,
leicht überschaubaren Gang dar.

Vor allem aber kann uns Schiller in dieser Richtung darin
vorbildlich werden, daß seine Entwicklung von dem Streben ge=
trieben wird, sich zu höheren Stufen der Menschlichkeit
emporzuläutern. Es gibt hervorragende Menschen, die von
ihrer Jünglingszeit angefangen wesentlich dieselbe Art von Mensch=
lichkeit ausleben und Unterschiede hierin nur insoweit aufweisen,
als sich die verschiedenen Altersstufen geltend machen. Schopen=
hauer kann als Beispiel dienen. Andere bedeutende Menschen
wieder zeigen in ihrer Entwicklung entscheidende Höherbildungen,
einen Aufstieg zu neuen Arten des Menschentums; allein diese
Wandlungen gehen in der Hauptsache unwillkürlich, aus der
stillen Notwendigkeit der in ihnen wirksamen Triebkräfte, vor sich.
Es ist hier nicht vor allem der bewußte Wille, der weitertreibend
wirkt, sondern das organische Walten der reich und glücklich an=
gelegten Natur dieser Menschen. Im ganzen und großen gehört
Goethe hierher. Anders ist es bei Schiller: er strebt mit Be=
wußtsein und mit starkem Wollen nach reineren Menschlich=
keitsformen. Er gehört zu den zielvollen Selbstüberwindern, zu
den rastlos an sich arbeitenden Selbstläuterern.

Man stelle sich nur seine Entwicklung vor. Aus dem in
kühne Gegensätze auseinandergerissenen, leidenschaftlich gespannten
Innenleben seiner Jugend strebt er nach einem Menschentum voll
gehaltener Kraft und heiterer Freiheit. Aus dem grellen Wechsel
von überschwenglichem Weltjubel und schroffem Weltekel reinigt

er sich zu einer Weltfreudigkeit, die die Anerkennung von Schranke und Maß zur Voraussetzung hat. Aus verhältnismäßig erfah= rungslosem, sentimental gerichtetem Idealismus ringt er nach einer gesättigten und kritischen Weltbetrachtung, aus einem Stil der schwärmerischen Überkraft nach einem Stil, in dem sich Leiden= schaft und Klarheit zu schöner Einheit zusammenfinden. Wendet man andere Gesichtspunkte an, so stellt sich Schillers Entwicklung als eine Aufeinanderfolge von drei Stufen dar. Zuerst lebt er sich in leidenschaftlicher Weise als Dichter aus, jedoch so, daß sein dichterisches Schaffen in dunkler Vermischung mit schwelgerischer Philosophie steht. Dann zeigt seine Entwicklung eine Stufe, auf der das Dichterische zurücktritt, um unter mannigfaltigen Schwan= kungen einer wissenschaftlichen und kritisch=philosophischen Geistes= richtung Platz zu machen. Und endlich fordert in ihm wieder der Dichter sein entschiedenes Recht, seine beherrschende Stellung; doch ist sein dichterisches Schaffen jetzt von einer geläutert künstlerischen Haltung, in die der Ertrag der philosophischen Ge= dankenarbeit in der Weise einer befestigenden, klärenden, har= monisierenden Macht eingegangen ist. Und mit wie klarem Be= wußtsein und ernster Arbeit strebt er auch in dieser Hinsicht auf= wärts! Am deutlichsten geben wohl seine Briefe an Körner einen Einblick in die ringende Arbeit seines Aufwärtsstrebens, in seine Bemühungen, sich einen sicheren Mittelpunkt zu geben und sein wahres Wesen zu gewinnen.

Zwei geistige Größen vor allem sind es, mit denen er sich innerlich auseinandersetzt, um sich ihre Art, zu fühlen und zu denken, in entsprechender Umformung einzuverleiben: Kant und Goethe. Längere Zeit hindurch haben beide für ihn fast etwas Unheimliches. Er hat das sichere Vorgefühl, daß, sobald er in die Kantische Philosophie und in die Menschlichkeit Goethes ernst= haft einginge, dies für ihn eine harte Arbeit, ein einschneidendes Eingreifen in seine Entwicklung, die Loslösung von vielem Fest=

und Gewohntgewordenen in ihm bedeuten würde. Und in der
Tat, als er dann ernsthaft an sie herantritt, verwertet er beide
derart gründlich für sich, daß er durch Kant zu einer reiferen
Stufe seines philosophischen Denkens und künstlerischen Auffassens,
durch Goethe zu einer reineren und befriedigenderen Gestaltung
seiner ganzen Menschlichkeit gelangt.

XV

Und nun sei noch an die warme Einheit erinnert, in die
das Künstlerische und Philosophische mit dem Mensch=
lichen in Schiller zusammengeht. Was er sich als Dichter und
Denker erarbeitet hat, nimmt bei ihm zugleich die trauliche Gestalt
des Menschlichen an. Man betrachte Schiller nur in seinen
Freundschaften: das sind nicht einseitige, abstrakte Verhältnisse,
die lediglich durch gewisse Gemeinsamkeiten des Lebens oder der
Interessen zusammengehalten würden; sondern es sind Bündnisse
voll geistigen Gehaltes und persönlicher Wärme. Und Schiller
hatte das Glück, Menschen zu Freunden zu haben, die dieselbe
ungeteilte Persönlichkeit, wie er, an die Freundschaft hingaben.
Freundschaft bedeutete für Schiller nicht nur wechselseitiges Sich=
mitteilen und Sichfördern in allen geistigen Bestrebungen, sondern
auch ein unmittelbares und schönes menschliches Sichnahesein.

Will man sich diese Einheit von Streben und Leben in
Schiller lebhaft zu Gefühl bringen, so möge man die Schilderung
auf sich wirken lassen, die uns sein großer Freund in dem Epilog
zu Schillers Glocke von ihm gibt. Hier tritt uns Schillers groß=
fühlendes, tapferes künstlerisches Streben, sein verständnistiefer
Verkehr mit den Geistern des Alls und der Menschheitsgeschicke
und zugleich seine liebenswerte, geistvoll heitere, kampfgestählte
Menschlichkeit zu voller Einheit zusammengeschlossen vor das
Auge. Und liest man Goethes Äußerungen über Schiller bei
Eckermann, so erhält man einen ähnlichen Eindruck. Immer

wieder kommt hier Goethe auf das Großgeprägte im Wesen und Streben seines Freundes, auf das kühn Auffassende, das er überall an den Tag legte, zu sprechen, und es steht ihm, wenn er so spricht, nicht nur Schillers geistiges Schaffen, sondern auch seine menschliche Art vor der Seele. Eines Tages handelte es sich im Gespräche mit Eckermann um Äußerungen, die Schiller in geselligem Kreise beim Tee getan hatte, und die von einer Freundin Schillers aufgezeichnet worden waren. Fast ein Vierteljahrhundert nach Schillers Tode wurden diese Aufzeichnungen Goethe als Geschenk überreicht. Da sagte er: „Schiller erscheint hier, wie immer, im absoluten Besitz seiner erhabenen Natur. Er ist so groß am Teetisch, wie er es im Staatsrat gewesen sein würde. Nichts geniert ihn, nichts engt ihn ein, nichts zieht den Flug seiner Gedanken herab; was in ihm von großen Ansichten lebt, geht immer frei heraus ohne Rücksicht und ohne Bedenken. Das war ein rechter Mensch, und so sollte man auch sein!"

V

Jean Pauls hohe Menschen

I

Wenn man unter den Gestalten Goethes seine Aufmerk=
samkeit zunächst etwa auf Fauſt und Werther und dann auf
Clavigo und Egmont richtet, so fällt der Unterſchied in die Augen,
daß es ſich dort um Perſonen mit Welt= und Unendlichkeits=
gefühlen, hier um irdiſchere Menſchen handelt. Fauſt und Werther
werden nicht etwa nur hier und da einmal von den großen
Weltgeheimniſſen angeweht, ſondern ihr Innenleben iſt erfüllt
von dem Zuge nach den Höhen und Tiefen des Daſeins. Auch
mitten im Getriebe des Endlichen weiten ſich ihre Gefühle aus
und ſetzen ſich mit den Lebens= und Weltmächten in Berührung.
Sie ſtehen dem Leben überſchauend und zuſammenfaſſend, ahnend
und hellſehend, mit geſteigertem Einheits= und Tiefenbedürfnis
gegenüber.

Bei Shakeſpeare ſtößt man auf den gleichen Gegenſatz, wenn
man Hamlet etwa mit Laertes, Horatio, Fortinbras vergleicht.
Wie Goethe, gehört auch Shakeſpeare zu den Dichtern, die ihre
Menſchen in der Richtung auf Weltgefühle zu vertiefen lieben.
Selbſt ſolche Perſonen, die, wie Richard II., Heinrich IV. oder
Macbeth, von der Macht und Glut des Irdiſchen geknechtet und
verzehrt werden, erheben ſich in ſchwerſtem Leid und angeſichts
des nahen Todes über die feſſelnde Oberfläche der Welt und
wenden ſich Betrachtungen zu, die dem Schreiten des Schickſals

und dem Werte des Daseins gelten. Und nicht nur die Haupt=
träger der Handlung läßt Shakespeare von den Welträtseln be=
rührt werden. Man vergegenwärtige sich den Narren im Lear
oder den schwermütigen Jaques in Wie es euch gefällt. Aber
so weit verbreitet auch in Shakespeares Welt diese hehren Gefühle
sind, so gehört doch zu der Individualität anderer und überaus
zahlreicher Shakespearescher Gestalten das einfache, entschiedene Auf=
gehen im Endlichen, das Festgehaltenwerden von den Interessen
des Lebens. Munter oder leidenschaftsverzehrt sind diese irdischen
Menschen in das Gewirre des Lebens verstrickt und haben kein
Ohr für die Stimmen aus der Tiefe. Im Kaufmann von Venedig
beispielsweise werden alle Personen von dem Lebensspiel mit
seinen grotesken Gefahren und lieblichen Wirrnissen gänzlich ge=
fangen genommen.

Wenn ich hier die Dichtungen Jean Pauls auf die in ihren
Gestalten zum Ausdruck kommenden Weltgefühle hin betrachten
will, so werde ich dazu durch zwei Erwägungen bestimmt. Einmal
hängt der Eindruck, den eine Dichtung oder auch ein Dichter in
der Gesamtheit seiner Schöpfungen macht, in hohem Maße davon
ab, ob und in welchem Grade, in welchem Umfange, welcher Tiefe
und Eigenart sich in den Dichtungen Weltgefühle verkörpern.
Es gibt Dichtungen, die in Weltgefühlen schwelgen. Der Dichter
schwebte, als er sie schuf, hoch über Leben und Dasein; sein Ahnen
strebte dem Verborgenen, den Hintergründen und Abgründen,
den letzten Grenzen und dem tief Inwendigen zu; sein Herz
überströmte von Entzückungen und Schauern. Man denke an
Heinses Ardinghello, Hölderlins Hyperion, Tiecks Sternbald,
Byrons Childe Harold. So verschiedenartig auch die in diesen
Dichtungen herrschenden hohen Stimmungen sind, so ist allen
diesen Dichtungen doch dies gemeinsam, daß sie uns auf ihre
Flügel nehmen, dem Irdischen entrücken, in Überwelten versetzen.
In anderen Dichtungen ist es so, daß zwar diese oder jene Person

darin sich zu Schicksals= und Weltstimmungen ausweitet, daß aber
der durchherrschende Ton keine entsprechende Steigerung erfährt.
Dann entsteht der Eindruck, daß wir einerseits fest und markig
im Irdischen wurzeln, uns anderseits aber auch über die Wolken
heben und der Welt gegenüber hellsichtig werden. So ist es —
wenn freilich auch in ungeheuer verschiedener Weise — gewöhn=
lich bei Hebbel und Grillparzer. Noch anderer Art wieder ist
der Eindruck, wenn in einer Dichtung Weltgefühle nur in geringem
Grade vorkommen. Dann bleiben wir von der gewöhnlichen
Tatsachenwelt umfangen, dem uns vertrauten Lebensboden zu=
gehörig. Der volle frische Atem der Wirklichkeit, in der sich unser
Leben nun einmal vollzieht, schlägt uns aus solchen Dichtungen
entgegen. Starker, saftiger Erdgeruch umfängt uns. So ist es
gewöhnlich etwa bei Freytag, Storm, Fontane.

Dazu kommt dann die Erwägung, daß die Dichtungen Jean
Pauls gerade hinsichtlich des Vorkommens und der Eigenart der
Weltgefühle eine ausgezeichnete Stellung einnehmen. In den
Schöpfungen keines anderen deutschen Dichters finden sich soviele
mit den Weltmächten verkehrende Personen gezeichnet wie bei
Jean Paul. Und bei keinem anderen Dichter zeigen diese heiligen
Stimmungen eine so sorgfältige und eingehende Durcharbeitung
wie bei ihm. Und ferner sind die Weltgefühle bei Jean Paul
nicht etwa nur Kräuselungen der Stimmungsoberfläche, nicht nur
Anwehungen ohne Gedankenrückgrat; vielmehr steht Philosophie
dahinter. Seine Weltgefühle haben, wenigstens in ihren größten
Vertretern, den Charakter von Weltanschauungsgefühlen. So sehr
auch alles Ahnung, Überschwang und Musik ist: so spricht sich
darin doch scharf geprägte Philosophie aus. Und nicht zum
wenigsten ist es endlich auch die inhaltliche Eigenart der verschie=
denen in den Weltstimmungen sich ausströmenden Weltanschau=
ungen, wodurch die „hohen Menschen" Jean Pauls so bedeutsam
werden. So darf eine Betrachtung der Dichtungen Jean Pauls

unter diesem Gesichtspunkt hoffen, zu einem Beitrag für die Vertiefung des diesem Dichter gegenüber so überaus oft ratlosen und fehlgehenden Verständnisses zu werden.

II

In dem „Extrablatt" zum fünfundzwanzigsten Sektor der Unsichtbaren Loge sagt uns Jean Paul, was er unter seinen hohen oder Festtags=Menschen versteht. Zwei Bedingungen müssen erfüllt sein: brennendes Leiden unter der Vergänglichkeit und Häßlichkeit, dem Wirrsal und Schmutze des Irdischen und kühnes Sichheben über die Erde empor zu einem reineren und volleren Dasein, zum Ewigen und Göttlichen. Der hohe Mensch leidet an dem schneidenden Zwiespalt zwischen Tierischem und Göttlichem, zugleich aber hat er in sich eine siegende Kraft nach der Höhe hin. Sein Schmerz über das Haften und Kleben in dem Schlamm und Kote des Irdischen beflügelt ihn zugleich: mit verzehrender Sehnsucht schwingt er sich über die ungeheure Kluft hinüber und feiert Triumphe in dem Gefühl der Einheit mit dem Ewigen und Göttlichen.

Angesichts des Irdischen sind sonach in den hohen Menschen pessimistische Gefühle derart entwickelt, daß sie schwer darunter leiden. Zugleich aber werden sie, wenn sie auf Sinn und Kern, Grund und Ziel des Daseins hinblicken, von einem überwiegenden optimistischen Zuge hingerissen. Aus Zwiespalt und Widerspruch heraus streben sie zu dem Glück und Rausch endgültiger Harmonie empor.

Jean Paul rechnet aus der Unsichtbaren Loge Ottomar, Gustav, den Genius und Doktor Fenk, „weiter niemanden" zu den hohen Menschen. Vergegenwärtigt man sich die folgenden Dichtungen Jean Pauls und fragt man sich, welchen Personen darin dieser Vorzugsname beigelegt werden dürfe, so drängt es sich als unvermeidlich auf, eine gewisse Ausdehnung mit diesem

Begriff vorzunehmen. Jean Paul hebt das tiefe Ungenügen an dem Irdischen als den Boden hervor, aus dem sich der Aufschwung zu den Höhen einer Überwelt vollzieht. Dieser Aufschwung kann aber auch dann mit Kraft und Feuer erfolgen, wenn neben dem Leiden an den Mängeln des Irdischen helle Freude an den Reizen des Erdenlebens, zärtliche Liebe zu dem Endlichen und Allerendlichsten in weitem Umfange vorhanden ist. Schon den hohen Menschen der Unsichtbaren Loge, besonders Gustav, fehlt diese Seite keineswegs völlig. Wenn wir nun diese Seite bei einem Viktor, einem Albano in hohem Grade entwickelt finden, so kann dies kein Grund sein, diese beiden aus dem Range der hohen Menschen auszuschließen. Denn worauf es Jean Paul bei seinen Festtags=Menschen vor allem ankommt, ist doch das glaubensstarke, seherhafte Sicherheben zu einer makellosen, guten, heiligen Überwelt. Und diese Erhebung ist auch dort möglich, wo nebstdem, daß schmerzvolles Ungenügen am Endlichen die Seele füllt, doch zugleich das Kleine, Enge, Vergängliche zärtlich, ja übermütig und närrisch geliebt wird.

Aber in noch entschiedenerer Weise gilt es den Begriff der hohen Menschen zu erweitern. Heißes Sehnen nach einer lichten Überwelt kann einen Menschen auch dann erfüllen, wenn die Stellung zum Irdischen überhaupt nicht als scharfer Zwiespalt gespürt wird, sondern nur frohes, unschuldsvolles Weilen im Endlichen vorhanden ist. So zähle ich also zu den hohen Menschen auch solche Personen, bei denen überhaupt kein Diesseitspessimismus zu finden ist, vorausgesetzt nur, daß sie ihr Glauben und Sehnen zu Idealwelten emporträgt. So ist es beispielsweise bei Walt in den Flegeljahren.

Und noch nach einer anderen und zwar der entgegengesetzten Seite fordert der Begriff des hohen Menschen zu einer Erweiterung auf. Wenn ich mir an dem hohen Menschen, wie Jean Paul selbst ihn sich denkt, das Zwiespaltsgefühl in Zunahme, dagegen

die Gewißheit der Einheit mit dem Idealen, Ewigen und Gött=
lichen in Abnahme vorstelle, so ergibt sich ein Menschentypus, in
dem die Sehnsucht nach einer idealen Überwelt zwar nicht er=
loschen ist, aber durch Zerrissenheit und Unseligkeit überwogen
wird. Und so kann es, indem in dieser Richtung fortgegangen
wird, dahin kommen, daß auf so durchwühltem Boden, bei völliger
Glaubenslosigkeit gegenüber allem Transzendenten, der ideale
Zug nur noch in der Sehnsucht nach unbedingter Freiheit und
Selbstherrlichkeit des Individuums besteht. Hier hat sich der
Diesseitspessimismus mehr oder weniger zum Weltpessimismus
erweitert. Man sieht: ich habe dabei solche Menschen wie Ro=
quairol und Leibgeber=Schoppe vor Augen. Auch diese starken,
freigeisterischen Genies sind voll von erhabenen Weltgefühlen,
nur sind diese von wesentlich anderer Art wie in den früheren
Fällen. Charakteristisch für sie ist auf der einen Seite die ver=
achtende, verhöhnende Stellung zur Welt; es sind also Welt=
gefühle negativer und skeptischer Art. Damit verbindet sich dann
ein sich als unbedingt fühlender Unabhängigkeitsdrang, ein Indi=
vidualitätstrotz, der in seiner Selbstherrlichkeit schwelgt. Das Ich
fühlt sich hier in sich selbst zu einer Weltmacht erweitert. Kurz,
es sind Weltanschauungsgefühle freier, sich gegen alle Schranken
und Bindungen auflehnender Geister. Dabei ist es übrigens
einerlei, ob ich in solchen Fällen geradezu von hohen Menschen
oder nur von Annäherungen daran spreche.

So sind es also Weltgefühle der gesteigertsten Art, in denen
die in solch weitem Sinn gefaßten hohen Menschen Jean Pauls
leben. Sie sind zwar nicht Philosophen im strengen Sinne, aber
Gefühlsphilosophie haben sie alle mehr oder weniger in sich. Am
meisten nähern sich wohl bei Leibgeber=Schoppe die Weltanschau=
ungsgefühle einer Philosophie begrifflicher Art. Und bei sämt=
lichen hohen Menschen sind diese Gefühle sorgfältig durchgearbeitet,
mannigfach ausgestaltet, zu einer Welt erweitert. Da nun die

hohen Menschen in den großen Dichtungen Jean Pauls — mehr
oder weniger — im Mittelpunkte stehen, so ist es begreiflich, daß
diese Dichtungen in hervorragendem Maße Weltanschauungs=
dichtungen sind. Kein anderer deutscher Dichter hat uns eine
so reiche Zahl von Weltanschauungsdichtungen größten Stils ge=
geben. Dazu muß man noch folgendes bedenken. Jean Paul
läßt, wie jeder auch nur oberflächliche Kenner seiner Werke weiß,
besonders in seinen Jugenddichtungen seine eigenen Gedanken=
und Gefühlsäußerungen unablässig in die dichterische Darstellung
einfließen. So gehört denn vor allem auch Jean Paul selbst
zu den hohen Menschen, die in seinen Dichtungen zu Worte
kommen. In allen seinen großen Dichtungen bis zu Titan hin
werden die Hochgefühle der dargestellten Personen in bedeuten=
dem Grade verstärkt durch die vom Dichter selbst in seinem eigenen
Namen ausgeströmten Ergüsse.

Gewöhnlich begegnet man bei den über Jean Paul han=
delnden Schriftstellern der Ansicht, daß seine Gestalten nur inso=
weit zu genießen seien, als sie sich innerhalb des idyllischen und
beschränkten Lebens halten, auf dem Boden der festen Wirklichkeit
ihr Gemüt entfalten oder etwa dem Kreise der sonderbaren Käuze
angehören. Zu derlei Urteilsweisen stehen die folgenden Be=
trachtungen in schroffem Gegensatz. Sie haben mit der üblichen
Auffassung nichts gemein, die an Jean Paul mit künstlerisch und
menschlich engherzigen, übermäßig ordnungsliebenden, auf ein
ästhetisches Gesetzbuch eingeschworenen, wo nicht gar philisterhaften
Maßstäben herantritt.[1]) Ich erblicke gerade in den hohen Menschen

------

[1]) Selbst die ästhetische Kritik, die der so einsichtsvoll und intim in
Jean Paul eindringende Karl Freye an der Erzählungs= und Charakterisierungs=
kunst des Dichters übt, finde ich nicht völlig frei von Maßstäben, die der Eigen=
art Jean Pauls nicht angepaßt sind. Er urteilt so, als ob Jean Pauls Dich=
tungen gewöhnliche erzählende Romane sein wollten. Gegenüber hochlyrischen,
durchaus in subjektivem Stil gehaltenen, noch dazu selbstherrlich=humoristischen

Jean Pauls, in den Steigerungen, die er in ihnen dem Menschen=
tum gegeben hat, seine größte dichterische Leistung. Namentlich
setze ich mich mit vollem Bewußtsein für die vielgeschmähte Senti=
mentalität Jean Pauls ein. Nicht in dem Sinne freilich, als ob
ich in der tränenreichen Überschwenglichkeit ein Ideal erblickte,
dem der Mensch zustreben oder das jeder Dichter darstellen solle.
Vielmehr will ich sagen: Jean Paul hat uns in seinen Dichtungen
gezeigt, zu welchen Wundern an Tiefe und Reichtum, Zartheit
und Kraft sich die für die Entwicklung der Menschheit so hoch=
wichtige sentimentale Weise des Fühlens zu steigern vermag.[1]

III

Sofort in der Unsichtbaren Loge führt uns der Dichter
mehrere Typen des hohen Menschen vor. Zunächst heftet sich
unser Blick auf den Helden der Dichtung, Gustav. Er zeigt den
sentimentalen Überschwang einer gefährlich zarten und doch kühnen
Seele; und dieser übersinnlichen Spannung ist nichts von be=
freiendem Humor zugemischt. Wohl aber hat er zugleich einen
hohen Grad von Weltempfänglichkeit, von Berührbarkeit durch
die kleinen und großen Reize des Irdischen. Schon die unter=
irdische Erziehung bis zu seinem zehnten Jahre legte sein Gemüt
teils auf Erdentrücktheit, teils auf überfeine Reizbarkeit gegen
alle Eindrücke an. Wer Gustavs weltflüchtige dem Ewigen zu=
flammende Liebessehnsucht kennen lernen will, lese den drei=
unddreißigsten Sektor, wo er sich an Amandus Grab im ersten
Kuß mit Beata vereinigt. Seine heiße andachtsvolle Natureinheits=
sehnsucht und Alllebensstimmung dagegen tritt wohl nirgends so
hervor wie in seinem Brief an den Dichter, der in dem Roman

Romanen muß die ganze Art der Kritik eine vielfach andere sein, als sie von
Freye geübt wird.

[1] Ich habe mich hierüber ausführlich in meinem Schriftchen „Die Kunst
des Individualisierens in den Dichtungen Jean Pauls" (Halle 1902) aus=
gesprochen (S. 27 ff.).

zugleich sein Hofmeister ist (im siebenundzwanzigsten Sektor). Welch
eine tapfere Seele aber zugleich in ihm wohnt, entschlossen selbst
zu schwerster Selbstverwundung, zu härtester Selbstverwerfung,
dies zeigt der Entsagungsbrief, den er nach dem Falle seiner Un=
schuld im achtunddreißigsten Sektor an seine Beata richtet.

Steiler, aber auch zerfurchter ist die Gestalt Ottomars. Sie
gehört dem Grausig=Erhabenen, dem Dithyrambisch=Nächtlichen an.
Bei ihm ist — im Unterschiede von Gustav — das Leiden an
dem Irdischen bis zu schneidender Heftigkeit entwickelt. All die
negativen Seiten am Menschlichen — das Zerstückte, Ziellose,
Traumhafte, Vergängliche, Verwesende — hat er, der Lebendig=
begrabengewesene, bis zu leidenschaftlichster Empörung in sich durch=
lebt. Sein Brief an Doktor Fenk im fünfundzwanzigsten Sektor
und seine Erzählung von seinem Lebendigbegrabensein im vier=
unddreißigsten enthalten eine ungeheuer pessimistische Philosophie
des Leides und Todes. Aber auch sein Sehnen nach Unendlich=
keit und Ewigkeit hat etwas Nächtliches an sich. So stark sich
auch sein Verlangen auf einen allgütigen Gott und auf Unsterb=
lichkeit richtet, so hat doch auch das Überweltliche für ihn vor=
wiegend den Charakter eines feierlich Furchtbaren, einer düstern
Tiefe. Und so ziehen sich bei ihm denn auch bange Zweifel durch
seinen Sehnsuchtsglauben. Von Gustav unterscheidet ihn aber
auch sein Humor, und bezeichnenderweise ist dieser vorwiegend
von grausig verzerrender Art. Und endlich stellt er auch insofern
einen anderen Typus des hohen Menschen als Gustav dar, als
er von leidenschaftlicher Tatensehnsucht schmerzvoll emporgerissen
wird. Karl Freye sagt mit Recht: Ottomar ist die erste titanische
Gestalt bei Jean Paul.[1])

Wenn neben Gustav und Ottomar auch Doktor Fenk zu den
hohen Menschen gehört, so muß hier doch ein gewisser Unterschied

---

[1]) Karl Freye, Jean Pauls Flegeljahre. Berlin 1907. S. 185.

gemacht werden. Nur selten bricht die heiße starke Seele Fenks
hervor; so vor allem in dem Brief an Gustav im einunddreißigsten
Sektor. Zumeist ist sie nur unterirdisch vorhanden: sie verbirgt
sich unter närrischen Seltsamkeiten, satirischen Streichen, scharf=
geschliffenen Witzen. Er hat die Kraft, seine große und tiefe
Seele zu Narretei und Kreuz= und Quersprüngen zu beflügeln.
Die Menschen und Dinge dieser Erde scheinen ihm einer ernsteren
Behandlung nicht wert zu sein. So ist Fenk unter den hohen
Menschen der Unsichtbaren Loge der munterste, gesundeste, freieste.

Am wenigsten für den Gesamteindruck der Dichtung ist der
Genius von Bedeutung, da er nur zu Beginn vorkommt. Dieser
Herrnhuter ist nichts als Sanftheit und Güte, Sehnsucht nach
Reinheit und Schönheit. Sein Auge ist ausschließlich dem Äther
der höheren Welt zugewendet. Der Emanuel des Hesperus ist
in ihm vorbereitet.

So bringen also diese hohen Menschen eine Fülle erhabener
Töne in die Welt dieser Dichtung und heben sie der Sonne und
dem Unendlichen näher. Dazu trägt aber nicht zum wenigsten
der Dichter selbst bei, der übrigens als Hofmeister Gustavs auch
zu den handelnden Personen der Dichtung gehört. Wenn er in
seinen Psalter greift, schweben ganze Fluten und leuchtende
Garben von Hochgefühlen empor. So ist es etwa im fünften
Sektor, wo er das Emporsteigen Gustavs auf die Erde mit einer
wahren Sonnensymphonie feiert, vor allem aber in dem dreiundfünf=
zigsten oder größten Freuden=Sektor, wo er die Erzählung in einen
langen und tiefen Jubelstrom von Entzückungen und Entrückungen
taucht. So dürfte Jean Paul mit Fug und Recht auch sich
selber zu den hohen Menschen der Unsichtbaren Loge zählen.

IV

Wohl kein großer Dichter hat so trocken=rationalistisch, so
ältlich=gelehrtenmäßig angefangen wie Jean Paul. Selbst bei

8*

tiefster Menschenkennerschaft wird man, wenn man bei Josef
Müller oder Josef Schneider[1]) die Darbietungen aus den Ex-
zerpten liest, die Jean Paul während der letzten Jahre des Gym-
nasiums gemacht hat, unmöglich vermuten können, daß in der
Tiefe der Seele dieses Jünglings Fähigkeit und Bedürfnis für
überschwengliche Gefühlsentwicklung eingemauert und verrammelt
liege. Und auch wenn man die beiden Werke der Jugendzeit —
die Grönländischen Prozesse und des Teufels Papiere — mit ihrer
gequälten Verstandesarbeit und ihrer Witzjagd um jeden Preis
liest, muß es fast wie ein Wunder erscheinen, daß bald darauf
Dichtungen folgten, in denen ein kaum noch zu überbietender
Gefühlsrausch herrscht.

Aus Hesperus ragen vor allem zwei Gestalten als hohe
Menschen ersten Ranges empor: Viktor und Emanuel. Zu ihnen
gesellt sich, als seelenverwandt besonders mit Emanuel, Klotilde.
Sie ist eine stärkere, erhabenere Seele als Beata in der Unsichtbaren Loge und darf daher unter die hohen Menschen eingereiht
werden. Sodann aber trägt Lord Horion, der „sein Haupt wie
ein hohes Gebirge kalt und heiter über eine Feuerzone hebt",
durchaus das Gepräge eines hohen Menschen.

Viktor gehört zu Jean Pauls Allmenschen. Er ist so gegen-
satzreich, daß sein Menschentum sich der Allheit der großen Richtungen, in denen sich menschliches Gemütsleben äußert, wenigstens
annähert. Schon in den ersten Hundspostagen legt es der Dichter
darauf an, uns das Vielseitige der Menschlichkeit Viktors nahezu-
bringen. Nach verschiedenen entfernteren Vorbereitungen geschieht
dies vor allem im siebenten und achten Hundsposttag. Jean
Paul spricht von drei Seelen Viktors: der humoristischen, empfind-
samen und philosophischen. Tatsächlich hat er noch mehr Seelen

---

[1]) Josef Müller im Euphorion Bd. 6, Heft 3 (1899): Jean Pauls litera-
rischer Nachlaß, S. 553—571; Josef Schneider, Jean Pauls Jugend (Berlin
1905), S. 106—152.

in Viktor hineingearbeitet. Und diese Vielheit von Seelen ist
nicht etwa zusammengestückt, sondern vom Dichter als eine flie=
ßende Einheit erlebt und erschaut. Es war ein Wagnis, eine
solche Vielheit von Seelen und Welten in eine Individualität
zusammenzufassen; aber Jean Paul durfte dieses Wagnis unter=
nehmen.

Einmal ist Viktor ein froher, lachender Sohn der Erde. Es
freut ihn zu leben. Und dieses Lebensgefühl kann sich in ihm
zum All-Lebensgefühl, zu einem wahren Sturm und Drang des
Naturgefühls steigern; aber es macht sich auch in bescheidenerer
Weise geltend. Er verlangt „zum Stoff der Freude fast nichts
als Dasein". Er hat ein helles Vergnügen an allerhand harm=
losem Spaß. Seine Sinnlichkeit ist nicht immer in den Dienst
hoher Zwecke eingespannt, sondern ergeht sich mit schweifen=
der Lust.

Aber Viktor hat zugleich eine gefährliche Neigung zum
Sinnlichen; er läßt sich von den bestrickenden Reizen koketter
Sinnlichkeit nicht etwa, wie Gustav, nur einmal vorübergehend
fangen, sondern längere Zeit fesseln. Das Glitzernde, Flirrende des
Hoftreibens nimmt seine Sinne gefangen. Seine Seele ist allzu
offen, allzu zugänglich: so gibt er sich denn auch dem nerven=
prickelnden Zauber des Hoflebens und der Hofliebeleien hin.
Freilich vermag er hiermit das Edle seiner Natur nicht einzu=
schläfern: unruhvolle, widersprechende Zustände kommen über
ihn: er kehrt sich mit skeptischen, satirischen Stimmungen wider
seine Umgebung und wider sich selbst.

Weit mehr jedoch tritt im Gesamtbilde Viktors der weiche und
stürmische Höhenflug hervor. Mit bloßliegender Seele, schüchtern=
keusch und zugleich kühn wie ein Adler, möchte er alle Schönheit und
Größe, alle Güte und Liebe in sich schlingen. Mit seiner Sehnsucht
weiß er allen Erdenstoff so zu verflüchtigen, alles Grobe und Sinn=
liche so zu durchgeistigen, daß er uns in eine neue Welt emporhebt,

und diese Überwelt weiß er doch wieder in die Glut und die
Farben seiner Phantasie zu tauchen, daß sie wie eine neue Erde
erscheint. Mit einer seiner Seelen — und sie erweist sich am
stärksten — gehört er der Himmelsluft und der Sternenwelt an.
Mit Schrecken und Grauen, mit heftig verwerfender Gebärde
wendet er sich von dem wilden Gestrüpp des Lebens, von den
Larven und Fratzen, die ihn umgeben, von der ganzen Tragi=
komödie der Vergänglichkeit ab. So ist seine Sentimentalität stets
von schwerer Melancholie durchzittert. Man möge etwa seinen
Morgenspaziergang nach Kussewitz oder die Schilderung des dritten
Osterfeiertags oder die der vier Pfingsttage lesen, um sich von
dem Übermaß von Weltentrückung und Ewigkeitssehnsucht, das
in Viktor lebt, eine Vorstellung zu bilden. Er ist oft nichts als
Lechzen nach immer schwierigerer und immer anspannenderer Ver=
geistigung.

Aber in diese Empfindsamkeit mündet doch sein Wesen nicht
aus. Er weiß Kleines und Großes, Zeitliches und Ewiges, andere
Menschen und sich selbst und nicht zum wenigsten seine eigene
Überschwenglichkeit zugleich mit starkgeistigem Humor anzufassen.
Entsprechend der vielseitigen Natur Viktors hat sein Humor bald
den Charakter des Schalkhaften, der gutmütigen Spaßmacherei,
bald zeigt er skeptische, spottende, zerreibende Züge, bald vertieft
er sich zu philosophischer Weltspiegelung. Wo es zu dem Humor
dieser dritten Art kommt, glaubt man einen in erhabenen Humor
übersetzten Faust oder Manfred zu hören. Ich denke dabei besonders
an den „Leichensermon", den Viktor am zweiten Osterfeiertag auf
sich selber hält.

Und so ist es denn endlich die philosophische Seele, die in
Viktor aufgewiesen werden muß. Ihn treibt es, in Weltbetrach=
tungen zu schwelgen, sich vor allem an den harten Weltwider=
sprüchen denkend abzuquälen. Sowohl seine sentimentalen wie
seine humoristischen Ergüsse sind von seiner Philosophie durch=

drungen. Man nehme etwa seinen Brief an Emanuel im siebenten
oder das Ende der Wanderung nach Kussewitz im neunten Hunds=
posttag oder den ebenerwähnten Leichensermon vor. Was sich
hier ausspricht, ist eine Philosophie teils der starken, naiven Daseins=
freude, teils eines seherischen, vielstimmigen Weltjubels. Zugleich
aber ruht diese Philosophie auf brennend pessimistischem Unter=
grunde: auf dem Leiden an den Schranken und Widersprüchen,
Einsamkeiten und Roheiten, Häßlichkeiten und Verächtlichkeiten
des Lebens. Der glaubensstarke Aufschwung zu Tugend, Unsterb=
lichkeit und Gott, das mannhafte Festhalten an einem Großen
und Ewigen im Menschen ist ihm kein wohlfeiler Erwerb, sondern
ein aus Schmerzen Herausgeborenes. Das Leben ist ihm eine
übermächtig rauschende Feier, die Welt eine aus brausendem
Naturschooße heraufschwellende Liebesoffenbarung, aber zugleich
ein in Rätsel und Abgründe blicken lassendes furchtbares Ge=
heimnis.

Emanuel, der Lehrer und Freund Viktors, stellt ein wesent=
lich anderes Verhältnis von Leben und Idealwelt, von Irdischem
und Überirdischem dar. Will man von Viktor aus zu Emanuel
gelangen, so muß man an jenem die irdischen Seiten und auch
die humoristische Seele wegdenken, dagegen den philosophischen
Zug und vor allem das Jenseitig=Sentimentale bedeutend ver=
stärken. Er lebt völlig und leidenschaftlich in der zweiten Welt,
er ist ein ins Phantasievolle und Dichterische gesteigerter Platon,
er ist der jenseitigste Mensch, den Jean Paul geschaffen hat. Er
ist ein reine, große Blumenseele, die sich in glühender Sehnsucht
nach dem Ewigen verzehrt. Alles Kleine, Unreine, Sündhafte
liegt ihm unendlich fern. Er reibt seinen kranken Leib in zitternden
und weinenden Sehnsuchts= und Liebesentzückungen auf. Wenn
er sich auch zu keiner positiven Religion bekennt, so ist er doch
ein religiöses Genie, dem sich Natur und Erde, Endlichkeit und
Grab in lauter durchsichtige Hinweise auf die zweite Welt ver=

wandeln. Gott und Unsterblichkeit sind ihm die „zwei Säulen
des Universums".

Aber seine Philosophie ist nicht etwa völlig unirdisch. Auch
im Endlichen offenbart sich ihm Gott; die Erde ist ihm, weil Gott
in ihr atmet, ein Heiliges. Seine Philosophie ist bei aller Jen=
seitssehnsucht doch zugleich Welt= und Sonnentrunkenheit, dithy=
rambischer Pantheismus. Seine transzendente Gottbegeisterung
ist zugleich liebendes Umfangen der Erde als eines Stückes Gott=
Natur. Und noch stärker kündigt sich ihm in dem kleinen, zer=
stäubenden Menschenherzen die erhöhende Gegenwart des Un=
endlichen an. Die beiden Briefe Emanuels an Viktor im achten
und fünfundzwanzigsten Hundsposttag und seine mannigfaltigen
Gespräche mit Viktor legen beredtes Zeugnis davon ab. Aber dieser
rauschende Welt= und Gottjubel ist für Emanuel keine leichte Er=
rungenschaft; wie bei Ottomar und Viktor ist ein pessimistischer
Untergrund vorhanden. Emanuel ist auch durch finstere, grimmige
Gedanken hindurchgegangen. Er hat mit dem Gedanken einer
gottleeren Welt, einer von Nacht und Nichts umfangenen und
durchsetzten Welt schwer gekämpft. Noch vor seinem Sterben
stürzen solche grauenhafte Gedanken über ihn herein. Doch ist
bei Emanuel das Pessimistische bei weitem nicht so stark entwickelt
wie bei dem weniger in sich ausgeglichenen Viktor oder gar bei
Ottomar. Emanuel ist weitaus überwiegend ein Sonnenmensch,
ein Engel des Lichtes. Er durchlebt die Schöpfungswonnen
Gottes in solchem Grade, wie sie ein Menschenherz überhaupt er=
leben kann. Josef Müller hat zweifellos Recht, wenn er sagt,
daß man Charaktere wie Emanuel und Liane nicht einfach für
„Mustergestalten der Jean Paulschen Lebensführung" halten
dürfe.[1]) Allein ebenso richtig ist, daß ein bedeutsamer und ihn

---

[1]) Josef Müller, Jean Paul und seine Bedeutung für die Gegenwart.
München 1894. S. 163.

beseligender Teil der eigenen Lebensstimmung Jean Pauls in diese jenseitig gerichteten Gestalten eingegangen ist.

Schon durch Viktor und Emanuel ist Hesperus eine von Weltanschauung höchsten Stiles gesättigte Dichtung. Dazu tritt dann aber noch der Lord Horion, in dem sich eine von dem Dichter befehdete, aber in ihrer Größe anerkannte Philosophie verkörpert. Doch zuvor sei noch Klotildens gedacht, da sie ganz dem Gefühlskreise Emanuels und der hochgestimmten Seiten in Viktor angehört.

Wenn ich Klotilde, nicht aber Beata in der Unsichtbaren Loge, zu den hohen Menschen zähle, so hat dies darin seinen Grund, daß Klotilde eine stärkere, fester ragende, den Geliebten kraftvoller emportragende Seele ist. Zwar ist Klotilde unirdisch genug: Flamin nennt ihre Gestalt eine „Lilienhülle", „eines aufgeflogenen Engels weggelegte Flügeldecke". Allein ihre Seele hat doch einen machtvollen, stolzen Flügelschlag. Ihr Hingegebensein an die von Tugend und Gott erfüllte Idealwelt Emanuels hat nichts von Schwächlichkeit und Kränklichkeit an sich. Die Reinheit und Harmonie ihres Wesens ruht auf klarem Willensgrunde. Dieses Entschiedene, Vernunftgeklärte ihres Wesens bleibt ihr unverloren, auch wo sie in erdflüchtigen Entzückungen und tränenreichen Liebesgluten aufgeht.

Neben Viktor, Emanuel und Klotilde steht Lord Horion wie ein finsterer, abgefallener Engel. Der Lord ist vornehmer, starker, feingeschliffener Wille zur Macht. Mit weitangelegten geheimen Plänen sucht er Menschen und Verhältnisse sich untertan zu machen. Aber er hat zugleich ein von Leidenschaften glühendes, heißphantastisches Herz. Doch bannt er mit kalter, kein Auflehnen duldender Hand die verzehrenden Gewalten seines Selbstes in die schweigende Tiefe seines Innern. Sein Herz hat hohe Bedürfnisse, es möchte ausgefüllt sein; allein dem stellt sich der Weltmann, der Erfolgsmensch, der Rechner in ihm entgegen. So

steht er unnahbar, gepanzert, vereist da, trägt aber brennende
Zerrissenheit in seinem Innern. Nur in seinem geheimnisvollen,
seltsamen Planen und Treiben verrät sich, was in ihm an un=
befriedigender Sehnsucht und Phantasie und an unheilbarem
Gram schlummert und wühlt.

Doch wäre er nichts als dies, so würde er noch nicht unter
die hohen Menschen eingereiht werden dürfen. Dazu erwirbt er
sich erst das Recht durch seine erhabene Philosophie. Und die
Philosophie des Lords kann nur menschen= und weltverachtender,
gottverneinender, nihilistischer Art sein. Man lernt seine Welt=
anschauung am zusammengefaßtesten aus dem einundvierzigsten
Hundsposttage kennen. Das Leben ist ihm ein leeres, kleines
Spiel. Weder in uns noch außer uns gibt es etwas Großes und
Bewundernswertes. Alle Begeisterung ist ihm verhaßt. Seinem
unerbittlichen Blick zerlegt sich alles Große in Haufen von Kleinem,
und dann kommt noch die aufblähende Prahlerei dazu. Wir ge=
langen nie zur Wahrheit. Als Wahrheit erscheint uns stets unser
allerletzter Irrtum. Nur zum Tode blickt er wie zu etwas Er=
habenem auf; denn den Tod kann er nicht fassen. Und so be=
schließt er denn, sich den Tod zu geben. Und er vollzieht es.
Überall wo Jean Paul die äußere Gestalt und das innere Wesen
des Lords zeichnet, sind dies Meisterleistungen im Individuali=
sieren.

Und nun tritt, wie in der Unsichtbaren Loge, zu dieser
Gemeinde von hohen Menschen natürlich noch der Dichter selbst,
wie er denn sich auch in dieser Dichtung gegen den Schluß hin
als handelnde Person einführt. Und wie in der Unsichtbaren
Loge stimmt das subjektive Eingreifen des Dichters auch im
Hesperus den hohen Ton noch höher. Auch in den weiter heran=
zuziehenden Dichtungen würde den hohen Menschen schließlich
noch immer Jean Paul selbst anzureihen sein. Auch wenn er
sich nicht geradezu als Teilnehmer an der dargestellten Handlung

einführt, so greift er doch mit hochgestimmten Ergüssen, mit
Hymnen und Gesichten ein und trägt den Leser auf den Flügeln
seiner Phantasie empor. Dies sei hier ein für allemal gesagt.

Bestünde freilich der Hesperus nur aus diesen hohen Menschen
oder träte alles andere völlig hinter ihnen zurück, so könnte man
vielleicht mit Recht klagen, daß es der Leser nur schwer so lange
ununterbrochen in solch ätherischen Reichen aushalte. Allein Jean
Paul hat reichlich, vor allem in den ersten Teilen der Dichtung,
dafür gesorgt, daß dem Leser die Erde nicht entschwinde. Er hat
seine erhabenen Schilderungen und Ergüsse bunt und ergötzlich
mit Kleinmalerei warmidyllischen und gutmütig närrischen Cha=
rakters und mit geistreich satirischen Zeichnungen aus dem Treiben
eines kleinen Hofes umgeben.

V

Auf einen anderen Boden werden wir durch Siebenkäs
versetzt. Die Gestalten dieser Dichtung wachsen in ihrer Mehrzahl
aus den Verhältnissen einer im höchsten Maß kleinstädtischen
Kleinstadt heraus. Der Dichter versteht das Winkelhafte und
Gerümpelartige, das prächtig Philiströse, das närrisch Querköpfige
und das häßlich Kleinliche an dem Getriebe von Kuhschnappel
in einer solchen Fülle von Zügen zu schildern, daß der Leser den
Geruch dieser Kleinstadt mit allen seinen Sinnen und Poren in
sich zieht.

Zu den hohen Menschen dieser Dichtung gehört zunächst
der Armenadvokat Siebenkäs selbst. Er hängt mit dem krausen
Kleinkram des Lebens weit enger zusammen als etwa Gustav
oder Viktor. Diese beiden freuen sich wohl an den bunten,
warmen Endlichkeiten, sie haben ein liebendes Auge für die Ver=
hocktheit und Querköpfigkeit enger Lebenskreise; sie lassen sich auch
bis zu gewissem Grade hiermit ein. Aber sie wurzeln nicht darin
mit ihren Lebensgewohnheiten. So aber ist es bei Siebenkäs.

Wie ist er nicht mit Kirmeß und Vogelschießen in Kuhschnappel
verwachsen! Vor allem aber gibt seine Häuslichkeit an der Seite
der rührend guten, aber geistig armen, fegenden, wischenden,
waschenden, nörgelnden Lenette seiner ganzen Art zu leben das
Gepräge des ärmlich Kleinstädtischen.

Hiernach würde Siebenkäs das volle Gegenteil zu den
hohen Menschen bilden. Die Sache gewinnt aber schon dadurch
ein anderes Aussehen, daß er durch all das Kleinliche und Ver=
ständnislose, was ihn umgibt und sich an ihn kettet, gereizt, wund
gerieben, in unerträglichen inneren Jammer hineingequält wird.
Und gerade diese zunehmenden Zerstörungsvorgänge in der Seele
des Siebenkäs weiß der Dichter mit scharfblickender und unerbitt=
licher Psychologie zu schildern. Siebenkäs ist den Bedürfnissen,
Schwierigkeiten und Nöten des Tages nicht gewachsen; insbesondere
versteht er seine Lenette mit ihrem rührend treuen Eifer im Wirt=
schaften, mit ihrer Wichtignehmerei gegenüber dem Geringfügigsten
und mit ihrem völligen Versagen gegenüber den höheren An=
gelegenheiten nicht zu behandeln. So kommt er immer tiefer in
häßliche Selbstquälerei und in lieblose Quälerei der doch im
Grunde von ihm geliebten Lenette, immer gefährlicher in Unwille,
Ekel und Wut gegen sich selbst wie gegen seine Umgebung hinein.
Er lebt schließlich mit bloßgelegten Nerven, und Dinge und
Menschen und er selber zerren an ihnen herum.

Aber auch dieses in die Tiefe bohrende Leiden unter der
beklemmenden Umgebung würde Siebenkäs noch nicht zu einem
hohen Menschen machen. Dies wird er erst dadurch, daß er in
der kleinstädtischen Welt als ein losgewickelter, freier Phantasie=
und Stimmungsmensch wandelt, als ein Mensch mit einer über
seine Umgebung ungeheuer übergreifenden Innenwelt. Bald
wird sein Herz angesichts des aus „farbigen Minuten, Stäubchen,
Tropfen, Dünsten und Punkten zusammengestoppelten Mosaik=
gemäldes unseres Lebens" von Melancholie ergriffen; bald wieder

hebt er sich in tiefernsten, weihevollen Freundschafts-, Natur- und Unsterblichkeitsgefühlen empor. Besonders gern ruht sein liebebedürftiges Herz von trockenen Geschäften, von der Kälte des Lebens „an der ewigen, warmen und umfangenden Göttin, an der Natur" aus. Das Eigentümlichste an Siebenkäs aber liegt in der tapferen Männlichkeit, in der stoischen Gefaßtheit, die den Untergrund aller seiner sehnsuchts- und glaubensvollen Aufschwünge bildet. So zerquält und zerrieben auch sein Herz durch die Feindseligkeiten seines Lebens ist, so verliert er doch nie seine stolze, aufrechte Haltung. Und so sind auch seine zartesten Erhebungen, seine weichsten Ergüsse in herbe Hüllen gekleidet; sie sind oft nur das verborgene Innere einer stachligen, sich und andere verwundenden Außenseite.

Zu dem allen kommt aber dann noch das satirisch Spaßhafte und genial Humoristische. Erst hierin vollendet sich der freie Geist des Siebenkäs. Er liebt es, zu den Dingen eine gebrochene, zickzackartige Stellung einzunehmen. Selbst wenn er in tiefer Schwermut über die Welt sinnt, hat er die Kraft, höhnend oder närrisch mit der Welt zu spielen. So ist es, wo er — im elften Kapitel — in der Ahnung baldigen Todes sein Tagebuch beschließt, oder wo er — im zwanzigsten Kapitel — seinen letzten Willen diktiert. Und ist nicht die ganze Todeskomödie, die er aufführt, eine Leistung gespenstisch-grotesken Humors?

Auf diese Weise nimmt Siebenkäs unter den hohen Menschen eine durchaus eigentümliche Stellung ein. Er stellt eine Synthese von Kleinstädtischem und Hochgestimmtem, von wunderlicher Verschnörkelung und herrlich kühnem Geiste dar wie kein anderer Vertreter der hohen Menschheit bei Jean Paul. Das ist das Ergreifende an seiner Gestalt, daß sich in Verbindung mit Lebensgewohnheiten und Umgebungen, die fast nur philiströse und beschränkte Menschen erzeugen, ein so außergewöhnlich freier Mensch entfaltet.

Noch eins muß über Siebenkäs bemerkt werden. Sein Wesen erfährt von der Mitte des dritten Teiles an eine bedeutsame Veränderung. Von dem Augenblick an, wo er den Reichsmarktflecken Kuhschnappel verläßt, gen Bayreuth wandert, seinem Freunde Leibgeber entgegenzieht, und nun gar von seinem Abenteuer mit Natalie, diesem „Engel seines höhern Lichts"' und dem Aufleuchten einer großen Liebe an wird Siebenkäs ein einheitlicherer Mensch: das Gedrückte, Gequälte an ihm fällt weg, seine Wunderlichkeiten treten zurück, auch seine Satire und selbst sein Humor schweigt, er wird jetzt in der Hauptsache von großen, hochstrebenden Gefühlen, teils weicher, teils starker Art, beherrscht. Nur in der Zwischenzeit, wo er wieder in Kuhschnappel weilt, um sein Schicksal durch die Todeskomödie von Lenetten abzulösen, kommt wieder der frühere Siebenkäs zum Vorschein. So kommt Siebenkäs in den letzten Teilen der Dichtung in eine gewisse Nähe zu solchen Gestalten wie Gustav oder Viktor. Freilich nur in eine gewisse Nähe. Denn Siebenkäs bleibt bei all seinen feierlichen und entrückten Weltgefühlen doch jenen überströmenden Überschwenglichkeiten ferne, wie sie einem Gustav oder Viktor eigen sind. Auch wo ihn Schmerz und selige Liebe überwältigt, wie beim Wiederfinden Nataliens auf dem Gottesacker, bleibt er doch im Grunde der gesunde, einfach männliche Siebenkäs, der er von Anfang an war. Auch seine erhabensten Weltgefühle bleiben daher dem festen Boden des Irdischen weit näher als die Entrückungen und Entzückungen Gustavs und Viktors.

Mit Siebenkäs innerlich verwandt und doch wieder ganz anders geartet ist sein Freund Leibgeber. An zahlreichen Stellen der Dichtung stellt Jean Paul die Charaktere beider einander gegenüber. Es liegt ihm offenbar daran, daß beide nach Ähnlichkeit und Unterschied dem Leser scharf vor Augen treten.

Geht man von der Person des Siebenkäs aus, um zu Leibgeber zu gelangen, so muß man von jenem vor allem alles

Hängen an engen Lebensgewohnheiten, alles Kleinstädtische wegdenken; man muß sich sodann den Humor des Siebenkäs in der
Richtung auf das Harte, Unerbittliche, Wilde bis zum Furchtbaren
verschärft vorstellen, und man muß endlich das Sehnsüchtige und
Weiche des Armenadvokaten bis in die verschwiegenste Tiefe der
Seele hinabbannen. In Leibgeber ist alles tapferer, rücksichtsloser, freier als in Siebenkäs.

Vor allem fällt sein grimmiger Humor, sein höhnender Zorn
in die Augen. Er ist von äußerster Empfindlichkeit gegen alles,
was gemein und häßlich ist; in seinem Innersten glüht ein heißes
Verlangen nach sittlicher Schönheit und Größe, nach Wahrhaftigkeit und Selbstlosigkeit, nach auserlesenem Menschentum; und da
wird er nun durch all die unzähligen Makel und Schandflecke
in dem Bilde des Menschengeschlechtes zu wildem Zorn und
Lachen aufgerufen. Er ist nicht etwa reiner Pessimist; vielmehr ruht
sein höhnender Pessimismus auf zartem, liebeglühendem Grunde,
auf dem Grunde einer freilich tief verschwiegenen und nur selten
hervorblitzenden Sehnsucht nach herrlichen Menschen. So tritt
uns Leibgeber schon bald zu Anfang aus dem Briefe entgegen,
worin er als Adam eine Hochzeitsrede an Eva als die Mutter
aller Menschen hält. Es sind die Weltgefühle eines starkgeistigen, leidenschaftlichen Humoristen, der seinen vorherrschen-
den Pessimismus endlich doch durch hochherzigen Aufschwung
überwältigt.

Erst von dem Zusammentreffen mit Siebenkäs und Natalie
in Bayreuth an entfaltet sich Leibgebers Wesen in seiner ganzen
Eigenart. Er gehört zu den ganz Freien, zu den Wilden und
Ungestümen, denen alle festen Lebensgewohnheiten, alle bürger-
lichen Verpflichtungen lästige Fesseln sind, die sie abwerfen. In
seiner humoristischen Tischrede im zwölften Kapitel stellt er sich
selbst als einen Menschen hin, der schon durch seine auf stürmischer
See erfolgte Geburt dazu bestimmt erscheint, wie ein Sturmvogel

durch das gefahrenvolle Leben scharf und spielend zu stoßen. Der
Dichter nennt ihn einen „spielteck mit dem Leben umspringenden
Menschen". Unvergeßlich prägt sich der Erinnerung das Bild ein,
das uns der Dichter von dem vor seinem Abschied für immer
neben Siebenkäs pfeifend einherschreitenden Leibgeber gibt. „Ich
pfeife das Leben aus," sagt er, „das Welttheater und was so
darauf ist und dergleichen." So ist er denn auch geneigt, in
schwierigen Lagen nicht etwa die gewöhnlichen Mittel der Be=
sonnenheit und Klugheit anzuwenden, sondern mit phantastischem
Radikalismus vorzugehen. Nur wenn man dies im Auge behält,
versteht man, wie dieser blanke, treue, aufopferungsmutige Geist
dem Freunde raten kann, sich von der rührend guten Lenette
durch jene grausame Todeskomödie zu befreien.

Vergleicht man Leibgeber mit den vorher betrachteten hohen
Menschen, so heben sich seine Weltgefühle in bedeutsamer Weise
ab. Leibgeber kehrt sich von der Welt mit ungleich grimmigerem
Verneinen, mit ungleich schneidenderem Lachen ab als irgend eine
der bisher charakterisierten Personen. Und so hat denn auch sein
Höhenflug, sein idealer Drang ein ganz besonderes Gepräge: die
Verbindung von Zurückhaltung und Leidenschaft, von unter=
irdischer Verschwiegenheit und heftigem Emporstürmen bewirkt,
daß das Äußern seiner Hochgefühle, seines Sehnens, Glaubens
und Fühlens den Eindruck des Erlesenen, Seltenen, mit innerstem
Blute Genährten macht. Soll ich eine Stelle der Dichtung
nennen, wo dieser Eindruck im höchsten Maße entsteht, so weise
ich auf den Abschied Leibgebers von Siebenkäs für immer im
zweiundzwanzigsten Kapitel hin. Ich möchte wissen, welch ein
anderer Dichter uns einen so zusammengesetzten Menschen, einen
so keuschen Zyniker, einen so scharfen Lebensspieler, einen so
vogelfreien Weltwanderer geschildert hat. Nur Jean Paul selbst
hat uns in seinem Schoppe noch eine Steigerung und in Giannozzo
und Vult zwei veränderte Ausgestaltungen des Leibgebertypus

gegeben. Man vergleiche einmal, wie dies schon Spazier in seiner tiefgreifenden Lebensbeschreibung getan hat,[1] Leibgeber mit Emanuel, und man wird sich sagen, in welch ungeheuren Gegen= satz er sein Höhenreich auseinanderzureißen weiß.

Neben Siebenkäs und Leibgeber darf Natalie, diese ernste und freudige Lichtgestalt, nicht fehlen. Sie ist wie aus feierlichem, reißendem Frühling herausgeboren. Erlösende Kraft geht von ihr aus. Nur einem Geiste, der, wie der ihrige, edle Stärke mit inniger Anmut verbindet, konnte es gelingen, den gemarterten Siebenkäs emporzuziehen und in ein neues Land zu verpflanzen. Der Dichter sagt von Natalie, daß sie auf der weiblichen Ritter= bank sitzt, daß es sie immer nach ungemeinen, heroischen, opfern= den Taten gelüstet, und daß an ihr „eine Vorliebe zum gesuchten Großen" das einzige Kleinliche ist.

VI

In keiner Dichtung Jean Pauls findet sich eine so große Gemeinde hoher Menschen zusammen wie im Titan. Sie umfaßt nicht nur Albano, Schoppe, Roquairol — diese freilich zu aller= nächst —, sondern auch Liane und Linda; aber auch Don Gaspard, der alte Spener und Prinzessin Idoine gehören zu ihr.

Albano ist dem Helden des Hesperus, Viktor, nächstverwandt. Auch Albano trägt in sich eine ganze Welt zärtlicher und helden= hafter, biegsamer und sprühender Kräfte; auch er nährt sich von Mark und Saft des Irdischen und hebt sich zugleich in die Wonnen und Schauer des Übersinnlichen empor. Was er in Freundschaft, Verehrung, Liebe ergreift, wird ihm sofort zu einem vielsagenden, heiligen Erlebnis. Er kann überhaupt nichts wahr= haft erleben, ohne daß er höchste Ziele und äußerste Ideale in sein Fühlen mit hereinzöge und Menschheit, Schicksal, Allleben

---

[1] Richard Otto Spazier, Jean Paul Friedrich Richter. Leipzig 1836. Bd. 3, S. 216 ff.

und Gott in sich miterklingen ließe. Einiges freilich muß man an
Viktors Charakter in Abzug bringen, wenn man sich Albano
vergegenwärtigen will. Diesem fehlt das leichtfertige Spielen mit
den glitzernden, verführenden Seiten des Lebens, zu dem sich
Viktor in den Hofkreisen Flachsenfingens angereizt fühlt. Albano
ist fast bis in die kleinsten Betätigungen seines Wesens von Größe
erfüllt. Bei Viktor gibt es eine ganze Fülle von Äußerungen,
die seine erhabene Natur frei gelassen hat. Und so darf ich denn
den vorigen Satz verallgemeinern und sagen, daß bei Albano
überhaupt spielendes Sichergehen in bei weitem eingeschränkterem
Grade als bei Viktor zu finden ist. Seine Adlergröße, seine Welt=
trunkenheit läßt ihn weit weniger los. Damit hängt zusammen,
daß ihm auch die glückliche Gabe des Humors gebricht. Weder
für schalkhafte Spaßmacherei noch für erhaben wildes Lachen ist
seine Seele gestimmt.

Man könnte nun glauben, daß infolge dieser Unterschiede
Albano in frischer und echter Natur an Viktor nicht heranreichen
werde. Gerade das Gegenteil ist der Fall. Die ganze Titan=
Dichtung nämlich ist so wie kein anderes Werk Jean Pauls aus
der Kraft des deutschen Sturmes und Dranges herausgeboren.
Beim Schaffen des Titan war die Phantasie Jean Pauls weniger
von Absicht und Bemühen abhängig als irgend sonst. Es ist,
als ob in dem Dichter, als der Titan entstand, die schwellende,
fruchtbare, unbändige Natur mächtig gewesen wäre. An dieser
Gesamthaltung der Dichtung nehmen nun auch die Personen
darin teil, vor allem Albano. Er strotzt noch mehr von Natur
und Kraft als Viktor. Es strömt in ihm ein noch glühenderes
Leben, eine noch überschäumendere Natur. Er scheint dem Ur=
schooß des Daseins, dem Schöpfertrieb, der allem Leben zugrunde
liegt, so nahe zu stehen, wie dies überhaupt bei einem endlichen
Wesen möglich ist. Etwas Titanisches, Urkraftmäßiges offenbart
sich in ihm. Schon die Art, wie uns Albano in der ersten Jobel=

periode auf Isola bella entgegentritt, legt vollwichtiges Zeugnis
dafür ab. Oder man erinnere sich, wie in der zweiten Jobel=
periode den noch kindlichen Albano angesichts der Aussicht, die
er vom Schießhäuschen aus hat, die Sehnsucht zu fliegen über=
kommt, oder wie in der vierten Jobelperiode dem eben der Kind=
heit entwachsenden Albano oben auf dem Kirchturme, dann in
der Kirche während eines Gewitters und weiter auf dem nächt=
lichen Spaziergange nach Lilar die Gefühle in hohen und weiten
Wogen dahinfluten. Oder man lasse die heroische Feuerphantasie
auf sich wirken, mit der — in der neunten Jobelperiode — der
Brief geschrieben ist, in dem Albano Roquairol zur Freundschaft
aufruft. Es ist, als ob ein jugendstrotzender Übermensch, der eine
ganze Sonne in sich trägt, einen ihm ebenbürtigen Geist über
Wüsten, Gletscher und Grüfte hinweg an sein Herz zwingen
wollte. Und wohin man blickt, findet man im Titan Beispiele
für das Sturm= und Drangmäßige in Albanos Wesen.

Mit Albanos Kraftnatur steht nun aber die sentimentale
Seite seines Wesens keineswegs, wie man öfters gemeint hat,[1])
in Widerspruch. Denn auch wo sich das Sentimentale in ihm
zu den körperlosesten Verfeinerungen erhebt, wie in seiner Liebe
zu Liane, bildet doch immer seine überflutende Kraftnatur den
nährenden Hintergrund. Einen besonders deutlichen Beleg gibt
die vierzehnte Jobelperiode, wo Albano Lianen seine Liebe be=
kennt. Diese äußerste Liebesüberschwenglichkeit Albanos hat
doch nichts Naturentfremdetes; vielmehr ist seine Seele dabei voll
von Schöpfungspracht und Schöpfungsgedränge; wie denn auch
der Dichter selbst sagt, daß die dort beschriebenen Tage für Albano
„Schöpfungstage" gewesen seien. Die Sentimentalität Albanos
ist eben die Sentimentalität eines jungen Titanen.

So ist denn auch die Philosophie Albanos weniger von

---

[1]) So urteilt beispielsweise Josef Schneider, Jean Pauls Altersdichtung
(Berlin 1901), S. 31.

pessimistischen Bestandteilen durchsetzt, weniger aus zerrissenem
Untergrund herausgeboren als die Weltanschauung Viktors. All-
Einheits-Jubel, feuriges All-Lebens-Gefühl bricht aus Albano
schon in der Zeit hervor, wo seine Liebe der überätherischen Liane
zugewandt ist. Als er dann nach Lianens Tode Linda sieht
und liebt, wird unter dem Einfluß dieser willensstarken Seele das
Gefühl der Lebensherrlichkeit und Welttrunkenheit noch gewaltig
gesteigert. Wenn man in der neunundzwanzigsten Jobelperiode
liest, wie er mit Linda und Julienne den Epomeo besteigt, sodann mit ihnen und Dian eine Wasserfahrt macht, und noch
mehr, wenn man weiterhin die brieflichen Ergüsse an Linda auf
sich wirken läßt, so steht uns Albano als ein glühender Götter-
sohn vor Augen, der sein brausendes Leben und Lieben, sein
Größe- und Freiheitsgefühl mit dem umfangenden Welt- und
Gottleben in Eins zusammenfließen läßt. Es ist merkwürdig, zu
sehen, in wie hohem Grade die Stimmungen des Sturmes und
Dranges und der Romantik einen günstigen Boden für das Entstehen von Dichtungen bildeten, in denen pantheistische Natur-
und Weltgefühle zu phantasiegewaltigem und tiefsinnigem Ausdruck kommen. Vor allem denkt man an Goethes Werther, Faust
und Hymnen. Sodann treten uns, um nur Wichtigstes heraus-
zuheben, Heinses Ardinghello, manche Gedichte aus Schillers
Anthologie, Hölderlins Hyperion, Novalis Hymnen an die Nacht,
Tiecks Sternbald und Kaiser Ottavianus vor Augen. Kein
anderer Dichter aber hat in eine so reiche Anzahl Dichtungen
größten Stiles pantheistische Naturhymnen hineingearbeitet wie
Jean Paul. Und in Albanos Gestalt gewinnt diese Gottnatur-
Anbetung einen so ungemischt weltfreudigen Ausdruck wie sonst
nirgends bei unserem Dichter.

Keinem seiner hohen Menschen hat Jean Paul eine so entschiedene Charakterentwicklung gegeben wie dem Helden des Titan.
In der bitteren Schule des Lebens, unter dem Eindruck der Ver-

luste und Zertrümmerungen in seinen Freundschafts= und Liebes=
schicksalen wird Albano tatkräftiger. Es lockt ihn, für die Freiheit
zu kämpfen, sein Leben zu wagen. Damit hängt zusammen, daß
sich sein Titanentum, seine Phantasieselbstherrlichkeit, sein Gefühls=
übermaß zügelt und ermäßigt. Der kritische Leser muß freilich zu
dieser Seite seiner Entwicklung ein bedeutendes Aber hinzufügen.
Jean Paul betont wohl geflissentlich, daß Albano sanfter und
maßvoller geworden sei, daß er von nun an hohe Gefühle mit
besonnenem Handeln, Phantasiezauber mit Sinn für das Leben
und seine Aufgaben verbinden werde. Allein in der Durch=
führung ist es doch so, daß jener frühere Pracht= und Allmensch
als weit glaublicher, als innerlicher gegründet und besser durch=
geführt erscheint als diese ermäßigte Gestalt, in die er über=
gegangen. Der Dichter will die gehaltene Kraft, die gezügelte
Fülle als das menschlich Wünschenswerte hinstellen und das Ge=
fährliche jenes Titanentums hervorkehren. Allein in der tatsäch=
lichen Darstellung des Dichters nimmt sich das Verhältnis wesent=
lich anders aus. Jean Paul gießt allen Glanz und Zauber,
über den er gebietet, auf den von Leben, Phantasie und Gefühl
überquellenden Albano; die Darstellung läßt überall fühlen, daß
Jean Pauls Liebe und Begeisterung dem früheren Albano ge=
hört. Wie denn überhaupt im Titan die Übermenschen der ge=
fährlichen und wilden Art mit ungleich mehr Freude und Hin=
gebung gezeichnet sind als die maßvolleren, gehaltenen Seelen.
Übrigens ist auch der gereifte Albano keineswegs aus Gefühls=
und Phantasieüberschwang gänzlich herausgetreten. Im Vergleiche
zu den gewöhnlichen Menschen ist er auch dort, wo er den Bund
mit Idoine schließt und die Herrschaft des kleinen Fürstentums
antritt, immer noch ein Kraft= und Überkraftmensch, ein brausen=
des und überquellendes Genie.

An Albano seien sofort die drei weiblichen Gestalten gereiht,
mit denen er der Reihe nach durch Liebe verknüpft ist. Liane

ist Klotilden nächstverwandt. Auch für Liane ist Reinheit und
Heiligkeit des Fühlens und Wollens ein Selbstverständliches.
Auch in Lianens Liebe ist die Seeleneinigung, das Übersinnliche
derart herrschend, daß die sinnliche Seite nicht einmal unbewußt
hervorblickt. Was für Klotilde Emanuel, das ist — in gewissem
Grade wenigstens — für Liane der fromme Vater Spener. Und
wie sich Klotilde mit dem Grabe durch ihre tote Freundin Giulia
verknüpft fühlt, so Liane durch ihre Karoline. Sie gibt Albano
das Jawort der Liebe erst, als ihr die tote Karoline dieses Ja
eingegeben hat. Dagegen hebt sich Liane von Klotilde durch
ihre größere Kindlichkeit ab. Das Unbewußte ist an ihrem Wesen
vom Dichter stärker betont. Ihr sittliches Fühlen geht noch mehr
als bei Klotilde in dem ebenmäßigen Element heiliger Schuld=
losigkeit vor sich. Sie gleicht in ihrem Aussehen Raffaels Madonna
della Sedia. Sodann ist das Kränkliche, Überempfindsame,
Ätherische, Grabverwandte bei ihr noch mehr als bei Klotilde
entwickelt. Wie Liane im Garten vor Albano Harmonika spielt,
erscheint sie wie „eine weiße Maiblume auf winterlichem Boden,
die das Blütenglöckchen senkt", wie „eine sterbende Heilige in
der Andacht der Harmonie, die sie mehr hörte als machte". Dies
ist das Bild Lianens lange vor der Krankheit, die sie zu frühem
Tode führt. Diese Krankheit ist von den Leiden ihrer überzarten
Seele aus verursacht. Liane vermag all die Zerreibungen nicht
zu ertragen, denen sie durch ihre Liebe zu Albano und durch die
grausamen Zumutungen ihres schurkischen Vaters ausgesetzt ist.
Schon vor ihrem Krankwerden, lediglich aus ihrer Todesahnung
heraus, entsagt sie Albano und tritt ihn in ihrem geheimsten
Innern an die herrliche Linda ab. So schwach und leidend aber
auch Liane in ihrer leiblichen und seelischen Lebenskraft ist, so ist
sie doch, sobald es sich um Tugend und weibliche Ehre handelt,
starker Entschlüsse fähig. Vor allem ihrem Vater gegenüber be=
währt sie ihre Willensfestigkeit. So liegt denn auch ihre Zu=

gehörigkeit zu den hohen Menschen vor allem darin begründet, daß der Zug zum Heiligen und Überirdischen, der ihr innerstes Wesen ausmacht und alle ihre bedeutsameren Lebensäußerungen beherrscht, nicht etwa nur Ausdruck ihrer Schwäche und Kränklichkeit ist, sondern auch mit klarem Willen von ihr unter aufreibenden Leiden zur Geltung gebracht wird.

Einer ganz anderen Menschenart gehört Linda, Albanos „Titanide" und „Uranide", an. Gestalten von der Art Lianens hat Jean Paul in größerer Zahl geschaffen; seine Linda steht einzig in ihrer Art da. Die Bedeutung, die ihr in der Titandichtung zukommt, gibt sich schon darin zu erkennen, daß sie von dem Dichter schon vor ihrem Auftreten an verschiedenen Stellen als ein Großes, das da kommen soll, als das allein Albano ebenbürtige Weib in starken Tönen angekündigt wird.

In allen anderen edleren weiblichen Gestalten Jean Pauls tritt der Lebenswille zurück vor den Vergeistigungen ihres Wesens, vor dem Sehnen nach übersinnlichem Glück; die Verflüchtigung alles Erdenstoffs gilt ihnen als das wahrhaft Weibliche. In Linda dagegen quillt und drängt es von ungebrochener sonniger Lebenskraft. Etwas Südliches, Üppiges, feurig Starkes strömt von ihr aus. Sie tritt uns wie ein Meisterwerk der unbändigen und genialen Natur entgegen. Dies ist auch in dem tieferen Sinne der Fall, daß sie, ebenso wie die Natur, nicht bloß Sonne und Jubel ist, sondern bei ihr, wie bei der Natur, ein düster Feierliches, ein bang Geheimnisvolles als Hintergrund hervorblickt. Es ist symbolisch gemeint, wenn die erste Begegnung mit Albano angesichts des flammenden Vesuvs stattfindet und Albano ihr während eines Erdbebens seine Liebe bekennt. Zugleich aber umspielt Linda der Reiz des Weichen, der Zauber süßer Hingebung. Das Stolze, Phantastische, Starkgeistige ist bei ihr mit anschmiegsamer Weiblichkeit gepaart.

Das am meisten Charakteristische an ihr sind ihre großen

und starken Gefühle. Sie verehrt die machtvollen Willensmenschen,
so das „politische Kraftungeheuer Mirabeau"; auch Albano liebt
sie vor allem darum, weil er einen ganzen Willen hat. Sein
Leben auf moralische Grundsätze zu stellen, gilt ihr als pedantisch;
das leidenschaftliche Herz geht über Moral und Logik. Sie möchte
wie ein Mann sich ihr Leben durch Kampf erobern. Auch in
der Liebe hat sie etwas Herrisches, etwas, was Albano an eine
Kriegsgöttin erinnert. Zugleich aber hat sie Anerkennung für
alle geschlossene, stark eigenartige Individualität. Alle diese Ge=
fühle aber tragen den Charakter von Weltgefühlen. Denn was
Linda auch fühlt, sie steht dabei immer „vor dem Trone einer
göttlichen Idee".

So reiht sich also Jean Paul den zahlreichen Dichtern an,
die den Typus des geistes= und willensstarken, genialen, von
Natur= und Freiheitsdrang geschwellten Weibes gestaltet haben.
Aus der deutschen Literatur jener Tage fallen jedermann Lessings
Gräfin Orsina, Goethes Adelheid, Schillers Lady Milford, Heinses
Fiordimona ein. Und in wie unzähligen Formen begegnen wir
nicht diesem Typus vor allem in der französischen Romandichtung!
Die Ausgestaltung, die Jean Paul diesem Typus gegeben hat,
hebt sich nicht nur durch die Tiefe des geistigen Gehaltes, sondern
auch durch das Reine und Keusche hervor. Während die diesem
Typus zugehörenden Frauen sonst durchweg einen Zug zum
Buhlerischen in sich haben oder geradezu Buhlerinnen großen
Stiles sind, hat Jean Paul seine Linda weit über diese niedrigen
Gelüste hinausgehoben. Er hat es verstanden, ihren stolzen Frei=
heitsdrang und ihr leidenschaftliches Liebesbedürfnis mit edler
Keuschheit zu verbinden. Wohl steht auch Linda der Ehe zunächst
ablehnend gegenüber. Das Heldengedicht der Liebe werde, so
sagt sie, durch den Traualtar zum Schäfergedicht der Ehe; die
Ehe lege die Blume der Liebe mit einem scharfen Eisenringe an
ihren Stab peinlich gefangen. Die staatliche Besiegelung des

Liebesbundes empfindet sie als Kette und Sklaverei. Aber endlich will sie doch Albano ihre Freiheit opfern und verspricht ihm die Ehe. Und wenn sie sich auch dann dem Albano oder vielmehr dem verräterischen Roquairol, der sie in der Rolle und Maske des Albano betrügt, in freier Liebesglut hingibt, so trägt diese Hingabe doch das Gepräge der Einzigkeit heiliger Liebe.

Hier schließe ich Prinzessin Idoine an, mag man sie nun geradezu zu den hohen Menschen zählen oder von ihr sagen, daß sie auf dem Übergang zu ihnen stehe. Sie ist Lianen nächst= verwandt, nur muß man dabei nicht an das überirdisch Vergeistigte, erdflüchtig Ätherische Lianens denken. Das Reine, Sanfte, Stille, Fromme ist das Gemeinsame der beiden Seelen. Nur ist diesen Seiten bei Idoine Sinn für das Praktische, Liebe zur Wirk= lichkeit, heller Verstand zugesellt. Sich bestimmt und fest auf den Boden der Tatsachen stellen und das Handeln darnach ein= richten: ist ihr selbstverständlich. Ohne zu klagen, ohne zu hoffen, ohne zu begehren, tut sie einfach und schlicht das, was ihrer hellen, reinen Seele unter dem Gebote der Tatsachen als das Rechte er= scheint. Dabei aber fehlt es ihr keineswegs an künstlerischem Sinn. In Arkadien, dem Dorfe, das sie regiert, und dem sie ihr Gepräge aufgedrückt, sind die Häuschen von zierlicher Art, zeigen Malereien, Blumen= und Weinrebenschmuck, die Bewohner kleiden sich mit Geschmack, halten auf Reinlichkeit und Ordnung, erheitern sich ihre freien Stunden durch Flöten= oder Geigenspiel, ja zeigen auch in Gebärde und Gestalt den Einfluß der über sie wachen= den, sie erziehenden schönen Seele. In der einunddreißigsten Jobelperiode ist der Dichter bemüht, Idoine Zug um Zug als die Sternenseele aufsteigen zu lassen, die bestimmt ist, dem Feuer= geist Albanos nach so vielen Nöten und Stürmen endlich seinen Frieden und die Versöhnung mit dem Leben zu geben. Und wie die Sterne, so zieht Jean Paul auch den Mond heran, um Idoinens Wesen in ihrer Eigenart hervortreten zu lassen. Sie

ist, so sagt er, dem Monde ähnlich, der zuerst blaß und matt am
prächtigen Abendhimmel steht, dann aber mit unsichtbaren Strahlen
siegend emporsteigt, bis „zuletzt sein überirdischer Glanz die Erden=
nacht umzieht und in eine zweite Welt umkleidet". Hiernach
wird es doch gerechtfertigt sein, Idoine geradezu den hohen
Menschen zuzuzählen.

In diesem Zusammenhang sei auch der uralte „fromme
Vater" Spener, Lianens Lehrer und Berater, erwähnt. Wenn
man den Emanuel des Hesperus ins Sanfte, einfach Fromme
übersetzt, ihm alles Kühne und Freigeistige und auch alles Kranke
nimmt, so erhält man Spener. Nur leicht noch berührt er die
Erde. Sein eigentliches Leben gehört Gott und dem Verkehr
mit den ihm teuer gewesenen Abgeschiedenen. Er ist zwar auch
der Erde mit Liebe zugewandt, mit besonderer Zärtlichkeit den
Pflanzen und Tieren, die sie trägt. Aber in dem allen liebt er
nur den Widerschein Gottes. Er fühlt sein Herz immerdar „um=
geben vom allgeliebten Allliebenden". Seine Lebensweisheit ist,
„sich in die uneigennützige, unbegrenzte Allliebe zu senken". Der
Mensch solle sich nicht auf die Ewigkeit zubereiten, vielmehr müsse
man „die Ewigkeit in sich pflanzen, welche still sei, rein, licht, tief
und alles". So sei der Mensch schon hier bei Gott. Es ist seine
eigene Liebesreligion, die Jean Paul, freilich entkleidet aller pessi=
mistischen Unterströmungen und aller phantasiekühnen Ausgestal=
tung, dem ehrwürdigen Spener gegeben hat.

VII

Die bisher betrachteten hohen Menschen der Titandichtung
haben das Gemeinsame, daß die Grundfesten ihrer Natur frei
von aller Zwiespältigkeit und Zerrissenheit sind. Anders bei
Schoppe, Roquairol und auch bei Don Gaspard: hier ruht das
hohe Menschentum auf unselig widerspruchsvoller Grundlage.

Über Schoppe bin ich weniger ausführlich, als er an sich be=

anspruchen darf, weil er ja kein anderer als der Leibgeber des
Siebenkäs auf einer späteren Stufe seiner Entwicklung ist. Leib=
geber, der gegen den Schluß des Siebenkäs in die freie Welt
hinauswandert und unseren Blicken entschwindet, tritt im Titan
als ein zu noch weit gefährlicherer Ich=Selbstherrlichkeit entwickelter
Mensch auf. Seine Vogelfreiheit hat sich bis zu äußerster Punk=
tualität zugespitzt, seine Menschenverachtung ist noch wilder und
zynischer geworden, seine Selbstbespiegelung ist bis zu unerträg=
licher Selbstquälerei fortgeschritten. Damit ist er zugleich an Größe
und Tiefe, an Humor und Tragik ungeheuer gewachsen.

Die Tragik Schoppes wird durch eine unselige Liebesleiden=
schaft auf einen gefährlichen Punkt geführt. Dieser Freieste der
Freien, der alles Bindende voll Empörung und Hohn von sich
wirft, muß sich trotz allen Sträubens den Fesseln seiner Liebes=
gier unterwerfen. Und einen noch stärkeren inneren Widerspruch
führt seine Leidenschaft dadurch mit sich, daß Schoppe, dieser zer=
spaltene, zerknitterte, im höchsten Grade nordische Mensch, dessen
Seele voll ist von Faltungen und Umstülpungen, dessen innere
Schönheit sich nur in der Weise der Wunderlichkeit, der Wildheit,
der Häßlichkeit zu äußern vermag, mit seiner Liebe gerade Linda,
diese Vollnatur, dieses in südlicher Sonne gereifte Prachtweib, um=
faßt. Da ist es denn kein Wunder, daß seine verschwiegene, in
sich hineingewürgte Liebe wahrhafte Verheerungen in ihm an=
richtet: er fährt mit grimmiger, höhnender Selbstverwundung gegen
sich los und steigert seinen Weltekel ins Kolossale. Vor allem
legt der Brief, den er in der einunddreißigsten Jobelperiode an
Albano schreibt, hiervon Zeugnis ab. Ihm erscheint der Erdkreis
voll von Schaumbergen und Nebelriesen, die immer tiefer auf=
tauen und zusammenkriechen. Wohl ist von Plato bis Herder
eine Fülle genialischer Werke geschrieben worden; allein in den
Seelen der Leser, auch der gelehrten und kritischen, bleibt alles
nach wie vor klein und gemein. Man muß sich zu den Spielen

der Kinder und des Viehes retten, um nur dem Anblick der all=
gemeinen matten Heuchelei, der ehr= und zuchtlosen Weichlichkeit,
des gemordeten edlen Stolzes und der üppig blühenden Eitelkeit
zu entgehen. Überall sieht Schoppe ein mattherziges, feiges Ver=
tuschen, ein ängstliches Vermeiden aller klaren Ja und Nein.
Selbst die Freiheitsausbrüche der französischen Revolution er=
scheinen ihm unecht und komödienhaft. Und wäre es auch möglich,
alle Torheit mit einem Streiche zu erlegen, so sorgen doch die
Weiber dafür, daß die erlegte Welt von neuem geheckt werde.
Es sind Geißel= und Feuerworte, mit denen Schoppe seinen Welt=
ekel hinausschreit. Wer die Entwickelung der pessimistischen Ge=
danken und Stimmungen im deutschen Geistesleben verfolgen will,
darf an den Vertretern der tragischen Zerrissenheit in Jean Pauls
Dichtungen, wie überhaupt an dem starken pessimistischen Einschlag
in Jean Pauls Gefühlswelt nicht vorübergehen.

Diese Zunahme an Zerrissenheit bei Schoppe bedeutet nun
aber keineswegs eine Schwächung seines Willens; vielmehr richtet
er sich auch jetzt vor unseren Augen als ein blanker Ritter der
Freiheit empor. Errichtete der Erzengel Michael eine heilige
Legion gegen das „gemeine Wesen der Welt" und kündigte er
dem ganzen Pöbelaufgebote den Riesenkrieg an, so würde er sich
mit an die Spitze stellen und die Kanonen führen.

Es ist nun psychologisch durchaus folgerichtig, daß der Dichter
Schoppes Zerrissenheit in Wahnsinn enden läßt. Schoppe hat
Träume, so berichtet er in jenem Brief, in denen ein wilder Jäger
des Gehirns durch seinen Geist jagt, und durch die ein reißender
Strom von Welten, Gesichtern und Bergen und Händen flutet.
Mit phantastischem Humor, der mit den wildesten Angstvorstel=
lungen ein tolles Spiel treibt, malt er sich den Wahnsinn aus,
den er deutlich nahen fühlt.

Es gibt wohl keine Dichtung, in der das Ausbrechen von
Wahnsinn mit solch philosophischem Tiefsinn herbeigeführt wäre.

Schoppe hat die reichsten Ladungen, sogar diese und die zweite Welt, wie lästiges Gepäck weggeworfen, um nur sich allein zu behalten und so mit seinem losgerissenen Ich „frei und nackt und kalt auf der Kugel zu stehen vor der Sonne". Nur auf sein vogelfreies Ich baut er, allein in seinem Ich haust und wühlt er, die Selbstbespiegelung wird ihm zum dauernden Geschäft. Der Frevel dieser Ich-Selbstherrlichkeit rächt sich aber in furchtbarer Weise: sein für felsenfest angesehenes Ich hält ihm nicht stand, zersetzt sich ihm, entfremdet sich ihm. Sein eigenes Ich erscheint ihm als ein furchtbar Anderes, er hat vor seinem Ich eine Höllenangst. Indem er seine schreitenden Beine betrachtet, mit der einen Hand die andere betastet, sein Bild im Spiegel sieht, tritt ihm sein eigenes Ich gespensterhaft und grausig als ein fremdes Wesen gegenüber. Es ist ein Wahnsinn auf Fichtischer Grundlage. Für Schoppe ist die Fichtische Philosophie mit dem sich ins Unendliche bespiegelnden Ich so recht wie geschaffen. In seinem Wahnsinn schlägt er sich qualvoll mit den Begriffsgespenstern Fichtes herum. Und als er nun gar infolge eines romantischen Zufalls seinen alten Freund Siebenkäs, der ihm an Gestalt und Antlitz seltsam ähnlich ist, auf sich zuschreiten sieht, erfaßt ihn die Angst vor seinem doppelten Ich mit solcher Wucht, daß er tot zusammenbricht.

Die genialste Schöpfung Jean Pauls im Titan und vielleicht überhaupt ist Roquairol. Von ihm läßt sich ähnlich wie von Linda sagen: eine solche Art Mensch hat Jean Paul nur ein einziges Mal geschaffen. Matthieu im Hesperus, an den man am ehesten denken könnte, ist doch nur eine sehr entfernte Annäherung an Roquairol. Aus der deutschen Dichtung der damaligen Zeit zeigt Tiecks William Lovell tiefgehende Verwandtschaft mit Roquairol. Doch fügt sich Lovell bei weitem nicht so wie dieser zu einer geschlossenen Individualität zusammen; er bleibt mehr eine Zusammenhäufung von Zügen.

Was an Roquairol zu allernächst in die Augen fällt, ist seine von Kraftüberfülle blitzende und wetternde Natur. Diese titanische Natur nun ist in zwei Seelen gespalten: eine edle und eine gemeine, eine schwärmerische und eine zersetzende. Zugleich freilich sehen wir beim Bekanntwerden mit Roquairol sofort, daß das Hohe in seinem Selbst von dem Niedrigen in ihm bei weitem überwogen wird und nur gleichsam einen Nebenschwerpunkt bildet. Der Dichter sagt von Roquairol: er hat hebende Flügel und kriechende Schlangenfüße; er ist bald Schwärmer, bald Libertin in der Liebe; er durchläuft den Wechsel zwischen Äther und Schlamm immer schneller, bis er beide vermischt. Als Albano ihm seine Freundschaft entgegenbringt, ist er von der lichten, hohen, ernsten Seele Albanos überwältigt; und als er dann aus dem Munde Albanos das Bekenntnis hört, dieser liebe Liane, seine Schwester, so erhebt er sich noch begeisterter zu echten, reinen Gefühlen. Allein dieser Sieg seines edlen Selbstes hat nur kurze Dauer. Bald folgt die Verführung der unschuldigen, vertrauensvollen Rabette; und als dann nun gar der Eifersuchtsteufel seine Gefühle zu Albano vergiftet und seine Freundschaft in Haß verwandelt, da reckt sich das Böse in ihm furchtbar empor, und er wird zum schurkischen Betrüger seiner Geliebten und seines Freundes. Aber selbst jetzt behält er doch noch die Erhabenheit eines gestürzten Engels.

Doch mit dieser Doppelheit seines Selbstes ist Roquairols Wesen nicht erschöpft. Es gilt, das Niedrige in ihm zu zergliedern. Roquairol hat trotz seiner Jugend schon so stark genossen, daß ihm die Genüsse verbraucht und welk geworden sind. Er ist ein „Abgebrannter des Lebens". Er fühlt sich ausgehöhlt und verkohlt. Er hat „sich in Gift betrunken" und ist dadurch in schale Schläfrigkeit gefallen. Die herrlichen Leidenschaften erscheinen ihm nun wie Eingeweidewürmer des Ichs.

Indessen mündet Roquairols Innenleben keineswegs in

dieses Verwelken der Lust. Er stellt vielmehr den Widerspruch
dar, die Wollust als kurzlebig, trugvoll und schal zu verachten,
ja zu hassen und dennoch nach ihr zu gieren, an das Sinnenglück
nicht zu glauben und dennoch sein Leben auf das Erjagen
schärfster und gewürztester Sinnenlust abzustellen. Er erinnert
an Goethes Faust vor dem Abschließen des Vertrags mit Mephisto:
auch Faust will im Genießen den weiterhetzenden Widerspruch er=
leben, die Lust unter seinen Händen in Überdruß und Ekel um=
schlagen zu fühlen und dennoch nach ihr zu lechzen.

Diese Verfaultheit des Genießens ist in Roquairol nun nicht
nur sachlich vorhanden, sondern er weiß auch davon, und er legt
Gewicht darauf, davon zu wissen. Er ist beständig in ein er=
lebendes und ein zusehendes Ich gespalten. Und auch dem Zu=
sehen sieht er wieder zu, und so ins Endlose. Er ist also Selbst=
bespiegler wie Schoppe. Nur besteht der große Unterschied, daß
bei Roquairol dieses zusehende Verhalten zu sich selber ein schwelge=
risches Interessanttun mit seiner inneren Unwahrheit bedeutet. Er
läßt sich die Komödie seiner zerfressenen Leidenschaften von sich
selber vorspielen. Er ist auf diese Weise ein allerfrühester Ver=
treter jenes echt modernen Typus der raffinierten Genußneugier,
die nicht so sehr an dem Genießen als an der feinen Zergliederung
der Genüsse und den dabei erlebten intellektuellen Überraschungen
und Bereicherungen Vergnügen empfindet. Ich erinnere an
Julian in Stendhals Rouge et Noir, an Robert Greslou in
Bourgets Disciple, an des Esseintes in Huysmans A rebours,
an Andrea in d'Annunzios Roman „Lust", an Lord Henry in
Dorian Grays Bildnis von Wilde.

Die Schwelgerei in der Unwahrheit des Genießens und in
der Selbstbespiegelung dieser Unwahrheit wird nun bei Roquairol
durch seinen phantastischen Humor gesteigert. Er gibt sich nicht
schlicht, ehrlich, einfach=sachlich, sondern er liebt es, seine Gefühle
und Leidenschaften unter Aufwendung theatermäßigen Gebarens,

unter allerhand spukhaft romantischen Zurüstungen zum Ausdruck
zu bringen. Doch fällt er nie in ein triviales, falsches Pathos,
sondern dieser starke Geist wirft auf seine grausigen Komödien
und possenhaften Nachtstücke die blitzenden Lichter wilder Lustigkeit
und ätzender Genialität. Schon als Knabe hatte er der jungen
Linda auf einem Maskenballe, als sie ihm nach seinem Liebes=
geständnis stolz den Rücken kehrte, in der Kleidung des Werther einen
ernsthaften Selbstmordversuch vorgespielt. Und als er mit Albano
Freundschaft schließen will, richtet er es so ein, daß sich ihr Bund
unter unheimlichem Maskenscherz einleitet und unter grausigem
Nachtspuk vollzieht. Später, als er in Eifersucht auf Albano
brennt und grollt, faßt er den abenteuerlichen Plan, die Nacht=
blindheit Lindas und die Ähnlichkeit seiner Stimme mit der
Albanos zu benützen und so auf hochromantischem Betrugswege
Linda zu verführen, und er führt seine schwierige Rolle erfolg=
reich durch. Sodann nach gelungener Verführung vollzieht er
sogar seinen Abgang aus dem Leben in Form eines phantastisch=
gräßlichen Theaterstücks: bei einem nächtlichen Feste im Prinzen=
garten, während Mondschein und Gewitter miteinander kämpfen,
tritt er in einem selbstgedichteten Trauerspiele als eben der Ver=
führer auf, der er soeben in Wirklichkeit gewesen und läßt, während
Linda und Roquairol sich unter den Zuschauern befinden, seine
Rolle darin enden, daß er sich durch einen Schuß den Tod gibt.
So verwandelt er noch sterbend, völlig gemäß der Theorie der
romantischen Schule, das Leben in phantastische Dichtung.

Will man Roquairols Philosophie kennen lernen, so muß
man vor allem den Brief lesen, den er in der zwanzigsten Jobel=
periode an Albano richtet. Hier gibt er seine geistreich zersetzende
Psychologie des Genies, seine nihilistische Verherrlichung der Lust,
seine Anschauung vom Leben als einer Mischung von Trauerspiel
und Posse, seine poetisierende Ansicht vom Rechte der Leidenschaft.
Und dazu nehme man dann die Reden, die er in seiner Rolle als

Hiost in dem soeben erwähnten Trauerspiele vor seinem Selbstmord führt: hier sind es düstere, harte, wehevolle Ewigkeitsgefühle, die der Brust dieses hochfühlenden zertrümmerten Freolers entströmen.

Schließlich muß aus dem Titan noch Ritter Gaspard, den Albano bis gegen das Ende der Dichtung für seinen Vater hält, erwähnt werden. Er ist ein Verwandter des Lord Horion aus dem Hesperus. Er steht der Welt und sich selber als kalter Be= obachter, als unbarmherzig heller Verstand, als gelassen zerglie= dernder und zerkleinernder Zweifler gegenüber; die Menschen gelten ihm nur als Schauspieler in verschiedenen Rollen. Aber Ritter Gaspard ist zugleich eiserner Wille; oder vielmehr: heller Verstand und zwingender Wille ist bei ihm dasselbe. Nur so gelingt es ihm, alle Gefühle niederzuhalten und selbst das Gewissen nicht aufkommen zu lassen. Wie er in seiner Gestalt sich als ein „Cherub mit dem Keime des Abfalls" vor uns aufrichtet, so ist er auch seinem Wesen nach „ein verschmähender, gebietender Geist, der nichts lieben konnte", „einer von jenen Fürchterlichen, die sich über die Menschen, über das Unglück, über die Erde und über das Gewissen erheben". Wie Albano, so erhalten auch wir den Ein= druck, daß „die Ruinen einer großen Seele" vor uns stehen. Bei Byron insbesondere finden wir so steile und unnahbare, kalte und dämonische Charaktere, wie Gaspard und Horion es sind.

Die üblichen Urteile über den Titan sind von einer fast beschämenden Armseligkeit. Wer über den Titan urteilen will, muß seine Seele ausgeweitet und ihn nacherlebt haben. Tut man dagegen nichts weiter, als daß man an dieser Riesenschöpfung die Maßstäbe einer braven, sich abgeklärt dünkenden, in Wahrheit steif= leinenen Ästhetik anlegt, so kommt etwas völlig Unangemessenes heraus.

VIII

Bevor ich mich zu den Flegeljahren wende, will ich die kleineren Dichtungen Jean Pauls daraufhin ansehen, ob sich hohe

Menschen in ihnen finden. Da fällt vor allem aus dem zweiten
Bändchen des Komischen Anhanges zum Titan der Luftschiffer
Giannozzo in die Augen. Wenn man die hochgestimmten, wag=
halsig freien, weltverachtenden Humoristen Jean Pauls nennen
will, so muß Giannozzo unmittelbar an die Seite Leibgeber=
Schoppes treten. Ja an schwindelnder Höhe des Standortes,
von dem aus er — und zwar nicht nur leiblich, sofern er durch
das Luftreich dahinfährt, sondern auch geistig — auf die Erde
herabblickt, übertrifft er noch Leibgeber=Schoppe.

Je weiter man das „Seebuch" des Luftschiffers Giannozzo
liest, um so mehr tritt er uns in seiner genialen Satire auf die
mannigfaltigen Gebrechen der Erdenmenschen, in seinen derben,
grotesken, von dem weiten Luftreiche aus geisterhaft dreinfahrenden
Späßen, in seiner sturm= und adlergleichen Freiheit, in seiner wilden
Selbstherrlichkeit vor Augen. Einen unerschrockenen genialen Luft=
segler zum Vertreter grotesken, menschenverachtenden Humors und
sonnenwärts strebender Kühnheit zu machen, war ein überaus
glücklicher Gedanke. Es war höchst sinnreich, Giannozzos Satiren
und Späßen das schrankenlose, frei flutende Luftmeer zum
Hintergrunde zu geben, in das er sich aus dem lächerlichen und
schrecklichen Gewühle des Erdengewürms jedesmal, wenn er in
diese Niederungen neckend, verwirrend, geißelnd eingegriffen hat,
stolz zurückerhebt. Dementsprechend haben auch die Weltgefühle
Giannozzos ihr Eigenartiges: sie tragen einen kosmischen Zug, etwas
den großen, weiten Naturmächten: der Luft, dem Gewitter, der
Sonne, Verwandtes an sich.

In die Zeit vor den Titan fallen die unvollendet gebliebenen
Biographischen Belustigungen unter der Gehirnschale einer Riesin.
Der Held der Erzählung, Graf Lismore, darf unter den hohen
Menschen Jean Pauls nicht fehlen. In gewisser Hinsicht erinnert er
an Viktor im Hesperus. Er ist wie dieser eine überreiche, üppig aus=
gestattete, aber unausgeglichene Natur. Eine um die andere Kraft

seiner überschäumenden Seele „gebot herrisch über ihn". Vor
allem wechselt in ihm Sanftmut und Schroffheit, zarteste An-
fühlung und grausames Verletzen. So behandelt er, ohne daß
er es will, die tränenüberströmte Seele der von ihm geliebten
Adeline mit einem derart männlich selbständigen, ja schroffen
Sinn, daß ihre Wunden nur noch mehr aufgerissen werden.

Entfernt sich Graf Lismore schon hierin weit von Viktor, so
noch mehr darin, daß er hochfliegende Sentimentalität mit pessi-
mistisch=glaubensloser Starkgeistigkeit verbindet. Es ist bei Jean
Paul immer ein bedeutsamer, folgenschwerer Charakterzug, wenn
eine Person die Unsterblichkeit leugnet. Graf Lismore glaubt
„kein zweites Leben". Hierdurch erhalten seine Worte über das
flüchtige, dürftige Dasein eine erhöhte Schärfe. Ein so dürres
und trockenes Leben voll Stacheln und Wolken wie das menschliche, ein Leben, das „so klein ist wie ein Epigramm, und das am
Ende eine Giftspitze hat", verlohne, so sagt er, das Weinen nicht.
Besonders leidet Lismore unter einem Gedanken, der sich Jean
Paul selber schwer auf das Herz gelegt hatte, und den er daher
so oft äußert: unter dem Gedanken, daß aus der Zweiheit der
Liebenden nie ein Eines werde, daß die Körpermasse immerdar
ein Trennendes und Entfremdendes sei. Und nicht weniger legt
sich ihm der Gedanke an das furchtbar leichte Vergessen der
Menschen, an das rasche Schwinden selbst der erhabensten Liebe
auf die Seele. Aber solche Gedanken wirkten nicht, wie dies bei
Lord Horion oder Ritter Gaspard der Fall ist, erkältend und er-
starrend auf ihn. Vielmehr lebt unausgeglichen neben diesem
verneinenden Pessimismus in seiner Seele ein sehnsuchtsvoller
Zug nach oben. Er träumt von erdentrückter Seelenfreundschaft,
er sehnt sich nach einer unbedingten, schlechtweg einzigen Liebe,
er wird angesichts der Natur von dithyrambischen Gefühlen ergriffen. Man lese etwa in der dritten „Belustigung" seinen Gesang an die Sonne.

Dazu kommt endlich noch eine weitere Zwiespältigkeit. Er steht dem modernen Wesen insofern nahe, als er nicht etwa einfach und geradezu fühlt, sondern sein Fühlen immer beobachtet und auf seinen Enthusiasmus das Tageslicht der Besonnenheit fallen läßt. Er ist seinen Gefühlen grüblerisch und zweifelnd zugewandt. Während er Adeline in einem Übermaß von Liebe an sich drückt, fragt er sich zweifelnd, ob sie denn wohl die einzig und ewig Gesuchte sei. In dieser kritischen Stellung zu den eigenen Gefühlen erinnert er ein wenig an Roquairol. Daneben aber können auch seine Gefühle in eine so heftige Bewegung und Steigerung geraten, daß sie ihm unter der Hand vor lauter Heftigkeit ins Gegenteil umschlagen.

So stellt sich uns also Lismore bei allen Beziehungen zu anderen Gestalten Jean Pauls als eine hervorragend eigenartige Schöpfung des Dichters vor Augen, und man muß bedauern, daß die Entwicklung Lismores und seiner Liebe zu Adeline ein bloßes Bruchstück von vier kurzen Kapiteln geblieben ist.

Endlich sei hier des Kampanertals gedacht. In diesem aus Dichtung und Philosophie, Erzählung und Kontemplation gewobenen Werk darf man natürlich keine so scharf umrissenen und sorgfältig durchgearbeiteten Charaktere erwarten wie in den eigentlichen Dichtungen. Man muß sie wie schwebende, durchsichtige Phantasiegestalten eines philosophischen Sehers an sich vorüberziehen lassen. Es reicht daher aus, wenn sie mit einiger Individualität ausgestattet sind. Unter dieser Einschränkung können nicht weniger als vier von den im Kampanertal vorkommenden Personen den hohen Menschen Jean Pauls zugezählt werden.

Da sind zunächst die beiden weiblichen Gestalten des Kampanertals zu nennen: Gione und Nadine. Beide sind zarte und beflügelte Seelen, die sehnsuchtsvoll zu dem zweiten Leben emporschauen. Gione ist Klotilden verwandt; „ihre ernste, warme Seele gleicht der Palme, die weder Rinde noch Zweige, aber auf dem

Gipfel breites Laub und lange Blüten trägt". Ihre Schwester
Nadine hat mehr Weltton, mehr heitere, spielende Oberfläche; aber
auch sie ist in ihrer Tiefe dem Heiligen und Fernen zugewandt.
So läßt denn der Dichter zum Schluß in einer Frühlingssternen=
nacht beide in der Barke eines Fesselballons emporschweben und
das Gefühl der Erdferne und Himmelsnähe genießen.

Von den männlichen Personen gehören Karlson, der Leugner
der Unsterblichkeit, und Jean Paul, der in der Dichtung ihre
Verteidigung durchführt, hierher. Karlsons erhabene Seele spricht
sich besonders in dem Trauergedicht auf die totgeglaubte Gione
„Die Klage ohne Trost" aus. Es ist die tapfere, den Schmerz un=
erschrocken und phantasievoll ausschöpfende Klage eines glaubens=
losen und unter der Glaubenslosigkeit leidenden Geistes. Jean
Paul selbst aber entwickelt vor allem in der fünfhundertsiebenten
Station die Beweise für die Unsterblichkeit. Er ist überzeugt, daß
der Mensch, indem er die Gefühle der Tugend, Schönheit, Wahr=
heit in sich trägt, hiermit eine innere Welt in sich hat, die aus
der äußeren Welt nicht stammen kann. Die zweite Welt in uns
fordert notwendig eine zweite außer uns. Die Ideale in uns
können nur als Abbilder eines wirklich vorhandenen jenseitigen
Urbildes begriffen werden. Ohne Unsterblichkeit hat das All nicht
Sinn und Ziel. So tritt hier also Jean Paul als der sehnend
und fordernd nach oben gerichtete Seher=Philosoph im Sinne
Platos auf.

IX

Die Flegeljahre bereichern die Zahl der hohen Gestalten Jean
Pauls um einen merkwürdigen Typus. Gottwalt hat zwar eine
ganze Seite seines Wesens mit Wuz und Quintus Fixlein gemein=
sam. Diese beiden reichen indessen bei weitem nicht an die Stufe
der hohen Menschen heran. Der Dichter hat nun in Gottwalt
das Enge und Törichte der Natur eines Wuz oder Fixlein derart

mit weiter und tiefer Menschlichkeit verknüpft, daß ein ausgesprochen hoher Mensch dabei herauskommt.

Walts Lebensgewohnheiten und Urteilsweise sind im Klein= städtischen, ja Dörflichen völlig befangen. Es gehört zu seinen augenfälligsten Zügen, daß er vor allem, was auch nur einiger= maßen reich und vornehm aussieht, eine grenzenlose und un= beholfene Ehrfurcht hat. Die spießbürgerlichen Honoratioren von Haßlau betrachtet er mit gehobenen Gefühlen. Und als er den Palast des Generals Zablocki zum erstenmal betritt, kommt er aus begeistertem Staunen nicht heraus und begeht eine törichte Ver= wechslung nach der anderen. Vor allen vornehmen Frauen hegt er eitel Bewunderung und Verehrung. Ihm erscheint es un= möglich, daß „ein vornehm gekleidetes Frauenzimmer sich sündlich vergessen könne". Diese vertrauensselige Erfahrungs= und Welt= losigkeit bringt ihn überaus häufig in lächerliche Lagen und macht ihn zu einer unfreiwillig und unwiderstehlich komisch wirkenden Person.

Und dennoch ist Walt in vollem Maße ein hoher Mensch. Um dies zu verstehen, muß man einmal bedenken, daß er, ähnlich wie Wuz und Fixlein, die goldene Gabe hat, aus dem Unschein= barsten unerschöpfliche Glücksgefühle zu ziehen, durch das Alltäg= lichste in Entzücken versetzt zu werden, mit erfinderischer Fein= schmeckerei auch dem Kümmerlichsten beseligende Seiten abzu= gewinnen. Er nimmt eben die Dinge nicht, wie sie sind, sondern erhöht sie in seiner Phantasie ins Lichte, Neue, Seltene und Gute. So wird ihm das kläglich ausgestattete Zimmer, das er in Haßlau bei dem Materialwarenhändler Neupeter bezieht, mit seinem alten Gerümpel zu einer Fundgrube feinschmeckerischer Glücksgefühle. Und wenn wir ihn auf der Wanderung verfolgen, die ihn der Dichter von Nro. 39 an unternehmen läßt, so stoßen wir auf eine Fülle von Zügen, die diese Virtuosität Walts beweisen. „Nie entwischte seinem Auge die kleinste Handvoll Federn oder Heu,

womit sich der Arme die harte Pritsche in der Wachtstube seines
Lebens etwas weicher bettet und sich die Marterbank auspolstert."
So werden ihm die wahrgenommenen kleinen Freuden der Armen
zu eigenen größeren. „Er liebte jeden Hund und wünschte von
jedem Hunde geliebt zu sein." Und die Drillinge des Dorfwirts,
drei niedliche Mädchen mit runden Gesichterchen, küßt er errötend
vor der ganzen Wirtsstube ab. Überhaupt ist Walt eine der am
anschaulichsten individualisierten Gestalten des Dichters. Karl Freye
meint, und vielleicht mit Recht, daß keine andere Person bei Jean
Paul so in ihrer Sprechweise bis zum letzten individualisert sei
wie Walt.[1])

Diese Fähigkeit, einen unendlichen Reichtum an Seligkeits=
gefühlen aus dem Kleinsten und Ärmlichsten zu schöpfen, konnte
sich aber nur auf dem Boden seines engelreinen Gemütes ent=
wickeln. Walts Seele ist so rein und gut, daß ihm alles Falsche
und Unlautere einfach unverständlich ist. Ströme von Liebe und
Güte über alles, was sich ihm naht, zu breiten, ist ihm selbst=
verständlich. Alle Flecken und Makel werden von dem Lichte,
das von seiner unschuldsvollen Seele ausgeht, überstrahlt und
verzehrt. Sein Glaube an das Gute ist von so überwältigender,
abgründlicher Kindlichkeit, daß ihm gegenüber jede Kritik schweigen
muß und nur das gerührte Lächeln des Humors übrig bleibt.
So töricht und lächerlich er auch in seiner verblüffenden Unschuld
und seinem weltunkundigen Liebesüberschwang handelt: man muß
ihn nur um so zärtlicher lieber. Wie tappt er nicht in seinen
Verwicklungen mit dem Grafen Klothar, mit Jakobine und mit
Flitte in der Irre! Dahinter steht aber versöhnend seine fast
geniale Arglosigkeit und Glaubensgewißheit.

Aber auch hierin liegt noch nicht das volle Recht, Walt den
hohen Menschen zuzuzählen. Man muß seine Phantasie hinzu=

---

[1]) Karl Freye, Jean Pauls Flegeljahre, S. 245.

nehmen: diese befähigt ihn, sich träumend in lichten, seligen Welten zu wiegen. Und diese seine Träume sind oft philosophischer Art, auf Welt und Gott gerichtet. Denn Walt ist bei aller seiner Torheit in Fragen der Beurteilung der Menschen und Verhält= nisse keineswegs ohne Geist; vielmehr ist er innerhalb gewisser Grenzen, das heißt: in Fragen der Innenwelt, im Zurechtlegen und Durchdenken der Bedürfnisse des Menschenherzens, reich und geradezu überströmend von Gedanken und Tiefblick. So müssen uns also, wenn wir an Walt als hohen Menschen denken, vor allem seine phantasiebeflügelten, durchgeistigten und aus einem abgrundtief guten und reinen Herzen hervorgehenden Träume vor Augen stehen. In solchen Stunden berührt Walt kaum noch die Erde; er schwebt über sie als selig lächelnde Lichtgestalt dahin. Erinnert man sich an andere hohe Träumer aus der damaligen romantischen Dichtung, etwa an Franz Sternbald oder an Heinrich von Ofterdingen, so wird man dessen inne, um wieviel individueller, menschlicher und zugleich auch geistvoller Walt gehalten ist. In der modernen Dichtung der letzten Zeit trifft man glücklicherweise wieder auf Gestalten, denen die Dichter ein ähnliches seliges Träumen verliehen haben. Ich erinnere etwa an Heim Heide= rieter in Frenssens Drei Getreuen, noch mehr an Hesses Peter Camenzind, vor allem aber an Hellriegel in Gerhart Hauptmanns Pippadrama.

Man möge sich Walts Träumereien vergegenwärtigen, die er in dem Konzerte hat, wo er Wina zum ersten Male sieht. Die Musik erweckt in seiner Seele sentimentale Liebesgesichte und erhabene Lebens= und Ewigkeitsgefühle. Unter dem Einfluß der Musik entwickelt sich in seiner Seele eine innere Musik, in der ihm Leben, Liebe, Welt zu wundersamen Stimmungen zerrinnen. Oder man begleite ihn auf jener vorhin schon erwähnten Wande= rung, der Jean Paul elf Kapitel widmet. In flatternden Ge= sängen schreitet er dahin; sein Denken ist ein beständiges Dichten;

Schmetterlinge und Nachtigallen, Kirschbäume und Dotterblumen, den aus hoher, lichter Wolke fallenden Regen und die große Mittagsstille — alles singt er wie ein überreicher, allliebender Dichter an; wahre Edelsteingebinde von hoher Lyrik streut er sorglos hin; und seine träumende Seele erweitert sich im Dahinschreiten zum trunkenen Umfassen des Alllebens, zum Ahnen des lichten Gottgeistes in allem Lebenden. Dann erhandelt er sich einen Bettelstab und, ihn in der Hand, erwartet er hundert holde Wunder. Und so schreitet er weiter, mit sanft melancholischer Beschaulichkeit den kommenden Reisebegebnissen zugewandt, während im Hintergrunde seiner Seele der Gedanke an das bunte, wunderliche Leben mit seinem lieblichen und törichten Frohsinn, mit seiner Flüchtigkeit und Trauer, mit seinen seltsamen Gegensätzen steht. Das Sichwiegen der Gefühle in langen und lichten Wellen, das Sichausatmen in sanften und weiten Seligkeiten ist nirgends anderswo bei Jean Paul und — wie ich glaube — überhaupt nirgends in der Dichtung so zu finden wie bei Walt.

Zu dem blonden, dünnarmigen, mit feiner Schneehaut begabten Gottwalt bildet sein Bruder, der schwarzhaarige, pockennarbige, stämmige Vult, nicht nur leiblich den äußersten Gegensatz. Beide zwar sind Kern- und Goldmenschen, und beide tragen einen Schatz von Liebe und Güte in sich. Allein so sanft und schwebend alles bei Walt ist, so heftig, plötzlich, springend und abgerissen bei Vult. Er ist gänzlich unsentimental; ihm ist alles gefühlvolle Überströmen geradezu zuwider; dafür ist er durch und durch Humorist. Er spielt den Leuten gern allerhand Schabernack, äfft sie, bindet ihnen ungeheure Bären auf. In der Hauptsache aber ist sein Humor von ätzender, satirischer Art. Und noch mehr: sein Humor ist zugleich eine Tat kühner Selbstbefreiung. So steht er in nächster Nähe von Leibgeber-Schoppe und Giannozzo. Aber es gilt, Vult noch genauer und tiefer zu fassen.

Vult verbindet eine so keusch, tief und großfühlende Seele

mit einem so unerbittlich scharfen realistischen Blick, daß er durch alles Unreine, Niedrige und Häßliche, insbesondere durch alles Scheingetue und alle Vornehmheitsschminke aufs äußerste ab= gestoßen und in Zorn und Grimm versetzt wird. Diese Erregung entlädt sich bei ihm, da er von Witz und Humor nur so sprüht, in wilden und vernichtenden Satiren. Er sagt von sich selbst, daß er sich gegen die Welt „erbose", während Walt sie „über= zuckere". Bei den verschiedensten Gelegenheiten macht er satirische Ausfälle vor allem gegen die vornehmen Leute. So ist beispiels= weise der kurze Brief an Walt in Nro. 21 eine lustig grimmige, von Wetterstrahlen nur so blitzende Satire auf die große Welt. Oder man lese in Nro. 30 die Satire auf das Absurde und Un= sittliche des Adelsstolzes.

Aber sein Zorn richtet sich nicht nur gegen die, von denen er sich abgestoßen fühlt; vielmehr erhält sein verwundender Humor erst dadurch seine Eigenart, daß er sich auch gegen die von ihm geliebten Menschen wendet. Vor allem sein Bruder, an dem er mit rührend zärtlicher Liebe hängt, hat unter diesem „Schmoll= geist" und „Salzgeist" Vults schwer zu leiden. Vult möchte dem allzu vertrauensvollen Walt die Augen für die wirkliche Natur der Menschen öffnen, ihn von seinen phantasievollen, liebetrunkenen Dummheiten heilen. Es schmerzt Vult, den geliebten Walt immer wieder aufs neue in grobe Torheiten hineintappen zu sehen. Das Mittel aber, dessen sich Vult für diesen Heilzweck bedient, besteht nicht in freundschaftlichem Aufklären und liebevollem Zureden, sondern in Verwunden und Peinigen. Das ist eben sein „Schmoll= geist", daß er „das süßeste Herz zu peinigen, breit zu drücken, einzuquetschen, zu vierteilen, zu beizen" bemüht ist und damit natürlich auch sich selber quält. So oft Vult seinen Bruder bei einer neuen schreienden Torheit ertappt, entlädt sich dieser gallige Humor, der den Bruder bis aufs Blut quält, dabei aber im ver= schwiegenen Grunde von leidenschaftlicher Liebe zu ihm eingegeben ist.

Verschärft allerdings wird dieses verwundende Verfahren Vults
noch dadurch, daß er seine heiße und einzige Liebe zu Walt von
diesem nicht in gleicher Weise erwidert sieht und in Graf Klothar,
der ihm Walts Liebe entzieht, einen durchaus unwürdigen Gegenstand erkennt. Diese verletzte Liebe und quälende Eifersucht Vults
muß man hinzunehmen, um seinen „Schmollgeist" zu verstehen.
Später wird dann dieser verwundende Humor noch zynischer, als
sich Vult von Wina, die er liebt, zurückgestoßen sieht. Besonders
die verzweifelte Lust, sich selbst zu quälen, mischt sich, infolge dieser
Erfahrung, seinem Humor noch mehr zu.

Jean Paul hat verschiedene Gestalten geschaffen, die unter
einer harten Kruste ein feuriges Herz tragen. Nirgends anderswo aber ist diese Synthese zu so inniger, flüssiger, kraftvoller
Durchdringung beider Seiten gediehen wie in Vult. Die Innerlichkeit trägt hier nicht etwa den Charakter des dauernd Ver-
haltenen, immer unterirdisch Bleibenden, sondern sie ist zu zärtlicher, überströmender Liebe entwickelt, die nicht oft zwar, aber
doch überall dort, wo die Lage von überwältigender Kraft ist,
siegreich und anhaltend durch den stachlichten Panzer hindurch-
schlägt. So ist es in Nro. 32, wo Vult nach der verunglückten
Kur, die er mit Walt vorgenommen, um ihn von seiner Schwärmerei für den Grafen Klothar zu heilen, dem gänzlich geknickten
Bruder ein barsches und weiches Liebesgeständnis macht. Oder
ich erinnere an den plötzlichen Entschluß Vults in Nro. 55, fortan
mit Walt zusammenzuwohnen und an das trauliche, herzlich behagliche Zusammenleben, das sich hieran knüpft. Kaum eine
andere Person Jean Pauls wirkt so rührend wie Vult in solchen
Lagen, wo sich seine hartfunkelnde, stechende Natur dem Bruder
gegenüber zu zärtlich anschmiegender Liebe erweicht.

Aber dies alles würde Vult vielleicht nur zu einem ungewöhnlichen, aber noch nicht zu einem hohen Menschen machen.
Dies wird er erst durch die selbstherrliche Starkgeisterei, durch die

vagabundenartige Freiheit seines innersten Wesens. Er will
Gottes Ebenbild dadurch werden, daß er sich bemüht, „ein kleines
Aseitätchen" zu sein. Mit Humor spricht er von seinem Leicht=
sinn, seiner Geldnot, seinen Schulden, den Streichen, die er seinen
Gläubigern gespielt. Er ist von humoristischem Vagabundenstolz
gehoben. So gibt ihm denn auch der Dichter absichtlich eine
freigeisterische Moral, die es mit den Mitteln nicht streng nimmt,
sobald es gilt, Menschen, gegen die er satirische Geringschätzung
hegt, durch einen Streich beizukommen. Sein Humor ist auf diese
Weise, so selbstquälerisch er auch ist, doch zugleich die Selbst=
befreiung eines starken gequälten Geistes. Vult sagt von sich
selber, ihm sei auf seinem Reisewagen das Herz halb ausgefahren,
gerädert, ja abgeschnitten worden. Im Humor nun gibt er sich
den Genuß seiner Unabhängigkeit und seines emporschnellenden
unangreifbaren Selbstes. Vor allem muß man, wenn man Vult
als einen von den ganz Freien kennen lernen will, an den Ab=
schiedsbrief denken, den er in Nro. 64 an Walt richtet. Nachdem
er erkannt hat, daß er Walts Wesen nicht ändern könne, und
nachdem er gesehen, daß der weltblöde Träumer Walt, und nicht
er, Winas Liebe gewonnen hat, wirft er das letzte Band, das
ihn an die Welt bindet, die Freundschaft und Liebe zu dem
Bruder, von sich und zieht als unbedingt Freier ins Weite. So
bildet er, wie ich schon erwähnte, eine Gruppe mit Leibgeber=
Schoppe und Giannozzo. Die Sturmvogelfreiheit Vults ist aller=
dings nicht in solche philosophische Tiefe und solch übermenschliche
Kühnheit herausgearbeitet wie bei jenen. Dafür hat der Dichter
der Selbstherrlichkeit Vults als höchst individuellen Zug einen
Stich ins Flotte, Leichte, Vagabundenhafte gegeben. Auch unter=
scheidet er sich von jenen durch das häufigere, sichtbarere und an=
haltendere Überquellen seines liebenden Herzens.

      Mehr als alle hier herangezogenen Dichtungen Jean Pauls
bewegen sich die Flegeljahre in geordneter Erzählung und halten

sich mehr von allem Außerordentlichen fern. Da sorgen nun die beiden Brüder dafür, daß durch die Kleinwelt seltene und hohe Melodien ertönen. Sobald Walt auftritt, erklingt es von lichten Blumen- und Sternengesängen. Durch Vult aber werden in die Dichtung freie, emporreißende Sturmlieder hineingeworfen.

X

In wie verschiedene Richtungen hat sich uns die hohe Welt Jean Pauls auseinandergelegt! Doch stellt jeder der hohen Menschen eine im Kern eigenartige Ausgestaltung der menschlichen Höhenkräfte dar. Wer von Jean Pauls Hauptgestalten sagt, daß sie „meist abstrakte Schemen" sind, steht dem Dichter völlig fremd gegenüber.[1)]

Ich frage jetzt: in welche Grundrichtungen geht Jean Pauls hohe Welt auseinander? Nach welchen Seiten hin hat der Dichter die menschlichen Kräfte ins Übermenschliche gesteigert? Nicht um eine Gruppierung also der hohen Menschen handelt es sich; sondern ich will die Richtungen herausheben, in denen die Höherbildung des Menschen bei unserem Dichter vor sich geht. Natürlich können sich in demselben hohen Menschen Steigerungen nach verschiedenen Richtungen zusammenfinden. Folgende fünf Gegensatzpaare scheinen mir die Hauptsache zu erschöpfen.

Die Steigerung des Menschen geht bei Jean Paul teils ins hingebungsvoll Pantheistische, teils ins selbstherrlich Individualistische. Der Ausdruck „pantheistisch" bedeutet hierbei keinen Gegensatz zur Transzendenz; er besagt nur das Vollsein des Endlichen vom Unendlichen, mag daneben auch ein Überragtwerden des Endlichen vom Unendlichen stattfinden. Es gibt hohe Menschen, die in All-Leben und All-Liebe schwelgen, die selbst im Geringfügigsten aus Natur und Menschenleben Unend-

---

[1)] So urteilt Johann Czerny in dem auch sonst oberflächlichen Schriftchen: Sterne, Hippel und Jean Paul (Berlin 1904; S. 39).

liches und Göttliches ahnen und schauen. Hervorragende Ver=
treter dieser Art Höhenmenschentums sind Viktor, Emanuel, Al=
bano, Walt. Für andere hohe Menschen Jean Pauls ist um=
gekehrt das Bestreben charakteristisch, sich zu Welt und Menschen
ablehnend, kalt, verwerfend zu stellen, in ihr Ich sich einzumauern,
nur ihr Ich interessant zu finden, nur ihr Ich sein zu wollen
und sich an nichts draußen zu ketten. Hierbei denke ich an die
freigeisterischen Humoristen und an Roquairol; aber auch Lord
Horion und Ritter Gaspard gehören hierher.

Unter anderem Gesichtspunkte wieder vollzieht sich die Er=
höhung der Menschennatur bei Jean Paul teils in der Rich=
tung der erd= und sinnenflüchtigen Sentimentalität, teils
nach der Seite starker Naturkraft. Manche hohe Menschen
leisten ein Äußerstes in Vergeistigung alles Sinnlichen, in Jen=
seitssehnsucht, in Tränen= und Todesschwärmerei. So schon Gustav,
noch mehr Klotilde, Liane, Emanuel. In anderen wiederum ge=
schieht alles, was sie fühlen und wollen, aus dem Grunde eines
kolossalen zeugenden Naturrausches. So ist es bei Viktor und
Albano, auch bei Lismore und Giannozzo; und am allerwenigsten
darf Linda vergessen werden. Zugleich können Viktor und Albano
als Belege dafür gelten, daß die Steigerung nach der Seite der
brausenden Naturkraft die Erhöhung in der Richtung des Senti=
mentalen keineswegs ausschließt.

Aber die hohen Menschen Jean Pauls unterscheiden sich
auch in ihrem Verhältnis zu Einheit und Zwiespalt mensch=
lichen Wesens. Roquairol stellt ein Äußerstes an Zerrissenheit
dar, während Walts Seele eine selig in sich beschlossene un=
angreifbare Einheit ist. Andere ringen sich wieder darin ab, aus
ihren Widersprüchen heraus zu gelangen und sich zur Einheit zu
befestigen, wie Viktor und Albano.

Ein weiterer bedeutsamer Unterschied im Höhenmenschentum
Jean Pauls ergibt sich, wenn man darauf achtet, wie sich seine

Vertreter zum Humor verhalten. Manche von ihnen entfalten
ihr Wesen in der Richtung reinen Ernstes. So ist es bei Gustav,
Lismore, Albano, bei Natalie, Idoine und anderen. Bei einem
Teil der hohen Menschen dagegen liegt das gesteigert Menschliche
mit Nachdruck gerade in der Richtung des Humors. In den
Spielen und Wagnissen ihres Humors, in den Siegen und Selbst=
befreiungen, die sie sich durch ihren Humor erringen, erheben sich
diese Gestalten über das Gewöhnliche. Abgesehen von der Gruppe
der freigeisterischen Humoristen ersten Ranges gehören auch Fenk,
Ottomar, Viktor, Siebenkäs hierher.

Und auch, wenn wir die für die Ausgestaltung der Per=
sönlichkeit so wichtige Stellung zu Glauben und Unglauben,
zu Optimismus und Pessimismus ins Auge fassen: welche
tiefgreifende Mannigfaltigkeit zeigen hierin nicht die hohen Menschen
Jean Pauls! Auf der einen Seite steht Walts fast schrankenlose
Weltübergoldung, auf der anderen der alles zerfressende Unglaube
Roquairols. Und dazwischen welche verschiedenartigen und merk=
würdigen Verbindungen beider Richtungen! Man vergleiche nur
etwa Siebenkäs mit Leibgeber. Wie dunkel greifen schwere pessi=
mistische Gedanken in Viktors Gemüt, ja selbst in Emanuels Glaubens=
trunkenheit ein! Und wie erhebt sich auf dem gefährlich zerrissenen
Seelengrunde Schoppes oder Vults ein tapferer Idealismus!

Moderne Literaten sprechen häufig die Meinung aus: der
von Nietzsche gezeichnete Übermensch — das sei der Übermensch im
modernen Sinne. Wie unkundig es ist, dies zu glauben, kann
ein Blick auf Jean Paul lehren. Bei ihm findet sich, wie wir
sahen, eine reiche Fülle höchst verschiedenartiger Typen des Über=
menschen, die sämtlich in der Richtung modernen Fühlens liegen.

XI

Ich betrachte die vorstehenden Charakterisierungen als eine
Art Dankesschuld, die ich dem Dichter und Denker Jean Paul ab=

zustatten mich getrieben fühlte. Von meiner Jugend an verdanke
ich Jean Paul so viele weihevolle Stunden, daß in mir der Vor=
satz entstand, diesen Aufsatz als einen kleinen Beitrag dafür zu
schreiben, daß das Verständnis für den großen Dichter gefördert
werde und sich vielleicht die Gemeinde derer, die ihn verehren und
lieben, um einige Glieder vermehre.[1])

Unter den Lebensführern steht für mich Jean Paul mit in
erster Reihe. Aus seinen Dichtungen strömt es mir zu wie eine
immer neue Bestärkung des Glaubens an die Macht des Guten
und der Liebe. Lasse ich Jean Paul auf mich wirken, so habe
ich den Eindruck, daß ein Genius zu mir spricht, der die Kraft
und Tiefe hatte, dem Weltleben ins Herz zu fühlen und seine
Sprache zu deuten. Wäre er freilich nichts als Optimist, so würde
von ihm sicherlich nicht eine solche überzeugende Kraft auf mich aus=
gehen. Gerade weil er sich von den grauenhaften Seiten des Welt=
lebens bis ins Innerste durchschütteln und durchschrecken läßt, wirken
seine beseligten, glaubensvollen Aufschwünge so mitreißend auf mich.
Wer hat nicht Stunden, in denen sich Zweifel zusammenballen, die
uns die Welt überwölken und beschatten! Da können die Ergüsse
und Gesichte Jean Pauls der Seele Licht und Freiheit geben. Ins=
besondere wenn uns Zweifel in unserem Glauben an den Geistgrund
der Welt und an den Ewigkeitscharakter der Seele bedrängen, da
kann uns Jean Paul bergende und heilende Zuflucht gewähren.

Was mir an Jean Pauls Dichtungen ganz besonders wohl=
tut, das ist seine sittliche Reinheit, seine Keuschheit, sein Ekel vor
allem geschlechtlichen Schmutz. Wie meine Schriften in Fülle be=
weisen, hebt sich mir aus den modernen Richtungen der Dichtung
eine große Anzahl von Künstlern und Werken hervor, die ich
nicht nur anerkenne, sondern freudig begrüße. Trotzdem drängt

---

[1]) Vor einigen Jahren habe ich bereits in der Gedenkschrift für Rudolf
Haym den Aufsatz „Die Kunst des Individualisierens in den Dichtungen Jean
Pauls" (auch für sich erschienen; Halle 1902) veröffentlicht.

sich mir immer und immer wieder die Wahrnehmung auf, wie ungeheuer verbreitet in unserer modernen Dichtung, und zum Teil selbst bei ihren talentvollsten und besten Vertretern, die Verherr= lichung des Geschlechtlichen als solchen, die Sehnsucht nach dem heißen Dunst geschlechtlicher Erregungen, ja die Freude an erotisch Zerfressenem ist. Es ist so, als ob die modernen Dichter zu einem großen Teile es als ihre heiligste Aufgabe ansähen, die geschlechtliche Neugier zu immer freierem Vordringen zu reizen, den Glauben an Keuschheit und Scham auszurotten und die Besudelung der Seele als höchsten Lebensertrag zu preisen. Ich gestehe, daß mich solche Wahrnehmungen, die uns auf Schritt und Tritt begegnen, oft tief betrübt und bekümmert machen. In solcher Lage ist es nicht selten Jean Paul gewesen, der mich von Unwillen und Ekel befreit hat. Hier spricht ein starker, mit Welten spielender, die zerrissensten Abgründe furchtlos enthüllender Geist zu uns, gegen dessen Kühnheit die modernen Dichter, mit ganz wenigen Ausnahmen, lächerlich klein erscheinen. Und dennoch atmet dieser wahrhaft freie Geist im Keuschen und Edlen und haßt nichts so sehr wie schamlose Beschmutzung der Seele. Diese Seite an Jean Paul hat nicht zum wenigsten einen Mann wie Friedrich Theodor Vischer mit Liebe für Jean Paul erfüllt.

Ich freue mich aufrichtig, daß sich das Interesse der literatur= geschichtlichen, philosophischen und ästhetischen Forschung gegen= wärtig Jean Paul lebhaft zuwendet. Auf Paul Nerrlich und Josef Müller folgten der (leider so früh aus dem Leben ge= schiedene) Walter Hoppe, Josef Schneider, Karl Freye, Wilhelm Münch. Es gilt, die Meinung immer mehr zurückzudrängen, daß Jean Paul ein seitab stehender Sonderling der deutschen Literatur sei. Und hoffentlich tragen auch diese Darlegungen ein wenig dazu bei, Jean Paul als einen von den ganz Großen, als zum Kern und Stamme der deutschen Dichtung gehörig zu erweisen.

VI

Grillparzer als Dichter des Zwiespaltes zwischen Gemüt und Leben

I

Im Frühling 1888 veröffentlichte ich das Buch „Franz Grillparzer als Dichter des Tragischen". Ich konnte darin weder auf die Jugendtragödie Blanka von Kastilien, noch auf die erstaunliche Anzahl dramatischer Bruchstücke und Pläne Rücksicht nehmen. Denn erst die kurze Zeit darauf erschienenen Ergänzungsbände zur dritten Ausgabe der sämtlichen Werke machten uns mit diesen wichtigen Zeugnissen von Grillparzers dramatischem Schaffen bekannt. Es entstand daher für mich die Frage, ob die Auffassung von des Dichters Stellung zum Tragischen, wie ich sie in jenem Buche auf Grund der allbekannten dramatischen Schöpfungen Grillparzers vertrete, durch diese weiteren Veröffentlichungen bestätigt oder vielleicht eingeschränkt und berichtigt wurde. Doch mein Buch beschäftigt sich nicht nur mit der Gestaltung des Tragischen in den Dichtungen Grillparzers, sondern es geht auch dem Zusammenhange nach, der zwischen dem Typus, den das Tragische bei Grillparzer zeigt, und seiner gesamten Persönlichkeit besteht. Auch in dieser Richtung galt es zu später geschehenen Veröffentlichungen, insbesondere zu den im dritten Bande des Grillparzer-Jahrbuches erschienenen Tagebuchblättern Stellung zu nehmen. Ich hatte zu fragen, ob meine Auffassung von der Tragik in Grillparzers Persönlichkeit durch diese Tagebuchblätter, die das Innere des

Dichters in fast greller Weise enthüllen, bestätigt werde. So entstanden denn die nachfolgenden Untersuchungen und Betrachtungen. Sie wurden im vierten Jahrgang des Jahrbuches der Grillparzer-Gesellschaft (1894) veröffentlicht. Ich gebe hier allerdings keinen einfachen Abdruck, sondern ich habe nach Inhalt wie Form in mannigfaltiger Hinsicht vervollkommnend einzugreifen mich bemüht.

II

In meinem Buche spreche ich von der Stellung Grillparzers zum Ideal der Männlichkeit. Die dichterische Darstellung des Männlichen im eigentlichen Sinne — so hatte sich mir dort gezeigt — gehört nicht zu dem, was Grillparzer mit Vorliebe unternimmt. Unter den Helden seiner Dramen wird sich nur Ottokar hierher zählen lassen. Und selbst Ottokars Herrschersinn erfährt in der zweiten Hälfte des Stückes eine gewaltige Knickung. Grillparzers ganze Dichtungsweise ist nicht nach dieser Seite gerichtet; vielmehr gründet er die tragischen Kämpfe fast durchweg auf Naturen die zur ausgeprägten Männlichkeit in Gegensatz stehen.

Zweierlei gehört zur Männlichkeit im betonten Sinne. Erstens ein helles Bewußtsein, ein Denken und Wollen, das nicht auf Instinkt und Takt, sondern auf selbständiges Erwägen, auf klare Rechenschaft über Gegenstände und Ziele gestellt ist. Naturen, die im Dämmer des Halbbewußten leben, etwas Pflanzenartiges an sich haben, deren Dasein einem Spiel und Traum gleicht, bilden nach dieser Seite den Gegensatz zum Männlichen. Das Zweite, was dem Männlichen im eigentlichen Sinne nicht fehlen darf, ist ein starkes, sich einfach und ungebrochen durchsetzendes Wollen, ein Wollen, in das sich die Individualität ganz und ungespalten hineinlegt. Der männliche Charakter lebt in seinem Wollen und dessen Vollführung mit Mut und Lust; es versteht sich ihm von selbst, daß er den Weg, den ihm sein Wollen weist, geradeaus geht. Den Gegensatz hierzu bilden Menschen, deren

11*

Inneres so geartet ist, daß es dem Wollen feindlich gegenüber=
steht, es benagt und schwächt, spaltet und untergräbt. Ihr Inneres
ist entweder so übermäßig zart und ideal gestimmt, oder so grüb=
lerisch und tiefsinnig angelegt oder sonst in einer Richtung so
einseitig entwickelt, daß die Willensseite geknickt und ohnmächtig
wird. So kommt Zwiespalt und Unseligkeit in diese Naturen:
sie leiden an einem in immer neue Verwirrungen und Schmerzen
führenden Bruch; ihrem Wünschen, Streben und Wollen stellt ihr
Inneres schwächende, verzögernde, irreführende, zerstörende Mächte
entgegen. Und wie sie in ihrem eigenen Wesen gebrochen sind,
so besteht auch zwischen ihrem Wesen und der Wirklichkeit, zwischen
ihrem Gemüt und dem Leben ein unheilbarer Bruch. Infolge
ihres erkrankten Wollens kommen sie der Wirklichkeit nicht bei,
sind den aus ihr entspringenden Aufgaben nicht gewachsen; im
Vergleiche zu ihrer einseitig entwickelten Innerlichkeit ist die Wirk=
lichkeit zu hart und nüchtern, zu eigenwillig und unerbittlich, als
daß sie von ihnen bezwungen werden könnte. Ich pflege das
Eigentümliche dieser Naturen als den „Typus der dem Leben
nicht gewachsenen Innerlichkeit" zu bezeichnen.

In meinem Grillparzer=Buche bemühte ich mich nun, den
Leser davon zu überzeugen, daß Grillparzer dem Typus der aus=
geprägten Männlichkeit in den beiden angedeuteten Richtungen
auszuweichen liebt und für seine tragischen Verwicklungen in weit
überwiegendem Maße teils den Typus des naturartigen,
halbbewußten Gemütes, teils den Typus der dem Leben
nicht gewachsenen Innerlichkeit verwendet. Den ersten finden
wir, wenn wir auf die Hauptgestalten achten, in Hero, der Jüdin,
Libussa; aber auch die Gestalt der Medea wurzelt tief im Dunkel=
bewußten. Der zweite Typus tritt uns in Sappho, Banc=
banus, in Kaiser Rudolf dem Zweiten und gleichfalls wieder in
Medea und Libussa, sodann auch in dem armen Spielmann
entgegen.

Noch von einem vierten Typus kann mit Rückſicht auf Grillparzers Dramen die Rede ſein, von dem Typus des ſtillen Sinnes. In Sappho, Libuſſa, im Bruderzwiſt, beſonders aber im Traum ein Leben tritt uns dieſer Typus entgegen. So nahe verwandt dieſe Art Menſchlichkeit dem Typus des halb= bewußten Gemütes iſt, ſo fällt ſie doch keineswegs mit ihm zu= ſammen. Die Jüdin, ebenſo Medea ſind weit entfernt davon, Verkörperungen des ſtillen Sinnes zu ſein, wohl aber gehören ſie der Stufe des halbbewußten Gemütes an. Ebenſowenig iſt der ſtille Sinn von gleichem Umfang mit dem Typus der dem Leben nicht gewachſenen Innerlichkeit. Maſſud und Mirza im Traum ein Leben beiſpielsweiſe vertreten den ſtillen Sinn, keineswegs aber dürfen ſie als dem Leben nicht=gewachſen angeſehen werden. Der Typus des ſtillen Sinnes bildet den Gegenſatz zu der über= ſchäumenden, abenteuerluſtigen, kühnen Jugendlichkeit, die Grill= parzer mehreren ſeiner Geſtalten gegeben hat. Sowenig es Grillparzer „lag", ausgeprägte Männlichkeit zu geſtalten, ſo gern hat er tatenträumende Jugendlichkeit, die Sehnſucht, tatenkühn ins Unbekannte zu ſchweifen, verkörpert. So iſt es bei Phrixus, Jaſon und Ruſtan — bei dieſem wenigſtens, ſolange er der Held ſeines Traumes iſt. Beſonders Jaſon iſt eine glanzvolle Verkörperung des Handelns um des Handelns willen, der kraft= überſchäumenden Jugend, die ſich überhaupt, ſei es ſo, ſei es anders, in kühnen Taten entladen will. Doch wie furchtbar leiden dieſe Abenteurer, dieſe reinen Vertreter der Sucht des Handelns äußeren und inneren Schiffbruch! Mit flammenden Zügen möchte Grillparzer ſeine Überzeugung veranſchaulichen, daß alles willenlodernde Haſten und Siegenwollen in Unruhe, Unheil und Frevel ſtürzt. Kein Wunder daher, daß er in dem weltflüchtigen, eng eingeſchloſſenen, ſtillen Sinne ſein Ideal ver= ehrt und dieſes auch in ſeinen Dichtungen verkündigt.

Will man Grillparzers Sinnen und Dichten verſtehen, ſo

muß man sich vor Augen halten, daß seine Phantasie sich von
diesen mannigfach ineinander übergreifenden drei Typen des
halbbewußten Gemütes, des stillen Sinnes und der dem Leben
nicht gewachsenen Innerlichkeit unwillkürlich gefesselt fühlte. Diese
drei Arten von Menschlichkeit bilden das Element, in dem er mit
Vorliebe seine inneren Gesichte entwarf und ausgestaltete. Um=
gekehrt fühlte er sich in seinem Schaffen dem Typus der eigent=
lichen Männlichkeit gegenüber fremd und unlustig.

Dieses ablehnende Verhältnis, in dem Grillparzers Schaffen
zu diesem Typus steht, ist von mir, wie ich kaum zu erinnern
brauche, nicht im Sinne eines Tadels gemeint. Nicht jeder dra=
matische Dichter muß Willenshelden gestalten. Nicht jedes Drama
muß starkes, folgerichtiges, bezwingendes Handeln in Gang setzen.
Es gibt eine Fülle dramatisch wirksamer Entwickelungen, die auf
völlig anderem Boden spielen. Wenn also Grillparzer seine dra=
matischen Kämpfe abseits von dem ausgeprägt Männlichen hält,
so ist diese Eigentümlichkeit nicht im entferntesten als eine Schwäche
seines dramatischen Könnens zu deuten.

III

Tritt man mit diesen Überzeugungen an Blanka von
Kastilien heran, so wird man fast von der Wahrnehmung über=
rascht, daß Grillparzers Phantasie schon in früher Jugend von
dem Typus der willensschwachen, in sich gebrochenen und dem
Leben nicht gewachsenen Innerlichkeit beherrscht war. Im Mittel=
punkte des Stückes, das für die Einsicht in die Sturm= und Drang=
zeit des Dichters von hoher Wichtigkeit ist, steht Fedriko, der
natürliche Bruder Don Pedros, des Königs von Kastilien. In
ihm tritt uns ein Mann gegenüber, der vor lauter Gefühls=
ergüssen nicht zu Entschlüssen und Taten kommt. Sein Herz
überströmt von so haltlosen, hin= und herwogenden Gefühlsfluten,
daß er fast unablässig zwischen verschiedenen Bahnen des Handelns

hin= und hergezogen wird und auch gegenüber Lagen, die zum
Handeln wahrhaft drängen, zu keinem festen Beginnen kommt.
Statt ein Ziel bestimmt ins Auge zu fassen und mit festem
Willen darauf loszugehen, wütet er in Gefühlen und Worten
und gerät immer tiefer in eine wahre Hölle von Zweifel, Qual
und Zerrissenheit hinein. So tritt zu den Individualisierungen,
die der Typus der einseitigen, dem Leben nicht gewachsenen
Innerlichkeit in des Dichters reifen Schöpfungen erfährt, hier eine
neue Form hinzu. Sappho wird durch das hochgesteigerte Ver=
weilen in dem Idealreiche der Kunst für das Leben untauglich.
Sie ist zu durchgeistigt, als daß sie sich, wie die Durchschnitts=
naturen, mit Takt und Natürlichkeit in die Bedürfnisse und Ge=
nüsse des gewöhnlichen Lebens einzulassen imstande wäre. Anders
bei Bancbanus. Hier wird das Mißverhältnis zu den Lagen,
in die er hineingestellt ist, durch die enge, pedantische, lebens=
unkundige Art der Pflichterfüllung herbeigeführt. Dort war es
Steigerung des Künstlerischen, hier ist es Übertriebenheit des
Moralischen, was zum Leben ungeschickt macht. Kaiser Rudolf
im Bruderzwist wieder gerät durch das Übermaß grübelnder Re=
flexion und stiller, weicher Innerlichkeit in Hilflosigkeit gegenüber
den Aufgaben der harten Wirklichkeit. Ähnlich ist es beim armen
Spielmann. Dieser verliert durch seine dumpfe, wesenlose Träu=
merei die Fähigkeit, Menschen und Verhältnisse zu beherrschen.
Noch tiefer in das dunkle Leben der Seele werden wir durch
Libussa und Medea hineingeführt. Libussa lebt zu sehr in
ahnender, leiser, begierdeloser Einheit mit den geheimen Mächten
der Natur, als daß sie der Kulturarbeit mit ihrer rationellen,
kämpfenden, die selbstsüchtigen Triebe erregenden Art gewachsen
wäre. Und Medea endlich wurzelt viel zu sehr in wilder, un=
gebändigter Natur, als daß sie die Kraft fände, sich den Formen
einer maßvolleren, klareren Menschlichkeit anzupassen. Hierzu
gesellt sich nun Fedriko. In ihm ist es das Übermaß unklarer,

gärender, tobender Gefühle, wodurch Verstand und Wille ver=
hindert werden, sich fest und dauernd auf bestimmte Ziele zu
richten. Es entspricht diese Individualisierung jenes allgemeinen
Typus der jugendlichen Art des damaligen Grillparzer. Alle
Personen dieses Stückes ergehen sich in wortreichem Ausschütten,
endlosem Ausmalen und Ausspinnen ihrer Wünsche, Leiden=
schaften, Kämpfe, Qualen. Die Herzensergüsse tragen etwas Fort=
schwemmendes an sich. Das Tatsächliche gewinnt zumeist keinen
klaren und bestimmten Ausdruck. Vor lauter verallgemeinernden,
Grenzen und Gestalten auflösenden Gefühlswogen kommt der
Dichter nicht dazu, das, was geschehen ist und geschieht, in in=
dividueller Bestimmtheit vor Augen zu führen. So erfährt man
die blutige Vorgeschichte Pedros, die gegen ihn von dem Grafen
von Trastamara geleitete Empörung, die Pläne des Ministers
Rodrigo, ja auch die Art, wie sich das Liebesidyll zwischen Fedriko
und Blanka entwickelt hat, nur in unbestimmten, viel zu all=
gemein gehaltenen Zügen.

Schon bevor Fedriko weiß, daß seine Geliebte, Blanka, die
Gemahlin seines königlichen Bruders geworden ist, finden wir
ihn in unklarem Schwanken. Er hat sich den Armen seiner Ge=
liebten entrissen und sich in ihren Augen zum Verräter gemacht,
um das Vaterland von der Tyrannei seines Bruders zu befreien.
Doch bringt er es nicht weiter, als daß er untätig am Hofe des
gehaßten Pedro lebt und es sich wie die übrigen Großen des
Reiches wohl sein läßt. Nur zuweilen erinnert er sich an seine
Schwärmerei für Glück und Freiheit seines Volkes. Dies geschieht
auch zu Beginn des Stückes. Doch kaum hört er, daß die von
ihm für tot gehaltene Blanka lebt, so läßt er seine eben auf=
gefrischten edlen Entschlüsse wieder fahren: er wirft die „Chimäre
von Ruhm und Größe" von sich und will nur noch der Liebe
leben. Und er bleibt auch dann bei diesem seinem Entschlusse,
als er erfährt, daß Blanka inzwischen Don Pedros Gemahlin

geworden ist; auch unter den so fürchterlich veränderten Ver=
hältnissen will er Blanka besitzen.

Freilich ist es ihm nicht ernst damit; denn zu Beginn des
zweiten Aktes hören wir ihn, einen neuen Don Carlos, die
Qualen seines inneren Kampfes zwischen Liebe und Pflicht aus=
toben. Unmittelbar darauf indessen wird er durch Alonzo de Lara,
einen Führer des gegen den König in siegreichem Gange fort=
schreitenden Aufstandes, zu dem Entschlusse gebracht, sich der Em=
pörung anzuschließen, das Vaterland von der Herrschaft des
blutigen Pedro zu befreien und Blanka aus der Hand des
Tyrannen zu erretten. Doch kaum hat er diesen Entschluß gefaßt,
so wird er wiederum von Fernando de Gomez, einem Partei=
gänger des Königs, auf die entgegengesetzte Seite hinübergezogen:
er will dem Besitz der Geliebten entsagen und gegen seinen Bruder
nichts unternehmen. So wird Fedriko haltlos hin= und her=
geworfen, ein Spielball seiner Verzückung und Verzweiflung,
seiner Schwärmerei für unvereinbare Gegenstände. Der zweite
Akt schließt damit, daß er sich ungeschickt und fassungslos vor dem
eben ankommenden König benimmt.

Im dritten Akt versucht Fedriko den König umzustimmen.
Er bietet — hierin wiederum Marquis Posa verwandt — Ströme
von Beredsamkeit auf, um den König auf den Pfad der Tugend
zu führen, ihn dem Einflusse seines gewissenlosen Ministers und
seiner herrschsüchtigen Buhlerin zu entreißen, ihn für Blanka zu
gewinnen und die Begierde in ihm zu entzünden, sich wieder die
Liebe seines Volkes zu erwerben. Bringt Fedriko es so in diesem
Akte doch zu einem Vorgehen, so ist dieses Vorgehen doch un=
besonnen und jugendlich; schon darum, weil er seine Reden an
den König vor den Ohren seiner Erzfeinde hält.

Ähnlich wie im zweiten Akt sehen wir im vierten Fedriko
aus einem Sturm ohnmächtiger Gefühlsraserei in den anderen
stürzen. Vor dem Bilde seines Vaters stehend, vertieft er sich

grüblerisch in die moralische Antinomie, in die er sich geworfen findet. Zwei Wege sieht er vor sich: dort den der Königstreue und der Entsagung in der Liebe, hier den der Liebe und der Empörung gegen den König: welchen von beiden er auch wählen mag, immer gerät er in Seligkeit und Hölle, in Tugend und Sünde zugleich. Er wirft sich endlich in seiner Verzweiflung vor dem Bilde des Vaters nieder und fleht um Errettung aus seinen Zweifeln. Und auch in den folgenden Auftritten kommt er aus der ohnmächtigen Haltung wilderregten Drohens, Beschwörens, Jammerns nicht heraus, und selbst als ihm auf Befehl des Königs die Schlüssel der Festung, deren Kommandant er ist, abgenommen werden, wird er noch immer nicht von dem entschlußlosen Wüten und Wogen in seiner Brust befreit. Wild hereinstürzend ruft er aus:

> Die Furien des Abgrunds folgen mir,
> Die Hölle heftet sich an meine Fersen,
> Mit grausem Ungestüm treibt es mich vorwärts,
> Es tobt der Aufruhr wild in meiner Brust,
> Im Herzen kämpfen feindliche Gewalten
> Und lassen keinen Entschluß sich gestalten!

Das Einzige, wozu er es bringt, ist das fruchtlose Bemühen, Blanka zur Flucht zu überreden und ihr zu diesem Zweck einen Schlüssel, der eine Tür zu einem geheimen Gange öffnet, aufzudrängen — ein Bemühen sonach, das ihn nicht von jener Alternative erlöst, von deren Entweder-Oder er zerrissen und gelähmt wird. Da endlich, als ihm der Zufall Alonzo de Lara, der den Auftrag hat, ihn auf die Seite der Empörung zu ziehen, wieder in den Weg führt, rafft er sich zu dem Entschlusse auf, durch einen raschen Federzug den Empörern seine Hilfe zuzusagen. Doch wie wenig diese Aufraffung auf gefestigter Grundlage des Wollens beruht, geht aus seinem unmittelbar folgenden Verhalten hervor. Er verfällt in die heftigsten Zuckungen des Gemüts, in Fieberwahn und Ohnmacht; und beim Erwachen aus dieser will er zu einem Marienbilde in der Schloßkapelle flüchten, um dort die Hochgebenedeite um Schutz vor seinen bösen Träumen anzuflehen.

Der fünfte Akt zeigt die Raserei Fedrikos auf derselben Höhe. Er ermordet den Schurken Haro, der, jetzt zum Festungs= kommandanten erhoben, auch den Schlüssel zu jenem geheimen Gange besitzt. Mitten in den Wogen entfesseltester Raserei ent= schließt sich Blanka endlich zur Flucht, und jetzt findet auch, nahezu im Taumel der Besinnungslosigkeit, die Wiedervereinigung der beiden Liebenden statt. Blanka umarmt Fedriko, dem allein sie vor Gott und der Ewigkeit angehören will. Unmittelbar darauf ereilt beide der Tod durch Mörderhand. So ist auch das, was der fünfte Akt an Handlungen Fedrikos aufweist, kein Ergebnis festen und klaren Wollens, sondern ein Erzeugnis taumelnder Aufregungen und wüster Gemütskrämpfe. Und zu einem Ent= schlusse, der den lähmenden Zweifeln und Kämpfen Fedrikos ein Ende bereitete, ist es auch im fünften Akt nicht gekommen. So zeigt uns der ganze Verlauf des Stückes, was Fedriko betrifft, auf der einen Seite eine den Leser wahrhaft erdrückende und erstickende Maß= und Zügellosigkeit des Fühlens und — gerade deswegen — auf der anderen Seite nur teils schwächliche, teils explosionsartige Äußerungen des Wollens, gleichsam Blasen, welche die von Gefühlsstürmen aufgeregte Willenssphäre wirft.

Daher leidet auch die tragische Gestalt Fedrikos empfindliche Einbuße. Durch sein beständiges, entschlußloses Jammern und Toben sinkt er zu sehr ins kleine herab, als daß er von tragisch reiner Wirkung auf uns sein könnte. Er stellt den Übergang des Tragischen ins Jämmerliche dar. Schon darum steht Fedriko lange nicht in gleicher Linie mit den Gestalten, die Grillparzer in seinen reifen Jahren als Individualisierungen des Typus der gebrochenen Innerlichkeit geschaffen hat. Doch sei darum keines= wegs die sich überall in diesem Drama zeigende kühne Dichterkraft verkannt, die auf das Große und Tiefe losstürmt, sich in die Ab=

gründe des menschlichen Gemütes einzuwühlen versucht und be=
sonders für die Darstellung des Edelmenschlichen eine oft hin=
reißende Beredsamkeit entwickelt. Als Hintergrund für die Gestalt
Fedrikos wie überhaupt für die ganze Dichtung muß man sich
das ungestüme, hin= und hergeworfene Gemütsleben Grillparzers
vorstellen, wie es uns aus den Tagebuchblättern des Jahres 1808
entgegentritt.

Auch an den übrigen Personen der Dichtung tritt nirgends
eine Fähigkeit des Dichters für Gestaltung des Männlichen in
dem vorhin angedeuteten Sinne hervor. Blanka ist eine von
Tugendhaftigkeit triefende und schon darum eintönige Gestalt; der
König Don Pedro ist eine Mischung von Schurke und Schwäch=
ling. Seine Buhlerin Maria trägt zwar Züge von starker, rück=
sichtsloser Heldenhaftigkeit an sich; gegen das Ende des Stückes
aber wird sie zwiespältig, weich, sentimental. Der Minister Rodrigo
und Alonzo de Lara sind wohl Männer von Stärke und Kon=
sequenz des Handelns, aber sie sind kaum Individuen zu nennen;
so farblos und abstrakt sind sie gehalten. Für den Dichter war
in der Zeit, aus der Blanka stammt, schon sein starker, Schiller
weit überbietender Hang zur Sentimentalität und zum Menschlich=
schönen ein Hindernis, das ihm die Gestaltung ausgesprochen
männlicher Charaktere nicht gelingen lassen konnte. Selbst Pedro
und Maria geraten zuweilen in ein edles und unschuldsvolles
Schwärmen und fallen dadurch gänzlich aus ihrem Charakter heraus.
Überhaupt war der sechzehn= bis achtzehnjährige Grillparzer noch
außerstande, so verwickelte Mischungen von teilweise entgegen=
gesetzten Eigenschaften, wie er sie diesen beiden Personen gab, zu
glaubhafter Individualität zu verdichten.[1]) Richtete doch der
Dichter selbst, kurz nach Vollendung der Blanka, in seinem Tage=

---

[1]) Einsichtsvolle Bemerkungen über die Komposition der Blanka findet
man in Sauers Einleitung zur fünften Auflage der Werke S. 27 f.

buch die zweifelnde Frage an sich), ob er wohl Anlage zur
dramatischen Dichtkunst habe.

IV

Treten wir an die dramatischen Bruchstücke heran, so fällt
schon durch seine Länge Robert, Herzog von der Normandie
in die Augen. Robert stammt aus der Zeit, in der Grillparzer
an der Blanka arbeitete (1808), und wieder wählt er einen in
sich gebrochenen, willensgelähmten und dem Leben nicht gewachsenen Helden. Nur ist es hier nicht, wie bei Fedriko, ein
Übermaß zucht- und haltloser Gefühle, was diese Wirkung hervorbringt, sondern ein Übermaß von Ruhebedürfnis, Großmut und
Arglosigkeit.

Heinrich hat seinem Bruder Robert die Krone Englands
gestohlen; jetzt ist er mit seinem Heere in die Normandie ein-
gefallen und will Robert auch dieses Land nehmen; ja er beab-
sichtigt, wie außer Robert jedermann annimmt, diesen in sein
Lager zu locken und gefangen zu setzen. Trotz der flehenden
Gegenvorstellungen seiner Feldherren und seiner Gattin hält
Robert an dem Entschlusse fest, sich zu Heinrich ins Lager zu be-
geben, um sich ihm zu unterwerfen. Sein gutes, sonnenklares
Recht auf die Krone Englands hat er endgültig aufgegeben; er
will nur im friedlichen Besitze seiner Normandie bleiben. Die
Erinnerung an das von Heinrich erlittene bittere Unrecht tritt
zurück vor dem Wunsche, seinem verwüsteten Lande die Segnungen
des Friedens zurückzugeben. Wiewohl Heinrich ein Leben voll
Gewalttätigkeit und Arglist hinter sich hat, so kann Robert sich
doch nicht entschließen zu glauben, daß jener ihm auch die Normandie rauben oder ihn gar in Gefangenschaft setzen wolle. Der
erste Akt schließt damit, daß Robert in Heinrichs Lager reitet.

Was sind die Triebfedern, aus denen dieses Verhalten Roberts
fließt? Sein Wesen ist von tiefer Sehnsucht nach einem ruhigen,

gemütvollen, engumgrenzten Leben erfüllt. Wo es gälte, der
Niedertracht gegenüber sein gutes Recht durchzukämpfen und frecher
Gewalttätigkeit mit dem Schwerte bis zum Äußersten zu wehren,
schwärmt er von ruhigem Lebensgenuß an der Seite seines Weibes,
in den Armen seines Sohnes, in der Mitte seiner Untertanen.
Die ganze Lage, in der er sich befindet, fordert zur Entfaltung
eines starken Herrscherwillens auf.   Robert fühlt wohl auch Re=
gungen aufstachelnder Art; die Schmach der von ihm beabsichtigten
Unterwerfung brennt ihm in die Seele. Aber dies sind nur
Wallungen im seelischen Untergrunde; zur Herrschaft gelangen sie
nicht. Sobald er an sein leidendes, hungerndes Volk denkt, wird
er weich und setzt allen Stolz beiseite, nur um seinem Volke so=
fort den Frieden zurückzugeben.   Dazu kommt noch seine Groß=
mut und seine vertrauensvolle, arglose Art in der Beurteilung
der Menschen; und so geschieht das sonst Unglaubliche, daß ein
Mann, dem es an Feuer und Kühnheit keineswegs gebricht, eine
so überaus unmännliche Bahn einschlägt. Auch im zweiten Akte
tritt diese Gebrochenheit des Männlichen hervor. Wohl schnaubt
er Rache, nachdem er verräterischerweise von seinem Bruder ge=
fangen genommen und ihm die Nachricht überbracht wurde, daß
auch seine Gattin in Gefangenschaft schmachte. Aber mitten in
den Vorsätzen furchtbarer Rache bekennt er, daß seine Kraft ge=
lähmt, sein Mark in den Beinen erstarrt und er zum Kinde ge=
worden sei. Zu vermuten, wie Grillparzer den Charakter Roberts
sich weiter hätte entwickeln lassen, dafür fehlt es mir an Anhalts=
punkten.   Jedenfalls bildet er, soweit das Bruchstück reicht, einen
weiteren Beleg für die Auffassung, daß Grillparzers Phantasie in
hohem Grade von der Tendenz zur Gestaltung des infolge einseitig
entwickelter Innerlichkeit gebrochenen Willens geleitet wurde.

Auch drängt sich an Robert das Verhältnis zu dem Ideale
auf, das Grillparzer vor allem in Traum ein Leben verkündigt:
zu dem Ideal des stillen Sinnes. Der tiefste Grund nämlich,

warum in Robert die Triebfedern des Herrschens und Wagens nicht zum Siege kommen, liegt eben darin, daß seine Seele von Bildern ruhigen, wohligen, engen Glückes gefangen genommen ist. Die einseitige Innerlichkeit, die des Helden Willen lähmt, liegt hier in dem Übermaß des „stillen Sinnes". Übrigens ließ auch im Blanka=Drama der Dichter keine Gelegenheit vorübergehen, sich in das entschwundene, engbegrenzte Glück der unschuldsvollen Kindheit und der stillen, weltabgeschiedenen Liebe sehnsüchtig zu vertiefen. Wie sehr dieses Schwärmen der dramatischen Personen des Dichters für idyllisches Leben mit seinen eigenen damaligen Stimmungen zusammenhängt, ersieht man aus den Tagebuch= blättern. Mehrere Male ergeht er sich in der Zeit, die der Be= schäftigung mit Blanka und Robert unmittelbar folgt, in sehnsuchts= vollen Ausmalungen weltentrückten, unschuldsvollen Lebens in Liebe und Glück.

Führte uns die Betrachtung Roberts zu dem Typus des stillen Sinnes, so werden wir noch durch zwei andere Bruchstücke dabei festgehalten. In den Sommer 1807 fällt, wie Sauer nach= gewiesen hat,[1]) das „poetische Gemälde" Irenens Wiederkehr. Grillparzer muß, als er daran dichtete, in ganz besonders über= schwenglichen, weichen, lieblich beseligenden Stimmungen gelebt haben. Die Natur scheint nur aus Licht und Blüten, Duft und Gesang zu bestehen; und auch was die in der Dichtung auf= tretenden Personen fühlen, zerfließt in lauter Wonne, Frieden und Liebe. Es tritt uns hier jene allzu wonnige, jubelnde und rosige Art entgegen, wie sie uns oft in den Jugendversuchen kühn und leidenschaftlich angelegter Dichternaturen begegnet.

Für uns liegt nun der bemerkenswerteste Zug dieses Bruch= stückes in der darin nachdrucksvoll hervortretenden Vorliebe des Dichters für eine stille, in gleichmäßigen, sanften Linien sich aus=

---

[1]) Sauer, Zu Grillparzers dramatischen Fragmenten. Vierteljahrsschrift für Literaturgeschichte I, 447 f.

lebende Welt. Insbesondere gibt der Wanderer, der das Ganze,
soweit es vorliegt, als eine Art Chor begleitet, dieser Gefühlsweise
beredten Ausdruck. Er ist den Gefahren und Kämpfen des Lebens
abhold; er preist in Gegensatz zu allem Kühnen und Schroffen
das sanfte Gleichmaß der Tage. Als Bestes gilt ihm der Geist
des Friedens, der des Lebens rauhe Felsenstirn mit Götterblumen
umflicht und an die Stelle der wogenden Leidenschaften sanfte
Tugend setzt. Er wendet sich ängstlich von der gefährlichen Art
des Mannes ab, die von der Lust an der Jagd zur Freude am
Kriege ausarten könnte. Er sieht auch den Mann am liebsten
in bescheidenen Bezirken seine Kräfte betätigen. In Gegensatz
zu dem ungezähmten, starren männlichen Willen feiert er das
sanftere, weichere Geschlecht als eine rettende Macht. Kurz, wenn
das Leben in blumenvollem Geleise sanft und gleich darinrollt,
dann ist sein Ideal erfüllt. Die Verwandtschaft dieser Grund=
stimmung mit dem Charakter Roberts liegt auf der Hand. Das
Streben nach Frieden und traulicher Enge, das den Willen Roberts
lähmt, wird in diesem Bruchstück, das nur wenige Monate früher
als Robert der Phantasie Grillparzers entsprungen ist, geradezu als
Lebensideal gepriesen. Hierdurch rückt es in nächste Nähe von
Traum ein Leben, wo der Dichter die Weisheit vom stillen Sinne
gleichfalls unmittelbar und geradezu verkündet.

Dem Typus des stillen Sinnes einmal nachgehend, bemerken
wir nun auch sofort das Bruchstück Faust. Die Verse, in denen
Grillparzer den Goethischen Faust fortzusetzen beabsichtigte, stammen
aus dem Jahre 1814, aber noch 1822 versetzt er sich, einer pro=
saischen Aufzeichnung zufolge, in die Ideen zurück, die ihn damals
beschäftigt hatten. Und da erfahren wir nun, daß er Faust, nach
Gretchens Untergang, in sein Inneres einkehren und das, worin
das wahre Glück besteht, finden lassen wollte: „Selbstbegrenzung
und Seelenfrieden". Nach des Dichters Absicht sollte Faust sich
zu einem wahren Feinschmecker der Einfachheit, Stille und Un=

schuld herausbilden. Er wollte uns ihn als Lehrer und Freund eines geistig aufblühenden Knaben, besonders aber im Glück einer unschuldigen Liebe zeigen. In der Familie eines wackeren Hausvaters sollte sich ihm „das Glück der häuslichen Liebe" kundtun. Freilich wäre auch der Genuß dieser Feinschmeckerei nur von vorübergehender Natur gewesen. Mephistopheles sollte dafür Sorge tragen, daß sich daraus völlige Verzweiflung und endgültiger Untergang ergebe. Doch diese Wendung liegt hier außerhalb meines Interesses; ebenso die Frage, ob sich an den Goethischen Faust mit seinem übermächtigen Streben nach Erkennen und Genießen ein derartiges Idyll organisch und glaublich hätte anschließen lassen. Für mich ist nur die Wahrnehmung von Wichtigkeit, daß Grillparzer sogar die Entwicklung eines Menschen, dessen Gepräge Maßlosigkeit und unablässiges Ringen ist, und der sonach zu dem Typus der stillen Enge eher den Gegenpol bildet diesem Typus anzupassen bestrebt war. So stark war in Grillparzers Geiste das Ideal eines friedlich zurückgezogenen Lebens herrschend. Auch die Verse, die der Dichter seinem Faust in den Mund gelegt hat, atmen durchwegs die Sehnsucht nach Ruhe und Unschuld. So nimmt Grillparzers Faust-Bruchstück eine einzigartige Stellung unter den Faustdichtungen ein.

Und noch auf weitere Spuren führt der eingeschlagene Weg. Im Jahre 1822 beschäftigten Grillparzer zahlreiche Tragödienstoffe, darunter auch die Geschichte des Krösus und die des aus Herodot bekannten ägyptischen Königs Amasis. In der Tragödie Krösus sollte, wie wir aus Grillparzers Bemerkungen ersehen, an dem Schicksale des lydischen Königs die Hinfälligkeit und Gefahr der menschlichen Größe und die Glückseligkeit des Privatlebens dargestellt werden. Und auch in der Tragödie Die Glücklichen, deren Hauptperson Amasis sein sollte und in die er auch die Geschichte des Polykrates hineinzuweben gedachte, wollte er zeigen, daß das Glück keinem beständig sei, am wenigsten dem

Übermütigen; und daß es noch am gelindesten von dem Abschied
nehme, der sich in den Lauf der Dinge fügt und ohne Unrecht
genießt.[1]) Auch diese beiden Stoffe sonach führten ihn in den
Gedankenkreis, dem ich hier nachgehe. Man fühlt deutlich seine
Lebensanschauung heraus, die das kühn in die Welt hinaus=
greifende Handeln ablehnt und das Glück in enger Selbst=
begrenzung findet.

V

Vielleicht erhält eine allgemeine Betrachtung über die Stellung,
die der Typus des stillen Sinnes in den Dichtungen Grillparzers
einnimmt, hier ihren geeigneten Platz. Wie verhalten sich die
beiden Typen: die dem Leben nicht gewachsene Innerlichkeit und
der stille Sinn, zueinander? Es steht hiermit in den verschiedenen
Gestalten, in denen Grillparzer die beiden Typen verwirklicht,
nicht gleich. In einer Anzahl von Fällen ist es so, daß in dem
Übermaße des stillen Sinnes die Ursache liegt, die zur Willens=
gebrochenheit und zum Zwiespalte mit dem Leben führt. Der
Typus des stillen Sinnes verhält sich, weil er im Übermaße vor=
handen ist, ursächlich zu dem der Entzweiung. Dieses Verhältnis
zeigte sich uns bei Betrachtung Roberts von der Normandie.
Noch weit durchgeführter und vertiefter tritt es uns in Libussa,
Rudolf dem Zweiten und dem armen Spielmann entgegen. Und
auch Bancbanus zeigt eine gewisse Verwandtschaft mit dem be=
zeichneten Zusammenhang.

Was Libussa betrifft, so wurzelt sie mit ihrem innersten
Wesen in einer unentwickelten, träumenden, stillgenügsamen Be=
wußtseinssphäre; was sie denkt und will, bildet sich aus ihrem
Bedürfnisse nach Herzensstille, schöner, innerer Einigkeit, genüg=

---

[1]) Über diese beiden Entwürfe hat Alfred von Berger sinnreich knüpfende
Betrachtungen angestellt in dem Aufsatz: Das „Glück" bei Grillparzer (Jahr=
buch der Grillparzer=Gesellschaft, 10. Jahrgang (1900), S. 70 ff.).

'samer Selbstbeschränkung und leiser Entfaltung hervor. Darin
liegt die Ursache, daß sie die Welt des Strebens und Kämpfens,
der Selbstsucht und des Nutzens, des Beweisens und Berechnens
nicht auszuhalten vermag. Angesichts der Gründung Prags blickt
sie auf das Reich der schönen Enge und glücklichen Genügsamkeit
wie auf etwas für immer Entschwundenes mit verblutendem
Herzen zurück. Ähnlich ist es im Bruderzwist. Fragt man, warum
Kaiser Rudolf seiner Zeit ohnmächtig und unglücklich gegenüber=
steht, so wird man neben dem Übermaß grübelnder Reflexion
seinen stillen Sinn zu nennen haben. Er erblickt das Höchste in
der stillen, kampflosen Ordnung des Sternenhimmels; er möchte,
daß sich die kleinen und großen Geschicke der Menschen nicht durch
Verstand und Leidenschaft, Wollen und Wagen, sondern durch
leisen und unbewußt weisen Naturtrieb regeln. Er ist, wie er
selbst sagt, eine stille, gern heimisch in sich weilende Natur und
mißtraut daher dem Handeln mit seinen unaufhaltsamen, sich
weithin erstreckenden und dabei sich verunreinigenden Wirkungen.
Noch offenbarer liegt die Sache beim armen Spielmann. Die
Ursache, warum er verkümmert, ist in seiner wesenlosen Träumerei,
in seiner einseitigen Versenkung in das ärmliche Weben und
Klingen seines Gemütes zu suchen.

In einem gewissen weiteren Sinne gehört auch Bancbanus
hierher. Zunächst freilich muß auf die Frage, worin sein Nicht=
können gegenüber den Aufgaben des Lebens die Ursache habe,
geantwortet werden: dies rührt von seiner allzu gewissenhaften,
kleinlichen, unklugen Art der Pflichterfüllung her. Es wäre ver=
fehlt, zu sagen, daß jenes Nichtkönnen, wie bei den jetzt be=
trachteten Gestalten, aus dem Bedürfnisse nach Herzensstille oder
aus einem einseitigen Sicheinspinnen in die kleine Welt des eigenen
Busens entspringe. Aber eine gewisse Verwandtschaft mit dem
Typus des stillen Sinnes zeigt Bancbanus dennoch. Denn jene
eigentümliche Art der Pflichterfüllung stammt schließlich daher,

12*

daß ihm der Dichter ein zu starres, zu einförmiges, zu undifferen=
ziertes moralisches Leben gegeben hat. Die moralische Stufe, auf
die der Dichter Bancbanus gestellt hat, trägt das Gepräge des
allzu Einfachen, des fast Kindlichen. Bancbanus ist auf der
einen Seite von einer moralischen Reinheit und Unbestechlichkeit,
die an Kants kategorischen Imperativ erinnert,[1]) anderseits aber
trägt die moralische Stufe, auf der er stehen geblieben ist, etwas
Unentwickeltes und Weltfremdes an sich. Seine moralische Ent=
wicklung hat sich der Vielfältigkeit und Unregelmäßigkeit, der
Schlechtigkeit und Entartung des wirklichen Lebens nicht genügend
angepaßt, ist allzusehr in einer Sphäre der Einfachheit, Stille
und Enge stecken geblieben. So ist Bancbanus freilich keine Aus=
gestaltung des Typus des stillen Sinnes, wohl aber zeigt die
Stufe seiner moralischen Entwicklung, wenn man ihren tieferen
Gründen nachgeht, etwas diesem Typus innerlich Verwandtes.
Und zum Schlusse des Stückes, wo Bancbanus auf das Geschehene
zurückblickt, fühlt er auch selbst seine Verwandtschaft mit diesem
Typus. Er sagt zum König:

> Der Glanz, womit du deinen Diener schmücktest,
> Er hat als unheilvoll sich mir bewährt.
> Gebeut nicht, daß aufs neu ich Gott versuche!

Und so will er denn auf seinem Schlosse bei seines Weibes Leiche
still harren, bis der Tod auch an ihn herantritt.[2])

So sehen wir also: Libussa, Rudolf, der Spielmann und
Robert sind derartige Ausgestaltungen beider Typen, daß die

---

[1]) Sauer meint geradezu, daß in Bancbanus der kategorische Imperativ
in eigentümlicher, zwar etwas grillenhafter, aber deshalb um so wirksamerer
Weise lebendig geworden sei (Einleitung 25).

[2]) Sauers diesem Drama gewidmeter Vortrag (Jahrbuch III, 1 ff.), der
das Verständnis für es in hohem Grade zu fördern geeignet ist, teilt eine
Anzahl von Stellen aus Grillparzers Entwürfen zu diesem Stücke mit, die
als charakteristische Bereicherungen des individualisierenden Stils, wie ihn Grill=
parzer im Treuen Diener anwandte, zu betrachten sind.

Willensgebrochenheit und Ohnmacht gegenüber dem Leben in dem Übermaß des stillen Sinnes wurzelt. Bancbanus dagegen bildet den Übergang zu jenen Gestalten, deren einseitig entwickelte Innerlichkeit nicht auf ein Übermaß des stillen Sinnes zurückgeführt werden kann. Dahin gehören Sappho, Medea und Fedriko. Bei Sappho ist es der hohe Flug des Dichtergenius, bei Medea die ungebändigte elementare Naturkraft, bei Fedriko ein Übermaß zucht- und haltloser Gefühle überhaupt, was Hilflosigkeit und Fehlgehen gegenüber dem Leben erzeugt. Doch fehlt auch hier die Beziehung zu dem Ideal des stillen Sinnes keineswegs; nur tritt diese Beziehung hier — umgekehrt wie vorhin — als Folgeerscheinung der Gebrochenheit nach innen und außen auf. Es ist ja begreiflich: wer am Zwiespalt mit dem Leben leidet, sehnt sich nach der einfachen Frische und der naiven Gesundheit des Lebens. Am deutlichsten wird dies an Sappho. Gerade weil sie sich infolge ihre Verweilens auf den steilen Höhen der Dichtkunst dem Leben entfremdet fühlt, sehnt sie sich nach dem holdumgrenzten Idyll des Lebens.[1]) Die Liebe zu Phaon erscheint ihr durchaus in diesem Lichte. Und etwas Ähnliches gilt von Fedrikos Liebe zu Blanka. Aber auch der Medea fehlt diese Beziehung nicht ganz. Wenn sie sich bemüht, in das griechische Leben hineinzuwachsen, so liegt hierbei das Streben zugrunde — wie sie selbst sagt —, so sicher ihrer selbst und eins mit sich zu werden, wie sie Kreusa findet.

Doch auch solche Personen, deren Natur von einseitiger Innerlichkeit, Willensgebrochenheit und Zwiespalt mit dem Leben

---

[1]) Auch wenn Robert Petsch mit seiner Ansicht recht haben sollte, daß Sappho nach dem ursprünglichen Plan des Dichters keine hohe Künstlernatur, sondern nur ein liebendes, leidenschaftliches Weib war (Euphorion, 14. Band, 1907, S. 163 ff.), so würde die hier vertretene Ansicht hiervon nicht im mindesten berührt werden. Denn ich habe hier, wie bei allen Dramen Grillparzers, den Eindruck des fertigen, geschlossenen Kunstwerks, nicht aber die Entstehung im Auge.

weit entfernt ist, läßt Grillparzer die Lebensanschauung des stillen
Sinnes aussprechen. Es legt sich ihm dies dort nahe, wo es sich
um Menschen handelt, die ihr Lebensweg entweder in Schuld
und Unseligkeit hineingeführt hat, oder die sich doch lebhaft vor=
stellen, wie nahe die Gefahr solchen Abweges liege. Das erste
ist bei Jason der Fall. „Vom Unheilsmeer umbrandet", blickt
er sehnsuchtsvoll zurück nach der Jugend mit ihrem beglückenden
Wahn und dem Hingegebensein an den Augenblick. Im zweiten
Falle befindet sich Rustan. Nach dem qualvollen Traum, der
ihm das Gefährliche des Strebens nach dem, wie er geglaubt
hatte, „neidenswerten Glück der Größe" in erschütternder Weise
fühlen ließ, bricht mit einer sein ganzes weiteres Leben bestimmen=
den Gewalt aus seinem Herzen das Bekenntnis hervor, daß nur
in des Innern stillem Frieden, nicht aber in Größe und Ruhm
das Glück bestehe.

Doch auch damit ist die Bedeutung, die der Typus des stillen
Sinnes in Grillparzers Dichtungen besitzt, noch immer nicht voll=
ständig dargelegt. Es gibt bei Grillparzer auch Naturen, die in
diesem Typus einfach aufgehen, die nichts anderes sind als bruch=
loses Ausleben desselben. Es ist in ihnen der Typus weder in
störendem Übermaß und so als Ursache der Willensohnmacht und
Entzweiung mit dem Leben, noch auch nur in der Form der
Sehnsucht vorhanden, sondern die stille, engumgrenzte, sichere
Weise des Lebens ist das Element, in dem sie atmen, und aus
dem sie nicht herausfallen. Dies ist der Fall bei einem großen
Teil derjenigen weiblichen Gestalten, in denen der Typus des halb=
bewußten, naturartigen Gemütes verwirklicht ist; so bei Melitta,
Hero, Esther. Hieran reihen sich andere weibliche Gemüter, die
der Stufe des helldunklen Bewußtseins und naturartigen Er=
blühens wenigstens benachbart sind. Dahin gehören Kreusa und
Mirza, denen noch Melusina aus dem gleichnamigen Operntext
hinzugefügt werden kann. Auch in diese Dichtung ist, ähnlich wie

in den Traum ein Leben, der Gegensatz von gleichmäßigem Genießen und hinausstrebender Tätigkeit mit Betonung hinein= geflochten, wenn auch der Sinn der Dichtung in seinem Schwer= punkte anderswohin zielt. Die Feenwelt mit ihrem immerdar gleichen Dahinfließen der Tage, mit ihrer Ruhe und Entrücktheit aus der Erde Mühe und Not, erscheint gegenüber der menschlichen Welt, in der Tatkraft und Ruhmbegierde herrschen, als das Höhere, Beglückendere. Es wird als ein Fehlschritt dargestellt, daß Rai= mund, neben anderen Motiven auch dem Drange nach Tätigkeit gehorchend, Melusinen untreu wird und sich in die Menschenwelt zurückbegibt. Und seine Erlösung besteht darin, daß er wieder in Melusinens tatlos seliges Reich aufgenommen wird. Für sich allein würde der Umstand, daß ein beiläufig gedichteter Operntext dem ruhigen Genießen den Preis vor dem Wirken zuerkennt, für die Geistesart des Dichters wenig beweisen. Aber in dem ganzen Zusammenhang ist es doch bezeichnend, daß Grillparzer auch in seiner einzigen Operndichtung von dem Ideal des stillen Sinnes nicht loskommt. Was im Traum ein Leben eindringlich, stark= ausgeführt, volltönend verkündigt wird, klingt uns aus Melusina in anspruchsloserer, freilich auch dünnerer Form entgegen.

Man sieht, in wie hohem Grade Grillparzers Sinnen und Dichten von dem Typus des stillen Sinnes beherrscht wurde, und in wie mannigfaltigen Formen und Verbindungen er bei ihm auftritt. Bald verbindet er sich mit dem Typus des halbbewußten Gemütes, bald mit der Stufe klarer Vernunft oder grübelnder Reflexion. Bald bildet er die ungeteilte Substanz der Persön= lichkeit, bald haben solche Gestalten an ihm teil, deren Wesen vielmehr in Gebrochenheit nach innen und außen besteht.[1])

¹) Zu der von mir vertretenen Auffassung Grillparzers steht in äußerstem Gegensatz die Ansicht O. E. Lessings, daß seine dramatische Kunst auf das „echt geschichtliche Entwicklungsdrama" hingearbeitet habe, daß seine Dramen auf „kollektivistischer" Geschichtsanschauung und „evolutionistischer" Sittlichkeit be=

VI

Ich habe mich nun noch einmal zu Grillparzers dramatischen Bruchstücken zurückzuwenden. Denn verschiedene Gestalten, die seine Vorliebe für gebrochene Charaktere zeigen, sind noch un= genannt geblieben. In einer Zeit, wo er von Schwermut ver= düstert, von zerstörenden Zweifeln an seiner Begabung für die Dichtkunst geplagt war und ihm sein Leben unerträglich wurde, im Sommer 1810, entstand das Spartakus=Fragment, das uns einen gewaltigen Fortschritt des Dichters zur Anschauung bringt. Während der Dichter sich in Selbstquälerei aufreibt, ist er doch imstande, aus glühend erregtem Geiste tief und kühn charakteri= sierte Gestalten hinzuwerfen. Er hat das Verlangen, überragende und aufgewühlte Menschen zu schildern, und es ist ihm dies in einer mit Rücksicht auf seine Jugend überraschenden Weise ge= lungen. Gleich von Anfang wird Spartakus in helle Beleuchtung gerückt; er erscheint als ein von widerspruchsvollen Gefühlen durchstürmter Jüngling, verschlossen und überschwenglich hin= gebungsvoll, kalt abweisend, von dem Bewußtsein ungewöhnlicher Eigenart stolz erfüllt und doch voll weicher Liebe zu seinen Mit= sklaven und allen Unglücklichen. Sein Schwelgen in dunklen und wilden Naturstimmungen erinnert an Drahomira.

Als besonders charakteristisch für Grillparzer erscheint es mir nun, daß er uns Spartakus gleich von vornherein als in seiner Tatkraft gebrochen zeigt. Er hatte geschworen, „der Welt Er= rettung, Tod den Unterdrückern" zu bringen, und jetzt ist er gänz= lich von dem Gefühle der Liebe ausgefüllt. Und es ist eine schmachtende, sich lyrisch austobende Liebe, eine Liebe zudem, die ihn blind und taub macht. Das reiche, vornehme Römermädchen

ruhen (Grillparzer und das neue Drama. München und Leipzig 1905). Den Dichter des stillen Sinnes und der zwiespältigen Innerlichkeit in das Fahr= wasser eines trivialen optimistischen Evolutionismus hinüberlenken zu wollen, ist eine Verkennung seltenen Grades.

sieht ihn lediglich als Spender gemeinen Zeitvertreibes an, während
er sie in die höchsten Sphären hinaufidealisiert. Statt auf Frei=
heit und Tat zu sinnen, wandelt er wie ein Entrückter umher,
flieht die alten Freunde und schüttet der wilden, einsamen Natur
sein liebendes Herz aus. Zu Ende des ersten Aktes erfährt er
nun freilich eine gräßliche Enttäuschung: Cornelia, seine Geliebte,
verleugnet ihn vor ihrem Vater. Jetzt wird er sich wohl er=
mannen; allein hier bricht das Stück ab.

So stimmt auch diese Arbeit des Dichters zu seiner Vorliebe
für Gebrochenheit und Willenslähmung. Und zwar ist es —
ähnlich wie bei Fedriko — ein die Außenwelt gleichsam über=
tönendes Schwelgen und Wühlen in überschwenglichen Gefühlen,
was Spartakus tatlos macht. Grillparzer hätte nun im weiteren
sicherlich auch seine Tapferkeit und Tatkraft zeigen müssen; allein
hierzu gebrach es ihm an Lust. Und dann ist doch des Spartakus
Charakter so angelegt, daß seine lyrische, überschwengliche Art auch
weiterhin als ein störendes Element seiner Tatkraft hätte geschildert
werden müssen. Auch Ottokar erscheint bei Grillparzer als ge=
brochen; aber doch erst, nachdem er an der Welt seinen stolzen
und harten Herrscherwillen mit Glück erprobt hat. Erst als sein
Glück sich jählings wendet, wird er zerknirscht und weich. Spar=
takus dagegen wird vom Dichter gleich von vornherein, noch ehe
er gehandelt, als innerlich geteilt, als seine Tatkraft und seinen
Freiheitsdrang durch ein Übermaß lyrischer Gefühle übertäubend
und unterdrückend geschildert.

Über die weiteren Gestalten, die noch in unseren Zusammen=
hang gehören, kann ich mich kürzer fassen. In den keck und sicher
hingeworfenen Szenen zu dem Trauerspiel Die Pazzi (1812)
zieht Francesco Pazzi unsere Aufmerksamkeit auf sich. Nach den
Bemerkungen, die Grillparzer hinzufügt, wollte er auch hier in
den Mittelpunkt des Stückes einen Charakter stellen, der mit sich
und der Welt zerworfen ist, der sich in übertriebener Weise in

sein Inneres hineinwühlt und in seinen Unternehmungen immer
den kürzeren zieht. Durch eine sklavische Erziehung ist Francesco
in sein Inneres zurückgetrieben worden; besonders aber hat die
schmerzliche Wahrnehmung, daß er von der Natur mit zu wenig
Liebenswürdigkeit und äußeren Vorzügen ausgestattet worden
ist, sein Gemütsleben scheu und finster, mißtrauisch und hadernd
gemacht. Dazu kam, daß er von brennendem Ehrgeiz, es allen
anderen, insbesondere aber dem Lorenzo von Medici, zuvorzutun,
erfüllt war. Dieser Ehrgeiz aber bleibt unbefriedigt; Lorenzo viel=
mehr gewinnt in allen Stücken den Preis. So wird sein Inneres
noch mehr gegen die Welt gespannt; er ist weltscheu und zugleich
von heißem Durste nach Bezwingung der Welt gequält; es kocht
in ihm von Leidenschaftlichkeit, und doch hat sein Gemüt, da er
sie nicht angemessen entladen kann, etwas Erstarrtes; er flieht sich
selbst und doch muß er sich immer wieder in seine unerfreuliche
Tiefe verbohren. So ungefähr lege ich mir nach Grillparzers
Andeutungen Francescos Charakter zurecht. Jedenfalls haben
wir es sonach auch hier mit einer Gestalt zu tun, die an einseitiger
Innerlichkeit und an Zwiespalt mit dem Leben leidet. Und zwar
haben wir hier den bisher noch nicht gefundenen Fall, daß ins=
besondere stiefmütterliche Behandlung von seiten der Natur und
unbefriedigter Ehrgeiz und Tatendrang das Innenleben in schlimmer
Richtung steigern und so ein Mißverhältnis zur Welt erzeugen. Ob
Grillparzer diese gefährliche Ausbildung der Innerlichkeit nun auch
auf das Wollen und Handeln Francescos lähmend hätte ein=
wirken lassen, läßt sich wohl nicht sagen. Doch wenn hier das
gefährlich ausgebildete Innenleben auch nicht gerade Willens=
gebrochenheit als Folge nach sich gezogen hätte, so ist doch
heftiger Zwiespalt zwischen Gemüt und Leben vorhanden. Fran=
cesco quält sich vergebens ab, innerlich mit dem Leben fertig zu
werden. Und eine Hauptursache hiervon ist das Mißglücken seiner
Bestrebungen. So ist also der Charakter Francescos jedenfalls

dem zwiespältigen Typus, den wir durch so viel Gestalten Grillparzers hindurch verfolgt haben, nächstverwandt.

Treten wir in die Zeit der Ahnfrau, Sappho, Medea ein, so
finden wir nach längerer Dürre Grillparzer wiederum „umgeben von
einem schier endlosen Gefolge seiner Phantasiegestalten, die sich gegen-
seitig ablösten und verdrängten, ersetzten und vermischten, von
denen aber nur wenige zu voller Reife und Selbständigkeit, zu
wirklichem Leben gedeihen wollten".[1] Zu den Stoffen, die Grillparzer anhaltend beschäftigt haben, gehören die Schicksale des
Herzogs von Österreich, Friedrichs des Streitbaren. Hier
kommt nun wieder ein Charakter vor, der mit sich und der Welt
zerfallen ist: Jerindo Frangipani. Zwischen ihm und Francesco
Pazzi besteht einige Ähnlichkeit. Grillparzer wollte ihm eine be-
schauliche, nach innen gehende Gemütsrichtung geben und damit
sein Mißgeschick in Zusammenhang bringen, das ihn, wo es auf
Körperkraft und Geschicklichkeit ankommt, Niederlage und Zurück-
setzung erfahren läßt. Als ein Vorbild verehrt er den ritterlichen
Herzog Friedrich, dem, „was er tut, gelingt", und dem „sich stets
die ungeheure Kluft, die zwischen Tun und Wollen sonst sich
dehnt, fast feenhaft mit Brücken überbaut". Ihm will er gefallen,
ihm Beifall abnötigen. Aber er ist dem Verhältnis zu ihm nicht
gewachsen: er täuscht sich über seine Gefühle für ihn, unbewußt
schleicht sich in seine Achtung und Verehrung das Gefühl erlittener
Kränkung und Zurückstoßung ein. Auf diese Weise geschieht es,
daß er in Mißtrauen gegen sich selbst und gegen sein Schicksal
gerät und sich in Mißmut und düsterem Brüten verzehrt.

Auch in den Entwürfen zu dem sechsgliedrigen Ganzen von
Römertragödien finden sich Bemerkungen, die für die hier be-
trachtete Seite Grillparzers charakteristisch sind. Wenn man sieht,
wie er sich insbesondere in die Charaktere des Marius und Sulla

---

[1] Sauer, Einleitung, 47.

grübelnd vertieft, so fühlt man sich in der Auffassung bestärkt, daß er sich von widerspruchsvollen, mit sich und der Welt unselig zerworfenen Naturen weit mehr angezogen fand, als von einfacher, aus Erz gegossener Mannhaftigkeit. Marius — so legt er sich die Naturen beider zurecht — haßt die Welt, Sulla verachtet sie. Marius erblickt in Sulla das Werkzeug seines feindseligen Geschickes und empfindet ein unaustilgbares Grauen vor seiner unheimlichen Natur; wie eine wahnsinnige Idee martert ihn diese Vorstellung. Er kann sich an Strenge, Konsequenz und Unermüdlichkeit nicht genug tun, und doch gerät er immer mehr in Furcht und Mißtrauen gegen Menschen und Götter hinein. Sulla wieder geht in „dissolutestem" Leichtsinn auf, und doch gelingen ihm seine Pläne. Er verachtet die Leidenschaften und Genüsse und ergibt sich ihnen doch in schrankenloser Weise. „Sein ganzes Leben ist nur ein immerwährendes fruchtloses Ausfüllen der Leere" in seinem Herzen.

Auch in seinem Nachsinnen über Die letzten Könige von Juda scheint ihn besonders der widerspruchsvolle Charakter des Herodes angezogen zu haben. Herodes ist heftig, ehrgeizig, hochstrebend, nicht ohne Edelmut, aber ohne Festigkeit und Würde. So wird er mit List und Unrecht vertraut. Doch anstatt sich selbst anzuklagen, beschönigt er sein unwürdiges Handeln vor sich selber und schuldigt Welt und Menschen an. „Mit hypochondrischem Überdruß verwünscht er das Menschengeschlecht." Dieses Mißtrauen gegen Welt und Schicksal ist Herodes mit Francesco Pazzi, Frangipani und Marius gemeinsam.

Noch weise ich schließlich auf den Herzog Johann hin, der in Kaiser Albrecht vorkommen sollte. Grillparzer wollte ihn den tatkräftig und herrschsüchtig strebenden Habsburgern als einen Menschen ohne innere Stetigkeit, als sich gedrückt fühlend und schüchtern gemacht gegenüberstellen.

Im Vergleich zu der Darstellung gebrochener Charaktere

nimmt auch in den dramatischen Bruchstücken die Darstellung kühner, geradeaus sich auslebender Männlichkeit einen nur sehr spärlichen Raum ein. Am meisten noch findet sich solche Männlichkeit in dem umfangreichen Bruchstück Alfred der Große dargestellt. Hier tritt uns in Alfred frische Tatenlust, kaum zurückzuhaltender Befreiungs= und Rachedrang entgegen. Doch auch hier sind es nur wenige Szenen, in denen diese Männlichkeit geschildert wird. Weit breiter malt Grillparzer die dumme Ergebenheit und Feigheit der Angelsachsen und die Szenen niedrigen Volkslebens aus. Auch das Lustspielbruchstück Heinrich der Vierte (1813) kann hier erwähnt werden. Es ist durch seinen derb und saftig charakterisierenden Stil, sowie durch das Unterhaltende der Handlung merkwürdig. Hier erwähne ich es wegen seines flotten Helden. Heinrich ist eine sorglos tollkühne, froh den Augenblick genießende, auf gut Glück handelnde Natur. Was ich in meinem Buche von dem Küchenjungen Leon bemerkte, gilt auch von Heinrich: Grillparzer sucht in der Gestalt Heinrichs humoristische Selbstbefreiung von seiner Zwiespältigkeit im Verhältnis zu Leben und Wirklichkeit zu erlangen. Überhaupt ist in diesem Zusammenhange auf die zahlreichen Gestalten hinzuweisen, denen er eine ausgesprochen gesunde, sprudelnd frische, humoristisch freie, verwegene, zuweilen ins Freche reichende Art gegeben hat.[1] Hierher gehören neben dem Heinrich dieses Bruchstücks Zawisch, Naukleros, Leon, Erzherzog Leopold im Bruderzwist, bis zu gewissem Grade auch Otto von Meran. Diese Personen bilden das eigentliche Gegengewicht zu den übertrieben innerlichen und gebrochenen Charakteren. Indem Grillparzer sie schuf, genoß er wenigstens in der Phantasie jene Gesundheit und Beweglichkeit, die ihm in Wirklichkeit völlig abging.

---

[1] Man vergleiche hierzu die guten Bemerkungen in Minors Aufsatz über Grillparzer als Lustspieldichter (Jahrbuch III. 56).

VII

Auch ohne Kenntnis von Grillparzers Persönlichkeit und Entwicklung, lediglich durch Vertiefung in seine dramatischen Werke, würde man zu der Gewißheit kommen, daß sein menschliches Wesen zumeist in seinen zwiespältigen Gestalten niedergelegt ist. In wie hohem Grade freilich der Mensch Grillparzer in diese Gestalten hineinverwoben ist, wird erst klar, wenn man aus seinen Gedichten und Epigrammen, aus der von ihm selbst gegebenen Darstellung seines Lebens, aus seinen Briefen und Tagebüchern seine Persönlichkeit kennen gelernt hat. Ich will nun, besonders auf Grund seiner Tagebücher, das Zwiespältige in Grillparzers Wesen in seinen Grundzügen zusammenzufassen versuchen.

Man stößt in Grillparzers Wesen nach verschiedenen Seiten hin auf Verbindungen von Zuviel und Zuwenig. Die Elemente seines Wesens zeigen etwas derart Unausgeglichenes und Vermittlungsloses, daß daraus notwendig Unseligkeit und Erlahmung entstehen mußte. Grillparzer ist das Gegenteil einer zusammenstimmenden und glücklichen Mischung der Kräfte. Gewisse Seiten seiner Natur sind zu ungewöhnlicher Feinheit, Schärfe und Stärke ausgebildet. Allein sieht man sich nach den bedingenden und ergänzenden Seiten um, durch die allererst jene hochentwickelten Kräfte zu günstiger Wirksamkeit gelangen könnten, so trifft man weit überwiegend auf Unvermögen, Hemmnisse, auf ein Zuviel oder Zuwenig. Und so wird dadurch auch jene ungewöhnliche Steigerung gewisser Kräfte seiner Natur für ihn zum gefährlichen Übermaß. Liest man die im ersten Bande des Jahrbuches veröffentlichten Briefe der Brüder des Dichters an diesen und nimmt man noch dazu Sauers wertvolle „Studien zur Familiengeschichte Grillparzers",[1]) so erhält man einen fast erschreckenden Eindruck. Es scheint, als ob die psychophysischen

---

[1]) Enthalten in den „Symbolae Pragenses" (1893), S. 195—214.

Faktoren, die in Grillparzers Familie sozusagen zur Verwendung kamen, in derartigen Verhältnissen vorhanden gewesen wären, daß daraus nur sehr schwer eine günstige, entwicklungs= und leistungsfähige Mischung herzustellen war, daß vielmehr eine hohe Wahrscheinlichkeit für das Zustandekommen verkümmerter oder krankhafter und dabei unbedeutender Menschenexemplare vorlag. Bei dem Dichter glückte es nun mit der Mischung; aber auch hier zeigt sich das Außergewöhnliche nur wie mit Mühe, mit knapper Not den zu Grunde liegenden Zwiespältigkeiten abgerungen. Die Kräfte seines Wesens griffen zuweilen so glücklich und eigenartig inein= ander ein, daß Schöpfungen mit dem Gepräge des Genies daraus hervorgingen. Aber jenes fruchtbringende Ineinandergreifen ist wie ein rasch vorübergehender Glücksfall anzusehen, der sofort wieder den unergiebigen, unseligen Reibungen seiner Grundkräfte Platz macht.

Betrachten wir die eigentümliche Art, wie die Phantasie Grill= parzers arbeitet, so werden wir sofort auf derartige Mißverhält= nisse des Zuviel und Zuwenig geführt. Seine Phantasietätigkeit ist von heftiger, stürmischer Art. Plötzlich und dämonisch wird er von der dichterischen Glut gepackt. Dies ist sicherlich ein Kenn= zeichen des geborenen Dichters. Doch ist mit der fieberhaften Er= regung der Phantasie noch nicht alles getan. Es muß die Kraft dazu kommen, sich bis zur Vollendung der Schöpfung ungefähr auf gleicher Höhe der Erregung zu halten. Dies fehlte nun Grill= parzer in hohem Grade: er vermochte die dichterische Stimmung nicht festzuhalten. Sappho, Das goldene Vließ, Traum ein Leben, Bancbanus, Hero und Leander, Libussa veranlassen ihn zu schmerzlichen Klagen über das Nachlassen der Stimmung. Und im allgemeinen sagt er, daß er mit den Vorarbeiten zu seinen dramatischen Plänen häufig seinem Drange für die Sache genugtue und nun kein Interesse mehr für die wirkliche Aus= führung habe.

Dieses Stocken seiner Phantasietätigkeit steht zweifellos auch mit der eigentümlichen Ausprägung seiner Verstandesseite in Zusammenhang. Ein klares und scharfes Denken ist für die dichterische Tätigkeit keineswegs notwendig ein Hindernis. Wohl aber kann es leicht dazu werden, wenn es sich vorwiegend als kritisch absprechend und zersetzend betätigt. So ist es nun bei Grillparzer. Man braucht nur seine prosaischen Aufzeichnungen und seine Epigramme zu lesen, um sich davon zu überzeugen, daß dort, wo er mit seinem Verstande tätig ist, vermöge dessen negativ kritischer Art häufig kaum noch irgend etwas an Drang und Flug der Phantasie erinnert. Und dieses kritische Verhalten, das sich zuweilen sogar zu unangenehmem Kritteln und Nörgeln steigert, nahm in seinem täglichen Geistesleben keinen kleinen Raum ein. In der Darstellung seines Lebens gesteht er selbst, daß in ihm zwei völlig abgesonderte Wesen walten: ein Dichter von übergreifendster, ja sich überstürzender Phantasie und ein Verstandesmensch der kältesten und zähesten Art. Da ist es denn kein Wunder, daß sein Verstand auf Phantasie und dichterische Stimmung in hohem Grade erkältend und hemmend einwirkte. Seine Verstandestätigkeit war zu wenig den Bedürfnissen des dichterischen Schaffens angepaßt. Schon als Jüngling klagt er: andere Dichter mache das Dichten warm, ihn mache es kalt.

Diese Stockungen seines Phantasielebens werden nun dadurch noch bedeutend gesteigert, daß sich seine Krittelei mit Vorliebe gegen seine eigenen dichterischen Leistungen und Fähigkeiten wendet. Wenn er sich, wie er selbst gesteht, in einem immerwährenden Wechsel zwischen Überreiz und Abspannung befindet, so ist daran sicherlich zu nicht geringem Teil seine unheilvolle Selbstverkleinerungssucht schuld. Oft legt er die Schwächen und Widersprüche seines Wesens mit haarscharf treffender, unerbittlicher Selbsterkenntnis dar. Mußte nun schon die richtige Selbsterkenntnis, besonders da sie sich auch zur Unzeit hervordrängt, auf das dichterische Schaffen schädigend wirken, so gilt dies in noch höherem Grade von der übertreibenden und grundlosen Selbstbekrittelung, mit der er sich häufig bitterstes Unrecht zufügt. In dieser Sucht, sich anzuklagen und herabzusetzen, erinnert Grillparzer an einen Mann, von dem ihn in den meisten Stücken eine tiefe Kluft trennt: an Pestalozzi. Beide Männer werden mit dem Leben nicht fertig, beide leiden an übersteigerter, gleichgewichtsloser, sich nicht genügender Innerlichkeit, beide wüten oft wahrhaft in ungerechtester Selbstverkleinerung gegen sich. Wir werden von tiefem Mitleid mit dem Dichter erfaßt, wenn wir in seinen Tagebüchern lesen, wie er von früher Jugend bis in sein reifes Alter von seiner Selbstzergliederung und Selbstbezweifelung gemartert und bald in träges Brüten, bald in wilde Verzweiflung hineingejagt wird. Er, dem die Zergliederung ästhetischer Gefühle und Schöpfungen unerträglich war, sah sich dazu verdammt, sich mit der Zergliederung seines eigenen Wesens abzuquälen und darin aufzureiben. Kaum hat er etwas hervorgebracht, so stellt sich die „lästige Selbstkritik" mißbilligend ein. Ermattet die Phantasie nur für einen Augenblick, so „faßt die Hypochondrie Posto und zerstört mit ihrer Selbstkritik alles Gewonnene wieder". In dem Gedicht Incubus hat er diese grinsende Selbstbekrittelung auch zu dichterisch ergreifendem Ausdruck gebracht. Auch in dem Gedichte Der Bann heißt es: Die Phantasie peitsche ihn wie ein wilder Dämon durch das Leben, zugleich aber lasse sie ihn Mängel in jedem Reize sehen. Und in dem Nachruf an Zacharias Werner spricht er von der „unglückseligen Frucht der Selbstbeschauung"; auf sich selbst die Augen zu heften, sei tödlich; es gelte, die Außenwelt als lichte Braut zu umarmen.

Man kann sich hiernach vorstellen, wieviel Schmerzen sich an die erstaunlich zahlreichen dramatischen Anfänge, die er fortzuführen nicht Lust und Kraft fand, geknüpft haben mögen. Auch ist es kein Wunder, wenn diese Stockungen der Phantasie all-

mählich zu einem Erlahmen und Versiegen führten. Aber schon
lange bevor dies eintrat, in den Jahren nach der Ottokar-Auffüh-
rung, empfand Grillparzer in seiner vergrößernden, überscharf-
sichtigen Weise das drohende Übel wie ein gegenwärtiges. Während
er am Bancbanus und an der Hero arbeitet, wird er von dem
Gefühl geplagt, daß es mit ihm aus sei. Er fühlt sich von dem
Gedanken greisenhaften Nichtkönnens „wie von Hunden an-
gefallen". Findet er seinen Namen als den eines Dichters erwähnt, so erfaßt ihn das entsetzliche Gefühl, als ob von einem
Fremden, Verstorbenen die Rede wäre. Und als er im Begriffe
ist, nach Weimar zu Goethe zu reisen, steigert sich das Gefühl
vollkommenen Selbstverlustes derart in ihm, daß er die Worte
niederschreibt: „Meine Seele ist betrübt bis in den Tod; ich fühle
mich erlöschen von innen heraus." Erst im Greisenalter gelingt
es ihm, die Klage über das Versiegen seiner Dichterkraft mit
lächelndem Spotte vorzubringen. Es geschieht dies in mehreren
Epigrammen.

Doch kommt in dieser hypochondrischen Selbstbezweiflung
nicht bloß ein Zuviel an grübelndem und zersetzendem Verstand
zum Ausdruck, sondern in anderer Beziehung auch ein Zuwenig:
ein Zuwenig an Selbstvertrauen. Wir sehen schon hier auf den
Willensgrund in der Seele des Dichters hinunter und finden
ein Wollen, das an dem Gebrechen des Weichen, Scheuen, Un-
sicheren leidet. Wie bei Rudolf im Bruderzwist das stille, weise
Sinnen, so steht bei ihm die Sucht, sich selbstquälerisch mit seinem
eigenen Innern zu schaffen zu machen, mit Willensschwäche im
Zusammenhange. Bei stärkerem, schwungvollerem Wollen wäre
auch das Selbstvertrauen gestiegen und hätte die hypochondrischen
Grübeleien unterdrückt oder doch weniger schädlich gemacht.

So sehr auch die Phantasietätigkeit durch die bezeichneten
Einflüsse ins Stocken kam, so wurde sie in den Pausen doch nicht
gänzlich beseitigt, sondern führte das verkümmerte Dasein dumpfen,

matten Dahinträumens. In großen Zeitstrecken muß das Innenleben Grillparzers — diesen Eindruck erhält man — in einem
mißmutigen, schwächlichen, des Zusammenfassens unfähigen, halb
gedankenlos allerlei vornehmenden Träumen und Brüten be-
standen haben. Mit neunundreißig Jahren gesteht er von sich,
daß sein Leben immer nur ein Traum gewesen sei. Und dasselbe
Geständnis wiederholt er in seinem sechsundvierzigsten Jahre. Die
Verwandtschaft Grillparzers mit dem armen Spielmann springt
in die Augen. Man darf sagen: das für den Dichter so kostbare
Element des Träumens war bei Grillparzer häufig bis zu trüber
und schwächlicher Entartung entwickelt. Und dabei war dieses
Dahinträumen von dem Gefühl furchtbaren Unglücks begleitet,
wie ihn denn überhaupt oft krankhafte Gefühle mit dem Charakter
des Furchtbaren, Abgrundartigen marterten. Er empfand vor
sich selber zuweilen ein wahrhaftes Grauen; beobachtend und
fühlend schwebte er über seinem eigenen Innern wie über einem
wahnsinndrohenden Abgrunde. Nicht nur seine Tagebücher, auch
manche Gedichte, wie das unendlich schwermütige „Was je den
Menschen schwer gefallen" und „Der Halbmond glänzet am
Himmel" zeigen uns ihn in solcher Stimmung.

Hebbels Innenleben weist ähnliche Stimmungen auf. In
seinen Tagebüchern kommt er häufig auf das schroff Wechselnde
in seinen Gemütszuständen zu sprechen. Er klagt in seiner Jugend
über das Hinundhergeworfenwerden zwischen überflutender Fülle
und gräßlicher Leere, zwischen maßlosem Überfließen und quälen-
dem Versiegen. „Mein Leben — so sagt er — ist ein tolles
Gemengsel von Rausch und ekler Nüchternheit." Wie Grillparzer,
steht auch der junge Hebbel seiner Dichterkraft mit lähmenden
Zweifeln gegenüber. Auch er hat Stunden, wo er glaubt, es
„sei aus" mit seiner Kraft. Aber Hebbel wurde weit leichter
dieser zerstörenden Stimmungen Herr. Er besaß eben etwas, was
Grillparzer fehlte: starkes, glaubensvolles, heiliges Wollen. Schon

dies allein verhinderte, daß jene gleichgewichtslosen Gemüts=
zustände für ihn so gefährlich wurden wie für Grillparzer.

Vergleicht man die Dramen beider Dichter, so sollte man
glauben, daß Hebbel ungleich mehr unter der Reibung zwischen
Phantasie und Verstand gelitten haben müsse als Grillparzer.
In Grillparzers Dramen gehen Intuition und Gedankenarbeit,
Phantasie und Überlegung zu schöner, naturvoller Einheit zu=
sammen, während uns bei Hebbel gar oft der Eindruck eines
dichterisch nicht bewältigten Gedankenüberschusses zuteil wird. Und
dennoch hat Grillparzer in unvergleichlich schärferer und gefähr=
licherer Weise den Zwiespalt zwischen Phantasie und Verstand,
elementarer Dichterkraft und Grübelei empfunden als Hebbel.
Es ist erstaunlich, wie aus dem Innenleben Grillparzers, das
zwischen Phantasierausch und lähmender Kälte haltlos hin= und
herschwankte, Dichtungen entspringen konnten, die gerade in dem
wohltuenden Gleichgewicht zwischen Naturkraft und Gedanken=
arbeit einen ihrer schönsten Vorzüge besitzen.

VIII

Fasse ich jetzt nicht nur die Phantasietätigkeit, sondern die
ganze erregte, leidenschaftliche Art, das wechselreiche, auf= und
niederstürzende Innenleben Grillparzers ins Auge, so zeigen sich
neue Mißverhältnisse. Daß sein Inneres voll heftiger Bewegungen
gewesen sein müsse, läßt sich schon aus seinen Dichtungen heraus=
fühlen. Seine Selbstbekenntnisse aber geben in dieser Hinsicht oft
geradezu erschreckende Einblicke. Man vergegenwärtige sich nur
seine Art, zu dichten, die in früherer Zeit wenigstens etwas vom
Fieberrausch an sich trug, oder seine Liebesleidenschaften mit ihrem
jähen Wechsel von Glut und Kälte, Entzückung und Gefühllosig=
keit oder seine innere „Zerworfenheit“ und „wilde Melancholie“,
die ihm oft den Gedanken des Selbstmordes nahelegte, und man
wird nicht im Zweifel sein, daß Gewalten gefährlichster Art in

seinem Innern lebten. Mit Recht spricht er von seinem „äußerst
erregbaren Nervensystem". Die Gefährlichkeit solcher Anlage wäre
nun zweifellos vermindert worden, wenn Grillparzer das Ver=
mögen besessen hätte, sich mitzuteilen, sich an befreundete Seelen
zu ergießen. Hier stoßen wir nun eben wieder auf ein bedroh=
liches Zuwenig. Im Verhältnis zu der gespannten und geladenen
Natur seines Innenlebens, besaß er die Fähigkeit, sich heraus=
zuleben, in erschreckend geringem Grade. Wollte sich sein Gefühls=
leben nach außenhin offenbaren, so fand es diesen Weg durch
unübersteigliche Hindernisse verlegt. Besonders trat ihm ein über=
mäßiges Schamgefühl hindernd entgegen, eine Scheu, das ihm
eigenst Zugehörige vor anderen zu entblößen. Etwas hiervon
ist in seinen Bancbanus übergegangen. Seiner „Katty" macht
er einmal, als sie sich über das wenig Herzliche seiner Briefe be=
klagt hatte, das Geständnis, daß, wie manche Leute ein über=
triebenes körperliches Schamgefühl haben, ihm „ein gewisses Scham=
gefühl der Empfindung" beiwohne, das ihm Herzensergießungen
unmöglich mache. Und ein anderes Mal bekennt er, daß er nur
dann sein Inneres ergießen könne, wenn er vergesse, daß er nicht
allein sei, wenn seine Umgebung genau die Temperatur seines
Wesens angenommen habe; Katty sei es schon gelungen gewesen,
ihn „vergessen zu lassen, daß sie ein Äußeres sei"; doch da seien
die bösen Zwistigkeiten dazwischen getreten. Er vergleicht sich
schon in seiner Jugend mit Tasso, wie ihn Goethe dargestellt;
doch konnte er sich nicht, wie Tasso, zu seiner Erleichterung zu=
rufen, daß ihm ein Gott gegeben habe, zu sagen, wie er leide.
So erfahren wir denn auch aus seinen ohnedies spärlichen Briefen
über seine Innenvorgänge nur sehr wenig. Auch seine Lyrik
macht eher den Eindruck gehemmten, ungern geschehenden Aus=
sprechens, als daß sie aus dem lebhaften Drange, sich zu ergießen,
hervorgegangen zu sein schiene. Nur im Drama, wo er seine
Gefühle unter fremder Maske aussprechen kann, kommt es durch

den Mund der ihm verwandten Gestalten zu drangvoll strömen=
den Ergießungen.

So ist Grillparzer im Verhältnis zu seinem leidenschaftlichen
Innenleben von allzu keuscher, zugeschlossener Individualität.
Hieraus entwickeln sich neue Spannungen und Ungleichheiten.
Konnte er im Verkehre nicht sein Inneres aufschließen, so brachte
ihn das Gefühl der Zurückdrängung in sich selbst dazu, sich nach
außen unwahr zu geben. Um nur ja nicht in sein Inneres
blicken zu lassen, zeigt er sich „schroff, kalt, zurückstoßend, spottend".
Oder er nimmt die Miene der Lustigkeit, der Freude an Spaß=
macherei an und meint, hierdurch seinen Mißmut einesteils zu
verbergen, andernteils zu übertäuben. Besonders diese erkünstelte
Lustigkeit konnte ihm zur unerträglichen Pein werden. Oder er
tritt den Menschen mit „langweilend gelangweiltem Mißmut" ent=
gegen und zeigt auch auf diese Weise nur die unangenehme Ober=
fläche seines versteckt bleibenden Innern. Man kann sich hiernach
vorstellen, zu welchen furchtbaren Spannungen und Krämpfen
es in seinem hartverschlossenen und doch so aufgewühlten Innern
gekommen sein mag. Auch wird begreiflich, daß er solche Naturen,
die, wie Leander und Bancbanus, ein versteckt eingeschlossenes
Gemütsleben besitzen und es schwer ans Licht herauslassen, ganz
besonders intim zu schildern imstande war. Und auch auf den
Zusammenhang seiner Natur mit der des Königs in der Jüdin
mag hier hingewiesen werden. Wenn man sich das harte Bei=
einanderwohnen von Glut und Kälte, Leidenschaft und Ver=
stand in Grillparzers Wesen und im besonderen die herben Über=
gänge, denen seine Gefühle für die Frauen unterworfen waren,
gleichsam die jähe Zersetzung seiner Liebesgefühle durch hinzu=
tretende Reflexion vergegenwärtigt, so wird man im Charakter
des Königs Alfons mehr vom Wesen des Dichters entdecken, als
auf den ersten Blick darin zu liegen scheint.

Eine besonders unselige Eigentümlichkeit Grillparzers liegt in der Erstarrung, in die sein Fühlen gerade in solchen Lagen verfiel, die natürlicherweise zu besonders starker Gefühlsäußerung aufforderten. Mit Entsetzen nahm er wahr, daß, während die einfache Menschlichkeit eine heftige Gefühlserregung erwarten ließ, er überhaupt nichts fühlte, sondern gleichgültig wie ein Stein blieb. So ging es ihm, als er an dem Begräbnis eines ihm befreundeten jungen Mädchens teilnahm; ja er verharrte in Gefühllosigkeit auch dann, als ihm einige Zeit nachher die Mutter der Verstorbenen die Mitteilung machte, daß ihre Tochter eine heftige Liebe zu ihm geheim in ihrem Herzen getragen habe. Und etwas Ähnliches erfuhr er, als er die einst von ihm leidenschaftlich geliebte Charlotte in rettungsloser Krankheit kurz vor ihrem Tode besuchte: mit grimmigem Abscheu blickt er auf seine Teilnahmslosigkeit.

IX

Eine Natur wie die Grillparzers hätte ganz besonders eines starken Willens bedurft, um sich in leidlichem Gleichgewichte zu erhalten. Seine bald stürmende, bald stockende Phantasie, das gefährliche Verhältnis zwischen Phantasie und Verstand, seine Neigung zur Selbstbezweiflung und Träumerei, sodann sein leidenschaftliches Gefühlsleben, das sich doch nicht mitzuteilen vermag — dies alles sind Faktoren, denen, wenn auf ihrem Grunde ein verhältnismäßig gesundes und nicht völlig unglückliches Leben entstehen sollte, ein zum Handeln aufgelegtes, mutiges Wollen zugesellt sein mußte. Dies ist nun bei Grillparzer nicht der Fall. Sein ohnehin schwächliches Willensleben stellt sich, wenn man jenen jähen Wechsel, jene Zerrüttungen und Einpressungen berücksichtigt, geradezu als ein erschreckendes Zuwenig dar.

Grillparzer ist das Gegenteil einer Willensnatur. Er wußte dies selbst. Wir hören ihn von seinem „angeborenen Hang zur Untätigkeit", von seiner „wienerischen Trägheit", von seiner „Neigung zum passiven Geistesgenuß" reden. Es ist dies nicht dahin

zu deuten, als ob er ein Nichtstuer gewesen wäre. Wir finden
vielmehr, daß er sehr viel las, sich über das Gelesene selbständige
Gedanken machte und diese zum großen Teil aufzeichnete. Was
wir aber vermissen, dies ist ein derartiges Sichaufraffen, sich in
Zug und Schwung Bringen, daß durch zusammenhängende Arbeit
ein dauerndes, freudiges Interresse entstanden wäre. Er bekennt
selbst (1830), er „habe nicht arbeiten gelernt"; ihm sei die stand=
haft verfolgte, folgerechte Arbeit fremd geworden; er sei ein
„Mensch der Stimmung". Es ist mehr ein zerstreutes Vielerlei,
was er treibt. Auch kann natürlich von einer Ausfüllung seines
Innern durch sein Amt nicht die Rede sein. Er bekennt in seinem
Gesuch um die Stelle eines Vorstehers der Wiener Universitäts=
bibliothek (1834) offen, daß seine Geschäfte im Archiv in grellem
Widerspruch mit seinen literarischen Bestrebungen stehen und auf
diese den ungünstigsten Einfluß ausüben. Und in seinem Tage=
buch sagt er (1832), es sei ihm durchaus unmöglich, seine Amts=
geschäfte mit seinen sonstigen inneren Beschäftigungen auch nur
einigermaßen auszugleichen.[1])

Bei einer so gearteten Natur seines Wollens ist von vorn=
herein zu vermuten, daß gegenüber den verschiedenen Kreisen und
Lagen des Lebens sich im Entschließen und Handeln ein Mangel
an Stärke und vor allem am Treffen des Richtigen fühlbar
machen werde. So ist es in der Tat bei Grillparzer. Was er
an so vielen seiner Gestalten geschildert hat, trifft bei ihm selber
zu: mit einer einseitig entwickelten Innerlichkeit hängt Unsicherheit,

---

[1]) Die mit dem Gleichmut stolzen dichterischen Selbstgefühls auf die
Archivgeschäfte als auf ein Nebenherlaufendes herabsehenden Verse:

Hier sitz ich unter Faszikeln dicht,
Ihr glaubt: verdrossen und einsam —
Und doch vielleicht, das glaubt ihr nicht,
Mit den ewigen Göttern gemeinsam

stammen aus der Zeit seines Alters (1855).

Ohnmacht, Fehlgreifen des Willens zusammen, und hieraus wieder entspringt eine Stellung zum Leben, die diesem nicht gewachsen ist. Mit siebenunddreißig Jahren sagt Grillparzer, er sei einmal bestimmt, zu irren bis ans Ende seiner Tage, und noch als hoher Siebziger gesteht er, auf sein Leben zurückblickend, immer gescheit gedacht und dumm gehandelt zu haben.

Ich habe in dem Kapitel meines Buches, das die Über= schrift trägt: „Das Tragische in Grillparzers Charakter" ausführlich über seine Lebensscheu und Lebensohnmacht gehandelt; ich habe sein Verhältnis zur Öffentlichkeit, zum Publikum, zur Geselligkeit, zu den Frauen, die er liebte, zu den Zuständen in Deutschland und Österreich betrachtet, und überall begegnete ich der allzu innerlichen, übermäßig mit und in sich selbst zu schaffen habenden Natur des Dichters, die dem Andringen der Außenwelt gegenüber die Waffe des Wollens nicht zu führen verstand. Ich kann mir daher ersparen, hier auf diese Seiten einzugehen.

Natürlich mußte dieses Nichtkönnen gegenüber dem Leben nun auch wieder auf seine Selbstquälerei und das Erlahmen seiner Dichterkraft verstärkend einwirken. Niemand freilich wird verkennen, daß die äußere Lage, unter der Grillparzer sich zum Dichter emporzuarbeiten hatte, sowohl im Kleinen wie im Großen von überaus schwieriger Art war. Und er hat in einem hohen Grade recht, wenn er dem „schändlichen Geistesdruck" in Öster= reich, „dem ewigen Markten und Quärgeln der Kritik" und all= gemeiner der „Prosa" der ihn umgebenden Verhältnisse die Schuld an seinem dichterischen Erlahmen beimißt. Allein ein Mann, der größeren Mut als Grillparzer besessen hätte, „seine Individualität durchzusetzen", der weniger „inoffensiv" gewesen wäre, hätte sich selbst so schwierigen Verhältnissen gegenüber auch als Dichter sieg= reicher durchzusetzen gewußt.

Mit dieser schwachen Willensentwicklung hängt es auch zu= sammen, daß Grillparzer vor sich als Menschen so wenig Achtung

empfand. Das Selbstgefühl, das ihn als Dichter erfüllte, bringt
sich zuweilen zu starkem und stolzem Ausdruck. Das Menschliche
in ihm dagegen war für ihn keine Quelle der Befriedigung. Es
gibt nicht wenig Äußerungen von ihm, aus denen hervorgeht,
daß er, in fast erschütternder Selbstverkennung, vor sich als
Menschen und Charakter ein wahres Grauen empfand. Schon
aus dem Jahr 1808 besitzen wir eine längere Selbstzergliederung
von ihm, worin er sich mit wahrem Selbsthaß der verschiedensten
häßlichen Eigenschaften zeiht.

X

Das Zuwenig, das Grillparzer an Willen besaß, tritt nun
in noch grellere Beleuchtung, wenn man seine Überempfindlich=
keit und Übererregbarkeit gegenüber den Eindrücken der Außen=
welt ins Auge faßt. Er berichtet von verschiedenen Fällen, wo
sich ihm gewisse Empfindungen oder Vorstellungen in krankhafter
Weise steigerten und seltsame Störungen des Empfindungs=, Stim=
mungs= und Vorstellungslebens im Gefolge hatten.[1] Zu ver=
schiedenen Zeiten seines Lebens muß er nahezu an etwas wie
Vorstellungsflucht gelitten haben. Dazu kommt, daß ihm zuweilen
überhaupt die Eindrücke vorwiegend Unlustgefühle bereiteten und

---

[1] Grillparzers Tagebücher, herausgegeben von Glossy und Sauer, 9:
Geruchsempfindung in ihrem Einfluß auf geschlechtliche Empfindungen; 36 f.
(ausführlicher berichtet Werke 5. Aufl. XIX, 182): Halluzination und heftige
Störung des Gemeingefühls infolge einer unangenehmen Gehörsempfindung;
etwas Ähnliches Werke 5. Aufl. XIX, 182 f.; Tagebücher 37: schauerlicher Ein=
druck eines Buchstabens; 40: Vorstellungsstörungen im Anschluß an den Tod
des Vaters; 125 f.: Tastempfindung verknüpft mit krankhaftem Gemeingefühl;
136 f.: Halluzination während des Spazierengehens; Werke 5. Aufl. XIX, 182:
Hören mit den Schläfen und der Stirnmitte. Seltsame seelische Vorgänge
werden auch in den Tagebüchern Nummer 49, 100, 145, 217 erzählt. Hier=
her gehört auch die „unbeschreiblich widerliche Empfindung", die ihn bei der
Aufführung seiner Ahnfrau überfiel, derart, daß er den Vorsatz faßte und auch
hielt, nie mehr der Vorstellung eines seiner Stücke beizuwohnen (5. Aufl.
XVIII, 171; XIX, 68).

so zur Last wurden. Er verstand nicht, die Bedingungen seines Lustgefühls den Eindrücken anzupassen. Mit fast allen Menschen war ihm der Umgang zuwider; er hielt es unter Menschen nicht lange aus. Seine Briefe aus den Bädern, die er in höherem Alter aufsuchte, zeigen uns ein unaufhörliches Klagen über die Verhältnisse, unter denen er in den Bädern weilte. Besonders aber gehören verschiedene Gedichte hierher, Incubus, Jugend= erinnerungen im Grünen, Entsagung, Der Bann und andere. Sie lassen ahnen, ein wie ungünstiger Boden für das Entstehen dauernder Genußgefühle des Dichters Seele gewesen sein mag. Schopenhauer hätte aus ihnen für seine Lehre von der haltlosen Natur der Lust Belege schöpfen können. Schon mit siebzehn Jahren klagt er, daß, sobald er Erhörung gefunden hat, sinn= liches Verlangen und Liebe erlischt. Zu den die Unlustgefühle begünstigenden Bedingungen gehört nun auch das Weitere, daß Grillparzer durch die Eindrücke überaus leicht aus seiner Stim= mung herausgeworfen wird. Seine Stimmung ist stets in einem labilen Gleichgewicht; die geringste Veranlassung reicht hin, um einen Umsturz herbeizuführen. Er fühlt sich mit Schmerz als einen „Menschen der Stimmung"; ein „ewiger Wechsel der Empfindungen" quält ihn. Jede stärkere Gemütsbewegung, auch wenn sie an= genehmer Natur ist, unterwirft ihn wahren seelischen Krämpfen. Er ist — hierin Hölderlin ähnlich — eine, wie er selbst sagt, „zu berührbare Natur". Er ist einseitig aufs Stille und Enge an= gelegt und hält den Zusammenstoß mit der Außenwelt nicht aus. So ist Grillparzer, wie so viele seiner Gestalten, an dem Typus des stillen Sinnes in gefährlicher Weise beteiligt. Er bekennt, daß etwas Einsames in seiner Natur sei. Oder, wie er in dem Gedichte An die Sammlung sagt:

> Mich hat der Menschen wildbewegtes Treiben
> Im Innersten verwirret und zerstört.

So preist er denn zu wiederholten Malen die Sammlung, die

sich von den störenden Einflüssen der Außenwelt nicht beirren lasse, als Muster alles Großen. Er mochte lebhaft fühlen, wie sehr es ihm an dieser Unangreifbarkeit seines Inneren fehle.

So ungefähr stellt sich mir die Natur Grillparzers dar in ihrer widerspruchsvoll aufgewühlten Tiefe, in ihren feindselig gegeneinander gekehrten Seiten, in ihrer kühnen, zarten und schwächlichen Innerlichkeit, in ihren Plötzlichkeiten, Stockungen und Verhärtungen. In grausamer Selbsterkenntnis sagt er von sich, daß „das Unzusammenhängende, Widersprechende, Launen= hafte, Stoßweise" in seinen inneren Zuständen alle Vorstel= lungen übersteige.

Ich möchte nun nicht so verstanden sein, als ob diese Zwie= spältigkeiten sämtlich nur von innen her entsprungen wären. Ich weiß sehr wohl, daß mannigfaltige äußere Verhältnisse seine Geistes= art in solch böse Zerrissenheit hineintrieben. Leibliche Anlage, persönliche Verhältnisse, politische und literarische Zustände wirkten ohne Zweifel gewaltig mit. Doch diesen äußeren Einflüssen nachzugehen, liegt völlig außerhalb meiner Aufgabe. Für mich kommt es darauf an, daß, mag man das Bestimmende dieser Einflüsse höher oder niedriger anschlagen, jedenfalls Grillparzers Innenwesen das von mir charakterisierte Gefüge tatsächlich besaß.

XI

Mit dieser Zergliederung der Seele Grillparzers in der Richtung des Zwiespältigen ist natürlich nicht gemeint, daß Grill= parzer immerwährend in solcher Zerrüttung und Qual gestanden habe. Der dargestellte Zwiespalt gilt in seiner Schärfe nur von der Jugend und dem früheren Mannesalter des Dichters. Als er die Vierziger überschritten hatte, wurde es ruhiger in seinem Gemüte. Aber auch in dieser späteren Zeit ist er weit davon entfernt, sich eines kraftvollen, freien, frohen Gemütszustandes zu erfreuen.

Zweifelnd, mißmutig, unentschlossen, hypochondrisch bleibt er sein ganzes Leben. So bekennt er im Jahre 1843, als er die Reise nach Griechenland antritt, in seinem Tagebuche, daß er sie unternehme, um seine „hypochondrische Unentschlossenheit" durch dieses Generalmittel zu heilen. Und liest man die Briefe aus seinem Alter, so trifft man überall auf dieselbe grämliche Grund=stimmung.

Nach seinem eigenen Bekenntnis litt Grillparzer von seinem achtzehnten bis in sein fünfundzwanzigstes Jahr, also in der Zeit von 1809 bis 1816, unter schweren Gemütsstörungen. Und aus seinen Tagebüchern ersieht man, daß die Verdüsterungen mit seinem fünfunddreißigsten Jahr wiederum heftig einsetzten und ihn fast zehn Jahre hindurch furchtbar peinigten. Aber auch in den dazwischen gelegenen Jahren haben wir ihn uns keineswegs als völlig frei von solchen vorzustellen. Im Jahre 1817 bezeichnet er sich dem Dichter Müllner gegenüber als „von Natur schüchtern und unbeholfen und durch frühes Unglück zur Schwermut und Selbstpeinigung bestimmt". Im folgenden Jahre berichtet er, daß ihm die Ärzte gegen seine Hypochondrie einen Badeaufenthalt verordnet haben. Und das Jahr darauf griffen ihn die schreck=lichen Umstände beim Tode seiner Mutter so furchtbar an, daß er eine Reise nach Italien antrat, um auf diese Weise, wie es in dem Urlaubsgesuche heißt, seinem Körper und Geist jene Spannkraft wiederzugeben, durch die allein alles Leben und Wirken bedingt wird.

Auf Größe darf Grillparzer als Mensch nicht Anspruch erheben. Er wußte dies selbst nur zu gut. Wohl aber gehört er zu den ungewöhnlichen, psychologisch interessanten, ja noch mehr: zu den tief angelegten und tief entwickelten Menschen. Und ich urteile weiter: er gehört zu den tiefen Menschen, gerade weil er schwere Widersprüche und Zerrissenheiten in sich birgt. Ohne diese hätte er nicht in dem Grade und Umfang in sich erfahren

was es heiße Mensch sein, und welche Entfaltungsmöglichkeiten
im menschlichen Wesen liegen. Auch ist zu bedenken, daß Grill=
parzer an seinen Zwiespältigkeiten bitter schwer getragen hat. Auch
dies spricht für die Tiefe seines Wesens. Man denke etwa an
Heinrich Heine: auch in dieses Dichters Seele lagen unvereinbare
Triebkräfte mit einander im Streite; allein mit Witz und Lachen
oder auch mit sentimentaler Gebärde kam er darüber hinweg;
keinesfalls vertieften sich die Widersprüche seines Wesens zu tragi=
schem Erleben. Grillparzer dagegen gehört, wie ein Rousseau
oder Schopenhauer, ein Hölderlin oder Heinrich Kleist, zu denen,
die an ihrer Zwiespältigkeit die scharf empfundene Tragik ihres
Lebens besitzen.

So wurde Grillparzern das Dichten wahrlich nicht leicht ge=
macht. Wie so ganz anders erwuchs aus Goethes Geist sein
dichterisches Schaffen! Hier war im Vergleich mit Grillparzer alles
wohlgestimmt, drangvoll=entgegenkommend, einfach=ergiebig. Das
menschliche Erleben setzte sich frei und leicht in dichterisches Ge=
stalten um. Schiller feiert in dem bekannten Gedichte den
Genius, wie er, ungestört von des Zweifels Empörung und der
Empfindungen Streit, in schöner Übereinstimmung von Ver=
stand und Herz, einfach und siegreich durch die Welt schreitet.
Und in einem anderen Gedichte schildert er den Glücklichen, dem
schon vor des Kampfes Beginn die Schläfe bekränzt sind, und
dem alles Höchste frei von den Göttern herabkommt. In wie
schneidendem Gegensatz zu Schillers Genius und Schillers Glück=
lichem steht Grillparzer! Grundnaiv und doch mit Grübelei über=
lastet, von heftiger Leidenschaft und doch schüchtern und schamhaft
in sich zurückgedrängt, voll Sehnsucht, groß zu gestalten und
sich aus der Tiefe zu ergießen, und doch in seinem Innenleben
von Stockungen und Erstarrungen heimgesucht — so bildet Grill=
parzer das eigentliche Widerspiel zu jenen beiden Schillerschen
Idealbildern.

Da kann denn die Tapferkeit nicht hoch genug angeschlagen werden, die allein ihm, besonders in der späteren Zeit, sein dichterisches Schaffen ermöglichte. Wieviel mißmutiger, untergrabender Stimmungen mußte er Herr werden, um seine späteren Schöpfungen hervorzubringen. Es war ein Dichten im Kampfe mit inneren Feinden, die sich vernichtend gegen seine Dichterkraft wandten. Und überhaupt ist Grillparzer, bei all seiner Weichheit und Hilflosigkeit, als tapferer Kämpfer zu preisen. Auch abgesehen von seinem Dichten, hat er den bösen Mächten in seiner Brust Kraft, ja Hartnäckigkeit entgegengesetzt. Er ruft in finsterer Stunde die Hartnäckigkeit mit dem starren Auge als seine Muse an. Freilich war es nicht die Tapferkeit der Tatkraft, des freudigen Mutes, aber er gab doch sein besseres Selbst auch nicht einfach preis. Bei allem Zurückweichen und Aufgeben der innegehabten Stellungen verteidigte er doch mit einem nicht geringen Rest straffer Kraft eine letzte kleine Festung in seinem Innern gegen die anstürmenden Feinde. Nicht selten ruft er in den Tagebuchblättern seine Kräfte auf, um sich, wenn auch ohne Hoffnung auf Sieg, doch gegen die äußersten verderblichen Folgen seines inneren Unglücks entschlossen und zäh zu wehren.

Doch sind auch die guten Seiten, die jene unselige Mischung von Eigenschaften für sein Dichten besaß, nicht zu vergessen. Es wäre ihm nicht gelungen, seine Gestalten mit einem solchen Grade von Originalität, Kühnheit und Feinheit zur Ausführung zu bringen, wenn sein Innenleben ebener, glatter, bequemer gewesen wäre. Und noch eins: jene gefährliche Verbindung von Anlagen hatte für Grillparzer auch das Gute, daß ihm die Dichtkunst niemals zu einer angenehmen Ausfüllung müßiger Stunden, zu einer ins Triviale und Mechanische herabsinkenden Beschäftigung werden konnte. Dem glücklich Liebenden wird das geliebte Wesen leicht zur Gewohnheit; dem unglücklich Liebenden steht es dauernd als ein Ideal vor der Seele. So ging es Grillparzer mit der Muse der Dichtkunst, zu der er sich — nach seinen eigenen Worten — in der Stellung „eines von ihr vergessenen Liebhabers" fühlte. Er hat nicht zu viel behauptet, wenn er sagt: „Für mich war die Poesie immer ein Heiliges, eine Feiertagsfeier und kein Werktags= geschäft". Und so steht denn auch jedes seiner Dramen als ein von der Muse geweihtes Kunstwerk da.

VII

Grillparzer als Dichter des Willens zum Leben

I

Im Sommerhalbjahr 1900 legte ich den Übungen in meinem
Seminar Grillparzer zugrunde, um einige seiner Dramen ins=
besondere nach ihrem tragischen Gehalte und nach ihrer Bedeutung
für die Theorie des Tragischen zu zergliedern. Auf diese Weise
kam ich nach längerer Unterbrechung mit dem Dichter wieder in
eindringenden Verkehr. Hierbei machte ich nun die Erfahrung,
daß mir an seinen Dichtungen manche Seiten bedeutungsvoller
und fesselnder entgegentraten als früher. Manches, was mir bis=
her durch andere Eigenschaften des Dichters, die zumeist meine
Aufmerksamkeit herausgefordert hatten, gleichsam zur Seite ge=
schoben war, drängte sich mir jetzt als in hohem Grade für seine
Eigenart bezeichnend auf. Vielleicht gelingt es mir, einiges hier=
von in einheitliche Beziehung zu setzen und hierdurch das Bild
zu ergänzen, das ich in meinem Buche von 1888 und in meinem
Aufsatze von 1894, der jetzt — in vielfach veränderter Fassung —
diesen Darlegungen vorangeht, von Grillparzer gegeben habe.

II

In Grillparzers Trilogie tritt die Gestalt Jasons zwar vor
Medea zurück; doch aber gibt sie einen charakteristischen Beitrag
zu Haltung und Stimmung des Ganzen. Ja Grillparzer hat
ohne Zweifel in Jason weit mehr von seinem persönlichsten

Innenleben hineingearbeitet als in Medea. Wie Jason, so hat
auch der Dichter einmal, wenn auch in anderer Form, den Jugend=
traum von Glück und Liebe und Ruhm geträumt; wie Jason,
so hat auch ihn einmal der Zauber der eigenen Jugend in Rausch
und Wahn versetzt. Freilich besaß er niemals etwas von dem
abenteuerlustigen Wagen, dem stürmischen Jagen und uner=
schrockenen Wollen des jungen Jason. Um so mehr aber hat er
sich, im Bedürfnis, seine eigene Natur zu ergänzen, wenigstens
mit nacherlebendem Gefühl in diese Seiten des in Jason dar=
gestellten Ideales hineinvertieft.

Auch hatte Jason für Grillparzer in höherem Grade eine
typisch=menschliche Bedeutung als Medea. Es geht dies besonders
aus den Argonauten und aus den Rückblicken hervor, die Jason
und Medea im dritten Stück auf die Zeit der Erlebnisse in den
Argonauten werfen. Medea ist mehr an die kulturgeschichtlichen
Bedingungen, an das teils Barbarische, teils Griechische gebunden;
bei Jason macht sich neben seiner kulturgeschichtlichen Gebunden=
heit in stärkerem Grade als bei Medea ein allgemein=menschlicher
Gehalt geltend. Der Charakter Jasons kommt in der Grillparzer=
Literatur schlecht weg. Er wird fast nur mit tadelnden, verachten=
den Beiwörtern belegt. Man übersieht das Große in seinem
Wesen, das Ergreifende in seiner Entwicklung. Indem wir auf
das Allgemein=Menschliche in ihm unser Augenmerk lenken, wird
uns sein Charakter in edlerem Lichte erscheinen.

Um das Allgemein=Menschliche an Jason zu bezeichnen,
kann man den Schopenhauerischen „Willen" heranziehen. Aus
Schopenhauers Schilderungen tritt uns der „Wille zum Leben"
in seiner wahnberauschten Jagd nach Glanz und Glück, in seinem
illusionenreichen Drange auf das Meer des Lebens hinaus, zu=
gleich aber in seiner unvermeidlich folgenden häßlichen, grauen
Ernüchterung entgegen. Hiermit ist aber zugleich das Wesen
Jasons getroffen. Man lese die Charakterisierung, die Schopen=

hauer in seinen „Aphorismen zur Lebensweisheit“ von dem jugendlichen Alter gibt, und man wird erstaunt sein, wieviel davon auf Jason paßt. Der Jüngling ist — so schildert ihn der Philosoph — von chimärenreichem Hoffen geschwellt; er glaubt, „in der Welt sei Wunder was für ein Glück und Genuß an= zutreffen“, der Lebenslauf müsse sich wie ein interessanter Roman gestalten, das Glück müsse „mit Pauken und Trompeten“ auf= treten. Die Jugend ist die Zeit der Unruhe, des Hin= und Her= gerissenwerdens von Leidenschaften; dann folgt die große Er= nüchterung, und es stellt sich die „aufrichtige und feste Über= zeugung von der Eitelkeit aller Dinge und der Hohlheit aller Herrlichkeiten der Welt“ ein. Für dies alles ist Jason ein aus= gezeichnetes Beispiel; nur daß sich bei ihm noch mancherlei als besondere Charakterentwicklung hinzugesellt, so insbesondere die häßliche Verhärtung gegen Medea und die feige Selbstgerechtigkeit. Dies sind Züge, die natürlich jenem allgemein=menschlichen Wesen Jasons nicht zugezählt werden dürfen.

Häufig und nachdrücklich hebt Grillparzer Jasons ver= blendeten, selig=unseligen Drang nach Leben und Taten, nach Glück und Ruhm als den Kern seines jugendlichen Wesens her= vor. Schon bei Phryxus, diesem Vorläufer Jasons, klingt dieser Ton an: wenn er seine Fahrt nach Kolchis schildert, so spricht aus seinen Worten das helle, stürmische Hoffen und Wagen der Jugend, die einem magischen Zauber blindlings folgende Fahrt ins Leben hinein. Weit stärker noch zeigt sich von solchem Streben Jason erfüllt. In den zahlreichen Stellen, wo in den Argonauten sein Vorwärtsstürmen zum Ausdruck kommt, geschieht dies immer so, als ob er in den Händen einer in ihm lebenden unheimlichen Macht wäre, die ihm ein durch überschwengliches Glück lockendes Ziel vor Augen stellt, ihn damit verblendet und berückt und so unaufhaltsam diesem unseligen Ziele entgegentreibt. Und es schien dem Dichter damit, daß er diesen Wesenskern des jungen Jason

14*

so oft in den Argonauten hervortreten ließ, nicht genug geschehen
zu sein. Auch noch in dem Medea-Drama läßt er auf den Jason
der Argonautenfahrt erhellende, ja grell beleuchtende Lichter fallen.
Im ersten Aufzug schildert Jason dem Könige in längerer Rede,
in wie verführerischem Glanze ihm die ersehnten, von seiner
Jugend vergoldeten Abenteuer strahlten, und wie er in besin=
nungslosem Rausche ihnen entgegenzog. Und nicht minder hin=
reißend ergeht er sich im zweiten Aufzug vor Kreusa über den
seligen Jugendtraum, den er einst wahnerfüllt von Größe und
Herrlichkeit, Liebe und Glück geträumt habe. Und um so erhöhtere
Bedeutung erhält diese, das Drama durchziehende Macht dieser
Scheingüter, als sie uns symbolisch verdichtet in dem goldenen
Vließe entgegentritt, das Phryxus einst nach Kolchis gebracht hat,
und das dann Jason dem Aietes raubt und mit sich nach Griechen=
land führt. Von dem Vließ geht es wie ein unheimlicher, be=
rückender Zauber aus, und was ihm diesen Zauber gibt, das
sind eben jene romantischen Scheingüter. Das Vließ ist bei Grill=
parzer nichts als die Verkörperung der Lockungen und Betö=
rungen, die für den schwellenden Willen zum Leben von Größe
und Macht, Ruhm und Liebe als dem Lohne jugendlichen Wagens
ausgehen.[1])

Die Wege nun freilich, auf denen es bei Grillparzer dahin
kommt, daß für Jason der Zauber verfliegt und ihn eine kalte,
widrige Wirklichkeit angrinst, gehören nicht zu dem Allgemein=
Menschlichen des Dramas, sondern sind durch die geschichtlichen
Besonderheiten in ihm bedingt. Aber durch alles Besondere scheint
doch deutlich der allgemein=menschliche Zusammenhang hindurch,
daß nach dem Verschwinden der Widerstände, Kämpfe und Ent=

---

[1]) Es ist ein merkwürdiger Zufall, daß Schopenhauer, um das Köstliche
des Ruhmes zu bezeichnen, zu dem Bilde des goldenen Vließes greift. Er
nennt den Ruhm „das Köstlichste, was der Mensch erlangen kann, das goldene
Vließ der Auserwählten" (Werke, Reclam, IV, 362).

fernungen, sobald das ruhige Besitzen und Genießen eintreten soll, sich das erhoffte überschwengliche Glück als Truggebilde er= weist. Und besonders, so geht aus dem Drama weiter hervor, macht sich diese Enttäuschung dann bitter fühlbar, wenn mit dem Eintreten des ruhigen Besitzens die Zeit der vergoldenden Jugend vorüber ist. Nach dem Schwinden der Jugend steht des Lebens goldener Baum seines Schmuckes entkleidet, dürr und häßlich da.

Sehr deutlich bringt dies Jason zum Ausdruck:

O Jugend, warum währst du ewig nicht?
Beglückend Wähnen, seliges Vergessen,
Der Augenblick des Strebens Wieg und Grab! . . . .
Doch kommt das Mannesalter ernst geschritten,
Da flieht der Schein; die nackte Wirklichkeit
Schleicht still heran und brütet über Sorgen . . . .
Was wirst du tun? Wo wirst du sein und wohnen?
Was wird aus dir? Und was aus Weib und Kind?
Das fällt uns an und quält uns ab und ab.

Und wenn Medea den endgültigen Sinn des Stückes mit den Worten kennzeichnet:

Was ist der Erde Glück? — Ein Schatten!
Was ist der Erde Ruhm? — Ein Traum!

so hätte Schopenhauer diese Worte den zahlreichen Dichter= aussprüchen anreihen können, die er als Belege für seine Lehre von der Nichtigkeit der Güter und des Lebens anführt.

Richard Meyer hat recht, wenn er das Goldene Vließ ein durch und durch pessimistisches Drama nennt.[1]) In gar vielen Dichtungen kommen schwere, niederdrückende Enttäuschungen vor, ohne daß doch ein pessimistischer Endeindruck in dem Sinne ent= stünde, daß uns die Nichtigkeit alles kühnen Lebensdranges, alles leidenschaftlichen, wagenden Strebens nach Glück und Größe ent= gegentönte. Lear täuscht sich fürchterlich in seinen beiden Töchtern,

---

[1]) Richard M. Meyer, Die deutsche Literatur des neunzehnten Jahr= hunderts. Berlin 1900. S. 72.

Wallenstein in seinem Freund Octavio, Götz in Weislingen, Marie
Beaumarchais in Clavigo; oder etwa Don José in Carmen, Anna
Karenina in Wronskij. Und doch enden diese Dichtungen nicht
mit jenem durchschlagend pessimistischen Eindruck wie das Goldene
Bließ. Auch dort sind die Ernüchterungen schwer, verhängnisvoll,
ja zum Teil vernichtend, aber sie haben nicht diese umfassend
allgemein=menschliche Bedeutung wie im Goldenen Bließ, wo der
heftige, kühne Lebenswille selbst es ist, der betrogen wird. Be=
trügt sich jemand in der Hoffnung, die er auf Kind, Freund,
Geliebte gesetzt hat, so ist damit, auch wenn die Enttäuschung
ihn in Verderben und Tod führt, noch lange nicht gesagt, daß
die überschwenglich ersehnten Güter des Lebens nur Schein seien.
Der Dichter muß, wenn er diesen Eindruck erzeugen will, die
Sache so darstellen, daß dem dargestellten Vorgange des Strebens
und seiner Ernüchterung die Lebens= und Glücksgier, der roman=
tische Tatendrang, die überschwengliche Sehnsucht nach Größe als
ein typisch=menschliches Verlangen zugrunde liegt. Und dies
hat Grillparzer getan, indem er die Gestalt des Jason schuf.

III

Ich habe in meinem Buche und in dem voranstehenden
Aufsatze verschiedene Typen des Menschlichen bezeichnet, die Grill=
parzer in seinen Dichtungen mit Vorliebe darstellt, und die sein
dichterisches Sinnen und Schaffen kennzeichnen. Es sind dies der
Typus der dem Leben nicht gewachsenen Innerlichkeit, der Typus
des stillen, weltflüchtigen Sinnes und der Typus des natur=
artigen, halbbewußten Gemütes. So nahe diese drei Typen
zusammenhängen und daher in vielen Fällen auch in einer und
derselben Person zusammenfallen, so scheiden sie sich doch in ihren
Grundbestimmungen und treten daher in anderen Fällen in der
Form besonderer Personen scharf auseinander. Diesen drei Typen
stellte ich den Typus der überlegenen Männlichkeit, des starken,

besonnenen Wollens entgegen, und ich suchte zu zeigen, daß sich
Grillparzers Gestaltenwelt zu diesem Ideal weit mehr in Gegen=
satz als in Verwandtschaft befindet.

Jenen drei Grillparzerischen Weisen des Menschlichen darf
man noch einen anderen, in mannigfaltigen Formen bei ihm vor=
kommenden Typus hinzugesellen: den Typus des verblendeten,
wahnumfangenen Glücks=, Größe= und Lebensrausches. Der Kürze
halber will ich ihn, in Anknüpfung an den durch Schopenhauer
geläufig gewordenen Ausdruck, als Typus des Willens zum
Leben bezeichnen. Nach der Betrachtung, die ich Jason gewidmet
habe, brauche ich nicht weiter zu begründen, daß in ihm dieser
Typus nachdrücklich und umfassend hervortritt. Was ich den Typus
des Willens zum Leben nenne, ist überhaupt zunächst nichts an=
deres als eine Verallgemeinerung dessen, was ich an dem jugend=
lichen Jason als Kern seines Wesens hervorgehoben habe.

Außer Jason gehören vor allem Rustan und Zanga, Herzog
Otto im Treuen Diener, bis zu gewissem Grade auch Ottokar
hierher. Sodann aber ist die Jüdin von Toledo eine Dichtung,
die von dem Geiste des „Willens zum Leben“ in hohem Grade
erfüllt ist. In den weiteren Ausführungen soll genauer gezeigt
werden, in welchem Umfange sich in Grillparzers Dichtungen der
genannte Typus fühlbar macht, und welche besonderen Formen
er annimmt.

An der Gestalt Jasons trat uns der Typus des Willens
zum Leben in ausgesprochen pessimistischer Weise entgegen: all
die geschwellten Jugendhoffnungen erwiesen sich als trügender
Schein; auf das berauschte Jagen nach beglückenden Zielen folgte
kalte Ernüchterung. Es wird im folgenden darauf zu achten sein,
ob mit den anderen Vertretern dieses Typus gleichfalls diese
Wendung ins Pessimistische verknüpft ist.

Wenn ich mich zur Bezeichnung des menschlichen Typus,
den diese Darlegungen vor allem in Grillparzer verfolgen sollen,

eines Schopenhauern entnommenen Ausdruckes bediene, und wenn
ich hier und da zur Beleuchtung der Gefühls= und Schätzungs=
weise Grillparzers verwandte Seiten Schopenhauers heranziehe,
so soll damit nicht etwa gesagt sein, daß diese Beziehungen zu
Schopenhauer als Abhängigkeit Grillparzers von seiner Philosophie
zu deuten seien. Grillparzer hat Schopenhauer gelesen, und seine
Bemerkungen über ihn beweisen, daß ihm der Philosoph zu
denken gegeben hat. Übereilt und grundlos dagegen wäre es,
hieraus schließen zu wollen, daß die mannigfaltigen Ähnlichkeiten
mit Schopenhauers Stellung zum Leben erst durch die Beschäfti=
gung mit der „Welt als Wille und Vorstellung" entsprungen
seien.[1])

IV

Wie Jason, so stellt auch Rustan das Streben nach Größe
und Ruhm in ausgeprägt individueller Besonderheit, in enger Ge=
bundenheit an Ort und Umstände dar; aber wie dort, so schlägt
auch hier das Typisch=Menschliche durch alles Besondere und
Einzelne deutlich und fesselnd hindurch, und auch hier werden
wir, wie dort, darin, daß Grillparzer gerade diesen bestimmten
Typus des Menschlichen mit seiner Phantasie ergriffen hat, eine
Grundlebensstimmung des Dichters fühlbar hervortreten sehen.

---

[1]) Fritz Strich geht in seinem gründlichen und lehrreichen Buche „Franz
Grillparzers Ästhetik" (Berlin 1905) auf die Frage nach den Anregungen, die
Grillparzer in seinen ästhetischen und sonstigen philosophischen Ansichten von
Schopenhauer empfangen hat, ausführlich ein (S. 16 ff., 69 ff., 84 f., 156 ff.).
Und es geht aus seinen Ausführungen ohne Zweifel soviel hervor, daß Grill=
parzers philosophisches Nachdenken von Schopenhauer einige erhebliche Anstöße
erhalten hat. Dagegen leuchtet mir die Abhängigkeit jenes von diesem keines=
wegs überall dort ein, wo der Verfasser eine solche annimmt. Besonders
aber scheint mir der Verfasser diese Abhängigkeit in einem zu einfachen und
groben Sinne aufzufassen. Er deutet jede Ähnlichkeit ohne weiteres dahin,
daß Grillparzer sich an Schopenhauer „angeschlossen", sich Gedanken von ihm
„angeeignet" habe.

Daß dieses Drama in der Tat eine typisch=menschliche Be=
deutung hat, wird schon durch den Umstand angedeutet, daß der
Dichter Rustan, die Hauptperson, einen entscheidungsvollen Traum,
der den bei weitem größeren Teil des Stückes füllt, erleben läßt.
An einem wichtigen Punkte seines Lebens, unmittelbar vor einer
drohenden verhängnisschweren Änderung des Sinnes und des
Handels, greift der Traum in schicksalsmäßiger Weise ein. Rustan
wendet sich von der gefährlichen neuen Richtung ab und will
dem alten Lebensideal treu bleiben. Ein so entscheidungsvoller
Traum wird, so darf man von vornherein annehmen, vom Dichter
nur darum dem Stücke einverleibt worden sein, weil er in dem
Traum das menschliche Leben nach irgend einer bedeutsamen Seite
zum Ausdruck bringen wollte. So fällt denn schon durch den
Umstand, daß ein Traum, auch ganz abgesehen von seinem be=
sonderen Inhalte, eine so hervorragend wichtige Bedeutung für
den Lebensgang Rustans hat, ein fühlbarer Nachdruck auf das
allgemein=menschlich Bedeutungsvolle in Charakter und Entwick=
lung Rustans. Ueberdies läßt der Dichter Rustan, unmittelbar
nach seinem Erwachen, den Sinn des Traumes und damit des
ganzen Stückes in Form einer allgemeinen Lebenswahrheit
aussprechen.

Worin besteht nun die typisch=menschliche Bedeutung Rustans?
Ebensowenig wie Jason gehört Rustan zu den Helden, die ihr
Wollen und Handeln mit ordnendem Selbstbewußtsein, mit plan=
voller Herrschaft ausüben. Schon mit Rücksicht hierauf erscheint
es, wie Emil Reich mit Recht hervorhebt, als ausgeschlossen, in
dem Drama „eine Abmahnung von jedem Eingreifen in die Welt=
geschichte überhaupt" zu erblicken. Aber auf der anderen Seite
ist es doch zu eng, Rustan im wesentlichen als Vertreter der
„Ich=Sucht", des „rein egoistischen Ehrgeizes" zu behandeln.[1]

[1] Emil Reich, Franz Grillparzers Dramen. Dresden und Leipzig 1894.
S. 149, 154, 156. Ähnlich nennt Michael Lex dieses Drama „die Tragödie

Sicherlich steckt dergleichen in Rustan; allein weit stärker hebt sich an ihm der Rausch des Leben= und Erlebenwollens hervor. Der Egoismus kann sich auch in trockener und kalter Weise, naturlos, verstandesmäßig verwirklichen. Hiervon ist Rustan, wie Jason, das Gegenteil. In beiden herrscht der Lebenswille als eine Macht, die dunkle, überströmende, überschwengliche Gefühle wach= ruft, als eine Macht, die die Seele mit einer Fülle von Lockungen, mit einem Sturm berückender Illusionen überschüttet. Freilich ist hierin Egoismus enthalten; allein was uns an Jason und Rustan fesselt, ist weniger das Egoistische als solches, als vielmehr jener Gefühls= und Illusionsüberschwang.

Sofort im ersten Akt ist der Dichter mit einer Fülle von Mitteln bemüht, im Gegensatze zu dem stillen und beschränkten Leben der Umgebung uns Rustans üppige und aufregende Träume von den Wagnissen, Siegen und Genüssen des Lebens in der großen Welt zu Gefühl zu bringen. Ehedem fand Rustan an dem friedlichen, einförmigen- Schlummerleben, das in der Hütte seines Oheims herrscht, volles Genügen. Aber seitdem er unter den stachelnden Einfluß des Negersklaven Zanga geraten ist, der im Gegensatze zu dem geteilten Rustan als ungeteilte Verkörpe= rung des wilden Lebens= und Freiheitsdranges erscheint, wurde sein Genügen an dem stillen Dasein immer geringer, und jetzt steht sein Wille zum Leben in hellen Flammen. Der Schluß des ersten Aktes zeigt ihn auf dem Sprunge, seine Fahrt in das fessellose Leben hinein zu beginnen. Nur eine Nacht trennt ihn noch davon.

Nun folgt der Traum mit seiner gespensterhaften, immer rasender werdenden Jagd durch das Leben. Das Leben wirft Rustan eine Fülle lockender und verführerischer Anreize entgegen, und sein loderndes Verlangen nach Glück und Größe ergreift sie,

---

des sich verstrickenden und überstürzenden Ehrgeizes" (Die Idee im Drama bei Goethe, Schiller, Grillparzer, Kleist. München 1904. S. 222).

zuerst zagend, dann immer gewissenloser. Eine Lüge zieht einen
Mord und dieser einen Haufen Schändlichkeiten aller Art nach
sich. Der Lebenstaumel nimmt unter der Einwirkung der winkenden
Genüsse immer verwegenere Formen an. Durch dieses Hinein-
gezogenwerden in Sünde und Verbrechen unterscheidet sich die
Lebensgier Rustans von der Jasons. Bei Jason folgen die Frevel
erst im Zustande der Ernüchterung.

Noch durch ein anderes unterscheiden sich Rustan und Jason.
Bei diesem ist qualvolle, trostlose Ernüchterung der Endzustand;
bei dem erwachenden Rustan dagegen tritt Heilung ein, Befreiung
von der Lebenssucht. Er entsagt dem ruhelosen Drang ins Große
und Weite und will von nun an in dem stillen, einförmigen
Leben, wie es seine Umgebung führt, sein Glück finden. Ernüchterung freilich ist auch mit dieser Heilung verbunden: ähnlich wie aus
dem Goldenen Vließ tönt uns auch hier als der Weisheit letzter
Schluß die Einsicht entgegen, daß nur in „des Innern stillem
Frieden" das Glück besteht, daß dagegen alle jene Güter, die das
bewegte große Leben dem leidenschaftlich Strebenden und Wagenden
verheißt, sowohl nichtig als gefahrvoll für Ruhe und Herzens-
reinheit sind. Schon der Gesang am Schlusse des ersten Aktes,
sodann Rustan nach dem Erwachen sprechen diese Lehre aus.
Doch bedeutet sie hier nicht, wie für Jason, eine in Form endgültiger Verödung und Zerrüttung auftretende Enttäuschung,
sondern eine Enttäuschung, die sich unmittelbar mit der Erhebung
zu einer nach des Dichters Überzeugung besseren und glücklicheren
Weise des Menschlichen verknüpft. Und es stellen sich der Erhebung zu dieser Stufe reinerer Menschlichkeit hier keine Schwierigkeiten entgegen; denn Rustan trägt von Natur her einen Zug
zum Sanften und Stillen in sich; und dann hat er ja all die
Ausartungen des Lebensdranges nur im Traume erlebt.

Man hat es getadelt, daß Rustan sich durch einen bloßen
grauenhaften Traum aus seiner Bahn reißen lasse; er erscheine

daher als ein zwar guter und edler, aber doch sehr philiströs an=
gelegter Mensch.[1]) Allein die Hauptsache ist doch, daß Rustans
Traum hochsymbolischer Art ist. In den Abenteuern des
Traumes offenbart sich dem Träumenden eine tiefe, erleuchtende,
auf seine Lage unmittelbar passende Lebenswahrheit. Nicht durch
die grausigen Traumerlebnisse als solche also, sondern durch den
in ihnen sich aussprechenden erschütternden Sinn wird Rustan
überwältigt. In dem Traum faßt sich ihm das ganze Leben, in
das er einzutreten vor hat, in durchsichtiger Weise zusammen. Es
ist ein Traum von hellsehend machender, reinigender Kraft.

Noch ein anderer Unterschied endlich zwischen Rustan und
Jason ist bedeutsam. Dort liegt die allgemein=menschliche Ursache
der Enttäuschung in dem Schwinden der Jugend, hier dagegen
in der Kette von Sünden und Verbrechen, in die der entfesselte Lebens=
wille gerät. Das Meer von Schuld, das über Rustans Haupt
zusammenschlägt, läßt ihn in sich gehen und die soeben noch heiß
erstrebten Güter als schattenhaft und gefahrvoll für das Heil der
Seele von sich weisen.

Ich will keineswegs behaupten, daß Grillparzer in diesem
Drama eine fest umschriebene, wohlüberlegte Lehre habe aus=
sprechen wollen. Dies ist hier ebensowenig der Fall wie im
Goldenen Vließe. Nur eine Lebensstimmung, nur eine Seite an
seiner gefühlsmäßigen Stellung zum Leben brachte er zum Aus=
druck. Es wäre daher verkehrt, aus diesen beiden Dichtungen all=
gemeine Folgerungen zu ziehen, wie etwa die, daß jedermann
zu Hause sitzen solle, daß kühne Taten ein Übel seien. Vielmehr
ist die ganze Art und Weise, wie Grillparzer in Jason und
Rustan den Willen zum Leben erscheinen läßt, nur Ausdruck
eines Grundtriebes in des Dichters Lebensstimmung. Man

---

[1]) Heinrich Bulthaupt, Dramaturgie des Schauspiels. 2. Aufl. Bd. 3.
Oldenburg und Leipzig 1890. S. 41.

wird daher nur sagen dürfen, daß sich in den beiden Dramen
eine Gefühlsweise geltend mache, die der wünschetrunkenen,
ruhelos wagenden Lebensführung mißtrauisch und abgeneigt
gegenübersteht.

Überblicke ich alles, was uns an Jason und Rustan hervor-
getreten ist, so darf von einer doppelseitigen Stellung des Dichters
zum Lebenswillen die Rede sein. Aus beiden Gestalten spricht
einerseits feurige Lebensbejahung, Berücktsein von den zu Wagnissen auffordernden und überschwengliches Glück verheißenden
Lebensgütern, anderseits ein gewisses Bangen vor dem gesteigerten
Leben als vor einem Unternehmen, das alles erstrebte Glück in
Illusion auflöst und den Wagenden in schwere Schuld verstrickt.
Und man wird mit der Annahme nicht fehlgehen, daß auch in
Grillparzers Persönlichkeit diese doppelseitige Stimmung in nicht
geringem Grade vorhanden war. Auch hier läßt sich Schopenhauer ungezwungen heranziehen. Schopenhauers Philosophie liegt
eine Lebensstimmung zugrunde, die beides ist: Ergriffen-, ja
Gepacktsein von dem gierigen, heißen Willen zum Leben und
schaudernde Abwendung von ihm als einem an Wahn und Enttäuschung überreichen Dämon.[1]) So verkehrt es wäre, zu sagen,
daß beide Seiten in gleicher Stärke und gleicher Form in Grillparzer zu finden seien, so richtig ist es, zu behaupten, daß sich
in Grillparzer ein deutlicher Anklang an jene Schopenhauerische
Doppelseitigkeit findet.[2])

---

[1]) Vgl. mein Buch „Arthur Schopenhauer. Seine Persönlichkeit, seine
Lehre, sein Glaube", 3. Aufl. (Stuttgart 1907), S. 370 f.

[2]) Farinelli beleuchtet in seinem Buche „Grillparzer und Lope de Vega"
(Berlin 1894) in interessanter Weise das Verhältnis der Lebensanschauung
Grillparzers in Traum ein Leben zu Calderons und Lopes Lebensanschauung
(S. 109 ff.). Das Zusammentreffen der Grundstimmung dieses Dramas mit
den Stimmungen im damaligen Wien und Österreich findet man bei Stefan
Hock beleuchtet (Der Traum ein Leben. Eine literarhistorische Untersuchung.
Stuttgart und Berlin. S. 151 ff.).

V

Ein treuer Diener seines Herrn, diese erlesene Dichtung Grill=
parzers, ist in der Reihenfolge seiner Werke das erste, das einen
entschieden individualisierenden Stil aufweist. Alle Hauptpersonen
zeigen ein aus den gewöhnlichen Bahnen mannigfach abgebogenes
Gepräge; die Natur scheint, indem sie sie schuf, einer Neigung zum
Seltenen, Eigensinnigen und Schwierigen gefolgt zu sein. Und der
schaffende Dichter hat, indem er sie ins Leben rief, mit keinem
Gedanken daran gedacht, sich den Bedürfnissen des Zuschauers
nach angenehmen Linien, nach wohltuenden Übergängen und er=
freulichen Mäßigungen anzupassen, sondern er entwickelte seine
Gestalten folgerichtig in allen ihren Unebenheiten, Schroffheiten,
Wunderlichkeiten, Sprüngen und Umstürzen. Dies gilt zumeist
von Bancbanus und dem Herzog Otto, aber auch von der Königin
und Erny.

Uns geht hier unmittelbar allein der Herzog Otto an, dieses
Widerspiel Bancbans. Bancbanus hat den einzigen Schwerpunkt
seines Wesens in dem schlichten, selbstverständlichen Bewußtsein
des Rechten und Guten; er glaubt, selbst in allen Gefahren und
Nöten, an den Sieg und das Heil der einfachen, prunklosen Pflicht=
erfüllung und geht, trotz Spott und Hohn, trotz schwersten Wunden
und Schmerzen, kindlich und heldenhaft zugleich, mit festen Schritten
den Weg der Pflicht. Ganz anders Otto: bei diesem ist alles
Laune, Wallung, Begierde; Maß und Zucht ist ihm eine fremde
Welt; er kennt nichts als seine brennenden Gelüste und hält sie
mit naiver Sicherheit für etwas, was selbstverständlich ein Recht
hat, sich durchzusetzen, und dem gegenüber alle Widerstrebenden
einfach rechtlos sind.

Doch damit ist die Zugehörigkeit des Herzogs Otto in die
von mir eingeschlagenen Gedankengänge noch nicht erwiesen. Soll
diese Zugehörigkeit einleuchten, so muß man dem Charakter Ottos
nähertreten. Dann wird sich ergeben, daß ihm derselbe allgemeine

Typus des Menschlichen zugrunde liegt, den wir bei Jason und Rustan gefunden haben. Nur tritt uns dieser Typus bei Otto in einer weit eigenartiger individualisierten Form entgegen. Bei jenen beiden ist die besondere Form, in der der Typus erscheint, nicht in so spitzige Feindschaft zum Gattungsmäßigen gebracht. Jason und Rustan stehen in ihrer künstlerischen Gestalt dem typisch-menschlichen Stile bedeutend näher als Otto.

Auch in Otto glüht der heiße Wille zum Leben; und auch in ihm ist es die Jugend, kraft deren der Lebenswille seine Ansprüche stellt. Doch fallen sofort wesentliche Unterschiede ins Auge. In Otto ist das Haben- und Genießenwollen weit mehr egoistisch eingeengt und stärker nach der Seite des Egoismus betont, als bei Jason und Rustan. Diese beiden erweitern bei allem Egoismus doch ihr Ich zugleich auf eine ganze Welt winkender glanzvoller Ideale hin, und außerdem ist bei ihnen mehr der edle, stürmische Rausch, als das Egoistische selbst in den Vordergrund gestellt. Otto dagegen ist nichts als eigensinnig enge, nackt hervortretende Ichsucht. Und zwar spitzt sich in ihm alles auf das Geschlechtliche zu. Seine Schwester, die Königin, möchte ihn gern zu der Stelle des Reichsverwesers emporheben. Allein er bleibt gegen diese Absicht gleichgültig. Für ihn ist nur das Weib da. Weiber zu erobern und zu besitzen, scheint seine einzige Leidenschaft zu sein. Auch unterscheidet ihn, besonders von Jason, der gänzliche Mangel an planender, ordnender Überlegung. Sein Überlegen erhebt sich nur bis zu der Intrige, die das Allernächste ins Auge faßt. Er steht weit mehr unter der Herrschaft des Augenblicks und der durch ihn eingegebenen Gelüste. Sein seelisches Getriebe zeigt daher das Gepräge des Unterbrochenen, Jähen, Auf- und Niederfahrenden; er wird gepackt, geschüttelt, gejagt, niedergeworfen. Und hiermit verbindet sich weiter ein Zug des Herrischen und Brutalen. Mit frecher Sicherheit glaubt er an das unbedingte Recht seiner Begierden. Fragen, Zweifel, gar

Gewissensbisse sind ihm fremd. Die Heftigkeit seines Gelüstens, das Feuer seiner Jugend, die Erfahrung von seinen Siegen und seiner Unwiderstehlichkeit, die Überzeugung von dem Glänzenden, Ritterlichen, Verführenden seiner Erscheinung — dies alles erfüllt ihn mit der Gewißheit, alle anderen seien rechtlos gegenüber seinen Begierden. Otto hat etwas von dem Herren= und Raub= tiermenschen Nietzsches in sich. Zum Glaubensbekenntnis dieses Menschen gehört der Satz: „Jede Tugend neigt zur Dummheit, jede Dummheit zur Tugend."[1] So ungefähr könnte auch Otto sprechen.

Grillparzer hat den Charakter Ottos mit nicht wenig Vor= liebe geprägt. Freilich ist er weit davon entfernt, Ottos zuchtlose Art gutzuheißen. Läßt er ihn doch im vierten Akte zu einem wahren Jammermenschen, zu einem Menschen, der seine moralische Haltlosigkeit durch klägliches und verächtliches Zusammenbrechen fürchterlich büßt, herabsinken. Und im fünften Akte wird ins= besondere durch die Worte des Königs über die Unsittlichkeit, diesen „allgefräßigen Krebs", Ottos Zügellosigkeit unbedingt ver= urteilt. Allein trotzdem läßt die Art, wie der Dichter Otto ge= zeichnet hat, deutlich fühlen, daß er an Ottos Wesen in gewisser Richtung hin seine Freude hat. Es ist die heiße Kraft des Lebens, die Rücksichtslosigkeit der starken und gesunden Natur, der volle Gegensatz zu allem Bedächtigen und Überlegenden, das Glänzende, Überschäumende, Siegende eines noch unter der Schwelle der Vernunft gebliebenen Leidenschaftsmenschen, wodurch sich Grill= parzer an Otto gefesselt fühlt. Wieder also stoßen wir hier auf das Bestrickende, was der Wille zum Leben für ihn besaß.

Im ersten Akt fällt die ausführliche, leidenschaftlich liebe= volle Schilderung auf, welche die Königin von ihrem Bruder gibt. Man fühlt: es liegt dem Dichter daran, daß Otto auch nach

---

[1] Nietzsche, Jenseits von Gut und Böse. Leipzig 1886. S. 175.

seinen günstigen Seiten Eindruck auf uns mache. Und sieht man
zu, was die Königin besonders an ihrem Bruder hervorhebt, so
ist es das kecke Hineinspringen, das heiße Hineinstürmen in das
Leben, das siegreich Gebietende, das sich schon in Gestalt und
Blick, sowie in der Beherrschung aller Leibeskünste ankündigt.
Und in dem letzten Gespräch Ottos mit Erny (im dritten Akte)
läßt der Dichter diesen bedeutsame Worte über seine Entwicklung
sprechen: Otto leitet seine zügellose Begehrlichkeit von seiner Geburt
und den Einflüssen her, mit denen seine Umgebung in der Jugend
auf ihn wirkte. Und wenn ihn auch der Dichter im vierten Akt
als zu jämmerlicher Kleinheit und Verächtlichkeit herabgesunken
darstellt, so glaubt er doch an einen tüchtigen, zum Guten bild=
samen Kern in ihm. Dies geht aus dem Verlauf des fünften
Aktes hervor. Dadurch, daß Otto durch jene Stufe äußerster
Selbstentwürdigung hindurchschreitet und so in einen Zustand
dumpfer, wortloser Zerknirschung gerät, gewinnt er zum ersten
Male die Fähigkeit, eine sittliche Aufgabe auf sich zu nehmen.
Und zwar legt ihm Bancbanus, indem er ihm den kleinen Sohn
des Königs mitten in schweren Gefahren zum Schutze übergibt,
eine Pflicht auf, die Demut, Entsagung, Aufopferung, also das
äußerste Gegenteil seines ursprünglichen Wesens verlangt. Und
nachdem der Herzog, immer noch von dem Gefühl seiner mora=
lischen Schmach niedergedrückt, diese harte Pflicht mit inbrünstiger
Hingebung glücklich erfüllt hat, ist er am Schlusse des fünften
Aktes so weit, daß er gereinigt und gefestigt vom König und
von Bancbanus in sein neues Leben entlassen werden kann. Es
würde mich von meinem Gegenstande abführen, wenn ich den
kühnen Tiefsinn, der in dieser Art liegt, wie der Dichter den
Charakter Ottos sich in gebrochenen Linien, in jähen Ver=
änderungen entwickeln läßt, verfolgen wollte. Hier kommt
es nur darauf an, hervorzuheben, daß auch durch diese weitere
Entwicklung, die der Dichter dem Charakter des Herzogs gibt,

die Vorliebe bewiesen wird, die der Dichter für die fessel=
lose Jugendglut empfindet, die in dem ursprünglichen Otto ver=
körpert ist.

So zeigt sich uns Grillparzer, wie er uns im Treuen Diener
entgegentritt, im Grunde doppelseitig gestimmt. Einmal fühlt er
sich hingezogen zu jener bedacht= und grundsatzvollen, stillen und
festen Pflichterfüllung, wie sie in Bancbanus — trotz allen seinen
Wunderlichkeiten — zutage tritt. Doch hat er in seinem Gemüte
auch eine lebhafte Neigung übrig für die glänzende, überschäu=
mende, freiheitsdurstige, gewalttätige Art des bloßen Begierden=
und Leidenschaftsmenschen, wie Otto einer ist. Dem Manne von
sittlicher Hoheit und Weisheit schenkt er, trotz allen Kleinheiten
und Sonderbarkeiten, die dieser aufweist, seine überwiegende
Neigung; doch aber spricht auch eine fühlbare Stimme in ihm
für den Jüngling, der die das Sittliche verlachende und kaum
verstehende starke Natur vertritt. Der Dichter ist in seiner Liebe
zwischen der vernunftgeklärten, erhabenen Sittlichkeit und dem
starken, rohgesunden Lebenswillen geteilt.

Mit der Darstellung Jasons und Rustans verband Grill=
parzer einen pessimistischen Zug: die Enttäuschung und Ernüchte=
rung des Lebenswillens trat dort bedeutsam hervor. Dies fehlt
nun hier im Treuen Diener völlig. Das Mißlingen der Ver=
führungskünste Ottos erscheint nicht im mindesten als ein für den
Wert des menschlichen Lebens betrübliches Schicksal, sondern als
ein gerechter, höchst befriedigender Ausgang.

Es fällt ordentlich schwer, über die Charakterzeichnung im
Treuen Diener nicht noch mehr zu sagen. Bancbanus und Otto
sind Schöpfungen, wie sie nur einem wahrhaft großen und seiner
Kunst völlig sicheren Dichter gelingen können. Sie gewinnen, je
öfter man an sie herantritt.[1] Welche Fülle von Zügen hat nicht

---

[1] Ich stimme durchaus Max Koch zu, wenn er in seinem vortrefflichen
Festvortrag (Franz Grillparzer. Eine Charakteristik. Frankfurt a. M. 1891; S. 22)

Grillparzer in Otto und Bancbanus zu dichter, glaubhafter Ein=
heit zusammengeschmolzen! In der Liebe Ottos zu Erny bei=
spielsweise wirken Sinnengier, Eigensinn wegen des Widerstandes,
Ärger über den tugendhaften Bancbanus, sodann phantastische
Gefühle, auch einige edlere Regungen, endlich sogar etwas von
der Wissensneugier des modernen Genußmenschen zusammen. Und
mit wie feiner und fester Hand, mit wie überraschendem Blick für
versteckte, schwierige, unreinliche Seelentiefen weiß nicht der Dichter
die wechselnde Entwicklung der Erregungen Ottos zur Darstellung
zu bringen! Besonders der dritte Akt zeichnet sich in dieser Hin=
sicht aus. Aber auch die so viel verkannte und geschmähte Gestalt
des Bancbanus ist ein wahres Meisterstück. Namentlich wäre
auch die Erhebung zu einer höheren Stufe, die er vom vierten
Akte an erfährt, zu würdigen. Hier zeigt es sich, daß Bancbanus
keineswegs nur ein ungeschickter, kleinlicher Sittlichkeitspedant ist.
Vielmehr erhebt er sich zu einer Höhe sittlichen Tuns, die Demut
und Kühnheit, Selbstlosigkeit und Schroffheit in sich vereinigt.
Im fünften Akte mindestens zeigt er sich seinen Aufgaben ge=
wachsen: er löst sie dadurch, daß er an andere wie an sich selbst
außergewöhnliche, rücksichtslos harte sittliche Forderungen stellt.[1]

sagt, daß, je mehr man sich mit Grillparzer beschäftigt, man desto weniger in
seinen Werken zu entschuldigen, desto mehr und unbedingter zu bewundern findet.

[1] Es ist mir überraschend, daß auch Richard Meyer, der sonst Grill=
parzer trefflich würdigt, in den alten trivialen Vorwurf einstimmt, Bancban
sei servil und für uns ungenießbar (a. a. O. 79). Man muß sich freilich gegen
die einfachere Stufe des sittlichen Bewußtseins, auf die uns der Dichter mit
seinem Stück stellt, nicht mit seinen persönlichen moralischen Überzeugungen,
und seien sie noch so aufgeklärt und demokratisch, sperren, sondern muß bereit=
willig auf sie eingehen. Und dies fällt nicht schwer, da jene moralische Welt
vom Dichter mit glaubhafter Lebendigkeit verkörpert ist, und da sie bei aller
Einseitigkeit doch viel menschlich Großes enthält. Bancban ist nichts weniger
als ein bloßer Bekenner des gewöhnlichen sittlichen Katechismus, sondern ein
Mann, der von sich und andern ein Äußerstes an Selbstüberwindung verlangt.
Und im fünften Akte erweisen sich seine Schritte, die er auf Grundlage seiner

VI

Nur in gewissem Grade gehört König Ottokars Glück und
Ende in die hier festgehaltene Gedankenrichtung. Zwei Gestalten
zumeist, Rudolf und Ottokar, stehen zu ihr in Beziehung.

Rudolf bildet den äußersten Gegensatz zu dem Typus des
Willens zum Leben. In ihm hat sich der Dichter dem Ideal
des kraft- und doch maßvollen, weisen und zielbewußten Wollens
mit Liebe hingegeben. Die ideale Männlichkeit, zu deren Ge=
staltung sich Grillparzer seiner ganzen Eigenart nach nicht hin=
gezogen fühlte, hat er in Rudolf zu warm= und festgeprägter
Verkörperung gebracht.

Ottokar dagegen ist, so könnte man mit den gewählten Be=
zeichnungen sagen, eine Mischung aus dem Typus der starken
und klaren Männlichkeit und aus dem Typus des Willens zum
Leben. Er ist ein leidenschaftlicher Willensmensch, und zwar von
der Art, daß sowohl das planvolle Wollen, als auch die blinde
Leidenschaft in starkem Grade vorhanden sind. Auf der einen
Seite sind es weitausschauende Pläne, auf die er sein Wollen
klug und beharrlich richtet. Der erste Akt vor allem zeigt uns,
welch einen gewaltigen Bau von Macht und Größe er durch
klares und umsichtiges Wollen bereits errichtet hat, und welchen
noch gewaltigeren er durch zielbewußtes Vorwärtsschreiten in
nächster Zukunft zu errichten gedenkt. Wir sehen ihn ordentlich,
wie er seinen sicheren Fuß von Stufe zu Stufe immer höher setzt.
Zugleich aber zeigt schon der erste Akt, wie Ottokar, berauscht von
seinen Erfolgen und den winkenden größeren Zielen, für dringende
Gefahren und nächste Abgründe wie blind ist. Die Machtgier

schweren und schroffen Zumutungen an den Herzog Otto, an den König und
an sich selbst unternimmt, auch als die richtigen und heilbringenden. In den
ersten beiden Akten besonders tritt vorwiegend die kleine und unzureichende
Seite seiner moralischen Art hervor; im fünften Akt dagegen zeigt er in seiner
Weise sittliche Genialität. Die Art, wie Meyer Bancban beurteilt, ist morali-
sierend, nicht künstlerisch.

hat solche Gewalt über ihn gewonnen, daß er die Warnungen seiner verstoßenen Gattin in den Wind schlägt, die für die bevorstehende Kaiserwahl in Frage kommende Lage der Dinge gröblich verkennt und für die Verrätereien eines Zawisch kein Auge hat. In den späteren Akten tritt noch deutlicher hervor, in wie hohem Grade ihn der blinde Machtwille beherrscht. Ich habe besonders das wilde Davonstürzen am Schlusse des dritten Aktes und den jähen Vertragsbruch im vierten Akte vor Augen. In solchem Grade ist dem klarbewußten Streben Ottokars blindes Wollen zugesellt. Erst indem man sich dies vor Augen hält, rückt das ganze verstörte, aus allem Gleichgewicht gestürzte Wesen Ottokars im vierten Akte, sein grausames Sichselbstdemütigen, sein haltloses Auffahren in das rechte Licht.

Wie Jason und Rustan, so erfährt auch Ottokar eine gewaltige Ernüchterung. Besonders angesichts der Leiche seiner verstoßenen Gattin überwältigt ihn das Gefühl von all den Verlusten, Enttäuschungen, Verrätereien, die ihn von der Höhe in Einsamkeit und Schmach gestürzt haben. Doch ist dies nicht eine Ernüchterung von jener allgemein-menschlichen Bedeutung, wie wir sie bei Jason und Rustan fanden. Man darf nicht sagen, daß durch das Schicksal Ottokars alles kühne Streben nach Größe und Macht als nichtig erscheine. Durch die ganze Darstellung ist eine solche allgemeine pessimistische Beleuchtung des menschlichen Lebens ausgeschlossen. Ottokars Enttäuschung ist eine Enttäuschung, die nur für die Besonderheit des Falles gilt, in dem sich Ottokar befindet. Die pessimistische Trauer, mit der uns das Drama entläßt, bezieht sich nur auf solche Fälle, in denen ein starker Wille Maß und Recht mißachtet, heilige Bande frevelhaft zerreißt und der Welt das Willkürgesetz seines gewalttätigen Hochmutes auferlegen will.

Noch sei hier auf Zawisch hingewiesen. In ihm steckt bereits etwas von dem späteren Herzog Otto. Beiden ist das kecke

Hineinspringen in das Leben gemeinsam; beide knüpfen mitten in der Entwicklung ernster, gefahrvoller Staatsangelegenheiten eine freche Liebesintrige an. Doch ist Zawisch widerwärtiger als Otto: seine Gemeinheit ist berechnender, kälter. In Otto glüht und kocht es weit elementarer. Zawisch schaut mit lachendem Spott auf seine eigene Verliebtheit herab.

VII

Das Drama: Die Jüdin von Toledo steht völlig unter dem Zeichen des Willens zum Leben. Die beiden Hauptpersonen — König und Jüdin — zeigen sich von ihm beherrscht; diese von ihrer unabänderlichen Natur aus, jener eine Zeitlang. In dieser Hinsicht erinnert dieses Drama an Traum ein Leben, wo außer Rustan auch Zanga den Willen zum Leben verkörpert. Dort war es Zanga, hier ist es die Jüdin, von der die Verführung der Hauptperson — dort Rustans, hier des Königs — zum blinden, wahnvollen, süßen Lebenswillen ausgeht.

Doch hat Rahel eine ungleich eigenartigere und bedeutsamere Stellung unter den Verkörperungen des Willens zum Leben, die Grillparzer geschaffen hat, als Zanga. Rahel nämlich geht uns nicht nur darum hier an, weil sie selbst nach schimmerndem, funkelndem Leben verlangt; das Eigentümliche ihrer Stellung besteht vielmehr darin, daß sie in ihrem Sein und Wesen zugleich für den König das verführerische Leben selbst bedeutet. Für den König ist die Sehnsucht nach dem Leben nichts anderes als die Sehnsucht nach Rahel. In Rahel ist für ihn die bestrickende Torheit des Lebens in einziger Weise Erscheinung geworden. Formelhaft dürfte man sagen: Rahel ist nicht nur für sich, nicht nur subjektiv Wille zum Leben, sondern auch objektiv, für den König; und dieses Zweite ist das wichtigere.

Es wird nicht viel Gestalten in der Dichtung geben, in denen das Leben in seinem süßen Unverstand, in seiner Mischung von

Spiel und Sünde, in seinem bezaubernden und erschreckenden Durcheinanderblitzen von Widersprüchen so scharf und eindrucksvoll herausgearbeitet erscheint, wie in Rahel. Es ist der irrationale Wille zum Leben, freilich nicht in seinen wuchtigen, gewalttätigen, kühnen Formen, sondern in der tändelnden Weise geschlechtlich=weiblichen Zaubers. Richard Meyer sagt: „Die bezaubernde Macht der in= haltslosen Veränderlichkeit ist nie wahrer geschildert worden."[1]

Mit genialer Hand formte Grillparzer die mannigfaltigen Widersprüche, die in Rahels Wesen durcheinanderspielen, zu einer glaublichen Gestalt. Auf der einen Seite kennt Rahel ihre Reize genau, sie will gefallen, ja sie ist voll Berechnung und List; und doch wurzelt sie ebenso sehr im Augenblicklichen und Unwillkür= lichen; sie ist ein Geschöpf des Zufalls und der Laune; sie gleicht einem sprühenden Naturquell. Es ist eben bei ihr so, daß das Bewußte und Berechnende selbst die Form des Augenblicklichen und Unberechneten hat. Auch Wissen und Absicht zeigt sich bei ihr als ein Spiel der Triebe und Einfälle.

Hieran reihen sich andere Widersprüche ihres Wesens. Sie hat verfeinerte, verwöhnte Sinne; ja sie betont ihre Verwöhnt= heit, sie wiegt sich in ihr; sie möchte, daß jede ihrer nichtigsten Launen wie ein Wichtiges und Gebietendes behandelt werde. Im dritten Akte besonders kommt ihr verwöhntes Getue zum Vorschein. Aber noch mehr: Rahel geht ganz im Sinnlichen auf; ihre Seele ist nichts als flatternde, zuckende, blitzende Sinnlichkeit. Tand und Flitter, Putz und Schmuck sind beherrschende Werte für sie. Im höchsten Schmerze fragt sie besorgt, ob das von ihr gewünschte Halsband auch mit Amethysten geschmückt sei. Vor allem aber tritt das Sinnliche ihres Wesens in dem Buhlerischen hervor, das alles, was sie sagt und tut, wie ein aufregend üppiger

---

[1] Richard Meyer, a. a. O., S. 82. Auffallend durch seine Verständnis= losigkeit ist das wegwerfende Urteil Bauernfelds über das Drama („Aus Bauernfelds Tagebüchern". Im Grillparzer=Jahrbuch, Bd. VI, S. 166).

Dunſtkreis umhüllt. Garceran nennt ſie an bedeutſamer Stelle „verbuhlt und leicht, voll arger Tücken“. Und doch werden wir immer wieder mit dieſen durchgreifenden Zügen ihres Weſens verſöhnt. Denn in all der verwöhnten Sinnlichkeit, in all der Luſt an der nichtigen Oberfläche der Dinge und Menſchen, in all der aufdringlichen, ja frechen buhleriſchen Art bringt ſich doch ein Stück echter, ungeheuchelter Natur zum Ausdruck. Rahel iſt Natur, die noch nicht durch die Zucht der Vernunft hindurch= gegangen iſt; Natur, die noch unterhalb des Gegenſatzes von Gut und Böſe geblieben iſt; Natur, die darum in aller Verfeine= rung doch die Friſche des Urſprünglichen, die leichtfertig ſich ver= ſchenkende Kraft der Urgeſundheit hat. Der König ſagt von ihr:

> War töricht ſie, ſo gab ſie ſich als ſolche
> Und wollte klug nicht ſein, noch fromm und ſittig.

Und an ſpäterer Stelle:

> Meinſt du? Ich ſage dir, wir ſind nur Schatten,
> Ich, du und jene andern aus der Menge;
> Denn biſt du gut: du haſt es ſo gelernt,
> Und bin ich ehrenhaft: ich ſahs nicht anders . . .
> Die Welt iſt nur ein ewger Wiederhall,
> Und Korn aus Korn iſt ihre ganze Ernte.
> Sie aber war die Wahrheit, ob verzerrt,
> All, was ſie tat, ging aus aus ihrem Selbſt,
> Urplötzlich, unverhofft und ohne Beiſpiel.
> Seit ich ſie ſah, empfand ich, daß ich lebte,
> Und in der Tage trübem Einerlei
> War ſie allein mir Weſen und Geſtalt.

Und noch nach anderen Seiten laſſen ſich die Widerſprüche in Rahels Weſen verfolgen. Der König ſagt zu ihr:

> Du albern ſpielend, töricht=weiſes Kind.

In der Tat, ſie iſt beides: voll Torheit und Tollheit; und doch offenbart ſich in ihren Kindereien eine ſinnreiche, ja geniale Art. Man vergegenwärtige ſich etwa die Szene im zweiten Akt, wo

sie mit dem Bilde des Königs ihr keckes Spiel treibt; oder die
Szene im dritten Aufzug, wo ihr Lanze, Schild und Helm des
Königs zu geistreichem Scherze dienen. Und auch nach der ästhe=
tischen Seite ist Rahel widerspruchsvoll: der reizvollen, über=
raschend wechselreichen Anmut, die von ihr ausgeht, ist ein ge=
wisser Zusatz beigemischt, der unangenehm, ja widerwärtig wirkt.
Damit ist natürlich kein Tadel gegen den Dichter ausgesprochen;
denn dieser Zusatz gehört eben zu der vom Dichter so und nicht
anders gewollten Natur Rahels.

Vertieft man sich in diese widerspruchsreiche Natur, so glaubt
man den irrationalen Naturgrund des Lebens in einer charakte=
ristisch entwickelten Form vor sich zu haben. An der Königin und
dem Grafen Manrique ist alles Natürliche und Sinnliche bis zum
Übermaß von Vernunft und sittlicher Zucht geordnet und geklärt;
der Reiz des Naturvollen ist unter der strengen und steifen Herr=
schaft von Vernunft und Sittlichkeit fast bis auf den letzten Rest
verschwunden. Insbesondere von der Königin geht eine ab=
weisende Kälte aus. Sie ist höchst achtungswürdig, aber nicht
liebenswert; an jenen kleinen Unregelmäßigkeiten und Nachgiebig=
keiten, an jenem reizenden Nebenbei und leichtem Schmuck, an
jenen lächelnden Schwächen und flüchtigen Wallungen, die aller=
erst das Menschliche warm und lockend machen, hat sie keinen An=
teil. Den Gegenpol zu ihr nun bildet Rahel: sie ist das Leben,
dem Vernunft und Begriff noch nichts angetan haben; das Leben,
in das die Logik der Gedanken und das Soll der sittlichen Ge=
bote noch nicht verdünnend und schwächend eingedrungen ist;
kurz das Leben in seiner irrational spielenden, regellos frohen,
reizend launenhaften Art. Hierin liegt Anziehendes und Er=
schreckendes. Und Grillparzer hat beides hervorgehoben (wie er
denn sicherlich auch persönlich diese Doppelstellung zu solchem
Zauber weiblichen Wesens hatte): in bedeutsamen Worten tritt
uns der Reiz der urfrischen, regellosen Natur Rahels, aber auch

das Unheimliche, Häßliche, Widrige entgegen, das aus all dem
süßen Zauber ihres Wesens hervorblickt. Dem König kam etwas
von dieser Kehrseite schon zuweilen während seiner Leidenschaft
zu Bewußtsein; erschreckend aber wirkt sie auf ihn an der toten
Rahel. Jetzt ist ihr das sinnlich Warme und Lockende genommen.
Mit grausamer, aber wahrer Psychologie läßt daher Grillparzer
an der toten Rahel das Häßliche in dem Naturgrund ihres Wesens
für den König hervortreten.[1]

> Ein böser Zug um Wange, Kinn und Mund,
> Ein lauernd Etwas in dem Feuerblick
> Vergiftete, entstellte ihre Schönheit.

Man kann bei Nietzsche dort, wo er vom Weibe spricht, manche
Äußerungen finden, die uns so recht in jene Stimmung versetzen,
mit der man eine Rahel betrachten muß.[2]

Durch Rahel geschieht es, daß sich in dem König der Wille
zum Leben entzündet. Der Dichter hat es darauf angelegt, daß
sich das Einschlagen des Willens zum Leben in möglichst grellem
Abstich gegen den vorangegangenen Gemütszustand des Königs
hervorhebe. Er findet mehrere Male Gelegenheit, den Entwicklungsgang des Königs eindrucksvoll vor das innere Auge des Zu-
hörers hinzustellen. Und immer geschieht dies in dem Sinne,
daß uns zum Bewußtsein kommt, wie freudlos und schwer des
Königs Kindheit und Jugend gewesen, wie fern ihm alles, „was
da reizt und lockt", und insbesondere das Weib geblieben sei.
Das Weib ist ihm bis zu dem Augenblicke, wo er Rahel sieht,

---

[1] Alfred Berger hat diesen Punkt in scharfe, wenn auch wohl etwas
einseitige Beleuchtung gerückt (Dramaturgische Vorträge. 2. Aufl. Wien 1891.
S. 46).

[2] Man lese z. B. im Zarathustra den Abschnitt „Von alten und jungen
Weiblein" oder das „Tanzlied". — Emil Reich sagt (a. a. O. S. 199): Rahel
dürfe man nicht dämonisch nennen. Meine Darstellung zeigt: das Widerspruchsvolle und Irrationale ihrer Natur ist der Dämon, der sie in einen un-
unterbrochenen Wirbeltanz fortreißt.

eine unbekannte Welt. Denn seine ihm angetraute Gattin ist
nichts als Tugend und Tugendstolz, und seine Ehe treibt er wie
ein „Geschäft". König Alfons hat in Kindheit und Jugend nicht
„gelebt", wenn man „leben" im betonten Sinne nimmt. Sein
Dasein war bis auf den letzten Rest von ernstem Verstand und
strenger Pflicht geregelt. Es war ihm nicht in den Sinn gekommen,
daß des Lebens Güter nimmermehr in Verstand und Pflicht auf=
gehen. Auch sein eigenes Ich hatte er nicht entdeckt. Bisher hatte
er sein Ich nur als ein Glied im Zusammenhange des Staats=
wohles kennen gelernt. Es war ihm unbekannt geblieben, welches
Glück, welche Zauber und Wunder in der einfachen Tatsache liegen,
ein eigenes Ich zu sein und sich als ein eigenes Ich zu erleben
und zu genießen. Und da ist es denn nur natürlich, daß er, der
bis dahin infolge besonderer Umstände nur für die rationalen
Seiten und moralischen Forderungen des Lebens Blick besaß,
gerade durch ein Weib, das die irrationalen Reize des Lebens
und seinen abseits vom Moralischen liegenden Zauber in virtuosem
Grade in sich verkörpert, in Rausch und Taumel gerissen werden
mußte. Auch an Jason, Rustan, Otto tritt der Gegensatz des
Lebens zu Vernunft, Maß, Regel und Pflicht hervor; aber lange
nicht in dem Grade wie hier, wo im Abstich gegen die bisherige
Entwicklung des Königs und gegen seine Umgebung der irrationale
Zauber des Lebens brennend in die Augen fällt.

In der Entwicklung des Königs ist der Zauber des Lebens
und der Liebe von zwar entscheidender, aber doch vorübergehender
Bedeutung. Der König arbeitet sich nach einiger Zeit aus dem
gefährlichen Banne heraus, und zwar nicht etwa, wie Rustan,
durch die Hilfe eines symbolischen Traumes, sondern durch selb=
ständige Einsicht und eigene sittliche Kraft. Schon im dritten Akt
beginnt die Wandlung des Königs; im vierten und fünften Akt
gelangt sein Vorsatz, sich von dem verführerischen Weibe abzu=
lösen, trotz nochmaliger starker Erschütterung doch endlich zu vollem

Siege. In dem Könige ist eben das Bedürfnis nach klarem, ge=
ordnetem Dasein stärker als die Zugänglichkeit für die verwirrenden
Reize des Lebens; seine helle Seele verträgt nicht für die Dauer
das träumerische Helldunkel des Wollustlebens.

Es gehört nicht hierher, die sittliche Reinigung des Königs
näher zu betrachten. Sie wird in der Art ihres Verlaufes durch
den gewalttätigen, blutigen Eingriff der Großen des Reichs und
der Königin bestimmt. Hierdurch wird die Reinigung zu
einer Ablösung von der toten Rahel. Man hat viel über das
Unbefriedigende und Verletzende des Ausgangs geklagt. Ich glaube:
mit gänzlichem Unrecht. Freilich hat die Art, wie der König das
Bild der Jüdin aus seinem Wesen ausscheidet, etwas Herbes und
Schroffes: er blickt mit scharfer, mitleidsloser Verwerfung auf die
Jüdin zurück. Allein muß denn jeder gute Ausgang eines Dramas
nichts als angenehm, rührend, glatt und rund sein? Es ist ebenso
möglich, daß der Ausgang eines Stückes, der die in Frage kommenden
Personen zu innerem Glücke führt und sittlich fördert, naturgemäß
zugleich harte Ernüchterung, schroffe Zurückweisung, vielleicht bittere
Entsagung in sich enthalten muß. Die Harmonie des Schlusses
wäre in vielen Fällen wohlfeil, schwächlich, unpsychologisch, wenn
nicht Bruch und Riß durch sie hindurchginge. Es kommt nur
darauf an, daß das Herbe und Wehetuende des guten Ausgangs
aus den inneren Bedingungen der Dichtung notwendig heraus=
wächst. Und dies ist in unserem Drama durchaus der Fall. Das
wäre nicht der sittlich scharfe, unerbittlich klare und kritische König
Grillparzers, wenn die Ablösung von Rahel unter Wehmut und
Rührung, mit zitterndem, zermürbtem Herzen vor sich ginge. Das
wäre wohl nach dem Sinn des großen Publikums, aber zugleich
würde es ein Herabsinken der Dichtung zum Gewöhnlichen be=
deuten. Wie es dem Dichter im Treuen Diener gelungen ist, die
innere Entwicklung Ottos und Bancbans durch Anwendung herber
Wandlungen und schroffer Entschlüsse meisterhaft durchzuführen,

so ist auch die Darstellung der harten, schonungslosen Reinigung des Königs in den beiden letzten Akten der Jüdin eine Meister=leistung.[1])

So rein auf sich gestellt auch der König ist, so hat doch Grillparzer gerade in diese Gestalt seine eigene Stellung zu den Reizen des Lebens in nicht geringem Grade hineingelegt. Auch in Grillparzer dürfen wir uns zwei Seiten seines Wesens als im Kampfe miteinander vorstellen: seine leidenschaftliche Empfänglich=keit für die sinnlichen Reize des Weibes und demgegenüber seinen hellen, kritischen Verstand und sein Bedürfnis nach sittlicher Ord=nung seines Inneren. Die Tatkraft des Königs freilich und im besonderen das Umsetzen der sittlichen Forderungen, und seien sie auch noch so schwierig, in Entschluß und Tat werden wir bei dem Dichter nicht suchen dürfen. Dagegen ist trotz dieses Unter=schiedes dem König und Grillparzer gemeinsam, daß derselbe Ein=druck rasch nacheinander Glut und Kälte, Begierde und Abweisung auslösen kann. Aus Gedichten wie Aufzeichnungen geht hervor, wie ausgesetzt Grillparzer in Liebesangelegenheiten jähen Er=nüchterungen war. Ich habe hierüber in meinem Buch über Grill=parzer gesprochen.[2]) Erinnert kann auch an seine Aufzeichnung „Ein Erlebnis" werden, worin er erzählt, daß er auf ein Er=lebnis erschütternder Art in seinem Gemüte mit kalter Gleichgültig=keit antwortete.

Der Dichter entläßt uns mit dem Eindruck: es sei recht und gut, daß der König mit scharfem Schnitt die Jüdin aus seinem

---

[1]) Farinelli sagt in seinem schönen und lehrreichen Buche „Grillparzer und Lope de Vega", um Grillparzer allgemein zu charakterisieren: er habe überall Milde ausgestreut, er reiße die Wunden nicht auf, sondern verbinde und heile sie mit zarter, fast weiblicher Hand (S. 279). Dies gilt nur zum Teil von Grillparzer; zum Teil gilt das Gegenteil. Sagt aber Farinelli: „in Grillparzers Tragödien überwältigt uns keine gewaltige Tragik" (S. 278), so ist dies in weit überwiegender Weise unrichtig.

[2]) Franz Grillparzer als Dichter des Tragischen, S. 114 ff.

Wesen ausgeschieden habe und sich einem Leben zuwenden wolle, das in höherer Synthese Strenge und Freudigkeit, Pflicht und Anmut darstellen solle. Allein dessenungeachtet ruht über dem Schluß des Stückes ein Hauch der Trauer. Wir billigen die Reinigung des Königs, allein zugleich fühlen wir, wieviel Frische und Ursprünglichkeit, wieviel leichtes und frohes Spiel durch die Ernüchterung des Königs als Wahn und Verirrung verworfen wird. Wir sagen uns: das also ist das Schicksal der Träume von einem Leben in Scherz und Schönheit, in zwangloser Freiheit und leichtem Genuß! All diese Träume erbleichen, ja verzerren sich, wenn man schärfer hinsieht, wenn man die Selbstbesinnung zu Worte kommen läßt! So geht auch durch diese Dichtung jene trübe Gewißheit des Dichters von der großen Ernüchterung, in die der Wille zum Leben endet. Übrigens hat auch hier, wie im Ottokar, die pessimistische Trauer überwiegend nicht einen typi= schen, sondern einen individuell=menschlichen Charakter.

Bei allen tiefgehenden Unterschieden erinnert Rahel an Hilde Wangel bei Ibsen. Diese springt als die verkörperte Jugend in das Leben des Baumeisters Solneß hinein. Sie ist, wie Rahel, unbekümmerte, wildfrische, lustigblitzende Natur, ungeknickt, von moralischen Zweifeln und Bedenken nicht angekränkelt. Nur ist ihr vor allem ein weit stärkeres und freieres Wollen vom Dichter gegeben. Das Bergluftumwehte, nach Sonnenaufgang Glänzende, was an Hilde so berückend wirkt, fehlt Rahel. Aber beide stellen die irrationale, undurchschaubare, zugleich auch tückereiche Natur dar, und beide wollen einen Ehegatten ins Netz der Liebe ziehen und so der Jugend und dem Leben gewinnen. Der Baumeister ist wie der König von allzuviel Gewissen und Pflicht belastet und beide Gatten sind an eine Frau geknüpft, die nichts als peinliche Pflichterfüllung, nichts als verkörperte Pflichtenmoral ist. Frau Aline und die Königin ähneln einander auffallend; nur hat Aline etwas Weiches, Ängstliches, Rührendes, während die Königin uns durch trockene Härte abstößt. Die innere Lage ist, wie man sieht, in beiden Dramen im Innersten verwandt. Da wie dort handelt es sich um den Zusammenstoß eines Mädchens, das den Zauber der irrationalen, moralfreien Natur an sich trägt, mit einem an eine pflichtenmoralische Frau gebundenen Ehegatten, der selbst, geteilt und widerspruchsvoll, in der Mitte steht und von Gewissen und Tugend nach der einen, von unheimlicher Lebenssehnsucht nach der anderen Seite gezogen wird. Hilde gelingt es, den Baumeister ganz zu sich herüberzuziehen, aber er geht daran tragisch zugrunde. Der König bei Grillparzer entzieht sich nach kurzer Zeit dem berückenden Lebenswahn und wird so, wenn auch wider Willen, die Ursache, daß Rahel dem Siege der Tugend als Opfer dargebracht wird.

VIII

Soll die Stellung Grillparzers zum Lebenswillen uns auch nur annähernd in ihrem vollen Umfang vor Augen treten, so muß beachtet werden, daß er seine Personen mit besonderer Vorliebe in eine gewisse verhängnisschwere Lage bringt. Die Lage, die ich meine, ist folgende. Ein Mensch war bisher mit Welt und Leben nur in einem fernen und leisen Zusammenhang; die Güter des Lebens hatten bisher noch nicht seine Begierden und Leidenschaften entzündet; das Leben war noch nicht schmeichelnd, berauschend, berückend vor die Sinne getreten. Eingeschränkt und stillgeordnet, in sicherem, selbstverständlichem Geleise war sein Dasein dahingegangen. Da plötzlich pocht das Leben an. In unbekannte Gefilde mit überschwenglichen Aussichten, mit namenlosen Genüssen wird Blick und Wunsch gelenkt. Was bisher als Leben galt, erscheint als bloßer Schatten; nun erst soll das rote und heiße Leben, das Leben als lachende Oberfläche und verzehrende Tiefe ergriffen werden. Das Leben ist Gefahr und Wagnis, Daseinswonne und Daseinsbangigkeit, ein bezauberndes, erregendes Rätsel. Und so geht denn der so vom Lebenswahn Ergriffene geschwellten Herzens in das neue Land hinein.

So war es schon bei Rustan und König Alfons. Jason, Otto, Ottokar dagegen sind vom Dichter nicht in solche Lage hinein= gestellt. Wohl aber gehört Sappho hierher. Freilich ist das neue Dasein, das sie lockt, anderer Art, als es sich Rustan oder dem König Alfons darstellt; auch ist das frühere Dasein, von dem aus sie in das neue Reich hinüberstrebt, ganz anders geartet als bei jenen beiden. Dessenungeachtet läßt sich doch auch hier leicht jener Typus erkennen.

Wohl lebt Sappho in hoher Weite, in begeistertem Auf= schwung ihrer Kräfte. Aber es ist doch nur das Reich der Kunst und der Ideale, wo sie weilt. So kommt für sie eine Zeit, wo sie das Leben darin als schattenhaft und leer empfindet. Es fehlt ihm der holde Zufall, die liebliche Verwirrung, die kühne Über= raschung; es fehlt ihm jene unsagbare Steigerung, durch die sich eben das wirkliche Leben vor der Welt der Ideale auszeichnet. Das Gefühl dieses Mangels und die Sehnsucht, ihn auszufüllen, tönt deutlich aus ihren Worten:

Und leben ist ja doch des Lebens höchstes Ziel!

Allerdings ist das Leben, nach dem sie greift, nicht das stürmisch bewegte Leben Jasons oder Rustans; vielmehr geht Sapphos Sinn nach hold umgrenzter, traulicher Idylle. Weniger noch hat ihr Lebensdurst etwas mit der frechen und phantastischen Sinnen= gier des Herzogs Otto gemein; und auch von der schwül und irrational gefärbten Lebensneugier des Königs Alfons unter= scheidet er sich deutlich. Doch aber trifft auch für das Lebens= verlangen Sapphos der Typus des Lebenswillens zu. Leiden= schaftlich und kühn ergreift sie das Leben; ein überschwenglicher Grad des Spürens und Habens schwebt ihr vor der Seele; der Dämon des Wahnes hat sie erfaßt. Schon durch den Abstich von

dem bleicheren Dasein in der Kunst erhält das von ihr ersehnte
Leben den Charakter stark betonter Wirklichkeit.

Auch die große Enttäuschung bleibt für Sappho nicht aus.
Doch ist diese hier anders zu beurteilen als in den früher besprochenen
Fällen. Hier bedeutet sie nicht, daß die ersehnten Lebensgüter selbst sich
als nichtig erweisen. Vielmehr ist es hier die dem Leben nichtge=
wachsene Persönlichkeit der Sappho, wodurch die Enttäuschung ent=
springt. Hier hat die Enttäuschung also nicht jene schwer pessimistische
Bedeutung wie etwa bei Jason. Zugleich sieht man: Sappho ge=
hört zu zwei Typen. Einmal ist sie eine Persönlichkeit, die wegen
ihrer starkentwickelten Innerlichkeit dem Leben nicht gewachsen
ist. Sodann gehört sie aber auch dem Typus des Willens
zum Leben an: der Lebenswille entzündet sich in ihr, sie gibt
ihrem Lebensrausche nach, wobei sie freilich scheitert, da sie als
künstlerisches Genie das Geschick für das Leben verloren hat.
Man erinnert sich an Schopenhauer: in seinen Augen ist mit dem
Genie Unbrauchbarkeit für das Leben und Neigung zu unver=
nünftigen Leidenschaften verknüpft. Einsamkeit sei die ihm an=
gemessene Lebensweise.

Im Gegensatze zu der in zwei Welten geteilten Sappho
vertreten Phaon und Melitta einfach und ganz das Leben. Doch
sind sie darum nicht schon Vertreter des Typus des Willens zum
Leben. Hierfür stehen sie viel zu harmlos und schlicht im Leben.
Die Lebenslust, die sie erfüllt, ist viel zu brav und gewöhnlich,
als daß sie zu diesem Typus gerechnet werden könnten. Selbst=
verständlich ist hiermit kein Tadel gegen den Dichter ausgesprochen.
Phaon und Melitta sind so, wie sie sind, ganz an ihrem Platze.

Dagegen ist Libussa heranzuziehen. So leise und blumen=
haft auch der Grundton in Libussas Wesen ist, so gehört sie doch
hierher, da der Dichter sie in jene vorhin gezeichnete typische Lage
gestellt hat. Der Augenblick, wo das süße, bange Leben bei ihr
anklopft, ist in scharfe Beleuchtung gerückt. Bis dahin nur in

dämmerhafter, wunschloser Einheit mit der Natur lebend, wird
sie durch die Begegnung mit Primislaus zu hinausdrängenden
Wünschen erregt. Jetzt fühlt sie mit einem Mal, was warme
Menschennähe, was Menschenzauber bedeutet. Das Leben als
Leben blickt sie rätselhaft lockend an. So ergreift sie mit auf=
schnellendem Entschlusse die sich ihr eben darbietende Gelegenheit,
Herrscherin der Böhmen zu werden. Denn welchen anderen Weg
könnte es geben, um mit der neuen Welt in nächste und viel=
seitige Berührung zu kommen? Unübertrefflich aber ist es vom
Dichter gemacht, wie diese ganze Wandlung aus der warmen Be=
rührung ihrer Haut mit dem ihr von Primislaus gegebenen
Bauernkleid unwiderstehlich in ihr sinnlich=seelisches Sein hinüber=
strömt:

> Dies Kleid, es reibt die Haut mit dichtern Fäden
> Und weckt die Wärme bis zur tiefsten Brust:
> Mit Menschen Mensch sein, dünkt von heut mir Lust.
> Des Mitgefühles Pulse fühl ich schlagen,
> Drum will ich dieser Menschen Krone tragen.

An dem Beispiel der Libussa kann man sehen, wie ver=
schiedene Gestalten das ersehnte Leben bei Grillparzer annimmt.
Im Gegensatze zu dem nur halbwachen Dämmerdasein, das sie
bis jetzt geführt, ist das Leben, dem sie zustrebt, von hellerer,
bewußterer, willensmäßigerer Art. Bei König Alfons und bei
Sappho war deutlich das Gegenteil der Fall. Zugleich aber ist
Libussas Lebenswille immer noch gedämpfter, verschleierter als in
jedem anderen Falle bei Grillparzer.

Libussa gehört, wie Sappho, zu den allzu innerlichen, außer=
gewöhnlichen Naturen, die dem Leben nicht gewachsen sind. Wie
Sappho, verlangt sie nach dem starken Wein des Lebens; und beiden
wird seine Stärke zum töblichen Gift. Eigentümlicher Art ist der
in der Enttäuschung Libussas liegende Pessimismus. Dem ganzen
Zusammenhange nach richtet er sich gegen die Kultur. Die Kultur

mit ihrem rationalisierten und mechanisierten Getriebe, mit ihrer
Fortschrittssucht, mit ihrer Gleichmacherei, mit der Herrschaft des
Nutzens und der Habsucht ist für Libussa unerträglich. Indem
sie in das Leben eintritt, wird sie wider ihren Willen in das
Kulturgetriebe hineingerissen, und daran geht sie zugrunde.
Übrigens ist ihr Kulturpessimismus nicht unbedingter Art: sie
glaubt an das Gute im Menschen und sieht als letztes in der
Menschheitsentwicklung ein goldenes Zeitalter voraus. Libussa
ist eine der tiefsinnigsten und auch künstlerisch höchststehenden
Kulturtragödien. Emil Reich hat recht, wenn er auf die Ver-
wandtschaft dieses Dramas mit dem zweiten Teil des Goethischen
Faust hinweist.[1]) Auch die sinnreich weise, symbolisch und leise
verknüpfende, zurückhaltend liebevolle, herb seelenvolle Art zeigt
Libussa mit besten Seiten an dem Stil des zweiten Faust verwandt.

Rudolf der Zweite im Bruderzwist ist mit Libussa nächstverwandt. Doch reiht er sich nicht ein in unseren Gedankengang.
Er sieht und hört das wilde und harte Leben der großen und
in Wahrheit kleinen geschichtlichen Mächte rings um sich toben.
Doch steht er diesen wirren Gewalten teils mit ratloser Innerlichkeit, teils mit ungeschicktem, jähem Wollen gegenüber. In der
kalten, zwiespältigen Einsamkeit seines Wesens entzündet sich kein
lockender Lebenswille. Nur zuweilen zeigt sich der Kaiser von
dem Traume heiteren, klingenden Lebens flüchtig berührt. Und
diesen kleinen Zügen wußte der Dichter den Charakter des wunderbar Rührenden zu geben. Zwei solche Züge enthält der erste
Akt. Bei seinem ersten Auftreten ist Rudolf in unzugänglicher,
starrer Stimmung; seine Umgebung erfüllt ihn mit zornigem

---

[1]) Emil Reich, a. a. O. S. 229. In ähnlichem Sinne nennt Richard
M. Meyer die Libussa „Grillparzers Faust". Mit allen Rätseln, die ihn quälten,
habe Grillparzer sich hier auseinandergesetzt (Franz Grillparzers Libussa erläutert von R. M. Meyer; Berlin und Leipzig 1905; S. 5).

Widerwillen. Da ergreift er eines der auf dem Tische liegenden
Bücher: es ist Lope de Vega. Seinen Geist streift die bunte,
sorglose Wunderwelt dieses großen Dichters und großen Kindes;
und er blickt einige Augenblicke heiter und lacht beim Lesen laut
auf. Und gegen den Schluß des Aktes, als Ferdinand, dieser
entmenschte Katholik, ihn mit Grauen erfüllt hat, hört er, daß
sein Neffe Leopold unten im Schloßhof ein Roß tummle und
bejubelt werde. Da ruft er aus:

> Sie jubeln? Tummelt? Ein verzogner Fant,
> Hübsch, wild und rasch, bei Wein und Spiel und Schmaus.
> Wohl selbst bei Weibern auch; man spricht davon.
> Allein er ist ein Mensch. Ich will ihn sehn,
> Den Leupold sehn! Wo ist er? Bringt ihn her!

Und im dritten Akt nennt er den prächtigen, frisch drauf losgehen=
den Leopold seinen Versucher, der im Bunde stehe mit seines
Herzens Wünschen.

Weit mehr als Rudolf der Zweite gehört Hero in unseren
Zusammenhang. Sie lebt in dem weltentrückten, engen Reiche
ihres Tempels; das Weltgetriebe dringt kaum in verlorenen Lauten
bis zu ihr. Der Dichter läßt das spröd Abwehrende ihrer kleinen
Welt, die befriedigende Einförmigkeit ihres Daseins, ihr beglücken=
des Verwachsensein mit Tempel und Göttin, das „Glück des stillen
Selbstbesitzes“ mit Nachdruck hervortreten. Da plötzlich wird sie
aus ihrem friedlichen Geleise mit jäher Heftigkeit gerissen: in Ge=
stalt des wortarmen, verhalten leidenschaftlichen Leander tritt
die heiße, rücksichtslos wagende Lebensglut flehend, fordernd an
sie heran und reißt sie in ihre gefahrvolle Bahn. Hero, die
zur Keuschheit bestimmte Priesterin, liebt, und lieben bedeutet für
sie: das Leben in seiner stürmischen Süße, in seiner dem Tod ins
Antlitz schauenden Wonne genießen. Darum klagt sie mit Recht,
als ihr Leander geraubt worden:

Sag: er war alles! Was noch übrig blieb,
Es sind nur Schatten! es zerfällt, ein Nichts.
Sein Atem war die Luft, sein Aug die Sonne,
Sein Leib die Kraft der sprossenden Natur;
Sein Leben war das Leben: deines, meines,
Des Weltalls Leben. Als wirs ließen sterben,
Da starben wir mit ihm.

Man sieht, wie Grillparzer auf jene typische Lage in den ver=
schiedensten Formen und Zusammenhängen geführt wird.

Und wie steht es denn mit der pessimistischen Bedeutung,
die hier der Enttäuschung, das heißt: dem grausigen Zugrunde=
gehen des Liebesbundes, zukommt? Die Liebe der beiden wird
durch den Untergang nicht nur nicht gerichtet, sondern sie erhebt
sich um so leuchtender; in der Nacht des Unterganges entschwebt
sie als ein Bleibendes zu den Sternen. Aber auf diese Erde
fällt ein düsteres Licht. Was ist das, so fragen wir uns, für ein
widersinniges, aus lauter Enge und Kleinheit, aus listiger Klug=
heit und roher Zufallstücke zusammengesetztes Getriebe, daß solch
hohe Liebe in ihm zugrunde gehen muß! So werden wir hier
also zwar nicht mit einer allgemeinen Nichtigkeitsstimmung gegen=
über dem Lebenswillen, wie in Medea oder im Traum ein Leben,
entlassen. Wohl aber stehen wir der harten, grausamen Beschränkt=
heit des Ganges der irdischen Dinge mit abweisenden Gefühlen
gegenüber.

Die Liebe Heros und Leanders kann ganz besonders an
Schopenhauer erinnern. Schon in meinem Buche über Grill=
parzer bemerkte ich,[1]) daß uns der dritte Akt an die Schilderungen
Schopenhauers mahnen könne, in denen er von der allmächtigen
Natur der Liebe spricht, die in das Entlegenste und Verborgenste
dringe und selbst mitten unter Graus und Tod die Menschen
beglücke und peinige. Und ich füge jetzt hinzu: ganz besonders

---

[1]) S. 142.

erschütternd wirkte auf Schopenhauer das sehnsüchtige Sichbegegnen
der Blicke zweier Liebenden: er sah hierin den reinsten, freilich
zugleich verhängnisschweren Ausdruck des Willens zum Leben in
seiner Bejahung.[1]　Nicht oft dürfte dies eine so überwältigende
Veranschaulichung gefunden haben wie am Schlusse des ersten
Aktes und in der Liebesszene des dritten.

Mir kommt, nebenbei bemerkt, vor, daß das Dämonische,
unheimlich Furchtbare dieser Tragödie vor dem hellen, zarten,
stillen Charakter, den sie ohne Zweifel auch hat, meist übersehen
wird. Dies fiel mir beispielsweise an der sonst so trefflichen
Charakterisierung auf, die Sauer von der Hero-Tragödie gibt.[2]

Schließlich sei noch erwähnt, daß es bei Grillparzer eine
Anzahl munterer, lebensfrischer, mehr oder weniger humorvoll
überlegener männlicher Gestalten gibt, die doch nicht dem Typus
des Willens zum Leben zugerechnet werden können. Ich meine
Naukleros, den Küchenjungen Leon, den Herzog Leopold im
Bruderzwist, auch Heinrich den Vierten in dem gleichnamigen
Bruchstück. Diese Personen sind zwar von scharfer Lebenslust
getrieben, allein diese ihre Lebenslust hat zu wenig unheimlich
Heftiges, zu wenig magisch Fortreißendes, zu wenig wahnvoll
Berückendes, sie ist — anders ausgedrückt — zu einfach gesund,
als daß diese Gestalten dem hier ins Auge gefaßten Typus zu-
gesellt werden könnten.

IX

Ich brauche kaum ausdrücklich hervorzuheben, daß, wenn
ich Grillparzer als Dichter des Willens zum Leben charakterisiert

---

[1] Schopenhauers Werke, Reclam, II, S. 629 f., 660, 670.

[2] In der Einleitung zur fünften Auflage von Grillparzers Werken,
S. 70 ff. Vgl. auch Julius Schwering, Franz Grillparzers hellenische Trauer-
spiele, Paderborrn 1891, S. 166 ff. Übrigens geht Schwering den Wegen
Grillparzers mit wohltuender Sorgfalt nach.

habe, dies nur in dem Sinne gemeint ist, daß hierin nur eine
bezeichnende Seite des Dichters neben manchen anderen liegt.

Besonders ist nicht zu vergessen, daß Grillparzers Phantasie
sich ebenso sehr, ja noch umfassender dem Typus des stillen
Sinnes und dem der allzu entwickelten und daher dem Leben
nicht gewachsenen Innerlichkeit zuwendet. Es ist eben so, daß
Grillparzer in seinem Dichten von zwei verschiedenen Mächten
hin= und hergezogen wird: er folgt in seinen dichterischen Gesichten
mit Leidenschaft den Lockungen des Lebensrausches; aber ebenso
sehr, ja noch mehr verhält er sich mißtrauisch und abwehrend
gegen das mächtig andrängende Leben. Er vertieft sich mit Sorg=
falt und Liebe in das Feine, Verwickelte und Große solcher Seelen,
denen das Lebensgetriebe eine zu rohe und scharfe Macht ist,
und die sich daher vor ihm in ihre Innenwelt zurückziehen; ja
er stellt der Lebensbejahung das Ideal des engumgrenzten, idyl=
lischen Glückes als das Höhere entgegen.

Erst wenn man den Typus des Willens zum Leben in
diesem Zusammenhang bei Grillparzer auffaßt, hebt er sich in der
Art hervor, die ihm gerade bei diesem Dichter eigentümlich ist.
Aus den Gestalten des Dichters spricht eine Grundstimmung von
zusammengesetzter Natur: zu ihr gehört einerseits Ergriffensein von
dem übermächtigen Lebenszauber, anderseits grübelnde, willens=
schwache Innerlichkeit, zaghaftes Zurückweichen vor den Härten
der Welt, Sehnsucht nach einfacher, bedürfnisloser Beschlossenheit
des Daseins. Erst durch den Abstich von den schüchternen, ent=
sagenden, schwächlich gebrochenen Stimmungen, die seine Dich=
tungen in den verschiedensten Formen durchziehen, gewinnt die
Darstellung des Lebensrausches bei Grillparzer ihr Eigentümliches.

Indem diese Darlegung Grillparzer als Dichter des Willens
zum Leben behandelt, hebt sie eine Seite an ihm hervor, die ihn
mit der Entwicklung der vorausgegangenen und gleichzeitigen
Dichtung vielfach verknüpft, und die bedeutsam auf die Zukunft

hinweist. Schon in der Zeit des Sturmes und Dranges tritt in
der deutschen Dichtung der Rausch des Lebenswillens, das Ver=
langen nach dem Leben um des Lebens willen vielfach als Stim=
mung hervor. Goethes Urfaust, vor allem im ersten Selbstgespräch
und gegenüber dem Erdgeist, legt hierfür beredtes Zeugnis ab.
Noch üppiger erscheint das Gieren nach dem Leben in Heinses Ar=
dinghello und in Klingers Grisaldo. Auch in der Romantik kommt
die Glut des Lebenswillens zuweilen als Grundstimmung zum Vor=
schein. So ist es in verschiedenen Abschnitten von Tiecks William
Lovell. Von Jean Pauls Gestalten gehören Viktor im Hesperus,
Albano im Titan hierher: ihrer überreichen Natur liegt neben
vielem anderen auch die Sehnsucht zugrunde, das Lebendigsein
in allen seinen heiligen Tiefen durcherleben zu wollen. Unter
den Mitstrebenden Grillparzers ist Hebbel hervorzuheben: aus
seinem Holofernes und Herodes spricht der Lebenswahn in furcht=
baren Gestalten. Aus dem Kreise des Jungen Deutschland
scheinen mir besonders die Poeten — der erste Teil von Laubes
Jungem Europa — hierher zu gehören: in verschiedenen Personen
bringt sich hier der jubelnde Lebensdrang zum Ausdruck. Und
denkt man an die Kunst Richard Wagners, so treten vor allem
Wotan und Siegfried vor Augen: sie beweisen, wie sehr in
Wagners dichterischem Schaffen die Glut des Lebenwollens als
treibende Kraft wirkte. Aus der außerdeutschen neueren Dichtung
seien etwa Byrons Don Juan und Mérimées Carmen als Bei=
spiele herausgegriffen. Die hier angeführten Gestalten haben
ohne Zweifel im Vergleich mit den von Grillparzer geschaffenen
Verkörperungen des Lebenswillens nach manchen Seiten aus=
zeichnende Eigentümlichkeiten voraus. Trotzdem behauptet Grill=
parzer in der Ausgestaltung des in Rede stehenden Typus seine
hervorragende Eigenart. Und diese besteht vor allem darin, daß
bei ihm der unheimliche, verführerische, wahnberauschte Lebenswille
in Verknüpfung mit Lebensscheu und Lebensunvermögen auftritt.

In ungleich breiterer Masse und vielfach in radikaleren
Formen, als je vorher, macht sich in der Dichtung der Gegenwart
das Motiv des Lebensjubels geltend. Ja es ist gegenwärtig zu
einer der beherrschenden Grundstimmungen der Dichtung geworden.
Die Zuschärfung, die der Lebenswille in unserer Zeit erfahren
hat, besteht vor allem darin, daß die Anschauung, die sich zu ihm
bekennt, sich für die Überwinderin der Stufe der Moral, für die
Befreierin von den Knechtungen der Pflicht und des Gewissens
hält. Wie ganz anders ist dies bei Grillparzer! Drei Fälle lassen
sich hier unterscheiden. Wenn Grillparzer den Herzog Otto im
Treuen Diener von Lebenssucht erfüllt sein läßt, so versteht es
sich für den Dichter von selbst, daß der Herzog die Bahn des
Frevels, des Widermoralischen wandelt. Wenn Rahel in
Lebenstaumel dahingaukelt, so will der Dichter sie als unter
der Stufe des Moralischen stehend angesehen wissen. Wird
Sappho oder Libussa von Lebensdrang ergriffen, so ist nach dem
Sinne des Dichters diese Wendung mit den Forderungen des
Moralischen durchaus im Einklang. Jetzt dagegen will die
Stufe des Lebensrausches nicht etwa als untermoralisch, natürlich auch nicht als widermoralisch, aber ebensowenig als moralisch,
sondern als übermoralisch gelten. Vor allem durch Nietzsche
ist diese Wendung mit Entschiedenheit eingetreten. Dadurch hat
die Verkündigung des Lebenswillens etwas Herausforderndes,
etwas verletzend Freigeisterisches erhalten; sie nimmt die Höhe des
Übermenschentums für sich in Anspruch. Freilich tritt dies nicht
in allen modernen Dichtungen, die von Lebensrausch erfüllt sind,
hervor. Wohl aber liegt in jener Zuschärfung das für die moderne
Auffassung Charakteristische.

X

Die dargelegte Doppelseitigkeit zeigt auch die Persönlichkeit
Grillparzers. Es läßt sich diese Übereinstimmung zwischen Dichtung

und Persönlichkeit von vornherein erwarten, wenn man in Be=
tracht zieht, wie sehr gerade bei Grillparzer das künstlerische
Schaffen unmittelbarer Ausdruck der erregten Persönlichkeit ist.
In dem Gedichte Abschied von Gastein bringt er die schmerz=
volle Subjektivität seines Schaffens zu ergreifend herbem Ausdruck.
Und in dem Gedichte Jugenderinnerungen im Grünen sagt er:

> Und flammend gab ich das Geschaute wieder,
> Der Hörer, ob auch kalt, entging mir nicht,
> Denn Lebenspulsschlag zog durch meine Lieder,
> Und wahr, wie mein Gefühl, war mein Gedicht.

In meinem Buche sowohl, wie in der voranstehenden Ab=
handlung habe ich die tragische Gebrochenheit Grillparzers, die
unselig widerspruchsvolle Zusammensetzung seines Wesens, sein
Lebensungeschick und seine Lebensscheu ausführlich betrachtet. Die
jetzt angestellten Betrachtungen geben Veranlassung, in das dort
gezeichnete Bild Grillparzers das leidenschaftliche Entzücken, mit
dem ihn das Leben umfing, und das heiße Verlangen nach einem
starken Leben in Frauenliebe und Dichterruhm als ergänzenden
Zug hineinzuzeichnen. Wohl wurde er durch den Mangel an
Zutrauen zu sich, durch übergroße Reizbarkeit und Störbarkeit,
durch krankhafte Grübelei und Selbstquälerei derart in sein ein=
sames Inneres zurückgeworfen, daß seine Lebensführung nach außen
hin weit überwiegend das Gepräge der Lebensscheu und Welt=
fremdheit trug. Sein Inneres dagegen stand in hohem Grade
unter dem aufregenden und berückenden Einfluß des Lebenszaubers.
Wenn er eine so unerschöpfliche Liebe zu Lope de Vega hatte,
so lag der hauptsächliche Grund hierfür in der Unerschöpflichkeit
naturvollen Lebens, das ihm aus den Dichtungen des Spaniers
bunt und regellos entgegenquoll. Man lese, um dessen inne zu
werden, das schöne Gedicht Lope de Vega.

Man darf nun natürlich nicht sämtliche Züge, die man an
den Vertretern des Lebenswillens in den Dichtungen Grillparzers

findet, auf seine Persönlichkeit übertragen. So war er beispiels=
weise von dem verwegenen, abenteuerlichen Wagemut, von dem
kraftvollen Hineinstürmen in das Leben, wie dies an Jason und
Rustan hervortritt, weit entfernt. Dem Lebenswillen wirkte bei
ihm die Lebensscheu entgegen. Daher entfaltete sich der Lebens=
durst bei ihm mehr innerlich: er blieb in der Hauptsache auf die
Gefühls= und Phantasiebetätigung beschränkt. Das Wollen in
der zugeschärften Gestalt des Entschlusses und Handelns stand
bei ihm unter dem Einfluß der Lebensscheu.

Die doppelseitige Art und Weise, wie Grillparzer als Mensch
zum Leben steht, gibt sich in seiner Lyrik deutlich kund. Es wäre
eine lohnende Aufgabe, seine Gedichte daraufhin durchzugehen.
Dabei wären besonders solche Gedichte, wie Incubus, Jugend=
erinnerungen im Grünen, Der Bann, Der Halbmond glänzet
am Himmel, An die Sammlung, Ruhe ins Auge zu fassen.
Aus ihnen spricht die Lebensglut und die Lebensohnmacht des
Dichters, seine Bezauberung und seine Enttäuschung durch das
Leben, seine böse Sucht, die Genüsse des Lebens in Illusion auf=
zulösen, und sein Ruhebedürfnis. Im besonderen wäre dabei auch
die Art zu beachten, wie er der Leidenschaft für die Frauen Aus=
druck gibt. Betrachtet man solche Gedichte wie Verwünschung,
Trennung oder das schon erwähnte inhaltsschwere Selbstbekenntnis
Jugenderinnerungen im Grünen, so sieht man, wie es ihn reizt,
im Weibe etwas rätselvoll und quälend Abgründliches, etwas
zugleich Dämonisches und Göttliches zu lieben.

Das zuletzt Gesagte läßt sich in gewissem Sinne verallgemeinern.
Alles, was Natur und Leben ist, hatte für Grillparzer dadurch
Reiz, daß es sich ihm als ein Irrationales, als ein über Vernunft
und Begriff, Regel und Ordnung Hinausliegendes darstellte.
Grillparzer besaß eine unbarmherzige Logik, einen ätzend scharfen
Verstand, der die Erscheinungen kalt und still zergliederte und
zersetzte. Um so mehr gerade fühlte er sich zu allem, was nicht

in Vernunft und Begriff aufgeht, hingezogen. Von dieser Art
erschien ihm Leben und Natur, Schönheit und Kunst. Seine
Ästhetik gründet sich auf die unmittelbare Gewißheit von der
überbegrifflichen Natur des Schönen. Schönheit und Kunst galten
ihm als erhöhter Ausdruck von Natur und Leben. Wie diese, so
erschienen ihm auch jene als in ihrem Wesen irrational.

So zeigt sich uns zum Schluß, ein wie weites Reich für
Grillparzer den bestrickenden Reiz des Irrationalen besaß. Natur
und Leben, Schönheit und Kunst stehen für ihn in beglückendem
Gegensatze zu den klaren und spitzigen Ordnungen der Vernunft.
Ihr Wesen ist, so fühlte und glaubte er, Geheimnis und eben
darum ein Quell von Gesundheit und Kraft.

VIII

Grillparzer als Dichter des Komischen

I

Grillparzer[1]) liefert als Dichter des Komischen eine weit reichere
Ausbeute, als man zunächst vermuten könnte. Man hat dabei
nämlich nicht nur an das Lustspiel Weh dem, der lügt zu
denken, sondern vor allem auch an die Einflechtungen von komischer Haltung und Färbung, die seine Tragödien aufzuweisen
haben. Und da wird sich zeigen, daß in seinen Tragödien komische
Gestalten und Verwicklungen in weit größerem Umfange und in weit
mannigfaltigeren und interessanteren Formen vorkommen, als es
auf den ersten Blick scheint. Sodann aber gehören auch die satirischen und epigrammatischen Gedichte Grillparzers hierher. Und so
wird sich uns denn ergeben, daß, indem wir in Grillparzer nach
der Richtung des Komischen hin einzudringen versuchen, die Eigenart des Dichters, seine Feinheit und Herbheit, seine Kühnheit
und Tiefe in bedeutsames, zum Teil unerwartetes Licht gerückt
werden wird.

Man muß hierbei freilich von vorherein den Ausdruck „komisch"
in genügend weitem Sinne nehmen; also nicht etwa nur im Sinne
des derb Komischen, Possenhaften, zu lautem Lachen Reizenden.

---

[1]) Was die zwei ersten Drittel der Abhandlung — bis zu der Über-
schrift „Satiren und Epigramme" — enthalten, habe ich am 28. Oktober 1904
in der Grillparzer-Gesellschaft zu Wien — nur in freierer und bequemerer
Form — vorgetragen.

Das Bereich des Komischen umfaßt auch feinere Gebilde: das
Spielende, zwischen Ernst und Scherz Schwebende, die zarten lustspielmäßigen Farben; es umfaßt aber auch das Närrische, phan-
tatisch Launenhafte, wunderlich Seltsame, überhaupt alles, was
man Humor nennt. Und auch an Witz und Satire haben wir
zu denken, wenn wir dem Komischen in vollem Umfange bei
Grillparzer nachgehen wollen.

II

Betrachtet man die dichterische Entwicklung Grillparzers, so
macht man sofort die Wahrnehmung, daß in seinen ersten großen
Dichtungen komische Triebkräfte so gut wie fehlen. In seiner
Blanka von Kastilien, in der Ahnfrau, Sappho, auch im Goldenen Vließ ist nur oder fast nur hoher Ernst, Spannung
aufs Große und Erhabene hin, tragische Geladenheit zu spüren.
Als Grillparzer diese Dramen schuf, war seine Phantasie von der
Wucht und den Schauern des Tragischen so völlig beherrscht, daß
es ihm an jener Überlegenheit fehlte, die nötig gewesen wäre,
um lustspielartige Verwicklungen und humoristische Gestalten in
den Gang des Tragischen einzuflechten oder gar das Tragische mit
Komik zu durchsetzen. Zu solchen Verbindungen besaß er damals
noch nicht die erforderliche Freiheit und Losgebundenheit des
Schaffens. Sein Schaffen war noch zu wenig von der Schwere
des Tragischen losgekommen. Am meisten nähert sich in jenen
früheren Dramen Grillparzer noch in der lieblichen Gestalt der
Melitta dem Leichten und Scherzenden.

Anders wird die Sache von König Ottokar angefangen. Betrachtet man diese weitere dramatische Tätigkeit Grillparzers, so findet
man überall in die ernsten und tragischen Verwicklungen Lustspiel-
artiges, Humoristisches eingewoben, freilich in sehr verschiedenem Umfange und sehr verschiedener Tiefe. Grillparzer strebt jetzt nach verwickel-
teren, schwierigeren, selteneren Wirkungen. Er steht jetzt nicht mehr im

Banne des Tragischen. Er verfügt jetzt über die künstlerischen Mittel in so losgebundener, überlegen beherrschender Weise, daß er erst dann befriedigt ist, wenn er das Ernste und Tragische mehr oder weniger mit Komik und Humor durchsetzt. Das Bedürfnis nach einer solchen Vereinigung ist bei dem späteren Grillparzer in lebhafterem Grade zu finden als etwa bei Lessing, Schiller und mindestens dem Goethe des klassischen Stils.[1]) Bei Schiller insbesondere verhält es sich gerade umgekehrt wie bei Grillparzer. Wieviel Komik verschiedener Art findet sich nicht in den drei Jugenddramen Schillers! Von Don Carlos dagegen angefangen, tritt — natürlich abgesehen von Wallensteins Lager — Komisches und Humoristisches in seinen Dramen nur spärlich auf. Die reine Tragik hat bei dem reifen Schiller die interessanten Synthesen von Tragik und Komik verdrängt.

Wir wollen zunächst diese Verflechtungen und Durchsetzungen seiner Tragödien mit komischen Bestandteilen betrachten. Hierzu wird es nötig sein, vorerst auf einen Unterschied im Bereiche des Komischen hinzuweisen.

Man hat das objektiv Komische von dem subjektiv Komischen zu scheiden. Das Komische der objektiven Art haftet den Gestalten unwillkürlich an, es widerfährt ihnen. Es wird nicht in freiem Spiel hervorgebracht. Es ist nicht Ergebnis eines überlegenen Bewußtseins. Um einige starke Beispiele anzuführen: der Betrunkene mit seinen zweckmäßig sein wollenden, aber auffallend zweckwidrigen Bewegungen; der Verliebte, der voll Verlegenheit seine Liebeserklärung hervorstottert; das Gänschen vom Lande, das sich in vornehmer Gesellschaft Blößen gibt — sie alle gehören zum objektiv Komischen. Der Spaßmacher dagegen, der die

---

[1]) So sagt auch Minor, daß Grillparzer dem Humor auch in den Situationen und Charakteren des ernsten Dramas um vieles mehr Zutritt gestattet hat als unsere Klassiker (in der Abhandlung: Grillparzer als Lustspieldichter und Weh dem, der lügt; Grillparzer-Jahrbuch, Bd. III, S. 45).

Gesellschaft durch Grimassen und närrische Reden unterhält, der Intrigant im Lustspiele, der komische Verwechselungen und Verwicklungen einfädelt, der Humorist, der sich und die Welt im Zerrspiegel seiner Einfälle auffängt, sie sind Beispiele für die subjektive Komik. Denn sie erzeugen das Komische mit freiem Bewußtsein.

Finden sich in Grillparzers Tragödien objektiv komische Gestalten? Wiewohl weder sein Talent noch seine Neigung gerade besonders nach dieser Richtung geht, so hat er doch zuweilen auch solche Gestalten in den tragischen Gang der Stücke eingeflochten. Lassen wir sie an unseren Augen vorübergehen. Dabei bemerke ich ein für allemal, daß die Charakterisierungen, die ich zu geben beabsichtige, nicht allseitig sein wollen. Sie sind ausdrücklich von der Absicht beherrscht, daß die komischen Züge in ihrer Wichtigkeit für das Schaffen Grillparzers hervortreten mögen.

Ich lenke den Blick zuerst auf die Herotragödie. Wie wird nicht ihr erster Aufzug durch die Gestalt von Heros Vater belebt! Wie schon vorher durch Janthe, so kommt dann durch ihn eine gewisse muntere Unruhe in wünschenswerter Weise in den feierlichen Schritt des Dramas. Er trägt etwas von der Komik eines gebrechlichen, aber immer noch rüstig obenauf sein wollenden Alten an sich, der sich durch umständliches Schwatzen aufdringlich macht und dessen Unruhe und Heftigkeit mit seiner Gebrechlichkeit in auffallendem Kontrast steht.

Aus Libussa fallen uns sofort die drei Wladiken in die Augen: der weise Lapak, der reiche Domaslav, der starke Biwoy. Ihr Auftreten hat durchweg mehr oder weniger komische Färbung. Das gilt schon im allgemeinen von ihrem wichtigen und wuchtigen Auftreten im Kontrast mit ihrer beschränkten, niederen Sinnesart. Sodann ist von komischer Wirkung zu Beginn des zweiten Aktes die Art, wie sie wechselseitig ihre plump versteckten Hintergedanken

vortrefflich verstehen. Vor allem aber wird ihr komischer Eindruck
durch den groben, unbeholfenen Sinn erhöht, den sie bei ihrer
Werbung um Libussa in ihren Anstrengungen zur Auflösung des
feinen Rätselspieles an den Tag legen, und durch das Überlistet=
werden, das sie dabei erleben müssen. Und schon das regelmäßige
Auftreten zu dreien wirkt in komischer Richtung. Auch aus der
Komik dieser Gestalten entspingt reicher Gewinn, und zwar vor
allem für das Liebesdrama in Libussa. Die Komik der Wladiken
hebt durch den Gegensatz des Derben das Zarte des Liebesspieles
zwischen Libussa und Primislaus; sie steigert überhaupt den märchen=
haften Charakter des Stückes.

Zu den objektiv komischen Gestalten gehört ferner Rahels
Vater in der Jüdin von Toledo. Die häßlichen Züge seines
Wesens — seine Feigheit und Frechheit, seine klebende Goldgier
und seine winselnde Angst — sind von Grillparzer überwiegend
komisch behandelt. Selbst bis in das Grausen des fünften Aktes
hinein läßt er in gewissem Grade die komische Behandlung des
Alten reichen.

Mit besonderem Nachdruck aber ist Haman anzuführen.
Gerade indem man sich die komische Wendung, die der Dichter
dem Wesen Hamans gegeben hat, zum Bewußtsein bringt, wird
klar, wie geistreich er den biblischen Haman umgeformt und einen
wie wirksamen Gegensatz zu dem schwerblütigen König er ge=
schaffen hat. Komisch aber wirkt Haman in mehrfacher Hinsicht:
insofern seine geriebene Schlauheit sich in eine gebrechlich tuende
Art einkleidet, insofern hinter seinen mit Überlegenheit vorgebrachten
Darlegungen überall törichte Eitelkeit und kurzsichtige Selbstgefällig=
keit hervorblickt, und insofern er seine skrupellosen, niedrigem Sinne
entstammenden Erwägungen mit Zierlichkeit und Feinschmeckerei
zum besten gibt.

So hat uns also Grillparzer in seinen ernsten Dramen eine
ziemliche Anzahl objektiv komischer Gestalten geschenkt. Und alle

hat er unter kundiger künstlerischer Abwägung der Gegensätze,
aus denen sich die Färbung erzeugt, mit sicherer Hand geformt.

III

Frage ich jetzt nach dem Komischen der subjektiven Art,
so seien zuerst die Nebenpersonen ins Auge gefaßt. Wo findet
sich hier Lust sei es an grobem Spaß oder an feinem Scherz?
Wo findet sich hier satirische Laune oder überlegen spielender
Humor?

Selbst dem Bruderzwist, einem Drama, über dem schwere,
graue, drohende Wolkenmassen lagern, hat Grillparzer eine Gestalt
einverleibt, von der scherzendes Behagen ausgeht. Durch den
„beleibten, wohlbehaglichen" Erzherzog Max fallen in die ge-
dehnten Verhandlungen des zweiten Aktes wenigstens einige heitere
Lichter. Mit saftig derben Scherzen rückt er seinem Neffen Leopold
und dem Ratgeber des Matthias, Klesel, auf den Leib. Auch
erinnere ich an einen überaus wirksamen Zug leisen Scherzes
ganz am Schlusse des ersten Aufzugs: der Kaiser „tippt" dem
von ihm herzlich geliebten lebensfrohen Erzherzog Leopold auf
die Schultern und winkt ihm „liebreich drohend" Stillschweigen
zu. Gerade weil diese leichte, spielende Gebärde dem tiefsinnigen,
schwerblütigen Kaiser entschlüpft, ist sie so wirksam.

Einem subjektiv Komischen von ganz anderer Art, als es
Erzherzog Max ist, begegnen wir, wenn wir im König Ottokar
die interessante Gestalt des Zawisch ins Auge fassen. Der
Kern seines Wesens ist Verbindung von frecher Tollkühnheit und
feiger Hinterlist. Damit verknüpft sich nun die Neigung zu
Spott und Spiel. Doch ist sein Spott nicht gutmütiger Natur
wie beim Erzherzog Max; er will schmerzhaft treffen. Seine
Worte sind oft von schadenfrohem Lachen begleitet. Und das
Liebesspiel, das er anzettelt, ist gleichfalls das Gegenteil von
harmlos; es ist eine Intrige von wagend keck und zugleich ver-

letzend höhnender Art. Er will hierdurch den tödlich gehaßten
Ottokar an empfindlichster Stelle verwunden. Ich werde bald
noch in anderem Zusammenhange auf Zawisch zu sprechen kommen,
den Emil Reich mit Recht „eine der kühnsten, eigenartigsten Schöp=
fungen Grillparzers" nennt.[1])

Dem Zawisch verwandt ist Herzog Otto im Treuen
Diener. Auch zu seinem Wesen gehört boshafter Spott. Nur
läßt Grillparzer diesen auch nicht entfernt zu so umfassender
Äußerung kommen wie bei Zawisch. In den beiden ersten Akten
fallen hie und da kurze Spottreden Herzog Ottos gegen Banc=
banus. An Fülle und Wucht gewinnen sie dadurch, daß die
Königin und die Begleiter des Herzogs einstimmen und in dem=
selben Tone sprechen. Auch die Schilderungen, die der Herzog
im ersten und dritten Akt von Bancbanus gibt, sind von Spott ge=
tränkt. Doch tritt an den Wesensäußerungen Ottos das Spottende
nicht in so hohem Grade hervor, daß die übrigen Seiten seines
Wesens dagegen zurückstünden. Auch bedient sich der Spott, wie
ihn Herzog Otto übt, nicht in besonderem Grade der eigentümlich
komischen Mittel. Er steht dem einfach ernsthaften Bloßstellen
und Verächtlichmachen näher, als dies von der Spottweise des
Zawisch gilt.

Wollen wir uns an einem Humoristen unter den Neben=
gestalten Grillparzers erfreuen, so müssen wir unsere Blicke dem
Freunde Leanders, Naukleros, zuwenden. So gesellt sich zu
dem behaglichen Spaßmacher Erzherzog Max, zu den boshaften
Spöttern Zawisch und Herzog Otto der freie und edle Humorist.
Wie alle bisher betrachteten Gestalten, so ist auch Naukleros zu
prächtiger Lebendigkeit, zu sprühender Individualität heraus=
gearbeitet. Indem der Dichter dem trübsinnig und wortlos in
sich verschlossenen Leander den von beredter Munterkeit funkeln=

---

[1]) Emil Reich, Franz Grillparzers Dramen. Dresden und Leipzig 1894.
S. 105 ff.

den Naukleros zugesellte, hat er ein höchst eigenartiges Paar ge=
schaffen. In Naukleros verbindet sich mit einem goldenen Herzen
voll selbstloser, hilfreicher Freundesliebe ein jugendfroher Mut=
wille und die Fähigkeit, selbst das Ernste und Schwere in humor=
voll heitere Beleuchtung zu rücken, es gleichsam aufzulockern und
zu beflügeln. Diese Fähigkeit betätigt er besonders an seinem
Freunde. Vor allem im zweiten Aufzuge lernen wir das Wesen
Leanders vorzugsweise aus den Spiegelungen kennen, die es in
den humoristischen Schilderungen des Naukleros findet.

Noch eine weitere Gestalt ist zu erwähnen: Zanga aus
Traum ein Leben. Er hat eine gewisse muntere, leicht und
nachlässig nehmende, ins Niedrige wendende Art. Besonders
wenn er Rustan zu gefährlichen und verbrecherischen Entschlüssen
und Handlungen antreibt, tritt diese Art hervor. Sie hat daher
etwas Mephistophelisches an sich. Namentlich der Traum=Zanga
charakterisiert sich hierdurch. Seine Worte zeigen: es macht ihm
Spaß, Rustan immer enger und tiefer zu verstricken. Das An=
feuern zu Frevel löst sich ihm in eine lustige Sache auf. Dieser
harmlos lustig erscheinende Mephistophelismus Zangas trennt seine
flotte Laune von dem viel gespannteren, gereizteren Spotte des
Zawisch und Herzogs Otto.'

Außerdem aber ist Zanga in gewissem Grade auch ein Ver=
treter der objektiven Komik. Allerdings zeigt sich dies mehr bei
der Aufführung als im Lesen. Zanga als Sklave und Neger
auf der einen Seite, das Tapfere und Gefährliche seines Wesens
auf der anderen — dies gibt einen komisch=wirkenden Kontrast.
Seinen Mienen und Bewegungen muß der Schauspieler grimassen=
hafte Beweglichkeit, karikaturartige Bedeutsamkeit geben. Zweimal
besonders erhalten ganze Vorgänge durch ihn eine komische Fär=
bung. Beide Stellen finden sich im vierten Akt: die eine dort,
wo Zanga, in Haustracht vor Rustan, der eben aus seinem
Traume erwacht ist, stehend, von diesem mit einer Flut von

Flüchen überschüttet wird; die andere hart vor dem Schlusse, wo Zanga Flöte blasend dem Harfe spielenden Alten folgt.[1])

Endlich sei noch Rudolfs von Habsburg Erwähnung getan. Wo er im dritten Aufzuge des Ottokar mit allerhand Leuten aus dem Volke spricht, dort sind seine Reden von einem warmen Hauche überglänzt, der aus einem dem Scherze sich auf= schließenden grundgütigen Herzen stammt.

IV

Zuweilen begnügt sich Grillparzer nicht mit der Einflechtung komisch gehaltener Gestalten, sondern er webt geradezu lustspiel= artige Verwicklungen in den tragischen Gang des Dramas organisch hinein.

Kaum ein anderer Dichter hat in seine ernsten Dramen eine solche Fülle komischer und humoristischer Gestalten und Szenen hineingearbeitet wie Shakespeare. Und dennoch, wenn ich in seinen Tragödien nach lustspielmäßigen Verwicklungen, die in die tragische Handlung hineingeschlungen sind, suche, so weiß ich keinen solchen Fall aufzuweisen. Man darf nicht den Kaufmann von Venedig anführen; denn hier liegt die Sache vielmehr umgekehrt: in ein Drama, das seiner ganzen Anlage und seinem Ausgange nach lustspielmäßig ist, sind tragische Ansätze hineingestaltet. Und ähnlich verhält es sich im Cymbelin: freilich sind hier tragische und heiter-spielende Szenen ineinander geschlungen, allein das Ge= samtdrama ist doch durchaus optimistisch gestimmt. Auch Heinrich den Vierten darf man nicht geltend machen; denn hier liegt ein

---

[1]) Stephan Hock weist richtig darauf hin (Der Traum ein Leben. Stuttgart und Berlin 1904. S. 119), daß dort, wo im vierten Akt der aus einem Traume erwachende Rustan den harmlos eintretenden Zanga mit Flüchen überschüttet, durch den „Kontrast zwischen Rustans pathetischen Worten und der hausbackenen Situation" eine entschieden komische Wirkung herbeigeführt werde.

nur loses Nebeneinander von komisch=humoristischen und tragischen
Szenen vor. Romeo und Julia wieder enthält freilich überaus
zahlreiche komische Bestandteile (man denke nur an Mercutio,
den Bruder Lorenzo, den Grafen Capulet, die Amme, die Diener);
allein eine lustspielmäßige, dem tragischen Verlauf einverleibte
Verwicklung findet sich nicht. Ähnlich wird auch von der Hamlet=
tragödie zu urteilen sein. Mit diesem Hinweis auf Shakespeare
will ich nur nahelegen, daß der nun zu behandelnde Fall einer
Verknüpfung des Komischen und Tragischen nichts Gewöhnliches
ist und eine nicht geringe Freiheit in der künstlerischen Bearbei=
tung des tragischen Stoffes voraussetzt.

Eine lustspielartige Einflechtung organischer Art findet sich
im Ottokar: sie knüpft sich an Zawisch und Kunigunde, die
neuvermählte Königin. In geistreicher, beinahe kecker Weise schlingt
Grillparzer mitten in die gewaltige, von weltgeschichtlichen Kräften
hochbewegte Handlung jenes verbrecherische Liebesspiel, das hinter
dem Rücken des furchtbaren Ottokar Zawisch und Kunigunde
auf gefährlichstem Boden miteinander beginnen. Wo es sich um
Reiche und Throne handelt, werden zugleich das Verstecken eines
Liebesgedichtes und das Entwenden einer Schleife zu verhängnis=
vollen Angelegenheiten. Eine solche Verschlingung der tragischen
Haupthandlung mit einer lustspielartigen Nebenhandlung wäre
Grillparzer in seinen früheren Dramen nicht möglich gewesen.
Erst jetzt hat er die nötige Kraft und Freiheit für das Bewältigen
einer so schwierigen Synthese gewonnen.

In noch viel höherem Grade gehört das Liebesspiel zwischen
Libussa und Primislaus hierher. In diesem Drama liegt die
Sache so, daß die tragische Entwicklung zwar im ersten Akt in
unheilkündender Schwere eingeleitet wird, aber erst im fünften
Akt in entschiedener Weise ihre Fortsetzung findet. Die dazwischen=
liegenden Akte sind in der Hauptsache von jenem Liebesspiel aus=
gefüllt, das zunächst zu beseligend glücklichem Ziele führt.

Während im König Ottokar die lustspielartige Liebesintrige
eine Nebenhandlung bildet, erfährt hier die im Mittelpunkte
des Dramas stehende Liebesverwicklung eine gewisse lustspielmäßige
Behandlung. Dieses Lustspielmäßige hat hier nun freilich mit derber
Komik oder auch nur mit Komik der lustigen, übermütigen Art nichts
zu schaffen. Die Liebe, die sich hier anspinnt und vollendet, hat
schicksalsvolle Tiefe, hochromantische Symbolik. Demgemäß besteht
hier die lustspielmäßige Behandlung der Liebe in etwas viel Zarterem.
Nur ein Hauch von Schalkhaftigkeit, nur ein Anflug von Lächeln
liegt darüber. Besonders bei Primislaus hat die Entwicklung der
Liebesgefühle vielfach etwas Schalkhaftes; sie charakterisiert sich
durch ein lächelndes Darüberstehen, durch ein nicht völlig ernst
gemeintes Vorwärtsgehen, durch den darüberschwebenden Neben=
gedanken, ob nicht alles ein törichtes Wagnis sei. So geben denn
auch schon das von Libussa ausgehende Rätselspiel und die sich an
Kleinod und Kette knüpfende Symbolik, ebenso das Gegenrätsel
des Primislaus den Liebesgefühlen den Charakter eines gewissen
erhabenen und holden Scherzes.[1]) Und die drei Wladiken bringen
sogar Elemente von gröberer Komik in den Verlauf der Liebes=
entwicklung hinein.

Ich will nun nicht behaupten, daß der tragische Kern des
Dramas mit diesem Liebesspiele zu voller Befriedigung ver=
bunden sei. Hierin läßt das Drama manches zu wünschen übrig.
Der tragische Zwiespalt von Natur und Kultur, von träumend
blühender Unschuld und hartem, selbstsüchtigem Arbeiten ist mit
jenem Spiele nicht völlig zur Einheit des Interesses verknüpft.
Doch dies zu verfolgen, liegt nicht in der Richtung dieser Be=

---

[1]) Ich kann daher Farinelli nicht recht geben, wenn er von Libussas
Rätsel sagt, daß es ein zu ernst gemeinter Scherz sei, der zu tief in die Hand=
lung des Stückes eingreife (Grillparzer und Lope de Vega. Berlin 1894.
S. 140). Richard M. Meyer wird in seinem Erläuterungsschriftchen zu Libussa
dem Charakter des Primislaus nicht ganz gerecht (S. 30).

trachtungen. Jedenfalls hat der Dichter sich in diesem Drama die interessante und schwierige Aufgabe gestellt, die beiden tragischen Hauptpersonen durch ein in zarten, seltenen lustspielmäßigen Färbungen schillerndes Liebesspiel, durch eine in sich abgerundete feine Liebeskomödie miteinander zu vereinigen. Und die Mängel in der Durchführung dieser Synthese treten vor den tiefsinnig und märchenhaft leuchtenden Schönheiten weit zurück. Nur eine reife, ihrer selbst sichere Phantasie vermochte die Liebesschlingungen zwischen Libussa und Primislaus so zu führen, wie dies Grill=
parzer getan hat.

V

Grillparzer begnügt sich indessen auch damit nicht, komisch beleuchtete Verwicklungen in tragische Hauptzusammenhänge ein=
zuflechten. Er geht weiter, wird kühner. Es gibt Fälle bei ihm, wo tragische Hauptpersonen nicht etwa nur nebensächlicher=
weise, sondern in ihrem Wesenskerne Züge an sich tragen, die dem Reiche der Komik und des Humors angehören. So kommt zu den mannigfachen Seiten, durch die Grillparzer für die Ästhetik des Tragischen wichtig ist, hier eine neue Seite hinzu.

Es ist bei den Dichtern des Tragischen ein ziemlich seltener Fall, daß der Held unter Mithilfe von Zügen, die der Komik oder dem Humor angehören, zu einem tragischen Helden wird. Nur wahrhaft großen, dem Menschlichen mit Freiheit und Er=
habenheit gegenüberstehenden Dichtern ist es möglich, dieses Wagnis durchzuführen. Shakespeare gehört durch verschiedene Ge=
stalten, wie Hamlet, Shylock, Mercutio, hierher. Diderot ist in der genialen Zeichnung von Rameaus Neffen die Gestalt eines zynisch=humoristischen Teufelskerls mit starkem tragischen Einschlag gelungen. In neuester Zeit hat Rostand in seinem Cyrano einen humoristisch=tragischen Helden geschaffen. In ebenso kühner Weise sind groteske Komik und rührende Tragik in der Gestalt des alten

Huhn in Hauptmanns Pippadrama verbunden. Bei Grillparzer kommen Bancbanus und Rahel in Betracht.

Die Tragik Bancbans besteht darin, daß er gerade durch das Große seiner Natur dahin kommt, gegenüber der ihn um= gebenden Welt der Leidenschaften, Ränke, Gewalttätigkeiten und Verführungen Schiffbruch zu erleiden. Das Große seiner Natur aber liegt vor allem in seinem schlichten Rechttun, in seiner un= bedingt scheinlosen Art, die nichts sein will als ehrlich, wahrhaft und treu, in seinem kindlich unerschütterlichen Vertrauen zu der siegenden Kraft des einfachen Rechttuns. Dieser erhabene Mittel= punkt seines Wesens wird nun dadurch zur Quelle tragischer Ver= wicklungen, daß seine Rechtlichkeit allzu einfacher, allzu gerad= liniger Art ist, daß ihr zu wenig Menschenkenntnis und Klugheit zugesellt ist, daß sie sich zu wenig der leidenschaftlichen, wilden, gewissenlosen Welt um ihn her anpaßt.[1]) Für uns ist nun inter= essant, daß Grillparzer diesen tragisch wirkenden Charakter mit Zügen komischer und humoristischer Natur, mit Zügen also, die an sich dem Tragischen entgegengesetzt sind, ausgestattet hat, und

---

[1]) Völlig anders faßt Max Speier (in dem Aufsatze: Über das künstle= rische Problem in Grillparzers „Ein treuer Diener seines Herrn"; Euphorion, Bd. 7, S. 541 ff.) den Charakter des Bancbanus. Er glaubt, Grillparzer wolle ihn als einen Mann von abgestorbenem Rechtsgefühl, von erschlafftem Ehrgefühl charakterisieren. Mir scheint, daß die interessanten und geschickten Darlegungen Speiers eine gewalttätige Zurechtlegung, ja eine Verzerrung des Charakters des Bancbanus bedeuten. Nach anderer Richtung wieder mißversteht O. E. Lessing in seinem Buche: Grillparzer und das neue Drama (München und Leipzig 1905) das Wesen des Bancbanus: er findet sein Handeln in allen Stücken verständig, zweckmäßig, notwendig (S. 48 ff.). Überhaupt charakterisiert sich dieses Buch dadurch, daß es neben manchen anregenden und treffenden Aus= führungen viel schiefe und enge Auffassungen enthält und in willkürlichem Zu= rechtlegen von Grillparzers Dramen oft Erstaunliches leistet. Schon Sauer hat darauf hingewiesen, daß Grillparzer in der Gestalt des Bancbanus gewagt habe, „die Kluft zwischen Komik und Tragik zu überbrücken" (in der Ab= handlung: Ein treuer Diener seines Herrn; Grillparzer=Jahrbuch, Bd. 3, S. 24).

daß dennoch hierdurch die tragische Wirkung nicht geschwächt wird,
sondern sich nur um so eigenartiger geltend macht.

Einmal sind es objektiv komische Züge, die in die tiefernste
Natur des Bancbanus verschmolzen sind. Dahin gehört die an
das Alter gemahnende umständliche Redseligkeit, insbesondere aber
die wunderliche Mischung von peinlicher Bedachtsamkeit und harmlos polternder Art. Auch gerät er infolge seiner allzu einfachen
Rechtlichkeit und kindlichen Unerfahrenheit in Lagen, die ihn zum
Gegenstande des Spottes werden lassen. So besonders zu Beginn des zweiten Aufzuges. Sodann aber hat ihm der Dichter
auch etwas von Humor gegeben. Selbst in schweren Lagen steht
er den Dingen mit solcher Überlegenheit gegenüber, daß er leicht
nehmende, scherzhaft wendende, durch Wunderlichkeit die Spannung
mildernde Worte zu gebrauchen imstande ist. So gegenüber
Ernn gegen den Schluß des zweiten Aufzuges und in der langen
Rede, die er zu Beginn des fünften Aufzuges an das Königs-
kind und den Herzog Otto richtet.

So hat Grillparzer in Bancbanus eine Gestalt geschaffen,
in der das Tragische unter wesentlicher Mithilfe von komischen
und humoristischen Zügen zustande kommt. Die Tragik des Bancbanus würde nicht so rührend wirken, würde nicht so ans Herz
greifen und nicht so individuell schmecken, wenn ihn der Dichter
einfach ernst und rein erhaben gehalten hätte. Bevor ich die
Gestalt des Bancbanus verlasse, kann ich die Bemerkung nicht
unterdrücken, wie sehr es zu beklagen ist, daß ein so geistvolles,
ausgereiftes Stück, wie es das Bancbanusdrama ist, ein Stück,
das verwickelte und kühne künstlerische Aufgaben löst und daher
gerade moderne künstlerische Ansprüche in hohem Grade zu befriedigen geeignet ist, der Bühne völlig fremd ist.

Noch organischer sind tragisches Geschick und komische Züge
in der Gestalt der Jüdin verknüpft. Hier entsteht das tragische
Geschick nicht nur unter Mithilfe komischer und humoristischer

Bestandteile, sondern diese erzeugen geradezu den tragischen Gang der Dinge. Die phantastische Tollheit Rahels, ihre närrischen Launen, ihr glitzerndes Gaukeln sind es, wodurch Rahel den König umspinnt und berauscht und so ihren tragischen Ausgang unvermeidlich herbeiführt.

An Rahel tritt mit Entschiedenheit das Komische in seiner subjektiven Gestalt hervor, freilich nicht in der Form des Humors, sondern als närrisches Spielen, ausgelassene Kinderei, phanta= stisches Possentreiben. Mit Meisterschaft hat Grillparzer diese komischen Elemente ihrem widerspruchsreichen, naiv-koketten, unecht= echten Wesen einverleibt. Und wie bei Bancban, so ist auch hier aus der schwierig zusammengesetzten Mischung eine lebensprühende, rund in sich aufgehende Schöpfung entstanden. Gerade die von Kritik und Publikum am meisten getadelten und am wenigsten verstandenen Gestalten Grillparzers sind vielmehr ganz besondere Meisterleistungen.

Ich will nun nicht behaupten, daß die Tragik Rahels durch diese Zumischung von Spiel und Narretei erhöht werde. Im Gegenteil, wäre Rahel mehr ins großzügig Leidenschaftliche, ins erhaben Dämonische gezeichnet, so würde ihre Tragik eine be= deutende Steigerung erfahren haben. Aber es ist ja nicht Auf= gabe einer jeden Tragödie, die Tragik möglichst hinaufzutreiben. Wenn die Tragik eigenartig, ungewöhnlich gestaltet wird, so kann dies ein voller Ersatz für die fehlende Zuschärfung des Tragischen sein. Und so ist es in unserem Falle. Indem Rahel dieses tändelnde, gaukelnde, im Kleinen und Nichtigen lebende Kind ist, gewinnt die über sie hereinbrechende Tragik eine höchst originelle, reizvoll eigenartige, seltene Färbung.

VI

Wenn ich mich jetzt zu den dramatischen Dichtungen Grill= parzers wende, in denen Komisches nicht nur in der Form von

Einflechtungen vorkommt, sondern die herrschende Macht bildet,
so tritt uns mit Gewicht einzig das Lustspiel Weh dem, der lügt
entgegen. Aus dem Nachlasse Grillparzers sind freilich auch noch
zwei andere Lustspiele bekannt geworden: die beiden kleinen
Jugendarbeiten Die Schreibfeder und Wer ist schuldig?
Doch ist die in ihnen zutage tretende Komik noch überaus un=
reifer Art. Besonders gilt dies von der Schreibfeder, deren
Entstehung in die Zeit der Blanka von Kastilien fällt. Während
diese Jugendtragödie bei allen ihren Ungeheuerlichkeiten doch schon
den außergewöhnlichen Tragiker ankündigt, läßt sich aus der fast
kindischen, plumpen Behandlung des Komischen in der Schreib=
feder noch kaum eine Spur der späteren geistreichen und leben=
sprühenden Komik Grillparzers erkennen. Etwas feiner und an=
mutiger schon ist die lustspielmäßige Behandlung in dem zweiten
kleinen Jugendstücke Wer ist schuldig? geübt. Aber auch hier ist
die Verwicklung und Lösung allzu trivial.

Auch in den dramatischen Bruchstücken und Plänen, die
uns so überraschend reichlich aus dem Nachlasse bekannt geworden
sind, findet sich einiges Lustspielmäßige. In einem Lustspiele
Die Großen und die Kleinen beabsichtigte er, imponieren
wollende Genialität, bigotten Adelsstolz und manches andere zu
verspotten; doch sind es nur dürftige Andeutungen, die er uns
hierüber hinterlassen hat. Weit merkwürdiger ist das Bruchstück
Heinrich der Vierte. Hier ist eine auf Verkleidung beruhende,
von Keckheit sprühende Liebes= und Kriegsintrige eingeleitet. Der
französische König Heinrich der Vierte ist mit Kraft und Geschick
als ein Tollkopf charakterisiert, der mit munterem Humor in hoch=
ernste und gefahrvolle Lagen seine Liebesabenteuer einzuflechten
weiß. Und in Don Eusebio de Mazzamoro hat Grillparzer einen
aufgeblasenen Einfaltspinsel mit Glück karikaturartig gezeichnet.
Besonders um das Jahr 1811 herum hat sich unser Dichter mit
einer Menge von Plänen zu Lustspielen getragen.

Weh dem, der lügt ist ein Lustspiel von schwieriger und höchst zusammengesetzter Komik. Es ist keine Komik, die uns, wie etwa in Minna von Barnhelm oder den Journalisten, bequem auf dem Boden des gewöhnlichen Lebens läßt, sondern eine Komik, die uns von diesem Boden wegreißt, die uns in eine phantasievoll erhöhte Welt versetzt, in eine Welt, die nach der Seite des abenteuerlich Bunten, Seltsamen und Derben, aber auch nach der Seite des Durchgeistigten gesteigert ist.[1])   Sodann geht bei weitem nicht alles einfach in Komik auf, sondern es liegt ein tiefernster Gehalt, ein gedankenvoller Hintergrund vor, ja im fünften Aufzuge überwiegt das Ernste durchaus, und es kommt nun darauf an, daß dem Leser oder Hörer die beiden Seiten, einmal der tiefe Sinn, die gedankenschwere Weisheit des Bischofs und dann die verschiedenen komischen Züge, nicht auseinanderfallen, sondern sich ihm zu natürlicher Einheit verbinden.   Und um so mehr Spannkraft gehört dazu, als die komischen Elemente selbst wieder in so verschiedener Gestalt auftreten. Da haben wir den flotten Humor des Küchenjungen, die schalkhafte Anmut Edritas, die tierische Komik Galomirs, die derbkomischen Seiten Kattwalds, die zuweilen wenigstens komische Färbung des verwöhnten, hochfahrenden Atalus. So setzt sich die Lustspielwirkung hier zusammen aus tiefsinnigem Ernst und einer ganzen Reihe weit auseinanderliegender, nicht einfach verträglicher komischer Gestaltungsarten.   Die Lustspielwirkung weist hier sonach einen Zusammenklang auf, der durch herbe Dissonanzen hindurchgeht. Hat sich uns aber der Zusammenklang einmal hergestellt, dann befriedigt er um so tiefer und beglückt um so nachhaltiger.

Es ist sonach begreiflich, daß Weh dem, der lügt niemals ein volkstümliches Lustspiel werden kann.   Hierfür ist es künstlerisch zu verwickelt. Überall, wo so verschiedene Elemente wie

---

[1]) Das phantastisch Erhöhte in Weh dem, der lügt, hat Ehrhard mit schönen Worten gezeichnet (Franz Grillparzer. Sein Leben und seine Werke. Deutsche Ausgabe von Moritz Necker. München 1902. S. 434 ff.).

phantaſtiſche Steigerung, Gedankentiefe, beflügelter Humor und
derbe Komik in künſtleriſche Einheit zuſammengefaßt werden ſollen,
verſagt ein großer Teil des Publikums. Die künſtleriſchen An-
ſprüche gehen über ſeine Kräfte. Von Shakeſpeares Luſtſpielen,
beſonders von Wie es euch gefällt, gilt etwas Ähnliches.

Wir vergegenwärtigen uns zunächſt Leon, der das Drama
bewegt und den Mittelpunkt des Intereſſes bildet.

Hierbei ſteht uns ein Menſch allergeſundeſter Art vor Augen,
eine Geſtalt, an der alles friſch und hell, obenauf und ſieges-
gewiß iſt, an der alles luſtig klingt und tapfer funkelt. Aber
damit iſt noch nicht ſein Humor bezeichnet. Wir müſſen uns weiter
vorſtellen, daß dieſer urgeſunde Prachtmenſch Gegenſätzliches in
ſich bindet. In einem gibt er ſich töricht und doch grundgeſcheit;
er benimmt ſich als Kauz und iſt doch der Überlegene. Er geht
mit den Menſchen auf dem Wege des Aufſitzenlaſſens, des Nicht-
verſtehenwollens, insbeſondere der ſpaßhaften Reckheit und der
ſchon durch ihre Ungeheuerlichkeit komiſch wirkenden Unverſchämt-
heit um. Er ſpielt mit ihnen Fangball und kommt ſo zu ſeinem
Ziele. So ſind denn auch die Schlauheiten und Liſte, die er ins
Werk ſetzt, nicht etwa trocken ernſter Art, ſondern ſie ſind alle
von der blitzenden Beweglichkeit ſeiner Laune umſpielt; auch zielen
ſie teilweiſe geradezu auf das Hervorbringen objektiver derber
Komik ab. Man denke an das Untergraben des Brückenpfeilers,
wodurch unſchädliches Hineinſtürzen der wütenden Verfolger herbeigeführt werden ſoll. Beſonders die erſten drei Aufzüge ſind voll
von humoriſtiſchen Schlauheiten Leons, mag man an die Art, wie
er im erſten Aufzuge dem Hausverwalter und dem Biſchofe begegnet, oder an ſein Benehmen gegen Kattwald und Edrita in
den beiden folgenden Aufzügen denken.

Aber noch immer haben wir nicht den ganzen Leon in
Händen. Noch iſt mit Nachdruck der ſittliche Ernſt ſeines Weſens,
ſeine warme Verehrung für das Gute und Große hervorzuheben.

In den Dienst des Bischofs begab er sich nur deswegen, weil ihm aus Auge, Gestalt und Einherschreiten des greisen Mannes etwas Hohes, Seherisches, Überweltliches ahnungsvoll entgegengetreten war. Und die Reden des Bischofs über die unbedingte Pflicht, die Wahrheit zu sagen, machen auf seinen leichtnehmenden Sinn einen so starken Eindruck, daß ihn dieser durch alle Abenteuer der mittleren Akte hindurch als warnende, läuternde Stimme begleitet. Zunächst zwar, in dem zweiten und dritten Akt, nimmt er es mit dem Vermeiden von Lüge noch leicht; seine Tugend hat noch etwas von Geflunker. Wenn er sich eines auf Irreführung berechneten Wahrheitsagens, also unehrlich-ehrlicher Reden bedient, oder wenn er zwar nicht mit Worten, aber mit der Tat Hinterlistiges begeht, so fühlt er sich vor sich gerechtfertigt. Anders im vierten Akt; hier nimmt er es mit dem Wahrheitsgebote strenger, wie denn auch im vierten Aufzug die Führung der Hintergehungen von Edrita übernommen wird. Besonders die Wahrnehmung, daß Edrita ihn liebt und vor allem deshalb ihm folgt, nötigt ihn, seinen Wünschen einen schmerzhaften Zügel anzulegen und einzig die Pflicht zur Richtschnur seines Handelns zu machen. So weist er denn während der Flucht Edrita schroff von sich. Überhaupt zeigt Leon sittliches Wachstum; er festigt, vertieft sich, erwirbt sich eine immer ernstere, reinere, überschauendere Lebensauffassung.[1]) Wie steht er in dem Selbstgespräche, das den fünften Aufzug eröffnet, ganz anders da als in seinen Anfangsreden!

Jetzt allererst ist auch in vollem Maße klar, warum die überlegen spielende Laune Leons als Humor im tieferen Sinne des Wortes bezeichnet werden darf. Hinter all den Reckheiten und Streichen Leons steht Lebensanschauung, sinnende Betrachtung der Menschen und ihres Treibens, des Edlen und Niedrigen im Menschenherzen. Gleich zu Beginn, wo Leon den Geiz des

---

[1]) Vortrefflich spricht über die sittliche Entwicklung Leons Emil Reich in seinem Buche: Franz Grillparzers Dramen, S. 105 ff.

ihm sonst so ehrwürdigen Bischofs schildert, tönt durch die spottenden
Reden ein weihevoller Ton, und dieser stammt aus seiner idealen
Lebensanschauung, die voll Verehrungsdrang nach makellos großen
Menschen verlangt. Und so geht auch durch die Tollheiten der
folgenden Aufzüge die Anerkennung des Ideals der Wahrhaftigkeit als beharrender Grundton hindurch. Im fünften Aufzug
tritt dann überwiegend der Ernst seiner Lebensanschauung rein
für sich hervor, zuweilen sogar bis zu melancholischem Sinnen
gesteigert. Ein starkes, heißes Gottvertrauen kommt als Erwerb
aus all den Wirren, Nöten und wunderbaren Schickungen dazu.
Der Humor blinkt nur hier und da einmal auf.

Aber auch die übrigen komischen Elemente treten im fünften
Aufzug völlig zurück. Die Waghalsigkeiten Edritas haben auf-
gehört; ihre Liebe zu Leon bricht schüchtern und zugleich mit
eigenwilliger Bestimmtheit hervor. Selbst der mit so wider-
wärtigen Eigenschaften ausgestattete Atalus hat eine Läuterung
erfahren. Und wo nun schließlich, von der zweiten Hälfte des
Aufzuges an, der Bischof zum gewichtvollen Mittelpunkt des sich
zum Ende rüstenden Dramas wird, da hebt ein weihevoller Einklang an, der sich bis zum Schlusse verstärkt. Das Befreiungs-
werk ist gelungen: Atalus ist seinem Oheim, dem Bischofe, zurück-
gegeben. Leon findet nach all den Abenteuern seinen herrlichen
Lohn nicht nur in Edrita, sondern auch in der Reifung und Verinnerlichung seines Wesens. Und über Edrita breitet sich nicht
nur das Glück der Liebe, sondern auch der Segen der frieden-
stiftenden christlichen Gemeinschaft, in die sie aufgenommen werden
will. Und der ideale Glaube des Bischofs hat sich im großen
und ganzen bewährt; er gibt wohl etwas von seiner Strenge her,
gewinnt aber dafür an weitherziger Menschlichkeit.

Es dürfte nicht viel Lustspiele mit so hochgestimmtem Ausgange geben. Die Meistersinger Wagners, die ich für ein vor-
zügliches Lustspiel halte, übertreffen unser Stück in dieser Hinsicht

freilich noch. Trotz dieses schauspielartigen Ausganges jedoch fällt
Weh dem, der lügt keineswegs aus dem Charakter des Lustspieles
heraus. Schon darum nicht, weil bei aller Weihe der Ausgang
doch nicht des Humors entbehrt. Ich meine damit nicht etwa
den Humor irgendeiner im Stücke auftretenden Person, sondern
den Humor des Dichters selbst, der, wie über dem ganzen
Drama, so insbesondere über dem Schlusse schwebt. Ich meine
dies in folgendem Sinne.

Anfänglich verkündet der Bischof die Pflicht der Wahrhaftig-
teit mit der Strenge des Unbedingten. Aber wenn wir in die
bunten Wirrnisse und saftigen Lebendigkeiten der folgenden Akte
hineinschreiten, so fühlen wir das zweifelnde Lächeln des Dichters;
es scheint ihm jene unbedingte Forderung zu dem Charakter des
wirklichen Lebensgetriebes nicht recht zu passen. Wir merken, der
Dichter meint, es gehe doch wohl im Leben kaum an, es in jedem
Falle so bitter ernst mit jener Pflicht zu nehmen; im Leben seien
allerhand Läßlichkeiten, Zwitterhaltungen, Auflockerungen von-
nöten. Und so kommt denn selbst der Bischof, dieser heilige
Mann, schließlich zu der Überzeugung, in der „buntverworrenen
Welt" seien Wahrheit und Lüge nicht immer streng zu sondern,
und aus Verheimlichung, falschem Scheine, gutgemeinter Lüge
könne doch allerhand Gutes erwachsen; die Erde sei eben das
„Land der Täuschung".[1]) So stellt sich zum Schlusse, und zwar

---

[1]) Rudolf Scheich findet: die Wandlung in der Stellung des Bischofs
zur Lüge sei nicht gehörig begründet; man sehe nicht, wodurch der Bischof ein
anderer geworden sei (Zu Grillparzers „Weh dem, der lügt", in der „Fest-
schrift zur Feier des zweihundertjährigen Bestandes des k. k. Staatsgymnasiums
im VIII. Bezirke Wiens", 1901). Ich glaube, daß uns der Dichter die Wandlung des Bischofs genug verständlich macht. Indem der Bischof die ganze
Gesellschaft vor sich sieht, hindurchgegangen durch mannigfache Abenteuer und
am erwünschten Ziele wohlbehalten angekommen, so bemächtigt sich seiner das
Gefühl, daß seine schroffe Moral wohl nicht im Einklange mit den Bedingungen
und Forderungen dieses buntverworrenen, täuschungsvollen, seltsame Wege
und Umwege gehenden Lebens stehe. Das Leben als Leben drängt sich ihm

gerade im Hinblick auf das Grundthema des Dramas, jenes
Schweben zwischen Ernstnehmen und Nichternstnehmen, jenes
halbe Nachlassen und lächelnde Ermäßigen her, wie es für das
Ende eines feinen komischen Verlaufes charakteristisch ist. Auf
diese Weise kommt bei aller Weihe, die der letzte Akt hat, doch
fühlbar der mild lächelnde, das Allzumenschliche nur allzugut
kennende Humor des Dichters zum Ausdruck.

Hier sei auch der Erzählung Der arme Spielmann gedacht.
Die Gestalt des Spielmannes, wie sie sich durch Grillparzers Er=
zählungskunst in unserer Phantasie gestaltet, entbehrt nicht einer
leisen komischen Färbung. Nur kommt diese nicht für sich zur
Geltung; vielmehr geht sie in den bei weitem überwiegenden
Eindruck des Rührenden und Traurigen ein. Eine Stelle, wo
sich uns an der Gestalt des Spielmannes besonders die Wendung
ins Komische zu fühlen gibt, findet sich dort, wo dieser von dem
einzigen Kusse erzählt, den er von Barbara erhalten hat.[1]) Auch
die Schilderung des buntbewegten Wiener Volksgetriebes, die den
Anfang bildet, enthält manches Bild, das mit einem gewissen Ge=
fühl für die in den Vorgängen liegende Komik gezeichnet ist.

VII

Während sich Grillparzer über verschiedene ästhetische Fragen
in reichlichen Betrachtungen und Bemerkungen ausgesprochen hat,
finden sich bei ihm nur spärliche Auslassungen über das Ko=
mische.[2]) Und doch hat seine Phantasie gar oft im Komischen

---

angesichts der vor ihm stehenden jungen Menschen auf, die ihm noch vom
Hauche des unregelmäßigen irrationalen Lebens umweht zu sein scheinen. Und
so urteilt er denn begreiflicherweise jetzt menschlicher als zu Beginn des Stückes,
wo er nichts anderes als ein erdentrückter Mann Gottes war.

[1]) Das Zarteste und Tiefste über die Gestalt des armen Spielmannes
hat Hieronymus Lorm in dem 4. Bande des Grillparzer=Jahrbuches gesagt
(„Grillparzers Der arme Spielmann“, S. 55, 64, 74 f.).

[2]) Fritz Strich hat in seinem Buche „Franz Grillparzers Ästhetik“ (Berlin

gearbeitet und sich dabei in recht mannigfaltigen Richtungen des Komischen bewegt. Zu den Arten des Komischen, die uns schon entgegengetreten sind, kommen noch andere dazu, wenn wir uns jetzt den Satiren und Epigrammen des Dichters zuwenden.

In Grillparzers Dramen begegneten wir überall nur dem Komischen der reinen Art. Unter dem Komischen der reinen Art aber verstehe ich das Komische, das sich rein innerhalb des Künst= lerischen hält, das keine außerkünstlerischen, keine stofflichen Zwecke verfolgt. Zu dem Komischen der unreinen Art gehört nun ins= besondere alles Komische, das treffen, verletzen, bloßstellen, brand= marken, vernichten will, wie dies in Satire und Epigramm der Fall ist. Grillparzer hat, wie wir gleich sehen werden, sich mannig= faltig und mit Vorliebe auf dem Boden der Satire und des Epigramms bewegt. Im Drama dagegen hat er sich nirgends diese angreifende, verletzenwollende Stellung gegeben. Es wäre unrichtig, Zawisch oder den Herzog Otto als Gegenbeweis an= zuführen. Freilich werden diese beiden oft satirisch. Allein dies ist lediglich Satire aus dem Charakter des Zawisch oder Ottos heraus. Dem Dichter fällt es nicht ein, durch die Gestalt und die Worte dieser beiden von sich aus satirisch zum Publikum sprechen zu wollen.

Ganz anders steht es in Grillparzers Lyrik. Hier kommen uns Töne von reiner, stofflich ungestörter Komik nur sehr selten zu Gehör. In seiner Lyrik herrscht das Ernste, Schwerblütige, Gedankentiefe, schmerzlich Wühlende vor; nur hier und da einmal gelingt es ihm, sich in froher, leichter Weise zu ergehen. Gar nun sich die Be= flügelung des Komischen zu geben, dazu gelangt er nur in wenigen Fällen. Das Komische der reinen, künstlerisch unbefangenen Art vermag er nur dramatisch, durch das Mittel der Objektivierung in Gestalten und Handlungen darzustellen. Wo er sein eigenes

---

1905) den Bemerkungen Grillparzers über das Komische einen interessanten Abschnitt gewidmet (S. 55 ff.).

Fühlen zum Ausdruck bringen will, ist er nicht imstande, sich den
Grad von innerer Freiheit zu geben, der zur Haltung der reinen
Komik erforderlich wäre. Satirische Lyrik und Epigramm dagegen
mit ihrer dem Prosaischen sich annähernden Art werden für ihn
geradezu Lieblingsgattungen.

Zu den wenigen Gedichten, in denen sich Grillparzer zu
reinem Scherze erhebt, gehört Allgegenwart. Hier ist es der
Zauber der Augen seiner Katty, den er schalkhaft=spielend schildert.
Sodann ist das Ständchen, das Schubert in Musik gesetzt
hat, zu erwähnen. Es ist ein Gedicht von scherzender Zartheit
und neckender Lieblichkeit. Unter den Gelegenheitsgedichten wird
man noch das eine und andere finden, wo Scherz ohne Stachel
und Gift den Ton bestimmt.

Das Satirische und Epigrammatische dagegen nimmt in
Grillparzers Lyrik einen breiten Raum ein. Grillparzer war ein
scharfer Beobachter und illusionsfreier, zugleich sittlich strenger
Kritiker der öffentlichen Zustände und Vorgänge. Ja er war
nach Temperament und Gemütsanlage und auch infolge seiner
Lebensschicksale mehr zu Tadel als zu Anerkennung und Lob
bereit. Wenn nun Grillparzer nichts weiter täte, als daß er seine
tadelnden, brandmarkenden, entrüsteten Affekte einfach und gerade=
zu kundgäbe, so würde solchen Gedichten — und es gibt deren
manche bei ihm — alle Beziehung zum Reiche des Komischen
fehlen.[1]) Eine solche Beziehung stellt sich erst dadurch her, daß
sich die Fähigkeit und Neigung Grillparzers zu spielender, witziger,
verblüffender Behandlung mit jenen ernsten Affekten verbindet.

---

[1]) Ein Gedicht z. B. wie „Daß ihr an Gott nicht glaubt" ist ein Ent=
rüstungs= und Strafgedicht, ohne eine Satire im strengen Sinne zu sein. Hier=
zu fehlt diesem Gedichte die überlegene Laune, das freie Spiel. Auch in der
„Epistel": „Ihr wollt denn wirklich deutsche Poesie" ist alles zu ernst, zu sehr
geradezu gesagt, als daß dieses zurückweisende, Ansprüche in ihrer Nichtigkeit
aufdeckende Gedicht als eigentliche Satire bezeichnet werden könnte.

So werden die Tadels= und Brandmarkungsgedichte zu Gedichten des witzigen Spottes und lachenden Hohnes.

Die hierhergehörigen Gedichte Grillparzers zerfallen deutlich in Satiren und Epigramme. Zu den Satiren gehören die meisten der Gedichte, die jetzt unter dem Titel „Polemisches" vereinigt sind. Aber auch andere Abteilungen, so besonders die „Parabolisches" überschriebene, tragen einige Gedichte bei. An Epigrammen hat uns insbesondere der Nachlaß mehrere hundert geschenkt.

Es wäre eine interessante Aufgabe, auf die Frage einzugehen, durch welche Gegenstände Grillparzer hauptsächlich zu satirischer und epigrammatischer Behandlung gereizt wurde, und was er an ihnen zu tadeln und zu verwerfen fand. Allein wir würden hierdurch ins Weite und Breite geführt werden; denn es wäre nötig, die ganze Stellung Grillparzers zu Literatur und Kunst, zu Politik und Geschichte, zu Deutschland und Österreich, ja seine ganze Lebens= und Weltanschauung hereinzuziehen. Ohnedies waren unsere Betrachtungen durchweg der Art und Form der komischen Behandlung gewidmet, nicht aber den Inhalten und Stoffen als solchen. So begnüge ich mich also hier zu fragen: welches ist die Grillparzer eigentümliche Art satirischer und epigrammatischer Behandlung?

Für Grillparzers satirische Gedichte ist charakteristisch, daß Ärger, Kränkung, Erbitterung noch unmittelbar gegenwärtig sind, sich heftig und unabgeschwächt geltend machen, daß diese Affekte kein halb Überwundenes, im Gemüte Zurückliegendes und objektiv Gewordenes bilden. Grillparzer ist bei seinen Satiren mit voll erregter Subjektivität beteiligt. Es ist in ihnen daher wenig von leichtbeflügeltem Spott zu finden, sondern ihre Späße sind grimmig, ihre Ironie ist bitter, ihr Witz von leidenschaftlich zuschlagender Art, ihr Spiel ein unbarmherziges Karikieren. Leichthin zu ritzen, scherzhaft zu entblößen und dennoch mit eleganter Überlegenheit vernichtend zu treffen, ist nicht seine Sache.

Die satirischen Gedichte zeigen eine zwiefache Haltung. In einigen herrscht ein einheitlicher, durchgehender satirischer Zug; das satirische Thema entwickelt sich. Andere dagegen bestehen mehr nur aus einzelnen witzigen Einfällen, ohne daß ein satirischer Grundgedanke sich organisch entfaltete. Ohne Zweifel haben die satirischen Gedichte der ersten Art einen höheren künstlerischen Wert als die der zweiten. Das bei allem Grotesken doch erhabene Gedicht Bretterwelt ist ein ausgezeichnetes Beispiel des ersten Typus; ebenso das sich der Ironie bedienende Gedicht Fort= schrittsmänner. In überraschenden witzigen Einfällen dagegen bewegen sich beispielsweise die drei Gedichte Die Muse beklagt sich, Jahrmarkt, Chor der Wiener Musiker beim Berlioz=Feste.

Es ist merkwürdig, daß Grillparzer, der in seinen ästhetischen Betrachtungen und Sprüchen von Kunst und Dichtung so nach= drücklich das Heraustreten zur Sinnlichkeit fordert, und der als Dramatiker diese Forderung in so hohem Grade erfüllt, in seiner Lyrik an Magerkeit und Kahlheit leidet. Man wünscht, wenn man seine Gedichte liest, mehr blühenden Leib, mehr umwehen= den Duft. Nach dieser Seite lassen auch seine satirischen Gedichte zu wünschen übrig. Das Satirische hängt an und für sich mit Erwägung und Kritik eng zusammen. So ist es denn nicht zu verwundern, daß besonders in seinen strafenden und spottenden Gedichten zu viel ausdrückliches Sagen, allzu nackt hervortretende Begriffsarbeit, zu wenig Bild, zu wenig Phantasie zu finden ist. Die Gedichte „Daß ihr an Gott nicht glaubt“, „Gottlose! ihr sucht einen Gott“, „Literarische Zustände“ können als Beispiele dienen. Auf die sprachliche Seite mit ihren zahlreichen Härten und Holprigkeiten gehe ich nicht ein. Hierüber könnte nur im Zusammenhang mit der Sprache der gesamten Lyrik Grillparzers gehandelt werden.

Hier sind auch die zahlreichen Kleinigkeiten und Bruchstücke zu erwähnen, die in der Grillparzerausgabe jetzt unter dem Titel „Satiren“ vereinigt sind. Während Grillparzer, wie ich schon hervorhob, in seinen Dramen nirgends zu satirischer Haltung übergeht, hat er sich merkwürdig oft versucht gefühlt, für seine satirische Laune die dramatische Form zu wählen, ohne indessen in den meisten Fällen über erste Ansätze und über Kleinigkeiten hinauszukommen. Die dramatisierten satirischen Versuche sind als „Erste Abteilung" zusammengestellt. Unter dem Titel „Zweite Abteilung" sind „Satiren" gesammelt, die teils in Gesprächs-, teils in Briefform, teils in anderer Prosaeinkleidung gehalten sind.

Besonders die dramatischen Satiren sind interessant. Hier steht Grillparzer bei weitem flotter, heiterer, losgewickelter den ihn ärgernden und empörenden Gegenständen gegenüber. Die dramatische Form mit ihrer Vergegenständlichung bringt es mit sich, daß der Satiriker Grillparzer hier von seinen aufregenden Affekten abgelöster ist als auf dem Boden der Lyrik. Und da ist es nun vor allem charakteristisch, daß Grillparzer seine satirischen Absichten durchaus schwankartig zu verwirklichen versucht. Das Komische der possenhaften Art, des kindischen Spaßes kommt in seinen Dramen — abgesehen von einigen Zügen in Weh dem, der lügt, in der Jüdin und von den beiden kleinen, wenig glücklichen Lustspielen seiner Jugend — nirgends vor. Da ist es um so mehr zu begrüßen, daß satirische Anlässe Grillparzer Gelegenheit gegeben haben, sich auf dem Gebiete des lustigen, karikierenden Schwankes so glücklich zu ergehen. Man bedauert nur beim Lesen, daß er seine so unterhaltenden, munteren, saftigen Szenen nicht weiter fortgesetzt hat.

Grillparzer zeigt sich aber nicht nur reich an glücklichen rein schwankartigen Einfällen, sondern auch gewandt im schwankartigen Verkleiden satirischen Hohnes. Aus den harmlos scheinenden Übertreibungen, aus den törichten Kindereien blitzen zahlreiche satirische Bosheiten und Treffer hervor. Auch sind viele von den in diesen Satiren auftretenden Personen — zum Beispiel der Wirt in Le poëte sifflé, Fixlmüllner in dem Bruchstücke Das

Prius oder die Bekehrung, Monostatos in der Zauberflöte zweitem
Teil — so lebensvoll und mit so sicherer Hand hingestellt, daß
man annehmen darf, sie würden, wenn der Dichter die Ansätze
weiter ausgeführt und vollendet hätte, zu runden, saftigen In=
dividuen gediehen sein. So bedeuten also diese satirisch=dramatischen
Bruchstücke eine wertvolle Ergänzung der dramatischen Tätigkeit
Grillparzers.

     Was die zweite Abteilung der „Satiren" betrifft, so ist sie
vor allem nach inhaltlicher Seite interessant. Besonders wer
Grillparzers Stellung zu Theater, Literatur, Philosophie, Kritik,
Publikum kennen lernen will, wird in jenen Gesprächen, Briefen
und sonstigen kleinen Versuchen wichtige Beiträge finden. Inner=
halb unserer Betrachtung hingegen, die sich auf die Formen des
Komischen richtet, mag eine kurze Bemerkung genügen. Jene
zweite Abteilung beweist, daß sich Grillparzer auch außerhalb
der dichterischen Gestaltungsweise, dort nämlich, wo er sich als
Kritiker versucht, der Mittel zugespitzten Witzes, boshafter Ironie,
zuweilen auch derben Scherzes mit Vorliebe und vielfach mit
köstlichem Erfolge bedient.[1])

---

     [1]) Von den in der zweiten Abteilung enthaltenen Satiren nähert
sich das Schreiben des Nachtwächters Germanikus Wallhall am meisten einer
komischen Dichtung. Hier ist ein einheitlicher Vorgang erfunden, durch den
die komische Vernichtung der Lyrik eines Herwegh, Pruß, Dingelstedt herbei=
geführt wird. Auch die „Kritischen Briefe" nach der Aufführung des Königs
Ottokar nähern sich insofern einer Dichtung, als jeder der acht Briefe einen
Typus der verständnislosen Theaterbesucher zur Ausprägung bringen will. In
zahlreichen Fällen dagegen liegen kritische Versuche in witzigem, scherzendem
Tone vor, ohne daß von einer dichterischen Gestaltung die Rede sein kann.
Dahin gehören das Schreiben Gottes an den Bürgermeister Hirzel in Zürich,
die Bittschrift der Spitzbuben, die Vier Briefe. Zuweilen bedient sich Grill=
parzer des Mittels der Ironie; so in den Epistolae obscurorum virorum, in
der Bekanntmachung. Derber Scherz herrscht in dem der Verspottung der
apriorisch konstruierenden Philosophie, besonders der Hegelschen, gewidmeten
„Gespräch". Einige Stücke enthalten überhaupt nichts von Witz und Scherz,
sondern sind Versuche scharfer, absichtlich zuspitzender Kritik. Dies gilt von dem

Auch in den Aussprüchen und Betrachtungen Grillparzers über Philosophie, Geschichte, Politik u. s. w., die als „Studien" zusammengestellt sind, findet man hier und da das Mittel des Witzes angewandt. Ebenso zeigen seine Briefe zuweilen witzige, auch stachlige Bemerkungen. Seine Klagen bringt er manchmal mit einem gewissen trockenen Humor vor. Mit liebenswürdigem Humor gibt er sich in den Briefen an Frau von Littrow. Aus den Briefen an Katty aus der frühen Zeit hören wir das muntere Necken eines gründlich Verliebten.

VIII

Betrachten wir schließlich die Kunst des Epigramms bei Grillparzer, so will ich auch hier von der inhaltlichen Seite absehen. Zum Epigramm gehört knappe, straffe sprachliche Fassung; das Epigramm muß den Eindruck machen, als ob nicht nur der Gedanke, sondern auch das Wort als solches zum Pfeile zugespitzt wäre und ins Schwarze träfe. Zugleich aber muß es sich durch eine gewisse Leichtigkeit auszeichnen; es muß einem mühelosen, glücklichen Einfall entsprungen zu sein scheinen. In beiderlei Hinsicht sind die meisten Epigramme Grillparzers vortrefflich, viele geradezu mustergültig. Grillparzer muß sich im Laufe der Zeit eine wahre Virtuosität im Formen solcher scharf und elegant treffender Zwei- und Vierzeiler erworben haben.

Es gibt Epigramme, in denen nichts anderes geschieht, als daß irgend eine Einsicht in der Form einer überraschenden Beziehung, am besten: eines überraschenden Kontrastes ausgesprochen wird. Ich nenne sie spruchartige Epigramme oder einfacher Sinnsprüche. Das eigentliche Epigramm ist nicht so harmlos und beschaulich: es will einen Gegenstand treffen, bloßstellen, vernichten und läßt den Punkt, an dem es den Gegen

bedeutsamen Gespräche Friedrich der Große und Lessing und von dem gleichfalls wichtigen „Bruchstück aus einem Literaturblatt".

stand in dieser feindlichen Weise faßt, durch einen überraschenden
Witz hervorspringen.   Bei Grillparzer sind diese eigentlichen
Epigramme bei weitem im Übergewicht. Zieht man etwa Hebbels
Epigramme zum Vergleiche heran, so fällt der Unterschied in die
Augen: bei Hebbel überwiegen die spruchartigen.   Bei Goethe
nun gar liegt die Stärke des Könnens ganz nach der Seite des
behaglich beschaulichen Sinnspruchs.   In den Zahmen Xenien ist
das kernhafte, gedrängte Prägen überwiegend von einem weis=
heitsgetränkten, lebensüberschauenden, sich in männlichem Humor
gefallenden Sinn eingegeben.   Eigentlich Epigrammatisches ist
selten.   Ja auch in den „Epigrammen" aus Venedig ist wenig
streng Epigrammatisches zu finden.   Das Vorherrschende ist hier
die Freude an spottlustiger Beschaulichkeit und am Zeichnen klarer
Gestalten und Vorgänge in kleinem Rahmen.

Spruchartige Epigramme fehlen auch bei Grillparzer nicht;[1])
aber viel öfter wird Grillparzer dazu gereizt, durch einen funkeln=
den oder zuweilen auch derben Witz einen Gegenstand tödlich zu
treffen, als nur dazu, eine geistreiche, überraschende Beziehung an
ihm zu entdecken und auszusprechen. Dieses Treffen des wunden
Punktes durch schlagenden Witz in sprachlich scharfer und doch
auch wieder leichter und bequemer Form ist es, worin Grillparzer

---

[1]) Als Beispiele für spruchartige Epigramme bei Grillparzer mögen
folgende drei dienen:

Notwendiger Gegensatz.
Ist Prosa der Sinn in Beweisen und Lehren,
Kann Dichtkunst den Unsinn wohl kaum entbehren.

Weil die Welt ein Wunder ist,
Gibts eine Poesie,
Was ihr nach seinen Gründen wißt,
Wird euch ein Dasein nie.

Glaube.
Der Ungläubige glaubt mehr als er meint,
Der Gläubige weniger als ihm scheint.

eine bewundernswerte Übung und Gewandtheit erlangt hat. In
Schillers Xenien überwiegt gleichfalls das eigentliche, durch über=
raschenden Witz tödlich treffende Epigramm, aber doch nicht in
solchem Maße wie bei Grillparzer. Auch unterscheidet sich das
Grillparzersche Epigramm von dem Schillerschen durch die leichter
beflügelte Art; es macht mehr den Eindruck eines augenblicklichen
Einfalles. Schillers Epigramme tragen schwerere Rüstung. Ferner
bedient sich Grillparzer für seinen Witz zuweilen des Wortspieles,
des ähnlichen Klanges der Worte, während diese Art Schiller in
seinen Epigrammen ganz ferne liegt.[1]) Schillers Epigramme

---

[1]) Eigentliche Epigramme sind beispielsweise folgende drei, und zwar
kommt der Witz in ihnen ohne Wortspiel zustande.

> Durchforscht den Boden, sucht und grabt,
> Bringt Wachstum auf Mechanik;
> Wenn ihr dann keine Blumen habt,
> Habt ihr doch eine Botanik.

Hier soll die Ästhetik witzig getroffen werden. In dem folgenden Epigramm
ist es Wagner, in dem weiteren Hegel, den Grillparzer empfindlich treffen will.

> Erscheint Freund Wagner auch denn auf der Bühne?
> Ein magrer Geist mit einer Krinoline.

> Was mir an deinem System am besten gefällt?
> Es ist so unverständlich wie die Welt.

Wie ich im Text sage, hat Grillparzer zuweilen den sachlichen Witz des Epi=
gramms in die Form des Wortwitzes gekleidet. Dafür setze ich vier Bei=
spiele her.

> Ein großer Staatsmann bist du, in der Tat!
> Dir fehlt nur eins: ein großer Staat.

> Auszeichnung hier erwarte ich nie,
> Denn das System verbeuts,
> Man hängt das Kreuz nicht ans Genie,
> Nein, das Genie ans Kreuz.

> Der Weg der neuen Bildung geht
> Von Humanität
> Durch Nationalität
> Zur Bestialität.

zeigen dagegen bedeutend mehr Phantasie; bei Grillparzer steht
es mit der anschaulichen Gestaltung oft mager. Seine Epigramme
kommen dem prosaischen Sagen oft allzu nahe.

Man wird urteilen dürfen, daß Grillparzer, während er in
der Entwicklung der Satire nur eine bescheidene Stelle einnimmt,
in der Geschichte der Kunst des Epigramms auf einen hervor=
ragenden Platz Anspruch erheben darf. Und wenn wir den
Inhalt seiner Epigramme in Betracht zögen, so würde dieses
anerkennende Urteil über Grillparzer als Epigrammatiker noch eine
bedeutende Verstärkung erfahren.

> Mein Freund, Sie sind ein Bösewicht!
> Zwar gar so böse sind Sie nicht,
> Drum bleiben einfach wir beim Wicht.

Der Einfachheit wegen habe ich im Text auf eine gewisse Form des eigent=
lichen Epigramms keine Rücksicht genommen. Das Epigramm kann auf Bloß=
stellung und Brandmarkung eines Gegenstandes gerichtet sein und braucht sich
doch dazu des Witzes nicht zu bedienen. Es kann sich nämlich damit begnügen,
den Punkt, an dem es den Gegenstand treffen will, einfach scharf zu bezeichnen.
Doch steht das witzige Epigramm höher. Was ich mit dieser Zwischenart
meine, wird aus folgenden drei Beispielen deutlich werden.

> Mit Mittelhochdeutsch und Volkspoesie
> Weiß ich fürwahr nichts zu machen!
> Wer trinkt auch, solange Brunnen es gibt,
> Aus Wegspur gern und Lachen?

> Der Zeit Gedanken, unverzagt,
> Rennt nach, ihr luftgen Schreiber;
> Ich geh als Jäger auf die Jagd
> Und nicht wie ihr als Treiber.

> Um Recht und Folgen ängstlich nie:
> Heißt unsrer Zeiten Energie.

Hier liegen eigentliche Epigramme vor. Es soll ein Gegenstand bloßgestellt
werden. Aber die Waffe des Witzes fehlt. Der faule Punkt wird einfach
und geradezu bezeichnet. Aus jüngster Zeit kann man die Sinnsprüche von
Ludwig Fulda so recht als Gegenteil der Epigramme Grillparzers ansehen: sie
zeigen eine freundliche Beschaulichkeit; auch wo sie spotten, tun sie es leise.

Die Lebensanschauung Friedrich Theodor Vischers
Ein Vortrag

I

Mit dem Namen eines „freien Geistes" wird viel Mißbrauch getrieben. Manche verknüpfen, sei es tadelnd oder lobend, hiermit die Vorstellung uneingeschränkten Absprechens, ehrfurchtslosen Spottens gegenüber jeder Autorität und jedem Ideal. In diesem Sinne möchte ich nicht von freien Geistern sprechen. Ich möchte das Wesen des freien Geistes in Folgendes setzen. Wer im Forschen nach der Wahrheit vor irgend welchen Autoritäten Halt macht, vor irgend welchen Ergebnissen schon darum, weil sie Ideale des Herzens zerstören, ängstlich zurückschrickt, der darf sicherlich nicht auf den Namen eines freien Geistes Anspruch erheben. Zu dem Vorzug des freien Geistes gehört: die Fragen der Lebensanschauung mit kalter Unerschrockenheit zu Ende denken, alle ganzen und besonders alle halben Zugeständnisse, alle Abbiegungen und Verkleisterungen, alles versöhnliche Gerede weit von sich weisen. Aber nicht nur die Wahrheitsforschung, sondern auch die ganze Gemütshaltung muß von allen schwächlichen Abhängigkeiten frei sein. Kühne, trotzige Männlichkeit kennzeichnet das Fühlen und Handeln des freien Geistes. Er ist von dem Bewußtsein erfüllt: nur das durch eigene Kraft Erarbeitete gebe dem Menschen seinen Wert; er läßt in allen entscheidenden Fragen sich nichts von Mode und öffentlicher Meinung aufdrängen, er läßt weder von der Kirche noch vom Himmel für sich sorgen, er will in seinem Wert und Heil allein auf sich selbst stehen. Und noch etwas zeichnet den freien Geist aus: die Heiterkeit seines Wesens. Nicht wohlfeile Munterkeit meine ich hiermit, sondern jene welt= überlegene Heiterkeit, die das kleine und große Treiben der Menschen, ja auch das eigene Ich und die eigene Weltanschauung im Spiegel des Humors auffängt. Dieser Humor im großen Stile, der über= mütiges Spiel und gehaltvollen Ernst in sich vereinigt, ist die Blüte des freien Geistes. Ein freier Geist dieser Art ist der Mann, von dem ich heute zu Ihnen sprechen will: Friedrich Theodor Vischer.

Vischer wurzelt noch gänzlich in den spekulativen Gedanken= kreisen des ersten Dritteils unsres Jahrhunderts, vor allem in denen der Hegelschen Philosophie. Fragt man, durch Vermittlung welcher Geister Hegelsche Anschauungen noch in die allgemeine Bildung der letzten Jahrzehnte des neunzehnten Jahrhunderts hineinwirkten, so wird man wohl ganz besonders Vischer zu nennen haben. Doch ist Vischer nicht immer strenger Anhänger Hegels geblieben. Gerade das Anziehende seiner Entwicklung besteht darin, daß er im Mannesalter aus den Dogmen der Hegelschen Philosophie herauswuchs, Hegelsche Grundgedanken modernen An= forderungen anzupassen, sie freier zu gestalten und mit einem viel= seitigen menschlichen Gehalte auszufüllen bemüht war. Freilich werden wir ihn nicht als hervorragend schöpferischen Denker be= zeichnen dürfen. Er war nicht imstande, aus der Hegelschen Philosophie, nachdem sie ihm in Trümmer gegangen war, eine neue geschlossene, streng durchdachte Weltanschauung herauszu= gestalten. Seine neue Weltanschauung wußte er nur bruchstück= artig, gelegentlich, und zudem nur sei es in populärer, sei es in dichterischer Form darzustellen. Was ihm trotzdem eine hohe Be= deutung für die Entwicklung des gegenwärtigen Geisteslebens gibt, ist der Umstand, daß das, was Vischer als Mensch war,

seinem Philosophieren in entscheidender Weise zugute kam. Die
vielseitige, weltoffene und dabei doch strenge, kernhafte Mensch=
lichkeit, die bei ihm in Gefühl und Phantasie, in Gesinnung und
Charakter zum Ausdruck kommt, ging auch in sein Philosophieren
ein. Von der anziehenden Eigenart, der Tiefe und Kraft seiner
Persönlichkeit fließt seiner Philosophie ein Inhalt zu, der ihr eine
Bedeutung gibt, die sie, ausschließlich als wissenschaftliche Leistung
betrachtet, lange nicht beanspruchen könnte.

Allgemein pflegt man, wenn man von Vischer spricht, ihn
der Unterscheidung halber als den Ästhetiker Vischer zu bezeichnen.
Und mit vollem Recht; denn seine Hauptbedeutung liegt auf dem
Felde der Ästhetik und ästhetischen Kritik. Die Ästhetik war wie
dazu geschaffen, um seine Eigenart und sein Können zu reichster
Entfaltung zu bringen. Doch aber hat sich Vischer nicht sofort
der Beschäftigung mit Ästhetik zugewandt, sondern erst auf Um=
wegen kam er dazu, zu erkennen, wofür ihn die Natur bestimmt
habe. Blicken wir in aller Kürze auf seine geistige Entwicklung,
wie er sie selbst in dem dritten Heft seiner Aufsätzesammlung
Altes und Neues anschaulich beschrieben hat.

II

Er wurde am 30. Juni 1807 in Ludwigsburg, der damaligen
zweiten Residenzstadt Württembergs, geboren. Sein Vater war
Archidiakonus, ein freigesinnter Theologe, ein klarer und wohl=
wollender Mensch und fester Mann, der seine Kinder namentlich
zur Pünktlichkeit anhielt. Als Knabe hatte Friedrich Theodor
den Wunsch, Maler zu werden. Allein wie hätte die Mutter —
der Vater war inzwischen gestorben — die Mittel für eine Künstler=
laufbahn erschwingen sollen? Und außerdem: wer konnte ver=
bürgen, ob sich in den Kritzeleien des Knaben etwas vom Geiste
jenes großen Meisters Peter Vischer ankündigte, auf den er sich
als Ahnherrn nach einer alten Familienüberlieferung zurückführen

durfte? Er selbst sagt: „Die Mutter war sehr arm; ich bin unter
dem Drucke der Not aufgewachsen, und so ist es im Grunde ein=
fach die Armut, die mich in die theologische Laufbahn führte; es
waren die Klöster mit ihren Stipendien, welche die rettende Hand
boten; wie mein Bruder wurde auch ich für das Seminar be=
stimmt." Mit vierzehn Jahren, im Herbst 1821, nahmen ihn die
Räume des alten, in einem malerischen Felstal der schwäbischen
Alb gelegenen Klosters Blaubeuren auf. Zugleich mit ihm wurde
David Friedrich Strauß, der wenige Monate jünger als Vischer
und gleichfalls in Ludwigsburg geboren war, von seinem Vater
demselben Seminar übergeben. Vischer denkt mit Vergnügen an
die vier in Blaubeuren verlebten Jahre zurück. Es herrschte da=
selbst kameradschaftliches Zusammenhalten, heitere, zuweilen über=
mütige Laune, sentimentaler Herzensaustausch. In einem seiner
ergreifendsten Gedichte — Jugendtal überschrieben — läßt Vischer,
als rückblickender Greis, die Bilder der in Blaubeuren verlebten
Jugendjahre vor seiner bewegten Seele aufsteigen. Dann folgten
fünf Universitätsjahre, die er im Tübinger Stift zubrachte. Lesen
wir die Aufzeichnungen über seinen Lebensgang, so stehen ihm
diese Jahre im ganzen als eine Zeit des Druckes und Zwanges
vor Augen. Das kasernenartige, fast mönchische Zusammenleben
ließ ihn nicht zum Genusse des Studententums kommen. Er be=
trieb in diesen Jahren das Studium der Theologie mit Ernst und
Fleiß; allerdings bereitete sich langsam die Loslösung von der
Theologie vor. Nach seinem eigenen späteren Geständnis ge=
reichte ihm die Beschäftigung mit den theologischen Fragen be=
sonders dadurch zu Gewinn, daß sie ihn immer wieder auf die
Philosophie hinführte. Schon während der Stiftszeit ging es tapfer
und begeistert in die Philosophie hinein. Kant, Spinoza, Schleier=
macher, Schelling regten in dem jungen Kopfe eine Welt von
Fragen an; dann gegen Schluß der Studienzeit tauchte Hegel an
seinem Horizonte auf.

Damals grübelte und brütete der junge Student besonders über dem Gedanken des Nichts. Er war völliger Skeptiker. Unter dem Drucke solcher schwermütiger Grübeleien färbte sich ihm das Leben zu einem trostlosen „Grau in Grau"; ja er beschäftigte sich angelegentlich mit dem Vorhaben des Selbstmordes. In einem Gedichte aus jener Zeit sagt er:

> Und seit des Nichts unsäglicher Gedanke,
> Ein wilder Blitz, mir in die Seele schlug,
> Ist Schein geworden all mein Tun und Wesen,
> Ist all mein Leben eitel Lug und Trug.

Diese metaphysisch aufgewühlte Stimmung war der geeignete Boden für die klärende und heilende Einwirkung der Hegelschen Philosophie. Noch ehe er Hegels Werke gelesen, hatte er sich mit merkwürdig zutreffender Ahnung gesagt: das wird dein Mann sein, der wird dir Licht bringen. Und in der Tat: in den folgenden Jahren war es Hegel und immer wieder Hegel, was er studierte. Gewisse Kerngedanken dieser Philosophie gruben sich ihm für sein ganzes Leben in seinen Geist ein. Selbst aus dem Auch Einer, der einer Zeit entstammt, wo er Methode und System dieser Philosophie längst preisgegeben hatte, blicken an vielen wichtigen Stellen Hegelsche Gedanken hindurch.

In jener Zeit als er sich mit Hegels Lehre durchdrang, waren Philosophie und Theologie, Wissen und Glauben für ihn noch nicht unvereinbare Gegensätze geworden. Als solche bildeten sie sich bei ihm erst einige Jahre später heraus, als er 1833 Repetent am Tübinger Stift wurde. Es bedurfte indessen eines besonderen Anlasses, um ihm den Zwiespalt, in dem er sich schon seit lange unbemerkt befand, zu klarem Bewußtsein zu bringen. Im Herbst 1834 wurde er nämlich, ohne sich absichtlich beworben zu haben, zum Helfer in dem Städtchen Herrenberg ernannt. Jetzt wurde es ihm mit einem Mal klar, daß die Überzeugungen, zu denen er durch jahrelanges Nachdenken gekommen war, es ihm

innerlich unmöglich machten, Diener der Kirche zu werden. Die
Ernennung wurde, freilich nicht ohne Mühe, rückgängig gemacht,
und einige Zeit darauf, zu Ostern 1836, faßte Bischer den Ent=
schluß, sich an der Universität Tübingen für Ästhetik und deutsche
Literatur als Privatdozent niederzulassen. Es war dies damals
ein Wagnis, da zu jener Zeit kaum noch an einer deutschen Uni=
versität ein Lehrstuhl hierfür bestand. So war Bischer endlich
mutig in einen Lebensberuf hinübergetreten, in dem er, ohne be=
schämende Anpassung, sich als das, was er innerlich war, auch
stark und wahrhaftig ausleben konnte.

Zunächst versuchte Bischer es auch mit Vorlesungen aus
anderen Gebieten der Philosophie. Doch beschränkte er sich bald
mit richtiger Selbsterkenntnis innerhalb der Philosophie auf das
Feld der Ästhetik. Ich sage: mit richtiger Selbsterkenntnis. Denn
seine Begabung besteht vor allem in einer außergewöhnlichen
Verbindung von starker künstlerischer Anschauung und scharf ein=
dringender Denkkraft; und dies ist es ja eben, was zur Be=
arbeitung ästhetischer Fragen erforderlich ist. So bewegte sich denn
auch seine schriftstellerische Tätigkeit von Anfang an weitaus vor=
wiegend auf ästhetischem Gebiete. Sie beginnt mit einer Schrift
über das Erhabene und Komische (1837). Für die folgenden
Veröffentlichungen kam ihm die Reise nach Italien und Griechen=
land, die er im Sommer 1839 antrat, im höchsten Grade zugute.
Die ausführlichen tagebuchfarbigen Briefe, die er aus Italien nach
der Heimat sandte, und die sein Sohn jüngst veröffentlicht hat,
zeigen, mit wie kunstdurstigem, formfreudigem, lernbegierigem Auge
er die klassischen Lande durchwanderte. Hier erst ging ihm auf,
was Gestalt, Gebärde, stilvolle Kultur, großgeprägtes Wesen ist;
hier erst lernte er „sehen".

Verschiedene in Zeitschriften erschienene Aufsätze gab Bischer
1844 in zwei Bänden unter dem Titel Kritische Gänge heraus.
Die meisten dieser Aufsätze gehören der Ästhetik an. Schon hier

zeigt er sich als einen Meister in Charakterisierung und Kritik.
Mit einer überall den Nerv bloßlegenden Schneidigkeit verbindet
er eine maßvolle Haltung, die dem positiven Gehalt nachgeht,
mit dem Ernste strengster Sachlichkeit eine in hohem Grade phantasie-
und humorvolle Frische. Die folgenden Jahre gehörten der Aus-
arbeitung jenes gewaltigen Werkes an, welches das Hauptwerk
seines ganzen Lebens geblieben ist: der „Ästhetik oder Wissenschaft des Schönen". Wir haben darin die Frucht einer Arbeit
vor uns, die sich über bedeutend mehr als ein Jahrzehnt erstreckt.
Der erste Teil erschien 1846, während die beiden letzten Teile erst
das Jahr 1857 brachte. Es ist keine leichte Mühe, sich durch die
neunhundertsechsundzwanzig Paragraphen des zweitausendvier-
hundertsiebenundachtzig Seiten umfassenden Werkes durchzuarbeiten.
Besonders der äußerst knapp gefaßte Text der Paragraphen zeigt
eine solche Zusammenziehung, Ineinanderarbeitung und Verdichtung der Gedanken, daß zum gehörigen Verstehen straffe Aufmerksamkeit und philosophische Schulung gehören. In den Er-
läuterungen dagegen, die jedesmal dem Texte folgen und den
weitaus größten Raum einnehmen, ergeht sich der Verfasser in
freierer Weise: hier sind die Fesseln der Hegelschen Schulsprache
abgestreift, die Gedanken des Textes erhalten Leben, farbenreiche
Ausgestaltung, schlagende Anwendung auf den reichen Stoff der
mannigfachen Schönheitsgebiete.

III

Hier bei seiner Ästhetik mache ich längeren Halt, nicht um
zu Ihnen über die wissenschaftliche Bedeutung dieses Werkes,
seinen Zusammenhang mit den vorausgegangenen Leistungen in
der Entwicklung der Ästhetik, nicht über das Neue, das es bringt,
den Fortschritt, den es darstellt, zu sprechen. Doch möchte ich der
im höchsten Maß ungerechten Beurteilung, die Vischers Ästhetik
durch Eduard von Hartmann erfahren hat, mit einigen Worten Er-

wähnung tun, da diese absprechende Kritik weiteren Kreisen be=
kannt geworden sein dürfte. Der norddeutsche Ästhetiker urteilt:
Vischers vielgerühmte Tiefe sei nur scheinbar, und dieser Schein
entspringe bloß aus der trüben Dunkelheit und aufgestelzten Ge=
wichtigkeit seiner Darstellung, hinter der sich Verständnislosigkeit
für die spekulative Tiefe Hegels verberge.[1]) Ich müßte mich sehr
irren, wenn das einsichtslose Urteil Hartmanns über Vischer nicht
zum guten Teil aus dem Gegensatz einer ausgesprochen nord=
deutschen und einer ebenso stark ausgeprägten süddeutschen Art
entspränge. Dort der in begrifflichem Wissen schwelgende, phan=
tasiearme, mit den Künsten in verhältnismäßig geringer Fühlung
stehende Systematiker; hier der auf Auge und Phantasie ange=
legte, überall affektvoll zu uns sprechende, aus erstaunlich reich
entwickeltem künstlerischen Erleben heraus seine Begriffe schöpfende
Künstlerphilosoph. Vischers ästhetische Gedankenarbeit haftet überall
mehr oder weniger am künstlerischen Schauen und Fühlen. Hierin
ist das Große und zugleich das Schrankenvolle seiner ästhetischen
Leistungen begründet. Es ist begreiflich, daß sich in den Augen
Hartmanns, der seine höchste Meisterschaft im Aufrollen und
Schlingen der Begriffe hat, das Große an Vischer nahezu ver=
flüchtigt und das Schrankenvolle ins Ungeheure steigert.

Ich will die Ästhetik Vischers hauptsächlich zu dem Zwecke
betrachten, um von der ganzen Haltung aus, die er in diesem
Werke zeigt, den Zugang zu gewissen Seiten seiner Persönlichkeit
und Lebensanschauung zu gewinnen.

Vischer tritt in seiner Darstellung überall als starke Indivi=
dualität heraus. Er ist, wenn er schreibt, mit seinem Zorn und
Abscheu, mit seiner Verehrung und Liebe, mit seinen heftigen und
zarten Stimmungen, mit seinem weihevollen Ernst und seiner
derben Lachlust, kurz mit seiner reichen, ausgeprägten Indivi=

---

[1]) Eduard von Hartmann, Die deutsche Ästhetik seit Kant. Berlin 1886.
S. 211—219.

dualität dabei. Man fühlt sich, wenn man Vischer liest, nicht
schlicht und sachlich angeredet, sondern im Innersten berührt, sei
es gepackt und gerüttelt, sei es emporgetragen und zur Ruhe und
Harmonie gestimmt. Besonders greifbar tritt seine Individualität
dort hervor, wo er, sei es mit Ernst oder Humor, saftig grob wird,
das Gemeine und Schmutzige in seiner Nacktheit bloßstellt und
so freilich den feigen und scheinheiligen Anstand verletzt. Ich
erinnere an seine Epigramme aus Baden-Baden, seine beiden
Aufsätze über die Mode, an Auch Einer und seine Faustdichtung.
So oft er auf die Geldseelen oder auf die zotige, geile Scham-
losigkeit, auf die Tierquälerei oder auf die wichtigtuerische Klein-
krämerei der Goethe-Philologen zu sprechen kommt, immer fährt
er in starken, wilden Ausdrücken los. Vischer nimmt für sich das
einfache Menschenrecht in Anspruch: man möge begreifen, ein
Mensch bestehe nicht aus Holz, Blech und Stein, und daher ihm
nicht zumuten, beim Anblick des Widrigen und Abscheulichen kaltes
Blut zu bewahren. Schon Strauß rühmt in einem Brief von
1838 die Gabe Vischers, „bei aller Objektivität des Inhalts doch
zugleich so individuell zu schreiben, daß man bei jedem nur etwas
hervortretenden Satze seine ganze Persönlichkeit vor sich zu sehen
bekommt".[1]

Von hier aus können wir nun auf verwandte Seiten in
Vischers Lebensanschauung blicken. Nach seiner Überzeugung gehört es zum rechten Menschenleben, daß wir uns mit unsrer Individualität mutig und kräftig herauswagen. Der Mensch soll sich
in seiner Eigenart nicht im Innern zurückbehalten, er soll seine
Individualität, bevor sie heraustritt, nicht immer erst regelrecht
machen, gleichsam Salonmanieren annehmen lassen, er soll nicht
um jeden Preis seinen sittlichen Zorn, seine abweisende Schroffheit,
seinen lustigen Übermut, die frischen und kühnen Eingebungen

---

[1] Ausgewählte Briefe von David Friedrich Strauß. Herausgegeben
von Eduard Zeller. Bonn 1895. S. 69.

des Augenblicks unterdrücken, weil er damit die Erwartungen des
Durchschnittsanstandes oder einer vermeintlich vornehmen Sitte zu
verletzen fürchtet. Vischer weiß, wie irgend einer, Anstand, Sitte,
Taktgefühl, Scham zu würdigen; das Tagebuch in Auch Einer
enthält goldene Worte über Herzenstakt und Scham. Allein eben=
sosehr weiß er, daß das Verblaßte, Geleckte, möglichst wenig Be=
sagende, wie es vielen Personen in der Art, sich zu äußern und
zu geben, eigentümlich ist, nur zu häufig aus Bequemlichkeit,
Blasiertheit oder gar aus Feigheit entspringt.

Genauer läßt sich die Individualität, die ihm als Ideal vor
Augen steht, als Synthese aus Harmonie und Eigenart, aus
Gleichgewicht und Einseitigkeit bezeichnen. Er möchte, daß dem
Menschen auch bei aller harmonischen Ausgestaltung doch das
Eckige, Herbe, Schroffe, das eigentümlich Nordische nicht ganz ver=
loren gehe. Ihm gelten nicht jene unbedingt durchsichtigen und
restlos ausgeglichenen Charaktere als das Höchste, bei denen die
Harmonisierung der verschiedenen Seiten ohne Widerstände, glatt
und wohlfeil zustande! kommt. Höher als diese fließende, hem=
mungslose Ausgeglichenheit des Charakters steht ihm jene Har=
monie, die auch das Harte und Scharfe, das Grobe und Derbe
in sich bewältigt. Vischer möchte in die Harmonie der Indivi=
dualität eine möglichst ausgeprägte und zugeschärfte Eigenart auf=
genommen sehen. Sein Idealmensch ist mehr im Stil des Charak=
teristischen als des Idealschönen gehalten.

Es wäre interessant, diesen Individualismus nun auch in
das ästhetische System Vischers hinein zu verfolgen und zu sehen,
ob und in welchem Grade er in seinen grundlegenden ästhetischen
Überzeugungen der Individualität gerecht wird. Zu diesem Zwecke
müßte auf das prinzipielle Verhältnis eingegangen werden, in
dem bei ihm die Idee zu dem Einzelnen und Zufälligen steht.
Hieran würde sich dann die Frage zu knüpfen haben, ob in der
Durchführung seiner Ästhetik das Individuelle nicht vielleicht

eine größere Bedeutung und schärfere Betonung gewinnt, als es
sich nach jenem grundsätzlichen Verhältnis rechtfertigen läßt. Dabei
müßte insbesondere auf Vischers Stellung zum Idealisieren, zum
Klassischen und Charakteristischen, zum Idealschönen und zur
Wirklichkeit geachtet werden. Auf die Weise würde man auf eines
der größten Verdienste seiner Ästhetik geführt werden: auf das
erfolgreiche Bemühen, im Gegensatze zu der damals bei den Ästhe=
tikern üblichen Verherrlichung des Idealen und Typischen die
wirklichkeitstrotzende Individualität, die herbkräftige Eigenart zur
Geltung zu bringen.¹) Indessen sehe ich, wie ich schon gesagt,
nicht als meine Aufgabe an, in eine inhaltliche Betrachtung und
Würdigung der Ästhetik Vischers einzutreten. Nur seine Lebens=
anschauung steht für uns in Frage, und da gilt es, ihr indivi=
dualistisches Gepräge noch durch einige weitere Züge zu belegen.

Wie ihn am Mittelalter und an der Zeit der Reformation
das Eckige, Grobe, Trotzige der Individuen mit Sympathie er=
füllt, so stößt ihn an unsrer Zeit die Eingeschlossenheit der Indivi=
dualität in das unsichtbare Innere ab. Er klagt: es sei jetzt im
geselligen Leben Schande, die Leidenschaft, den Charakter, das
Pathos herauszulassen; dies gelte als naiv. Indolenz sei der
fashionable Ton; fast das Sprechen sei zu viel, man tafle stunden=
lang lautlos wie das Vieh; kaum dürfe man einen Fremden an=
reden, jeder bleibe einsam in sich; alle munteren Gesellschaftsspiele
seien verschwunden, das perfid schweigende, den innersten Menschen
aussaugende Kartenspiel — ein Spiel, wogegen Mord Poesie sei —
führe die Alleinherrschaft. Und wenn Vischer sich zu Shakespeare
mehr als zu Schiller und Goethe hingezogen fühlt, so ist dies mit
darin begründet, daß der britische Dichter jede seiner Hauptgestalten
sich zu einer höchst individuellen Welt von Taten und Schicksalen

---

¹) Man findet die Stellung Vischers zum Individualismus in Erich Hey=
felders Schriftchen „Klassizismus und Naturalismus bei Fr. Th. Vischer" (Berlin
1901) von verschiedenen Seiten aus beleuchtet.

herausarbeiten läßt. Shakespeares Männer sind — so heißt es
in seinem Aufsatz über das Verhältnis Shakespeares zur deutschen
Poesie — „wie Granitbilder, Statuen aus einem Guß ohne
Glättung, ungeteilt in sich, Gedanke, Entschluß und Tat sind Ein
Wetterschlag". Frage man, wohin die Nibelungenhelden ent=
schwunden seien, so laute die Antwort: „Hier bei Shakespeare
sind sie vom Schlafe aufgestanden, hier ist der grimme Hagen
und auch die schreckliche Brunhilde und alle die großen Männer
und Frauen . . . Hier tretet hin und lernet, was Charakter ist,
und was dagegen die blassen Schatten eurer geschwätzigen Bil=
dung sind." Und auch an Vischers Auch Einer darf ich Sie hier
erinnern. An dem Helden dieser Dichtung, der nichts anderes
als der etwas ins Wunderliche und Groteske gezeichnete Vischer
selber ist, erscheint ihm besonders dies als echt menschlich, daß er
den Menschen seiner Umgebung keine mattere, glättere, liebens=
würdigere Individualität, als er sie tatsächlich hat, vorlügen will,
sondern den Mut besitzt, in allen seinen Äußerungen unerschrocken
und ganz sich selbst zu geben. Vischer sagt mit Recht vom Tage=
buch des Auch Einer, daß etwas Atmendes, ja Schnaubendes
und wieder Stockendes, schweigend Aufseufzendes in diesen Blättern
lebe, ein voller und wieder fieberhaft unterbrochener Pulsschlag
durch sie gehe. Wohl kaum jemals ist von einem Dichter ein
Charakter geschaffen worden, der in dem Grade, wie der Held in
Auch einer, bohrendes, selbstquälerisches Sichinsichhineinleben und
heftiges, furchtloses Sichaussichherausleben in sich vereinigte.

Haben wir uns so den Grundsatz der starken Individualität
als ein wesentliches Stück in Vischers Lebensanschauung einzuprägen,
so ist doch sofort ein wichtiger Zusatz zu machen. Es liegt Vischer
durchaus fern, einer zügellosen, kraftgenialischen Auslebung des
Individuums das Wort zu reden. Er will nicht, wie einst Friedrich
Schlegel und wie später Friedrich Nietzsche, die Selbstherrlichkeit
des genialen, vornehmen Individuums verkünden. Einem solchen

Hinausseinwollen über alle Schranke setzt er die Überzeugung entgegen, daß sich dem Moralischen jeder einzelne einfach und schlicht zu unterwerfen habe. „Das Moralische versteht sich immer von selbst", heißt es wiederholt im Auch Einer. Das Moralische erhebt sich, wie er zu sagen pflegt, als ein zweites Stockwerk über der Natur. Im unteren Stockwerk, in der Natur, also auch im Menschen, soweit er Naturwesen ist, herrscht Hundenot und Teufelei. Er wird nicht müde, auf den Schabernack, die Stiche, Püffe, Ränke, die der arme Mensch von den überall in der Natur versteckt lauernden Kobolden zu erleiden hat, das grellste Licht eines schimpfenden Humors fallen zu lassen. Er erklärt tiefsinnig-humoristisch die ganze Natur für die Schöpfung eines reizenden Urweibes, das Genialität mit Güte, Leichtsinn, Koketterie und Grausamkeit verbinde. Aber über diesem unteren Stockwerk erhebt sich das obere, die sittliche Welt. Hier herrschen Gesetze, fest über der Willkür, nichts fragend nach Lust oder Unlust, ein Unbedingtes, an sich Wahres, Zeitloses. In den strengen Dienst dieser unzerbrechlichen Ordnungen hat sich ein jeder ohne viel Aufhebens zu stellen. So können wir jetzt das Prinzip der starken Individualität durch die nähere Bestimmung ergänzen, daß das Individuum bei aller Eigenart sich dem Reiche der Sittlichkeit einzugliedern habe. Das Sittengesetz ist das Rückgrat, das der Individualität straffe Haltung geben soll. Es ist der Geist Kants und Hegels, der in diesem Stücke bei Vischer herrscht. Man lese etwa die jüngst in der Deutschen Rundschau veröffentlichten Briefe, die Vischer im Jahre 1848 als Mitglied des Frankfurter Parlaments an Wilhelm Kapff gerichtet hat. Man ersieht aus ihnen, wie gründlich er in äußerst schwieriger Lage sein Verhalten nach streng moralischen Gesichtspunkten erwogen und eingerichtet hat.

Vischer gehört zu der individualistischen Nebenströmung, die sich durch die Entwicklung der deutschen spekulativen Philosophie der ersten Hälfte des neunzehnten Jahrhunderts hindurchzieht.

Schon in der sogenannten Gefühls= und Glaubensphilosophie — dieser dem literarischen „Sturm und Drang" parallel laufenden philosophischen Bewegung — beginnt ein kräftiger Individualis= mus einzusetzen. Ich erinnere an Hamann, Hippel, Friedrich Jacobi. Allein Kant und die auf ihn folgenden Großen im Reiche des spekulativen Denkens — Fichte, Schelling, Hegel — hoben in so überwiegender Weise das Recht und die Macht und die Herrlichkeit des Allgemeinen, der Idee, des Ganzen hervor, daß für die Entfaltung der individuellen Eigenart nur wenig Raum blieb. Nur in der Weise von Nebenlinien kommt zur Zeit der kantischen und nachkantischen Spekulation der Individualismus zur Geltung. Man muß etwa an Wilhelm Humboldt, an Friedrich Schlegel und den jungen Schleiermacher herantreten, um den Wert der individuellen Eigentümlichkeit als solcher, das Recht ins= besondere des fein und geistreich entwickelten, kühnen und genialen Individuums gepriesen zu hören. Ihnen gesellt sich nun in gewissem Grade Vischer zu. Wenn man fragt, wo in der Hegelschen Schule das Recht der starken individuellen Eigenart hervorgehoben wurde, so wird man nicht zum wenigsten auf Vischer hinzuweisen haben. Die Oberherrlichkeit der Idee und die Allgemeingültigkeit des Sittengesetzes bleibt zwar bei ihm bestehen; zugleich aber kommt die Individualität mit ihrer Unregelmäßigkeit und Zu= fälligkeit, mit ihrer schroffen und trotzigen Selbstbejahung zu ihrem Rechte. Freilich hat Vischer diesen seinen Individualismus mehr aus den Bedürfnissen seiner Persönlichkeit als aus den Grund= lagen seiner Philosophie heraus geschaffen.

IV

Ich bitte Sie nun, sich mit mir wieder zu seiner Ästhetik zurückzuwenden. Ein anderer Charakterzug derselben wird uns auf eine weitere Seite seiner Lebensanschauung hinführen.

Seine Ästhetik würde lange nicht den großen Erfolg gehabt

haben, wenn seine Phantasie an ihr nicht in hohem Grade mit=
gearbeitet hätte. Der Leser der Ästhetik wird sofort bemerken,
welch einen großen Raum in seiner Darstellung das Bildliche
einnimmt. Die Bilder geben seinen Gedanken etwas Erleuchtendes,
Packendes. Er kann eben auch als Denker den Dichter nicht ver=
leugnen: unwillkürlich verleiblichen sich ihm seine Gedanken und
werden sinnenfällig. Die Bilder sind bei ihm nicht etwa ein den
Gedanken umgehängter Schmuck, sondern aus dem Kern der Ge=
danken organisch hervorgewachsen. Auch verirren sich ihm seine
Gedanken unter dem Einfluß der Phantasie nirgends ins Phan=
tastische, die Gedanken werden wohl durch sie teils beflügelt, teils
ins Wuchtige gestaltet, verlieren aber nichts von ihrer strengen
Verknüpfung. Diese innige Verbindung der beiden Seiten seiner
Begabung legte ihm freilich einen doppelten schweren Verzicht
auf; weder durfte er in der Wissenschaft noch in der Dichtung
gewisse höchste Ziele zu erreichen hoffen. Diese Zwiespältigkeit
machte ihm innerlich nicht wenig zu schaffen, wie dies besonders
sein Gedicht An das Bild Peter Vischers zu markigem Aus=
druck bringt. Halb zieht es ihn in „der Denker stirngefurchte
Reihen“, halb zu Dichtung und Kunst. Und in einem seiner
Briefe aus Italien heißt es: seit seiner Kindheit rege sich von
Zeit zu Zeit in ihm die alte Lust am Malen, zugleich aber stecke
in seiner Natur neben dem Sinn für Wohlgestalt „das Grüble=
rische, Lehrhafte, Schulmeisterliche“; und man hört aus seinen
Worten heraus, daß er sich die Frage vorgelegt hat, ob sein
Lebenszweck von ihm nicht verfehlt worden sei. Auf der anderen
Seite indessen war er gerade infolge dieser Mischung seiner Be=
gabung ganz besonders geschaffen, das Gebiet der Ästhetik frucht=
bar auszugestalten.

Jetzt fasse ich wieder seine Lebensanschauung ins Auge.
Nicht nur für die ästhetische Darstellung, sondern auch für die
Lebensgestaltung gilt ihm die Phantasie als ein hochwichtiges

Bestandstück. Der Mensch soll sich auch als Phantasiewesen stark
und bedeutsam ausleben. Die Phantasie soll nicht wie ein kümmer=
liches Flämmchen ihr Dasein fristen, nicht als etwas bloß Ge=
duldetes gelten, das vielleicht besser nicht da wäre; auch soll sie
nicht bloß insoweit als berechtigt angesehen werden, als der Mensch
Kunst genießt oder künstlerisch schafft; sondern auch im Leben soll
die Phantasie zu freier Entfaltung, zu Blüte und Macht gebracht
werden. In der Lebensgestaltung soll nicht das Lineal herrschen,
sondern auch freie, sich gehen lassende Mannigfaltigkeit zur Geltung
kommen. Mit Satire wendet sich Vischer gegen die Kahlheit und
Abstraktheit der Kleidermoden in unserer Zeit. Besonders seine
beiden Aufsätze über die Mode — wahre Meisterstücke intimer
Beobachtung und vielfarbigen Humors — zeigen, in wie hohem
Grade er Phantasiemensch ist. Phantasielosen Menschen gegen=
über ist er stets voll Spottbereitschaft. Dem Kenner Vischers
werden hierbei der Professor der Physik gleich zu Beginn des
Auch Einer und der Vetter aus Berlin in dem Lustspiel Nicht I a
einfallen. Von der ganzen norddeutschen Art fühlte er sich vor
allem ihrer Phantasiearmut wegen durch eine Kluft getrennt.
An süddeutschem Wesen dagegen empfand er das Sinnliche,
Phantasievolle und die damit verknüpfte Ursprünglichkeit und
Naivität als etwas ihm Verwandtes. Nur in Süddeutschland
fühlte er sich zu Hause. So hat er denn auch eine lebhafte Ab=
neigung gegen alle Dichter, bei denen das Gedankenmäßige und
Absichtliche fühlbar hervortritt: sie erschienen ihm als abstrakt,
didaktisch, prosaisch, unter Umständen als tendenziös und ironisch.
Daher stellt er sich zu Gutzkow, Mundt, Heine, Herwegh, Rückert,
wenn auch in sehr verschienenen Graden, vorwiegend gegnerisch.
Dagegen gehören Jean Paul und Hölderlin, Uhland und Mörike,
Gottfried Keller und Konrad Ferdinand Meyer zu seinen Lieblingen.

Es liegt Vischer ferne, nach Art der Romantiker geradezu
eine Einheit von Leben und Kunst, Wirklichkeit und Phantasie

zu verlangen; er weiß, daß damit in die obersten Lebensgebiete
eine ungeheure Verwirrung, ein zwar verführerisches, berauschendes,
aber zugleich wüstes Durcheinander eingeführt wäre. Was ihm
zum Ideal der Lebensgestaltung zu gehören scheint, das ist nicht
ein schrankenloses Hineingären der Phantasie in das Leben, sondern es versteht sich ihm von selbst, daß Vernunft und sittliches
Wollen das Herrschende im Menschen zu bleiben haben; ein so
freier Spielraum auch dem Phantasieleben gewährt werden mag,
so ist doch immer die Bedingung zu erfüllen, daß Vernunft und
Sittlichkeit dadurch nicht aus ihrer obersten Stelle verdrängt werden.
Vischer weiß sehr wohl, daß die Phantasie auch gefährliche Keime
in sich trägt. Er sagt: sie ist Verschönerung des Lebens, oft genug
aber wird sie auch Beschönigung; der Mensch hat in ihr ein großes
Gut, ein Asyl, eine Fata Morgana zur Flucht aus allen Hem-
mungen der eisernen Notwendigkeit, einen Zaubermantel, der den
Unglücklichen in das Land des Wunsches entführt, der Mensch
lebt durch die Phantasie mitten im Leben immer ein zweites
Leben; aber zugleich birgt die Phantasie einen Chor von ver-
lockenden Dämonen, die Mephistopheles die „Kleinen von den
Seinen" nennt.

In doppelter Hinsicht soll nach Vischer die Phantasie für
das Leben maßgebend werden. Erstlich für die äußere Lebensgestaltung. Die Außenseite des Lebens ist für ihn nicht, wie für
so viele, ein Nebensächliches oder gar Gleichgültiges; der Geist
soll sich eine phantasievolle Erscheinung geben. Seit jeher hat
Vischer mehr, als dies bei seinem Meister Hegel der Fall ist, auf
das Heraustreten des Innern in phantasievolle äußere Gestalt
Gewicht gelegt. Wie für Schiller, Goethe, Wilhelm Humboldt
gehört es auch für ihn zur Kultur, daß sich der Geist eine künstlerische Gestalt gebe. Wo daher Vischer über die Kultur der verschiedenen Völker spricht, dort ist es für ihn stets eine hauptsächliche Frage: wie steht es mit der Haltung und den Bewegungen

des Körpers, mit der Tracht, dem Hause, den Geräten, den Volks-
festen, der Kriegführung und den sonstigen äußeren Formen des
Kulturlebens? So preist er die äußeren Kulturformen der alten
Griechen, weil in ihnen überall das Notwendige in Freiheit und
Leichtigkeit umgeschaffen sei, ohne doch in den Schwulst des Über-
flusses zu verfallen, und zugleich, weil der freudige Ernst des
Daseins in ihnen zu festlichem Ausdruck komme. Und wenn er
in Italien oder Griechenland reist, da wird ihm auch an den
gegenwärtigen Bewohnern dieser Länder klar, was es heiße: edel
und menschlich gehen und den Körper tragen. „Wie ganz gemein,
skurril und ärmlich" — so sagt er in seinem Aufsatz Aus einer
griechischen Reise — „erschien mir die träge, plumpe, schlaffe
Art, wie wir unsern Körper einsinken und, von der gebietenden
Seele gelöst, frei für sich als schwere Materie handeln lassen,
neben diesem stolz aufgerichteten Haupte, diesem edlen Schwunge
des Halses, dieser herrlich hoch gewölbten Männerbrust, diesen
zurücktretenden Schultern, der freien geraden Säule des Rückens,
diesem elastischen, schwebenden und doch gravitätischen Gange!"
Und wenn er die Italiener als das Volk bezeichnet, das uns
noch am entschiedensten ein Bild von der Einheit der Natur und
Kultur im klassischen Altertum gibt, so denkt er dabei besonders an die
adelige, unaffektiert pathetische Art, wie sie sich geben und äußern.
Ähnlich fühlt er sich bei einem Besuch in Pest von der äußeren
Erscheinung der Magyaren berührt.

Aber auch im Innenleben sollen wir die Phantasie in
weitem Umfange frei walten lassen. Man hört häufig unsere
Pessimisten und besonders unsere Naturalisten in der Kunst sagen:
„Wir wollen uns nichts vortäuschen lassen! Wir wollen das
Leben immer genau so sehen, wie es ist, genau so grau, genau
so durchfurcht von Schmerz und Elend, überwuchert von Zufall
und Widersinn, wie es die Wirklichkeit zeigt! Wir wollen keinen
Schein, auch keinen schönen! Selbst in der Kunst wäre es feige,

auf schönen Schein auszugehen!" Vischer vermöchte über solchen
sauertöpfischen Wahrheitsfanatismus nur zu lächeln, wenn er dar=
über nicht gar ergrimmt würde. Er ist, wie man insbesondere
aus seinem Werke über Faust sieht, ein begeisterter Lobredner der
„Illusion". Er ruft aus: die Illusion „ist die schönste unter
den Einrichtungen der Natur, die Illusion ist das Gut der Güter.
Ein Narr, wer sie sich zerstört!" Er hält es für wertvoll und
segensreich, daß unser „Phantasieblick die Natur beseelt, alles in
schönere Farben, in reineres Licht taucht, in der guten Stunde
über das Elend der Welt hinwegsieht". Er will nicht über den
ehrbaren Spießbürger spotten, der Sonntags mit Familie in einen
Garten wallt und daselbst seine „Vergnügungsillusionen" hat.
Auch der Hochgebildete hat solche und soll solche haben. Für
besonders wertvoll gilt ihm die Illusion in der Liebe. Es ist
allerdings Phantasietäuschung, wenn die Liebe glaubt, dieser
Mann sei der absolute Mann, dieses Weib das absolute Weib;
allein wir haben uns gegen diese Täuschung nicht, wie Schopen=
hauer und Hartmann es tun, als gegen eine schnöde Prellerei
von seiten der Natur zu empören, sondern sie dankbar hinzu=
nehmen und zu pflegen. Das Wichtigste aber ist, daß alles
Handeln mit Illusion verknüpft ist. Wir halten, indem wir
handeln, die Menschen für empfänglicher, für williger zum Guten
und Vernünftigen, als sie sind. Und auch diese Illusion sollen
wir nicht zerstören.

Worin aber liegt — so werden Sie fragen — der Grund
für diese Wertschätzung der Illusion? Vor allem weist Vischer
darauf hin, daß die „Aufhöhung" der Wirklichkeit durch die Phan=
tasie die edlen Triebe im Menschen belebe, die Freude am Guten
steigere. Insbesondere: besäßen wir nicht die hoffnungsreiche Illu=
sion, als ob wir mehr mit unserm Handeln erreichten, als höchst=
wahrscheinlich der Fall sein wird, woher sollten wir die Froheit
und den Mut des Wirkens nehmen? Zum Wirken gehört ein

Hoffen, das die wahrscheinlichen Erfolge des Wirkens weitaus überflügelt. Sodann aber: die Illusion ist nicht reine Täuschung, leerer Schein, es steckt ein gutes Stück Wahrheit in ihr, sie ist „inhaltvoller Schein", und am inhaltvollen Scheine freut sich der richtige Mensch. Noch in einem Gedichte aus der allerletzten Zeit — Alter betitelt — sagt Vischer zum Schluß:

> Und der Geist, wie steht es um ihn?
> Müd ist geworden, müd auch er,
> Müde der Täuschung.
> Eine nur, eine noch ist geblieben,
> Nimmer, solang ich noch Atem hole,
> Nimmer, nimmer schwinde sie mir:
> Die hohe Täuschung, der wahrheitsvolle
> Heilige Wahn, daß Götter leben!

Doch ich muß diesen so anziehenden Gegenstand verlassen. Vielleicht hat Ihnen schon diese kurze Darlegung der Lehre Vischers von der Illusion die Überzeugung angeregt, daß ihr, trotz manchem Superlativischen im Ausdruck, ein richtiger und wertvoller Kern zugrunde liege. Jedenfalls wollen wir uns einprägen: ihm gilt die Phantasie als eine Macht, die nicht nur für die Stunden künstlerischen Schaffens und Genießens maßgebend werden, sondern auch im übrigen Leben sich bestimmend, formend, erhöhend, befreiend geltend machen soll. Sie soll die Außenseite des Lebens gestalten, und sie soll durch Schaffung edler, belebender Illusionen auch für das Innenleben fördernde Bedeutung erlangen.

V

Es gibt Menschen, bei denen das Phantasieleben derart entwickelt ist, daß die Nüchternheit des Erwägens, das Rechnen mit den wirklichen Verhältnissen, die Männlichkeit der Gesinnung, das standhafte, selbstgetreue Ausfechten der inneren Kämpfe dadurch gefährdet sind. Vischer gehört nicht zu diesen Weichlingen der Phantasie. Ich möchte, um dieses realistische Element in seinem

Charakter hervortreten zu lassen, auf seine Stellung zu den poli=
tischen Fragen der sechziger und siebziger Jahre mit einigen
Worten hindeuten. Wenn man Vischers politische Aufsätze liest,
so steht einem sofort ein Mann vor Augen, der durch die großen
politischen Fragen und Entscheidungen, insbesondere soweit sie
das deutsche Volk betreffen, im Innersten erregt und erschüttert
wird. Gleich zu Beginn seines größten politischen Aufsatzes, Eine
Reise betitelt, gesteht er: „Kummer und Qual des Herzens um
das arme, gespaltene, verachtete, schwer bedrohte und in Not und
Schmach nur doppelt heiß geliebte Vaterland hatte mich auf die
Reise getrieben"; und jede Zeile des Folgenden zeigt, daß diese
Worte nicht von Interessanttuerei eingegeben sind, sondern daß
ein Kerngemüt zu uns spricht, dem es in dem Aussprechen seines
Schmerzes und seiner Ratlosigkeit, in allen seinen Warnungen und
Vorschlägen nicht um sich, sondern um die heilige Sache zu tun
ist. Und so ist auch die patriotische Festfreude, von welcher der
etwas später geschriebene „Schützengang" getragen ist, ein ge=
füllter, vollstimmiger männlicher Akkord; die vielen Wenn und
Aber sind durch sie nicht einfach weggefegt; weise, umsichtige Er=
wägungen ruhen in ihrem Grunde und geben ihr etwas Ge=
haltenes, festes Vertrauen Erweckendes. Vischer ist, wie überall,
so auch in der Politik, das Gegenteil eines abstrakten Fanatikers
und träumerischen Idealisten. Er weiß, daß sich die Politik nicht
einzig nach Prinzipien, nach unbedingt gültigen Idealen machen
läßt, daß die Anpassung an die gegebenen Verhältnisse, die Be=
nutzung dieser für das jeweilig Erreichbare, die Rücksicht auf das
jeweilig Förderliche den zweiten wichtigen Faktor bildet, aus dem
sich das Gewebe der Politik herstellt. Er weiß, daß die Politik
durch mancherlei Schiefheiten, Härten, dunkle Verknotungen hin=
durchlaufen muß, daß es in der Politik Widersprüche gibt, die sich
nicht glatt auflösen lassen. Ihm gelten Politik und Moral nicht
als zwei Mächte, die sich einfach decken. In der Politik gibt es

„tragische Verwicklungen, wo, wenn nicht gehandelt wird, eine alte
Schuld unabsehlich immer neue Übel bringt, und doch nicht ge=
handelt werden kann, ohne daß neue Schuld begangen wird."
Der Gegensatz zu aller Verranntheit in die eigenen Prinzipien
äußert sich dann insbesondere auch darin, daß Vischer überall
Achtung des Gegners fordert und das Verdächtigen und Be=
schmutzen der entgegenstehenden Parteien als ein Grundübel unsres
politischen Lebens verabscheut. Er sagt: „Kampf muß sein, in der
Politik läuft es ohne Grobheit nicht ab"; aber weit verschieden
von der kräftigen Reibung, die zu Ergebnissen führe, sei der
Schmutz, womit sich unsre Parteien bewerfen.

Vischer vertritt in seinen politischen Aufsätzen eine im besten
Sinne idealrealistische Richtung. Er vereinigt zwei Seiten, die
man selten vereinigt findet: er nimmt es ernst und gründlich mit
den Prinzipien, mit den sittlichen Gesichtspunkten, und zugleich
zieht er ebenso ernst und gründlich die jeweilige Zeitlage und
ihre Erfordernisse in Erwägung. Seine politische Haltung ist voll
Straffheit, aber ohne Starrheit, sie trägt den Charakter der Mäßi=
gung und wohlerwogenen Anpassung an die Tatsachen an sich,
ohne aber biegsam und erfolganbeterisch zu sein. Diese Haltung
tritt in den verschiedenen Entwicklungsstufen seiner politischen
Überzeugung hervor: er hat sie als Bekenner der großdeutschen
Politik an den Tag gelegt; aber ebensosehr, als er nach dem
Jahr 1866 mit Widerstreben und Groll zur Anerkennung der
Stellung, die sich Preußen durch die vollzogenen Tatsachen ge=
schaffen, überging, und ebenso, als er von 1870 an sich mit vollem
Herzen auf die Seite der Freunde des neuen Deutschen Reiches
stellte. In seinen großdeutschen Hoffnungen und Plänen ist er
von allen Utopien, von allen demokratischen Überschwenglichkeiten
und Gehässigkeiten weit entfernt; er ist redlich bemüht, den Gründen
der preußischen Partei, soweit dies nur sein Standpunkt zuläßt,
gerecht zu werden. Insbesondere aber tritt jener politische Ideal=

realismus in der Zeit seines Überganges von dem großdeutschen
Standpunkte zur Anerkennung der Führerschaft Preußens zutage.
Seine Epigramme aus Baden=Baden, sein Offener Brief an Dr.
Speidel, sein Briefwechsel mit Günthert geben uns ein deutliches
Bild, wie in seiner Seele Prinzipien und Tatsachen, die Forde=
rungen des Rechts und der eiserne Zwang der Not hart mitein=
ander rangen.

Hier darf auch des Vortrages Der Krieg und die Künste Er=
wähnung getan werden, den Bischer kurze Zeit nach dem deutsch=
französischen Krieg in Stuttgart gehalten hat. So sehr er sich
auch mit Entsetzen von den Schrecken und verwildernden Wirkungen
des Krieges abwendet, so zögert er doch nicht anzuerkennen, daß
der Krieg auch „ein Wecker von ungemeinen Kräften ist, die sonst
geschlummert hätten". Es lebt in Bischer etwas von dem harten
Wirklichkeitssinn der Hegelschen Philosophie. Dies zeigt sich be=
sonders in seiner Stellung zum Krieg. Ähnlich wie Hegel sagt
Bischer: der Krieg „vermag die Völker zur höchsten Anspannung
ihrer ganzen Kraft zu spornen, zu Leistungen, die im Frieden sie
selbst sich nimmer zutrauten". Der Krieg schafft Heroen. Und
in der „Fassung des Geistes im Kriege" sieht er einen von den
möglichen Wegen, sich von der auf dem Leben lastenden Angst
und Bangigkeit zu befreien.

VI

Ich knüpfe jetzt wieder an das an, was ich über die Be=
deutung der Phantasie in Bischers Lebensanschauung gesagt habe.
Die Phantasie ist sozusagen die nach innen gewandte Sinnlich=
keit des Menschen — wobei ich Sinnlichkeit in der weitesten Be=
deutung nehme. So ist es denn eine gewisse Verallgemeinerung
des über die Phantasie Gesagten, wenn ich jetzt hinzufüge: zum
Idealmenschen, wie Bischer sich ihn vorstellt, gehört, daß die Sinn=
lichkeit, die Natur im Menschen nicht als Gegensatz des Geistes,

nicht als Feindin der Vernunft behandelt, also nicht unterdrückt
und getilgt werde. Das Sinnliche soll in einem bejahenden und
freundlichen Verhältnis zum Geiste stehen; der Geist soll sich in
das Sinnliche hineinbilden, sich in ihm verleiblichen und es so
zu sich emporziehen, ohne ihm das Blühende, Saftige, Naturvolle
zu rauben. Vischer steht sonach auf einem Standpunkt, den schon
Schiller in Gegensatz zur Sinnenfeindschaft der Kantischen Moral
eingenommen hat. Es steht ihm die weitreichende, große Per=
spektive vor Augen: das Menschengeschlecht durchgeistigt, vernunft=
beherrscht, verinnerlicht und dabei doch sich auslebend in frei und
hemmungslos sich entfaltender Sinnlichkeit. Im Grunde ist diese
Perspektive im Sinne der Hegelschen Philosophie gelegen, wenn
auch die Gedankenrichtung Hegels selber — aus Gründen, die
nicht hierher gehören — sich einem derartigen Ideal nicht aus=
drücklich zuwandte.

Durch die ganze Hegelsche Philosophie geht der Gedanke,
daß es zwei Stufen des Unmittelbaren gibt: ein Unmittelbares
des Anfangs und eines als Schluß der Entwicklung. Jenes liegt
diesseits alles Gegensatzes, aller Spaltung, alles Kampfes; dieses
jenseits aller Brechungen und Reibungen. Die Vermittlungen
nehmen, wenn sie sich zu voller Gediegenheit und Reife gebracht
haben, selbst wieder die Gestalt der Unmittelbarkeit an. Am
Anfange steht das Unmittelbare der Unreife, am Schluß das
Unmittelbare als Ausdruck voller Reife.

Dieses Unmittelbare höherer Ordnung hat sich Hegel als
reinen Geist gedacht, der alles Sinnliche in sich verzehrt hat.
Folgerichtiger vielleicht jedoch kommt der Sinn der Hegelschen
Philosophie zum Ausdruck, wenn dieses Unmittelbare der höheren
Stufe als Einheit von Geistigkeit und sinnlichem Sichausleben vor=
gestellt wird, als denkende Vernunft, die sich doch zugleich als
volle Natur entfaltet und genießt, als Innerlichkeit, die zugleich
zur Sicherheit der Naivität herausgebildet ist. In der Denkweise

Vischers jedenfalls hat das Unmittelbare höheren Grades diese
Gestalt angenommen. Ihm steht als Ziel der Vervollkommnung
ein Mensch vor Augen, in dem der Geist die Natur nicht in sich
verzehrt und verflüchtigt, sondern sich frei zur Natur entläßt und
naiv in ihr spielt. Die höchste Stufe der Kultur sieht er dort
verwirklicht, wo auch an dem durchgebildetsten Menschen in Gebärden, Auftreten, Sprache ein gewisses ursprüngliches Quellen
und Strömen der Gefühle und Äußerungen fühlbar wird. Unmittelbarkeit, Naturton, Frische des Augenblicks wünscht er auch
dem Menschen von verfeinertster Geistesart unverloren zu sehen.
Der Mensch, der sicher und fest in der Vernunft steht und lebt,
ist imstande, seine Sinnenseite frei zu geben, sie fröhlich ihren
eigenen Weg nehmen zu lassen und sie dabei doch in der Hand
zu behalten. Vischer hat keine Sympathie für jene Abstrakta von
Menschen, bei denen die Naturseite gleichsam nur eine dünne
Schicht bildet, durch die überall die Spitzen des Verstandes, die
Stacheln der Ironie hindurchstechen. Im Leben — nicht in der
Wissenschaft natürlich — soll sich der Verstand, unbeschadet aller
Schärfe, in lebens= und naturvollerer Art, verwebt mit Tempera-
ment, Laune, Affekt, Persönlichkeit äußern.

Hier werden wir nochmals auf Vischers Stellung zum süddeutschen Wesen geführt. So sehr er auch an dem Süddeutschen
das Naturfrische hervorhebt, so will er damit doch keineswegs
etwa gesagt haben, daß der Süddeutsche in demselben Grade wie
der Italiener das Seelische ins Sinnliche zu überführen vermag.
Auch der Süddeutsche leidet an dem Bruch zwischen Geist und
Natur, Innerlichkeit und Sinnlichkeit, der durch das ganze deutsche
Wesen geht. Zumeist aber ist dieser Bruch in der schwäbischen Eigenart entwickelt. Vischer hat in der Abhandlung Dr. Strauß und
die Wirtemberger, mit der er den ersten Band der Kritischen
Gänge eröffnete, eine so tief eindringende und so umfassende Zergliederung des schwäbischen Wesens gegeben, wie sie wohl sonst

nirgends noch geleistet worden ist. Es ist ein prächtiges Stück
konkreter Völkerpsychologie, was uns Vischer hier geliefert hat.
Scheinbar widersprechende Kräfte sind in der schwäbischen Eigen=
art ineinander verwachsen: „das Moment der tiefern Reflexion,
der Freiheit von Autoritäten, der Kritik, der Innerlichkeit und zu=
gleich die Kräfte des Mittelalters, die Naivität, die Naturfrische,
die Naturbehaglichkeit, das einfachtreue, schlichte, alte, körnig sub=
stantielle, gedrungene Wesen." Was der „unlösbarste Widerspruch"
zu sein scheint: „freies und kritisches Selbstbewußtsein in der Form
der Naivität", das ist der Charakter des Schwaben. Und Vischer
weiß nur zu gut, wie sehr er selbst in dieser Doppelheit wurzelt;
er fühlt sie als eine unausgeglichene Gegensätzlichkeit seines inner=
sten Wesens. Wie sehr er zu Zeiten schmerzlich darunter gelitten
hat, geht aus manchem seiner Gedichte und Briefe hervor. Be=
sonders nach seiner italienisch=griechischen Reise fühlte er das Miß=
verhältnis zwischen tiefer Innerlichkeit und kümmerlichem Außen=
leben. „Hier in Tübingen — so schreibt er am 14. Dezember 1840
an Märklin — geriet mir in den ersten Tagen Jean Paul in die
Hände; ich mußte ihn wegwerfen, diese schönen Seelen mit runz=
lichen, skurrilen Körpern, Siebenkäsens lange dürre Arme, dies
Mißverhältnis, aus dem der Humor entspringt. Ich lechze wie
der Hirsch zurück nach der klaren, wohltätig kalten Quelle, nach
der kräftig kühlen Brust der Alten." So dürfen wir also sagen:
die schöne Einheit von Geist und Natur, die Vischer an den Alten,
und in gewissem Grade an den heutigen Südländern als ein=
fache Tatsache wie selbstverständlich erfüllt sah, war für ihn Gegen=
stand heißer und oft schmerzlicher Sehnsucht.

So gehört Vischer zu den Vertretern des Rechtes der Sinn=
lichkeit. Aber er ist weit entfernt von den plumpen Übertrei=
bungen des jungen Deutschlands der dreißiger und vierziger Jahre
und des allerjüngsten Deutschlands der Gegenwart. Vischers
Lebensanschauung trägt durch und durch das Gepräge herber

Keuschheit. Die von ihm geforderte Einheit von Sinnlichkeit und
Geist ist eine durch die Hegelsche Philosophie bestimmte Weiter=
bildung des Schillerschen Idealmenschen. Mit Zorn und Wider=
willen würde sich daher Vischer von dem Geschrei nach unbe=
dingter Freigebung der Wollust abwenden, das gegenwärtig die
Hauptangelegenheit nicht nur zahlloser eleganter Lumpen, sondern
auch eines ganzen Heeres von Theaterdichtern, Zeitungsschreibern
und allerhand anderer Literaten bildet.

Lassen Sie mich nun das bisher Gesagte in der Hauptsache
zusammenfassen und es zugleich in eine etwas andere Verbindung
setzen. Vischers Idealmensch ist eine Synthese des Nordischen und
Südlichen. Nordisch ist die starke, knorrige Herausarbeitung der
Individualität, nordisch aber auch die Durchgeistigung, Verinner=
lichung des Menschen; und wer seinen Auch Einer kennt, weiß,
bis zu welchen „Grillen, Ich=Aushegungen, Ich=Brütungen" —
um mit Auch Einer zu reden — er diese Verinnerlichung zu
treiben vermag. Südländisch dagegen ist die phantasievolle Aus=
gestaltung des Lebens nach außen hin, südländisch auch, was wir
als Naivität, Naturton kennen gelernt haben. Fasse ich jetzt das,
was ich nordisch genannt habe, für sich ins Auge, so erscheint sein
Idealmensch als Synthese des Modernen und Mittelalterlichen.
Denn modern ist die Durchgeistigung, Verinnerlichung des Menschen.
Als dem Mittelalter eigentümlich aber können wir jene Eckigkeit,
Trotzigkeit des Wesens bezeichnen, die dem Menschen bei aller
Vernunftklärung gewahrt bleiben soll. Und endlich kann man
seinen Idealmenschen als Synthese eines nüchternen, strengen
und eines romantischen Elements bezeichnen. Die Forderungen
der Vernunft und Moral führen die unbedingte Oberherrschaft,
hier versteht Vischer keinen Spaß. Zugleich aber will er der
Phantasie und dem Humor einen bedeutsamen Platz in der
Lebensgestaltung gegeben sehen.

VII

Nun bitte ich Sie, sich mit mir wieder zum Lebensgange
Vischers zurückzuwenden. Schon vor der Veröffentlichung der
Ästhetik war ein Wendepunkt in seinem Lebensschicksal eingetreten.
Im Jahre 1844 rief die Rede, die er beim Antritt der ordent=
lichen Professur in Tübingen hielt, bei der kirchlichen Partei eine
Menge von Verdächtigungen und Anklagen hervor. Wiewohl
diese großenteils auf Mißverständnissen und Verdrehungen be=
ruhten, fand sich der Minister doch bewogen, ihn auf zwei Jahre
vom Amte zu entfernen. Vischer bekennt selbst: „Von da an erst
ist mir der ganze Haß gegen Pietismus, Kirchen= und Pfaffentum
in die Seele eingebrannt.“ Hauptsächlich die Rücksicht auf die
Lage seiner Familie bestimmte Vischer, seine Stelle nicht nieder=
zulegen, sondern auszuharren. Der Stachel des Vorwurfs, der
ihm davon in der Brust zurückblieb, wich erst, als er im Jahre
1855 einen Ruf an das Polytechnikum und die Universität in
Zürich erhielt und annahm. Elf Jahre blieb er in der Schweiz,
für gewisse Seiten des Schweizer Wesens von Achtung, ja Vor=
liebe erfüllt, aber doch unter der politischen Abneigung der
Schweizer gegen Deutschland zuweilen schwer leidend. Von 1866
an gehörte er wieder seinem Vaterlande. Zuerst teilte er seine
Lehrtätigkeit zwischen der Universität in Tübingen und dem Poly=
technikum in Stuttgart. Bald jedoch zog er sich auf die Stutt=
garter Stelle zurück, die er bis zu seinem im Jahre 1887 er=
folgten Tode ausfüllte.

Stünde mir mehr Zeit zur Verfügung, so müßte ich vor
allem auf zwei Wandlungen zu sprechen kommen, von denen die
eine in Vischers Manneszeit, die andere in sein Greisenalter fällt.
Die erstere besteht in der gründlichen Veränderung seiner Stellung
zur Hegelschen Philosophie. Eine Folge davon war, daß er mit
seinem eigenen System der Ästhetik mehr und mehr unzufrieden
wurde. In der ausführlichen, strengen Selbstkritik, die er in dem

fünften und sechsten Heft der neuen Kritischen Gänge niedergelegt
hat, finden sich die Grundzüge angegeben, nach denen er sich jetzt
die Ästhetik gestaltet denkt. Leider kam er nicht dazu, sein Haupt=
werk nach diesen Gesichtspunkten nun auch wirklich umzuarbeiten.
Doch trug er in seinen Vorlesungen die Ästhetik nach den neu
gewonnenen Gesichtspunkten in geschlossener Weise vor. Indessen
zeigt diese spätere Gestalt seiner Ästhetik bei weitem nicht jene
strengwissenschaftliche Durcharbeitung wie das ursprüngliche System.
Sein Sohn hat diese späteren Vorlesungen über Ästhetik unter
dem Titel Das Schöne und die Kunst herausgegeben.[1]) Die
zweite Wandlung ist völlig anderer Art. Mit dem Zurücktreten
des wissenschaftlichen Denkens im höheren Alter trat das dichte=
rische Bedürfnis mächtiger und drängender in ihm hervor. Als
der Geist nicht mehr so andauernd unter der logischen Zucht des
Denkens stand, floß der Quell der anschaulichen Gestaltung und
gefühlsmäßigen Verdichtung weit leichter und reicher. Vischer
überraschte im Greisenalter die Welt mit einem Dichtungswerke
nach dem andern. Nachdem 1867 die Epigramme aus Baden=
Baden und die Besingung des deutsch-französischen Krieges durch
Schartenmayer erschienen waren, folgten rasch nacheinander Auch
Einer (1879), die Lyrischen Gänge (1882), das schwäbische Lust=
spiel Nicht I a (1884) und die Umarbeitung seiner humoristisch=
satirischen Faustdichtung (1886). Es fällt mir ganz besonders
schwer, mir näheres Eingehen auf Vischer als Dichter versagen zu
müssen. Nur einige Bemerkungen über seine bedeutendsten Dich=
tungen will ich hier einflechten. Zunächst ein paar Worte über
die Lyrischen Gänge.

Schon Vischers Jugendlyrik zeigt, daß er die Seele voll
hat, daß sich ihm die Verse aus drangvoller Seele auf die Lippen
drängen. Und des weiteren sieht man schon aus den Gedichten

---

[1]) Ich habe mich über diese spätere Gestalt seiner Ästhetik in der Zeit=
schrift für Philosophie und philosophische Kritik, Bd. 114, S. 105 ff. ausgesprochen.

der Jugendjahre, daß er den sprachlichen Stoff mit reinem Formen=
sinn und zarter Liebe zu dem kostbaren Gute der deutschen Sprache
prägt und baut. Jedes Wort ist bis in seine feinste Schattierung
hinein durchfühlt. Und diese Vorzüge blieben seiner Lyrik bis in sein
höchstes Alter erhalten. Ja die Gedichte gerade aus der spätesten
Zeit — man lese die Dem Ende zu überschriebene Gruppe —
ragen hinsichtlich des Seelenvollen und des Sprachbildnerischen —
besonders hervor.

Durch manche Gedichte wird man an den von ihm so ge=
liebten Mörike erinnert: reine, feste Gestaltung verbindet sich mit
leise umzitterndem Stimmungshauch. In anderen Gedichten da=
gegen strebt er Äschyleischer Großheit oder der Glut und dem
Marke Shakespeares nach. Anderswo wieder, so in dem komischen
Heldengedichte Ischias, ergeht er sich in burleskem und zugleich
erhabenem Humor.

Welch ein freier Herrscher im Reiche des Humors er ist, zeigt
am meisten seine große philosophisch=epische Dichtung Auch Einer.
Er entfaltet hier einen Humor in großem Stile, einen Humor, der
die tausendfache Abhängigkeit des Hochstrebenden und Reinen im
Menschen vom Niedrigen und Häßlichen, vom Zufälligen und
Nichtigen mit lachendem Ernste aufzeigt. Im tiefsten Grunde ist
es tragischer Humor. Zwei Gedanken muß man innig fassen,
um dem Geist dieser Dichtung gerecht zu werden. Erstlich muß
man davon erfüllt sein, daß die Gebundenheit des Menschen an
den Quark und Schmutz des Lebens uns zu denken gibt, tief
blicken läßt, ja geradezu eine tragische Seite am Menschenlose
bildet. Man muß von der Tragik durchdrungen sein, die sich an
den wilden, tückischen, garstigen Zufall knüpft, der selbst das
Edelste und Lauterste kreuzt und verdirbt. Sodann aber muß
man sich ebensosehr vor Augen halten, daß Vischer die Geistes=
freiheit besitzt, diese Tragik ins Humoristische zu wenden, mit ihr
zu spielen, sie zu karikieren. Freilich sieht sich Vischer durch die

Plackerei mit dem Kleinen und Erbärmlichen, wie er sich aus=
drückt, schnurgerade auf die furchtbare Wahrheit geführt, daß der
Geist, der Sohn des Himmels, in den Staubleib, in das rohe
Gepuffe der Körperwelt gebannt ist. Allein diese furchtbare
Wahrheit vermag er zugleich als ein närrisches Schicksal des sich
Wunder wie groß und göttlich dünkenden Menschengeistes, als
eine komische Selbstauflösung seiner aufgeblähten Erhabenheit,
als einen den Menschen in seinem wahren Lichte zeigenden tollen
Widerspruch anzusehen und so zu belachen. Auf diese Weise ent=
steht der tragische Humor in Auch Einer. Und dieser Humor
ist um so freier und kühner, als Vischer sich mit ihm zugleich über
sich selbst erhebt. Der Held in Auch Einer ist ein humoristisches
Spiegelbild seines eigenen, unter dem Kampf mit dem „Objekte"
leidenden Innenmenschen. Von der überschauenden Höhe des
Greisenalters aus hat sich Vischer durch diese Dichtung von seinem
Ärger und Seelenweh in teils heiterem, teils schmerzvollem Lachen
zu befreien gesucht.

In Auch Einer hat uns Vischer eine Weltanschauungsdichtung
gegeben, die in wesentlichen Stücken an Jean Paul erinnert. An
Aristophanes dagegen werden wir durch seine satirische Faust=
dichtung gemahnt. Sie stammt aus dem Jahre 1862, erfuhr je=
doch später eine tiefgreifende Umarbeitung. Nicht lange vor seinem
Tode trat Vischer mit dieser vor das Publikum. Diese zweite
Gestalt seines Faust enthält in weit höherem Grade, als die
frühere, gedankenschwere, ideendurchdrungene Komik. War in der
ursprünglichen Dichtung der positive Ertrag, der sich aus der
komischen Auflösung des zweiten Teiles des Goethischen Faust
ergab, verhältnismäßig gering, so treten jetzt, besonders im zweiten
Akt und im Nachspiel aus dem tollen Spuk zugleich hochbedeut=
same Züge bejahenden und versöhnenden Charakters hervor. In=
dem die Fratzen, die der Dichter geschaffen, durch das Gelächter
des Lesers zerstieben, schimmert uns als bleibender Niederschlag

echtes Gedankengold entgegen. Vischer führt jetzt nicht nur das, was ihm am zweiten Goethischen Faust als steif, gekünstelt, ver= schnörkelt, unecht gilt, ad absurdum, sondern der Humor ist jetzt so stark und frei geworden, daß er in seinem Spiegel zugleich das Bild des zu neuen höheren Aufgaben kämpfend und siegend fort= schreitenden Faust und die herrliche, von allem Spottspiel unan= gegriffen dastehende Gestalt Goethes erscheinen läßt. Freilich muß bei dem Leser eine Bedingung erfüllt sein, wenn er durch die Fausttravestie Vischers zu Heiterkeit gestimmt werden soll. Wer den zweiten Teil des Faust als ein vollkommenes oder nahezu vollkommenes Kunstwerk ansieht, möge Vischers Dichtung lieber ungelesen lassen. Es kommt darauf an, daß der Leser, wenn er auch die negative Kritik Vischers für in hohem Grade übertrieben ansieht, doch in dem zweiten Teil viel Gekräuseltes und Geleimtes, viel Matt=Klassisches und Verfehlt=Tiefsinniges findet. Ein solcher Leser wird sich mit Vischer sagen, daß Goethe, dessen Größe durch so viel unbestrittene Meisterwerke gesichert dasteht, und der selbst derbe Späße geliebt und geübt hat, mit ruhigem Lächeln die Püffe jener Witze und Possen auszuhalten vermag.[1]

Doch genug über Vischer als Dichter! Ich habe nun noch über die tiefsten Grundlagen seiner Weltanschauung zu Ihnen zu sprechen.

VIII

Vischer ist sein ganzes Leben lang idealistischer Pantheist ge= blieben. Zuerst war er es in der strengeren Form der Hegelschen

---

[1] Ich habe mich über Vischers Faust ausführlich in der Beilage zur Allgemeinen Zeitung (1886 Nr. 142 und 146) ausgesprochen. Ich gehe heute in den Einwürfen gegen den zweiten Teil des Faust nicht so weit wie damals. Dementsprechend würde die dort zutage tretende Beurteilung mannigfach etwas anders zu gestalten sein. Man vergleiche auch, was Ilse Frapan in ihrem Buche „Vischer-Erinnerungen" (2. Auflage, Stuttgart 1889; S. 58 ff.) über den Faust Vischers ausführt.

Philosophie, später in freierer Weise. Betonen wir in seinem
idealistischen Pantheismus zunächst das Eigenschaftswort „idea-
listisch". Der Geist ist ihm das Erste, der Geist kann nicht aus
der Materie hervorgegangen sein. Vischer ist niemals von Hegel
so abgefallen wie Strauß, der später geradezu zum Materialismus
überging. Gerade gegen seinen Freund Strauß hebt er mit starken
Worten das Ungenügende der Lehre hervor, daß die materiellen
Atome das Erste seien, aus dem sich sonach auch der Geist entwickelt habe. Er sagt: „Ein Ganzes, worin oben Geist erscheint,
kann nicht unten geistlos sein." Das Atom nennt er „einen
talentlosen Jungen, aus dem selbst der Kampf ums Dasein keinen
Menschen herausprügeln kann". Der Geist ist also das Erste,
das im tiefsten Grunde Schaffende. Die Natur ist nur Erscheinung des Geistes, nur „Maske des Geistes", wie er zu sagen
liebt. Der Materialismus ist nur scheinbar monistisch; denn er
hat nicht Ein Prinzip, sondern anderthalb, die Materie, und äußerlich ihr angehängt die Form. Der Idealismus ist allein wahrhaft
monistisch; er hat nur Ein Prinzip, „den Geist als das Eine, das
sich den Gegensatz der Materie schafft, um aus ihr aufzusteigen".

Dieser Idealismus — und das ist das Zweite — trägt nun
aber bei Vischer überall pantheistischen Charakter. Mit Grauen
wendet er sich in einem seiner markigsten Gedichte von dem Gedanken ab, daß es einen lieben Vater im Himmel geben könne;
denn wie vermöchte er es zu ertragen, das schmerz- und marter-
volle Schauspiel der Welt anzusehen! Es erscheint ihm als unmöglich, daß die Welt eine eigene Substanz neben und außer
Gott haben sollte. Gott ist der Geist, der in und nur in der
Welt lebt. Es ist ein „Ungedanke", daß Gott die Welt von außen
erhalte und leite. Damit ist für Vischer sofort auch gesagt, daß
Gott als solchem weder Persönlichkeit noch auch Bewußtsein überhaupt zukomme. Gott ist ein Denken ohne Denker, sittliche Weltordnung ohne persönlichen Träger und Hüter. Vischer glaubt,

daß, wenn man einmal den persönlichen, außerweltlichen Gott habe, dieser nur zu leicht die Wunder nach sich ziehe. „Schlägt man ein Loch in die Natur, so schlüpft durch dieses Loch der ganze Olymp herein und hinter ihm als seine Wächter nicht nur die Priester, sondern auch eine lange Reihe gelehrter Herren ohne Kirchenrock." Die Kritik mag sich hierzu wie immer stellen: jedenfalls hat dieser Pantheismus ohne die Spitze eines persönlichen Gottes dazu beigetragen, Vischer in dem Glauben an die sittliche Autonomie des Menschen und in der mannhaften, tapferen, im edelsten Sinne trotzigen Charakterhaltung zu bestärken.

So lebt und steht also nach Vischer der Mensch unmittelbar im Göttlichen. Zuhöchst aber ist dies dann der Fall, wenn der Mensch an den unzeitlichen, ewigen Werten der Menschheit arbeitet: am Guten und am Recht, an der Kunst und Wissenschaft. Denn Gott selbst ist da, wo Liebe, Mitleid, Klarheit ist, wo das Menschliche waltet gegen das Rohe, Wilde, Böse. Gott ist das Gute, Gott ist das Wesenhafte, das Zeitlose in allem Zeitlichen. Vischer gehört zu denen, für die aus der Entwickelung der Religionen und Philosophien in flammenden Zügen die große Lehre des Pantheismus folgt. Alle Widersprüche und Widermenschlichkeiten, von denen Religion und selbst Philosophie voll sind, scheinen ihm im Pantheismus getilgt zu sein. Mit dem Pantheismus ist, Vischer hebt dies selbst hervor, eine gewisse Mystik gegeben. Er unterscheidet zwischen „wahrem" und „falschem Mystizismus". Diesen findet er überall, wo Spiritismus oder etwas dem Ähnliches vorkommt. Auf diesem Gebiete ist er unerbittlicher Rationalist. Dies zeigt sich beispielsweise, wo er in seinen Vorlesungen über neuere deutsche Literatur über Justinus Kerner handelte. Robert Vischer hat diesen schönen, reichhaltigen Abschnitt in den Süddeutschen Monatsheften veröffentlicht.

Von seinem Pantheismus aus gewinnt Vischer einen bejahenden Zusammenhang mit der Religion. Er ist nicht der An

ſicht, daß, wie Ludwig Feuerbach und Strauß in ſeiner früheren
Zeit meinten, dort, wo Mythenglaube und Magie aufhöre, auch
die Form der Religion überhaupt zerſtört ſei. Die Religion bedarf
keines Mythus, keiner Magie. Vischer gehört zu den Vertretern
der Vernunftreligion. Religion hat jeder, der ſich von der Ahnung
des Unendlichen durchſchüttern läßt, der dem geiſtdurchdrungenen
Weltganzen gegenüber ſich als Nichts fühlt, ſeine Selbſtſucht
opfert, im Wirken für das Ganze aufgeht, alſo ein in der Zeit
zeitloſes, in der Endlichkeit ewiges Leben lebt. Religion iſt Opfer
der Selbſtſucht, das Tauwetter des Egoismus, das Durchweicht-,
Durchmürbtſein von dem Grundgefühl: ich bin ein Nichts im
Ganzen, wenn ich ihm nicht diene. In der Pfahldorfgeſchichte
läßt er Arthur in ſeiner großen Rede ſich ſchließlich ungefähr zu
den Worten herausringen: „Der Geiſtgott iſt Geſetz, Ordnung,
Klarheit, er iſt die Gerechtigkeit, die Güte, das Mitleid, die Weisheit; er bezwingt auch die Zeit; er iſt das ewig Bewegende in
aller Bewegung; wer ihn liebt, ſchüttelt es ab, das Alpgewicht
der ſchrecklichen, gähnenden Zeit und taucht auf in das Urlicht,
das da zeitlos iſt; wir ſind nichts, wo wir uns nicht heben in
den Strahl der Ewigkeit; o ſüßes Zittern, wenn berührt von der
Weltenſonne unſer Scheitel blitzt!"

Freilich, ſo ſehr Vischer für die Menſchheit die Vernunftreligion, eine Religion ohne Kirche herbeiſehnt, ſo weiß er ander-
ſeits ſehr wohl, daß die Maſſe des Volkes ſtets einer mythologiſchen Religion, eines geglaubten Bilderbuches bedarf. Für
die Maſſe des Volkes iſt eine mythologiſch getrübte Religion
beſſer als gar keine; denn mit dem Wegfall der Religion würde
auch ihre Moralität haltlos werden. Allerdings dürfe dieſe Ein-
ſicht nicht hindern, gleich ſtark zu betonen, daß dieſe mythologiſchen
Stützen ebenſoſehr „Spieße ins Mark der Religion" ſind. Die
Verwechslung der mythologiſchen Dichtungen mit dem reinen Kern
der Religion ſei im Grunde an all den Gräueln der religiöſen

Verfolgungen schuld. Die Vernunft kann die Verwechslung von
Symbol und Wahrheit in alle Zeit nicht dulden, sie muß diesen
Wahn bekämpfen, wenn sie sich nicht selber untreu werden will,
sie muß ihn auf eine so geringe Anzahl von Menschen als möglich
zu beschränken suchen. Vischer will keineswegs Haß gegen die
unschuldigen, unmündigen Träger dieses Wahnes predigen. Nein,
er verlangt Nachsicht, Schonung gegen die Schwachen, gegen die
unschuldig Blinden. Nur die Heger und Träger des Wahnes,
die es besser wissen könnten, ja besser wissen, haben seinen vollen,
gründlichen Haß. Hierin hält er es durchaus mit Lessing und
Strauß. Schon in dem Aufsatz Dr. Strauß und die Wirtemberger nennt er den Pietismus „die Krätze, welche die edelsten
Säfte des Geistes in Eiterung setzt". Und dieser Kampf gegen
„Belial und seine Pfaffen" ist ihm sein ganzes Leben lang eine
heilige Angelegenheit geblieben. Wer sich hiervon den vollen Eindruck verschaffen will, mag auch die Worte lesen, die er in seiner
humoristischen Faustdichtung auf der einen Seite dem hageren,
schwarzen Schemen mit langem Schiffhut, dem großen Hunde
Hetzkaplan und dem kleinen Fuchs Schwindelhort, auf der anderen
Seite Luther und Lessing in den Mund legt.

Doch bei aller Schärfe seiner Haltung ist Vischer von allem
unverständigen Radikalismus weit entfernt. Dies geht schon
aus seinem Urteil über die Unentbehrlichkeit der mythologischen
Religionen für die weit überwiegende Mehrheit der Menschen hervor. Hierher gehört auch sein Urteil über die Halben. Er bekennt,
nicht in den Protestantenverein eintreten, nicht zu den Altkatholiken
gehen zu können. Trotzdem aber sieht er in den Halbheiten die
Bedingung jedes Fortschrittes auf geistigem Gebiete. Die Geschichte der Religionen zeigt, daß alle Läuterung dadurch sich voll-
zog, daß Mythus und Magie nicht aufgehoben, sondern auf ein
Weniger zurückgeführt wurden. Der Protestantismus war der
letzte große Ruck dieser Art. Und auch in Zukunft wird die

Reinigung der Religionen nur auf dem Wege solcher guter gesunder Halbheiten fortschreiten. Daher gibt Vischer die Losung aus: „Den wohlmeinenden gesprenkelten Halben unser Lächeln, wenn wir unter uns sind, unser Schweigen über ihre logische Inkonsequenz im Augenblick ihres Kampfes, den schwarzen Ganzen unsern sittlichen Abscheu, laut heraus vor aller Welt!" So ordnet Vischer seine sachliche Gegnerschaft der Rücksicht auf die Bedingungen des geschichtlichen Fortschrittes unter.

IX

Nun lassen Sie uns einen weiteren Schritt tun. Die Natur, das Endliche überhaupt ist nach Vischer Erscheinung des zu Grunde liegenden unendlichen ewigen Geistes. In dieser Beziehung ist Vischer stets Hegelianer geblieben. Doch aber weiß er sehr wohl, daß hiermit nicht im entferntesten begreiflich gemacht wird, warum das Unendliche sich in den Formen des Endlichen darstelle und hierdurch so furchtbare Massen von Unvollkommenheit, Zweckwidrigkeit, Nichtigkeit, Schmerz und Qual ins Dasein rufe. Allerdings hat er einen Gedanken, wodurch er diesem Geheimnis näher, aber eben auch nur näher zu kommen glaubt. Es ist dies der Hegelsche Gedanke, daß der Geist, um zu sich zu kommen, um wahr und offenbar zu werden, sich sein Gegenteil erschaffen und durch dieses hindurchgehen müsse. Ein solcher Gegenwurf des Geistes ist die Materie. Der Geist als das ewig Eine setzt sich in ein scheinbar schlechthin Anderes, die Materie, um, um aus ihm bereichert und vertieft wieder aufzusteigen. Der Geist, der unten unbewußt war, wird oben, nachdem er sich durch die Materie hindurchgewürgt, Bewußtsein, Person. Aber auch für die weitere Entwicklung des Geistes ist nach Vischer das Prinzip der Negation und des Hindurchgehens durch diese von höchster Wichtigkeit. Sein ganzes Denken und Betrachten ist von diesem Gesichtspunkte beherrscht, daß jeder große Ruck in der Entwicklung des Geistes

durch Bruch, Entzweiung, Negation bedingt ist. Selbst in der
Mythologie der Pfahldorfgeschichte zieht er diesen großen und
tiefen Gedanken herein. Dem Mythus von Gwyon, dem häßlichen Knirps, der starken Fee Coridwen und dem Wunderweib
Taliesin, der Strahlenstirn, liegt nach Vischers Ausdruck der Gedanke zugrunde, daß man den Geist nicht umsonst kriegt, daß
man gejagt, geängstet, gebeutelt, geworfelt werden muß, um Geist
zu werden, daß man dem ersten, frischen, lustigen, bunten Leben
absterben muß, um neu geboren zu werden als Geistmensch, als
Strahlenstirn und so im Leben das zweite Leben zu leben.
Vischers Betrachtungen besäßen nicht so viel Schneidigkeit und
Männlichkeit, wenn sie nicht von dem Bewußtsein durchdrungen
wären, welch unermeßlich hohe Bedeutung die Selbstentzweiung
und ihre Überwindung für die Entwicklung des Geistes habe.

Das abgrundartige Problem des Endlichen lastete Vischer
mit ungeheurer Wucht auf der Seele; es beunruhigte ihn in rein
theoretischer Gestalt und ängstigte ihn im Gemüte. Besonders
quält ihn die blinde Wildheit, das Dämonische in der Natur und
noch mehr die Macht des Zufalls, des „meskinen, knirpsigen,
lumpigen Kleinzufalls". Angesichts dieses teils grauenhaften,
teils lächerlich sinnlosen Schauspiels kommen ihm sogar dualistische
Gedanken: er denkt an einen dunklen Untergrund in Gott, er
spinnt sich, wie ich schon erwähnt habe, eine ganze Mythologie
von einem Urweibe aus, das in Verbindung mit einer Legion
schlammerzeugter böser Geisterchen die Natur erschaffen habe. Sodann glotzt ihn das Ungeheuer Zeit an, diese alles verschlingende
Sphinx. Immer und immer wieder kommt er im Auch Einer
auf das Rätsel der Zeit zurück, und er weiß nur eine Rettung aus
dem Wirrsal: die Lehre von der Zeit als bloßem Schein. Alles
Vor und Nach ist Schein; wirklich und wesenhaft ist nur das
Ewige, das Eine, das sich in allem Wechsel gleichbleibt. „Was
jeden Augenblick erst wird, ist doch kein wahrhaft Seiendes."

Und dieser ewige Mittelpunkt besteht nicht aus einem uns fern=
bleibenden schattenhaften Unendlichen, sondern alles, was wir
Wertvolles, Gutes leisten, geht in dieses Ewige ein, ist im Grunde
Ewiges. Und endlich drückt das Rätsel der „Diesheit" seine
Seele. Das Ich in seiner Einzigkeit erscheint ihm als etwas
Irrationales, das sich nicht denken läßt, mit dem es daher nicht
geheuer ist, und das auch wieder fort muß, als ein Feind des
Allgemeingültigen und Wahren, als ein Klumpen von zäh ge=
backener Dichtigkeit, der sich von der Macht des Allgemeinen nicht
perforieren lassen will. Mit diesen Gedanken scheint mir Vischer
in der Hauptsache auf dem richtigen Wege zu sein.

So hat der Mensch nach Vischer ein Doppelantlitz: nach der
einen Seite ist er dem Unendlichen, nach der anderen dem End=
lichen zugewandt. Und noch dichter haben wir uns diese Ver=
einigung vorzustellen. Jene die Gegensätze zusammenraffende
Weite des Geistes, die wir sonst schon bei ihm wahrnehmen
konnten, bewährt sich auch hier. Der Mensch ist die widerspruchs=
volle Einheit des Unendlichen und Endlichen, er ist, wie er sich
ausdrückt, der „wandelnde Widerspruch von Unendlichem und
Endlichem", er ist, wie es an einer anderen Stelle heißt, kein
Raubtier und trägt doch ein Raubtier in sich, er ist „ein wandeln=
der Sichselbsterhöher und Sichselbstabsetzer". Vischer bekennt sich
nicht zu der platten Lehre des Naturalismus, der das Wesen des
Menschen rein im Endlichen aufgehen läßt. Aber ebensowenig
stimmt er jenen Meistern und Heroen des Unendlichen zu, die —
wie einen Spinoza oder Schelling in seiner Jugend — die große
Gewißheit, im Unendlichen zu leben, über die Schranken und
Niedrigkeiten, die den Menschen herabzerren und demütigen, wie
über etwas Unschädliches und Nebensächliches hinwegsehen läßt.
Ihm gilt das Endliche nicht als ein Anflug, der an das Wesen
des Menschen, das im Unendlichen seine Substanz hat, von außen
wie etwas kaum Beachtenswertes herangekommen ist. Vischer

weiß, daß im Wesen des Menschen Endliches und Unendliches
sich sowohl zu inniger Einheit, als auch zu schneidendem Gegensatze
verbinden, und es gehört daher seiner Überzeugung nach zum
Schicksal des Menschen, daß er am Endlichen leide. Wohl ist es
die höchste Aufgabe des Menschen, daß er das Endliche, die Zeit
überwinde, sich aus dem „Gestrüpp und Sumpfschlamm Zeit"
herausarbeite und im Ewigen lebe. Allein dieser Sieg wird dem
Menschen nicht als etwas Ungetrübtes, Endgültiges, Einschrän-
kungsloses zuteil; sondern er kommt von dem niederziehenden,
vergiftenden Endlichen nun einmal nicht los. Der Geist, der
Sohn des Himmels, ist in den Staubleib, in das rohe Gepuff
der Körperwelt gebannt. Fände der tiefere, edlere Mensch nicht
Trost in Religion, Philosophie und Kunst, im entlastenden Lachen,
im entlastenden Wettern, in der sänftigenden Träne, so wäre es
für ihn zum Rasendwerden. Insbesondere die Plackerei mit dem
Kleinen, die sich bis zum „Schandtribut an die Natur" steigern
kann, ist eine Leidensform, der Vischer mit Vorliebe nachgeht.
Sein Auch Einer ist ein Held, der an dem Kampf mit den Teufe-
leien des Kleinen sein tragisches Schicksal hat. Und ich gebe, wie
ich schon vorhin zum Ausdruck gebracht habe, Vischer recht, wenn
er gegen seine Tadler behauptet, daß es sich in diesem Kampfe,
bei aller Komik, doch um ein Wehe handelt, das tragisch zu
stimmen vermag.

Jenen Widerspruch des Unendlichen und Endlichen im
Menschen hat Vischer im Sinne, wenn er das Lebensgefühl nach
seinem tiefsten Kerne in das Gefühl des Tragischen setzt. Wir
sollen das Leben letzten Endes als „tragische Seligkeit" spüren.
Die Religion ist im Grunde das „Gefühl der erhebenden Tragödie
des Lebens". Wie schon der Ausdruck „tragische Seligkeit" un-
zweideutig zeigt, will Vischer die Lebensstimmung nicht in dem
negativen Sinne als tragisch bezeichnen, daß das Große, Wertvolle, Unendliche durch das Endliche im Menschen einfach besiegt

und getilgt werde, sondern in der positiveren Bedeutung, daß
jene Macht, bei aller empfindlichen Zurückdrängung, ja äußeren
Besiegung, doch innerlich und endgültig als das Höhere, Stärkere
und Siegreiche in der Menschheitsentwicklung zu gelten habe.

Doch schließt das Gefühl des Tragischen den Humor nicht
aus, ja fordert ihn zu seiner notwendigen Ergänzung. Dem vollen
Menschen stellt sich die Welt ebensosehr unter dem Gesichtspunkte
des Humors als der Tragik dar. Das Große und Erhabene in
der Welt zeigt auf der einen Seite das Schauspiel, daß es trotz
seiner Echtheit und Gediegenheit in Verkehrtheit und Untergang
hinabstürzt und so schneidendes Wehe über uns kommt. Das ist
die Tragik des Weltlaufs. Auf der anderen Seite aber enthüllt
sich das Große und Erhabene vielfach als bloßen Schein, als ein
Geblähtes, Gespreiztes, Windiges, Hohles, und wir fühlen, teils
mit wehmütigem Lächeln, teils mit hellem Lachen, daß es mit
dem Erhabenen im Grunde nichts ist, daß ihm sein Recht widerfährt, indem es sich ins Kleine auflöst und in sein Nichts zer-
platzt. Dies ist der Humor des Weltlaufs. Erst beide Seiten
zusammen erzeugen eine Lebensstimmung, die der Welt gerecht
wird und die ganze rätselvolle Tiefe des Weltschauspiels wider-
spiegelt. Besonders dem modernen Pessimismus gegenüber weist
Vischer auf die Notwendigkeit des Humors hin. „Eines haben
die Pessimisten ausgelassen: das Lachen. Sie sind ganz humorlos.
Eine Welt, wo so viel gelacht wird, kann so schlecht nicht sein."
Er sieht im Humor das Rettende vor den Verdüsterungen, in
die — wie bei Hölderlin — das ausschließliche Gefühl des Tragischen die Seele zu reißen vermag. Schon in seiner Jugend-
novelle Cordelia findet sich eine geistvolle Lobrede auf den
Humor. Die Auseinandersetzungen, die er in seiner Ästhetik über
den Humor gibt, sind voll Weite und Tiefe; sie zeigen, daß er
im Humor einen Grundbestandteil seines eigenen Wesens dar-
legt. Und noch in einem Gedichte aus seinem Todesjahr —

Humor betitelt — stellt er den echten Humoristen dem falschen
gegenüber,

> Der nichts weiter als Spaßmacher ist,
> Nichts ahnt von dem innern Widerspruch,
> Von dem Zickzack, dem tiefen Bruch,
> Der durch das ganze Weltall dringt,
> Daß man immer fürchtet: es zerspringt,
> Während die also geborstene Welt
> Doch immer noch steht und zusammenhält.

Durch die Vereinigung des Gefühls der Lebenstragik mit sieg=
reichem tiefsinnigem Humor fühlt sich Vischer tief verwandt mit
Jean Paul, der gleichfalls beides in sich zu persönlicher Einheit
verband. Und seine Verehrung für Shakespeare ist, wie seine
Shakespeare=Vorträge zeigen, mit darin begründet, daß in seinen
Dramen Tragisches und Komisches in innigem Bunde auftreten.

So stellt Vischer eine, wie mir scheint, im ganzen die richtige
Mitte haltende Vereinigung von Optimismus und Pessimismus
dar. Er glaubt an ewige Werte, insbesondere an den unbedingten
Wert des Guten, er glaubt auch, trotz aller Rückschritte und Kreuz=
und Querzüge, an den unaufhaltsam fortschreitenden Sieg des
Vernünftigen und Guten, er gibt daher dem Begriff des Tragischen
in seiner Anwendung auf das Menschenleben jene vorhin berührte
Wendung ins Positive, und endlich nimmt er im Humor ein be=
freiendes Element in die Lebensstimmung auf. Anderseits wieder
ist er ebensosehr von allem schönfärberischen Optimismus entfernt.
Wie schwer nimmt er es mit dem Problem der Endlichkeit! Es
gehört nach seiner Auffassung zum richtigen Menschen, daß er
unter dem Wilden, Rohen, Zufälligen, Erniedrigenden dieser Welt
ernsthaft und dauernd leide. Es kann von dem Menschen nicht
verlangt werden, daß er sich lächelnd oder gar preisend in den
Weltlauf einfach füge. „Nur der paradiesisch naive, der beschränkte
und der gewissenlose Mensch lebt leicht, dem tiefer gehenden
hämmern die Pulse, wenn er bedenkt, welch ein fürchterliches

Schraubenwerk das Leben ist, das uns zwischen Fragen ein-
preßt bis zum Ersticken." Sein Auch Einer hat das Leiden
des Menschen am Endlichen und Endlichsten geradezu zum
Hauptthema. Auch hat Vischer — wie wir gesehen haben —
von Hegel gelernt, daß alle Geistesentwicklung den Kreuzes-
weg der Negation, der Entzweiung nehmen muß. „Das Schwert
muß kommen, zu scheiden, sonst wird nichts Rechtes." Schon
diese Lehre vom „Ersterben und Neuerstehen" macht es Vischer
unmöglich, in der Auffassung der Menschheitsentwicklung in
enthusiastischen Optimismus zu verfallen.

X

Zum Schluß lassen wir unseren Blick über den ganzen
Weg, den wir zurückgelegt, schweifen. Zur echt menschlichen
Lebensführung gehört nach Vischers Anschauung, daß unser Leben
intensiv sei, sich in enger und vielseitiger Fühlung mit dem Welt-
inhalte vollziehe. Vom vollen Menschen verlangt er daher Aufnehmen der Natur mit frischen und feinen Sinnen, affektvolle Vertiefung in Menscheninneres und Menschenschicksal, hochgestimmtes
Eindringen in alle Gebiete edlen geistigen Schaffens. Der voll-
entwickelte Mensch hört überall die Obertöne mit; er faßt nicht
alles gleich als dicken, blutigen Ernst auf, sondern er bringt
überall den Spielraum, den Hintergrund, das, was um die Worte
und Dinge strahlenstreuend herumschwebt, in Rechnung. Ein
solcher Mensch hat daher auch für die Widrigkeiten und Häßlichkeiten der Welt ein höchst empfindliches Gefühl; wo der Durchschnittsmensch gleichgültig bleibt, weil sein persönliches Wohl nicht
zu leiden hat, dort kann er Unruhe, Aufregung, Schmerz, Scham,
Entrüstung empfinden. Diese gesteigerte Reizbarkeit von Vischers
Idealmenschen gegenüber den Unvollkommenheiten dieser Welt
hat sonach ihre Ursache nicht in Nörgelsucht, sondern sie hängt
damit zusammen, daß er ein „tieferes Bedürfnis der Harmonie"

fühlt, als der Menschenschlag der Mehrheit, daß er überall nicht
bloß die eigensüchtigen Interessen, sondern das Wohl des All=
gemein=Menschlichen im Auge hat, und daß er daher auch alles
Edle, Reine, Große mit ganz anderer Tiefe des Genießens und
Verstehens aufnimmt, als der Durchschnittsmensch. Und noch
etwas anderes sahen wir in Vischers Lebensanschauung deutlich
sichtbar werden: die gegensatzumspannende Weite seines Geistes.
Oder besser vielleicht noch müßte ich von einem Ineinanderarbeiten
und Verdichten der Gegensätze sprechen. Er bemüht sich, in seiner
Lebensanschauung den Forderungen der strengen Vernunft und
den Ansprüchen der liberalen Phantasie gerecht zu werden, die
Vorzüge gesteigerten Innenlebens und die der Naivität in sich
aufzunehmen. Zum Leben gehört Freude, tief= und weitatmende
Freude; Freude ist der Widerschein des Unendlichen in uns, Freude
soll das Leben vergolden. Ebensosehr aber soll der moderne
Mensch all die Gebrochenheiten, Fraglichkeiten, Widersprüche in
sich erleben und verdauen, die nun einmal zur Tiefe des modernen
Geistes gehören. Der Mensch soll seiner Lebensstimmung das
Spiel der Illusion und die Wunderlichkeiten des Humors ein=
verleiben, ebensosehr aber soll er von dem Ernste erfüllt sein, der
wahrheitsmutig in die Tiefen und Abgründe des Lebens blickt
und einfach trocken die pflichtmäßigen Arbeiten des Lebens auf
sich nimmt. Und ich kann weiter hinzufügen: der Mensch soll
Härte und Weichheit in sich vereinigen. Um mit der „groben
und unsauberen Realität“ fertig zu werden, dazu gehört „ein Stück
Roheit“; zugleich aber soll er imstande sein, mit weichem, bloß=
gelegtem, erzitterndem Gemüt die Leiden der Menschheit mitzufühlen.
Ihm soll die Erde seine wohlvertraute Heimat sein; zugleich aber
trägt er etwas von einem Fremdling auf Erden an sich. Ja
wenn er häufig Verstöße begeht und Seltsamkeiten an den Tag
legt, so wird ihm dies zugute zu halten sein. Und auch in seinem
Aufstreben zum Ideal zeigt er eine ähnliche doppelte Seite. Er

faßt die hüllenlose, unbeschönigte, hoffnungraubende Wahrheit tapfer ins Auge, und doch erfüllt ihn auch wieder die Kluft zwischen Ideal und Wirklichkeit mit sehnsuchtsweichem Wehe. Insbesondere aber wollen wir uns noch einmal daran erinnern, daß Vischers Idealmensch, indem er mitten im Endlichen steht und an ihm arbeitet, doch des Unendlichen gewiß wird. Er lebt in rüstiger Kulturarbeit und frohem Genießen des Irdischen und öffnet doch sein Herz der Trauer des Endlichen und der Seligkeit des Unendlichen.[1])

Vielleicht wird sich Ihnen, in Übereinstimmung mit mir, die Überzeugung aufgedrängt haben, daß Vischer keineswegs ausschließlich der Vergangenheit angehört, sondern daß er nach vielen wichtigen Seiten hin dem geistigen Leben der Gegenwart nahe steht. Man schaut heute so häufig nach Männern aus, die in den modernen Wirren als klärende, heilende Führer dienen könnten. Ich glaube, daß trotz der gegenwärtig vielfach stark veränderten Lage der Dinge Vischer immer noch zu solcher Führerschaft geeignet ist.

Ich meinerseits bekenne dankbar und freudig, daß in meiner Jugend nur wenige Männer so stark und gut auf mich gewirkt haben wie Vischer. In der Folgezeit hat zwar meine Entfernung von ihm in künstlerischen, religiösen und metaphysischen Fragen bedeutend zugenommen. Aber volle Übereinstimmung ist ja nicht erforderlich, wenn uns ein Großer im Reiche des Geistes zum Führer werden soll. Und so drängt es mich auch heute noch zu seinen Werken hin, um aus ihnen, sei es für Arbeit oder Genuß, antreibende, kräftigende, reinigende Wirkungen zu empfangen.

---

[1]) Über die gegensatzumspannende Weite in Vischers Wesen hat Richard Weltrich in seinem schönen Schriftchen „Friedrich Vischer als Poet" (Breslau, ohne Jahreszahl) Vortreffliches gesagt.

X

Kunst, Moral, Kultur

I

Die Verhandlungen über das Verhältnis von Kunst und
Moral werden gewöhnlich von vornherein dadurch verfälscht, ja
vergiftet, daß das Moralische wie eine von außen an die Kunst
herantretende Macht, wie eine mürrische, drohende Gebieterin, wie
eine Polizeibehörde angesehen wird. Die Verfechter der Moral
gebärden sich gerne, als ob die Künstler eine ausgelassene, zum
Zügellosen neigende Schar wären, der man Schranken und Verbote mit aller Schärfe entgegenhalten müsse. Und die Künstler
und Kunstkritiker wiederum führen dementsprechend nur zu häufig
eine Sprache, als ob eine Herabwürdigung der Kunst, eine Sünde
gegen ihre Selbstherrlichkeit schon darin läge, wenn man dem
Guten und Edlen in irgend einer Weise auf dem Gebiete der
Kunst eine geltende Stellung zuerkannt sehen wolle oder auch
nur von wesentlichen Zusammenhängen zwischen dem künstlerischen
und sittlichen Reiche spreche. Überaus oft begegnet man der Ansicht, daß die Lösung der Frage nach dem Verhältnisse von Kunst
und Moral in dem kurzen und einfachen Satze liege: die Kunst
stehe in gar keiner Beziehung zum Moralischen. Es gilt als
rückschrittlich, dem Künstler irgendwelche Rücksicht auf das Gute,
die Pflicht, das Gewissen zuzumuten. Besonders die Kunstkritiker
in Zeitschriften und Zeitungen behandeln den Satz, daß die
Kunst mit den Forderungen der Moral rein gar nichts zu schaffen

habe, wie einen unumstößlichen Ertrag der modernen Geistesentwicklung, der jedem Leser mit gesundem Sinn und unab-
hängigem Verstand in zwingender Weise einleuchten müsse.

Soll der Streit über das Verhältnis von Kunst und Moral
in förderliche Bahnen gelenkt werden, so muß diese enge, miß-
trauische, ja übelwollende Vorstellungsweise weichen und eine
freiere und tiefere Auffassung von der Natur des Sittlichen und
von der Stellung und Aufgabe des Künstlers an ihre Stelle
treten. Vor allem, so scheint mir, müssen in den Voraussetzungen,
mit denen man gewöhnlich an die Besprechung jenes Verhältnisses
herangeht, zwei gründliche Änderungen vorgenommen werden.
Dann wird die Bejahung des Guten durch den Künstler, seine
Mitarbeiterschaft an der sittlichen Veredlung der Menschheit nicht
als ein aus der Rolle Fallen, geschweige denn als ein Frevel
gegen den Selbstwert des Künstlerischen und gegen die Unabhängigkeit der Kunst erscheinen.

Erstlich kommt es darauf an, das Moralische nicht als eine
Sammlung fertiger Gebote und Verbote, sondern als eine in
Entwicklung befindliche Lebens- und Kulturmacht anzusehen. Das
Moralische oder, wie man besser sagen wird, das Sittliche besteht
nur als Erarbeiten, Verfeinern, Vertiefen der inneren Lebenswerte. Dabei ist natürlich, wie bei jeder Entwicklung, auch an
mannigfache Rückentwicklungen zu denken. Das Sittliche hängt also
nicht über der Kulturwelt wie eine starre Gesetzestafel, sondern
ist ein lebendiger (und vielleicht der am meisten entscheidende)
Teil der Durchgeistigungsarbeit der Menschheit. Im Grunde
wurde schon in der Philosophie Hegels das Sittliche in den Fluß
der Entwicklung des Gesamtgeistes hineingeworfen. Auch bezieht
sich das Sittliche nicht etwa nur auf die reine Gesinnung, umfaßt
also nicht nur solche Tugenden, wie Wahrhaftigkeit, Gerechtigkeit,
Wohlwollen. Sondern das Sittliche ist weiter zu fassen: es um-
schließt die Stellung des Wollens zu allen inneren Lebenswerten,

zu allen erstrebenswerten Gütern. Unter den älteren deutschen
Vertretern der Ethik hat besonders Schleiermacher diese Erweite=
rung des Umfanges des Sittlichen durchgeführt. Fällt so in das
Sittliche die ganze Art und Weise hinein, wie sich der Wille in der
Anerkennung und Verwirklichung der Werte des Lebens verhält, so
gehört beispielsweise auch das Ideal Nietzsches zu den Werten,
die als sittlich gelten wollen. Der „Immoralismus" Nietzsches ist
in Wahrheit vielmehr ein Versuch, den sittlichen Werten eine neue
Gestalt zu geben.

Zweitens muß man aber auch den Künstler mitten in die
Kulturentwicklung hineinstellen. Ich fürchte, beinahe etwas Tri=
viales zu sagen, wenn ich hervorhebe, daß auch der Künstler sich
als einen Mitarbeiter an der Höherbildung der Menschheit fühlen
solle. Und doch ist es keineswegs überflüssig, dies auszusprechen.
Denn gerade in unserer Zeit ist der Glaube weit verbreitet, als
ob den Künstler als Künstler der Entwicklungsgang des mensch=
lichen Geistes, das Streben nach Reinigung und Befreiung des
Menschentums nichts anginge, als ob der Künstler sich in seinem
Schaffen aristokratisch von dem großen Gange der Kultur, von
den um die Ideale geführten Kämpfen abschließen dürfte, als ob
in jener Überempfindlichkeit, die sich von der Kultur als von
etwas Häßlichem, Lärmendem, Rohem abkehrt, das Zeichen vor=
nehmer Künstlerschaft bestünde. In Gegensatz hierzu halte ich
es vielmehr für wünschenswert und gesund, wenn der Künstler
seine Individualität sich in vielseitiger Berührung mit allem, was
die Menschheit auf den anderen Wertgebieten erfüllt und bewegt,
entwickeln läßt und diese seine so durch die Kämpfe der Gegen=
wart hindurchgegangene und an ihren treibenden Idealen ge=
nährte Individualität in seine Kunstwerke hineinarbeitet. Warum
sollten auch, da man etwas Ähnliches von allen kulturführenden
Berufen erwartet, die Künstler hierin eine Ausnahme bilden?
Und da die Teilnahme an der Kulturarbeit in unserer Zeit eine

bewußtere Gestalt angenommen hat, so darf man erwarten,
daß der moderne Künstler sich mit Bewußtsein an dem Kultur=
gehalt nähre und sich als Mitarbeiter an der Geistesentwicklung
der Menschheit wisse.

Freilich darf man sich nicht verhehlen, daß es unzählige
Künstler gibt, die dieser Erwartung nicht entsprechen. Man denke
nur etwa an die ungeheure Masse von Malern, die da Bilder
ausstellen. Den meisten unter ihnen liegt sicherlich der Gesichts=
punkt der Mitarbeit an der Vertiefung und Veredlung der Kultur
unglaublich fern. Oft fehlt es schon an Intelligenz hierfür. Diesen
Künstlern ist ihre Kunst ausschließlich Technik. Sie setzen ihren
Ehrgeiz darein, irgend eine überraschende, blendende, möglichst un=
erhörte Manier in Handhabung von Pinsel und Farbe, irgend
eine allerbesonderste Besonderheit, irgend ein allerindividuellstes
Kunststückchen zu ersinnen. Man kann diese Art von Künstlertum
kaum gering genug bewerten.

Mit der Beherzigung dieser beiden Gesichtspunkte ist, so
scheint es mir, ein Boden gewonnen, von dem aus jene Frage
nach dem Verhältnis von Kunst und Moral sofort ein anderes
Gesicht gewinnt. Denn jetzt erscheint dem Künstler die Moral nicht
mehr als ein Draußen, nicht mehr in Form einer lästigen Beauf=
sichtigung; sondern indem der Künstler durch die um die Ideale
geführten Kämpfe seiner Zeit hindurchgegangen ist, hat er eben
damit auch die höchsten Lebenswerte, die der Gegenwart auf=
gegangen sind oder, bescheidener ausgedrückt: das, worin ihm
diese höchsten Lebenswerte zu liegen scheinen, in seine Persönlich=
keit aufgenommen. Jetzt tritt uns der Künstler von vornherein
als teilnehmend an dem sittlichen Ringen seiner Zeit, als erfüllt
von den veredelten Vorstellungen der Lebenswerte gegenüber,
und es ist ihm natürlich und unvermeidlich, daß er sich in
seinem künstlerischen Schaffen als Mitarbeiter an der edleren,
tieferen, kühneren, freieren Gestaltung der Lebenswerte fühlt und

betätigt. Der Künstler, wie ich ihn mir im Zusammenhange mit
dem Kulturleben vorstelle, ist von dem heißen Bedürfnis ge=
trieben, durch seine Kunst an der Selbsterziehung der Menschheit
mitzuarbeiten. Er kann nicht anders, als seine Werke dem
Höhendrange der Menschheit zum Guten und Reinen, zum Großen
und Freien dienstbar machen. Die Fühlung mit den sittlichen
Kämpfen und Errungenschaften gehört derart zu seiner Natur,
daß er auch in seinem künstlerischen Schaffen selbstverständ=
lich immer in der Richtung auf die idealen Lebenswerte hin
verharrt.

Wenn ich mich philosophischer Kunstausdrücke bedienen
wollte, könnte ich sagen: die Beziehungen zwischen Kunst und
Moral können nur dann mit Unbefangenheit und Tiefe betrachtet
werden, wenn dabei an Stelle des üblichen Dualismus der Ge=
sichtspunkt der Immanenz tritt. Jetzt kommt an den Künstler
nicht die Aufforderung heran, sich unter die Drohungen der Moral
zu beugen, sondern er ist von sich selbst aus von dem Bestreben
erfüllt, an dem Veredlungs=, Vertiefungs=, Durchgeistigungsgange
der Menschheit teilzunehmen. Das ist das Wohltuende bei John
Ruskin, daß er überall in seinen Betrachtungen über Kunst und
Moral dieses immanente Verhältnis des Künstlers zum Sittlichen
voraussetzt. Ich bin weit entfernt davon, ihm in allen Stücken
zuzustimmen; aber auch wo er zu schroffen, ja kunstfeindlichen
Folgerungen gelangt, wirkt seine Denkweise, die in einer ideal
gerichteten Menschlichkeit die naturgemäße Grundlage der Kunst
erblickt, mildernd und versöhnend.

So besteht also die richtige Stellung des Ästhetikers, Ethikers,
Kritikers zur Kunst nicht darin, daß er von der Kunst Gehorsam
gegen die Moral fordert, sondern darin, daß er die Erwartung
an den Künstler stellt, er werde sich, wie jeder andere Mitarbeiter
an der Kultur, mit dem Ringen der Menschheit nach immer
edleren Lebenswerten eins fühlen und dieses Gefühl auch für

seine künstlerische Tätigkeit maßgebend werden lassen. Zugleich aber erhellt, daß auch diese freiere und innerlichere Auffassung jenes Verhältnisses einen entschiedenen Einspruch gegen die in unserer Zeit so oft verkündete völlige Unabhängigkeit der Kunst von der Moral bedeutet. Das übliche Schlagwort l'art pour l'art beruht zum mindesten auf einer gewaltigen Selbsttäuschung der Künstler. Es ist nicht einzusehen, woher den Künstlern das Vorrecht kommen sollte, sich aus dem Zusammenhange der Geistes- und Willensarbeit, den die Kultur darstellt, herauszureißen und sich zu gebärden, als ob sie allen Maßstäben der Kultur entrückt wären. Hierin liegt eine Überhebung, die sich wohl geschichtlich (insbesondere aus den vielfachen einschnürenden Zumutungen, die an die Kunst gestellt worden sind, und aus dem erstarkten künstlerischen Bewußtsein der Gegenwart) verstehen, nicht aber aus der Natur der Sache rechtfertigen läßt.

Vor allem widerwärtig aber wirkt diese Überhebung dort, wo sich die Kunst zur bloßen Technik herabgewürdigt hat. Wenn solche Talente und Talentchen der bloßen Form sich so gebärden, als ob sie in dem Inhalte, den sie zur Darstellung bringen, keinerlei Rücksicht auf die Moral zu nehmen nötig hätten, sondern unter dem Deckmantel der technischen Virtuosität auch das Ekelhafteste und Stinkendste geschildert werden dürfte, so heißt das: sein leeres, eingebildetes Willkür-Ich frecher Weise über die großen Kulturwerte setzen.

II

Einem Mißverständnis muß hier vorgebeugt werden. Man könnte darauf hinweisen, daß die Künstler auch in ihrer Lebensführung nicht der gewöhnlichen Moral unterstehen, und daß sich hierin die Ausnahmestellung der Kunst zum Ausdruck bringe. Wie der Künstler in seinem Leben der üblichen Moral entrückt sei, so sei die Kunst durchaus ein Jenseits der Moral. Zur Natur

des Künstlers gehöre Sinnenlust, heftiges Begehren, leidenschaft=
liches Erleben; darum habe auch in den Kunstwerken Sinnen=
glut und Leidenschaft ein unbeschränktes Recht. Sucht man sich
vor Übertreibung und Vermischung zu hüten, so liegt vielmehr
folgender Zusammenhang vor.

Ich gebe es gerne zu und habe es öfter ausgesprochen, daß
das Künstlergenie auf moralische Beurteilung nach entsprechend
umgestalteten Maßstäben Anspruch habe. Wie jedem außerordent=
lichen Menschen, so muß auch dem Künstlergenie gegenüber das
moralische Urteilen sich nach der Mischung wertvoller und unent=
behrlicher Eigenschaften richten, die nun einmal den geeigneten
Boden für diese bestimmte Art menschlichen Könnens und Schaffens
bildet. Man wird also bei der moralischen Beurteilung des
Künstlers sein gesteigertes und einseitigeres Sinnes=, Phantasie=
und Gefühlsleben mit in Rechnung zu bringen haben. Hiermit
ist aber keineswegs gesagt, daß die Lebensführung des Künstlers
überhaupt außerhalb der Moral falle, daß ihm die Moral über=
haupt nicht hineinzusprechen habe. Sondern nur soviel liegt in
jener Auffassung, daß dem Künstlergenie gegenüber die moralischen
Maßstäbe naturgemäß eine Verschiebung, Ausweitung, eine freiere,
aber auch feinere Gestaltung erhalten. Das Künstlergenie ist also
nicht über alle Moral hinaus, sondern die moralischen Maßstäbe,
unter die es fällt, unterscheiden sich nur, wie überhaupt bei allen
außerordentlichen Menschen, von den gewöhnlichen moralischen
Ansprüchen. Zur Kennzeichnung meines Standpunktes mag noch
der ganz allgemeine Satz ausgesprochen sein, daß in meinen Augen
die Aufhebung der Starrheit der moralischen Ideale, das Flüssig=
machen, Vermannigfaltigen, Anpassen der moralischen Maßstäbe
je nach der wertvollen, bedeutsamen menschlichen Eigenart zu den
Lebensfragen der Moral gehört.

Liegt die Sache so, dann kann natürlich auch nicht gefolgert
werden, daß die Kunst nicht unter die Fragen des Sittlichen falle.

Mag auch der Künstler ein freieres Recht auf Sinnenglut und Leidenschaft haben, so steht doch auch er innerhalb des sittlichen Werdeganges der Menschheit, innerhalb der Kämpfe um die sittlichen Ideale. Er wird an diesen Bewegungen vielleicht unter einem etwas anderen Gesichtswinkel teilnehmen als ein Staatsmann, Gelehrter, Geistlicher, und er mag diese seine eigentümliche Stellung dazu auch in seinen Kunstwerken zum Ausdruck bringen. Aber in seiner Weise kann er ebensosehr erfüllt sein von dem Streben nach Veredlung, Verinnerlichung und Vergeistigung des Menschen wie jene. Statt vieler Beispiele mögen die beiden Namen Goethe und Wagner zum Beweise dienen, daß der Künstler auch bei einem freieren Sinnlichkeits- und Leidenschaftsleben doch zugleich mit ernstem, echtem Fühlen und Streben an dem sittlichen Entwicklungsgange der Menschheit arbeiten kann.

Wenn ich soeben einer dem Wesen des Künstlergenies angepaßten Moral das Wort geredet habe, so hat dies nichts zu schaffen mit der Meinung, daß jeder, der Bilder ausstellt, der sich in Konzerten oder auf der Bühne hören läßt, der Verse macht oder Romane schreibt, der irgend eine Zeitschrift mit Kritiken über Kunst versorgt oder Karikaturen für irgend ein freches Witzblatt liefert, ein heiliges Recht auf Ausschweifung und Liederlichkeit habe. Wer die Auflockerungen und Untergrabungen des sittlichen Lebens in unserer Zeit schildern will, wird nicht zum wenigsten seine Aufmerksamkeit auf die hiermit berührte Entartung des sittlichen Fühlens zu lenken haben. Von verschiedenen Gesichtspunkten aus, unter verschiedenen Begründungen und Wendungen besteht in unserer Zeit das Bestreben, sich von der Moral loszumachen. Die einen rücken die Einsicht in die Notwendigkeit alles Geschehens in den Vordergrund: bald ist es mehr die Tatsache der Vererbung, bald mehr die Macht der Umwelt, worauf man sich beruft, um alles Moralische in ein bloßes Naturgeschehen zu verwandeln. Andere wieder wollen dadurch von der Moral loskommen, daß

sie sich auf die Behauptung gründen: es lasse sich in keinerlei
Weise ein Recht ableiten, das Individuum in seinem Wollen
unter allgemeingültige Normen zu bringen; das Individuum sei
schlechtweg selbstherrlich, unbedingter Mittelpunkt, es bestehe kein
Recht, es einem anderen höheren Mittelpunkte unterzuordnen;
alle Moral sei eine unwürdige Fessel der Individualität. Wieder
bei anderen, und das ist der Fall, der uns hier interessiert, ist
folgender Gefühlszusammenhang wirksam: die Kunst verleihe eine
Ausnahmestellung; das künstlerische Können sei eine Art Erlösung von Pflicht und Sittengesetz, bringe eine gewisse Ver-
wandlung des Lebens in heiteres Spiel mit sich; das künstlerische
Können hebe den Menschen aus der Masse der Philister heraus,
und zu den Kennzeichen des Philisters gehöre vor allem der
Glaube an Pflicht und Sittengesetz. Diese Gefühlshaltung nimmt
nun dazu noch allzu oft eine ordinäre Form an. Das künstlerische
Können, so wird geglaubt, verleihe vor allem ein unbedingtes
Recht auf alle Sinnengenüsse; auch die wildesten und vergiftetsten
seien ein unverächtliches Mittel für den Künstler, um seine Genuß-
kenntnis zu steigern. Da nun auch die Anfänger und Mitläufer
in der Kunst, ja auch die aller möglichen Afterkünste Beflissenen
sich für „Künstler" halten, so kann man sich vorstellen, welch
widerliche Lebensgestaltungen sich mit dem Anspruch auf Über-
menschentum umgeben werden. Es gibt keinen Grad von Ver-
lumptheit und Verseuchtheit, der nicht irgendwo im Namen des
Künstlertums für eine besonders vornehme Lebenshaltung angesehen
sein wollte. Ja es gibt Kreise, die einem modernen Künstler
um so größere Bewunderung zollen, je weiter er es im Durch-
kosten der perversesten Laster gebracht hat.

III

Damit die Tragweite der hier vertretenen Auffassung von
dem zwanglosen Zusammengehen der Kunst mit dem Entwicklungs-

gange des Sittlichen deutlich werde, soll angedeutet werden, was aus ihr folgt, und was aus ihr nicht folgt. Zuerst das nicht aus ihr Folgende.

Erstlich ist mit jener Auffassung keineswegs gesagt, daß die ästhetischen Begriffe, Gesetze und Ideale aus sittlichen Voraus= setzungen gewonnen werden müssen. Eine solche Bevormundung der Ästhetik durch die Ethik, wie sie beispielsweise auch heute von den katholisch=scholastischen Ästhetikern gefordert wird, liegt weit ab von dem hier vertretenen Standpunkte. Vielmehr sollen Sätze, die im Bereiche des Schönen und der Kunst gelten wollen, einzig und allein mittels eigentümlich ästhetischer Betrachtungsweise her= vorgehen. Das heißt: da in allem ästhetischen Verhalten vor allem Anschauung, Gefühl, Phantasie in bestimmter Weise zu= sammenwirken, so müssen die Bedürfnisse, die sich in diesem Zu= sammenwirken der Sinne, der Gefühle und der Phantasie geltend machen, ins Auge gefaßt und aus diesen Bedürfnissen heraus die ästhetischen Gesetze und Forderungen begründet werden. Nicht sittliche Gebote, nicht Gewissensforderungen stehen an der Spitze der Ästhetik, sondern Bedürfnisse und Befriedigungsweisen, die sich aus dem Boden der eigentümlich erregten Sinne, Gefühle und Phantasie ergeben. Nun aber wird es sich dabei von selbst so machen, daß auch das Sittliche zu seinem Rechte kommt. Faßt man nämlich unsere Sinnes=, Gefühls= und Phantasiebedürfnisse nicht abstrakt, nicht geschichts= und kulturlos, sondern so auf, wie sie sich in dem Zusammenhange mit dem ganzen Verfeinerungs=, Veredlungs= und Durchgeistigungsgange der Kultur entwickelt haben, so gelangt man ungezwungen zu der Folgerung, daß der Künstler, wenn er diese Bedürfnisse befriedigen will, sich in seinem Schaffen als mitarbeitend an dem sittlichen Vertiefungs= und Be= freiungsstreben der Menschheit fühlen werde. Aus den Bedingungen des Ästhetischen selber entspringt auf diese Weise das Zusammen= gehen der Kunst mit dem sittlichen Entwicklungsgange der Menschheit.

Zweitens folgt aus der hier vertretenen Auffassung keines=
wegs, daß in aller Kunst eine bestimmte Sittenlehre — etwa
die christliche oder die wohlgesittet bürgerliche — zum Ausdrucke
kommen müsse. Im Gegenteile führt meine Auffassung zu der
Überzeugung, daß die Kunst allen sittlichen Strömungen und
Kämpfen freigegeben sei. Alles, was sich im sittlichen Entwick=
lungsgange der Menschheit als ernst zu nehmende Richtung er=
weist, hat auch das Recht, in der Kunst zu Worte zu kommen.
In der Kunst nur eine einzige Art moralischer Wertschätzung zu=
lassen zu wollen, sei es die asketisch=christliche oder die darwinistisch=
soziale oder die herrenmäßig=individualistische oder sonst eine,
würde eine Unterbindung des Kunstlebens bedeuten. Man nehme
etwa Dichtungen von so verschiedener sittlicher Grundrichtung wie
Tolstois Auferstehung, Zolas Doktor Pascal, Lotis Jerusalem, die
Erzählungsreihe Histoire Contemporaine von Anatole France oder
die Jungfrauen vom Felsen von Gabriele d'Annunzio: jede dieser
sittlichen Gefühls= und Betrachtungsweisen hat ihr gutes Recht,
in Dichtungen den Grundton zu bilden. Oder man vergleiche
etwa Freytags Soll und Haben mit Heyses Kindern der Welt,
Goethes Wilhelm Meister mit Jean Pauls Titan, und diese alle
mit Byrons Don Juan, Schlegels Lucinde, Heines Romancero,
welche weit voneinander abliegenden sittlichen Welten tun sich
vor unseren Blicken auf! Und doch darf jede den Anspruch er=
heben, sich in der Dichtung vernehmbar zu machen. Allerdings
wird nicht selten, wie schon die Beispiele zeigen, der Fall ein=
treten, daß eine Dichtung, infolge der in ihr sich verkörpernden
sittlichen Lebensanschauung nach der einen oder anderen Seite sitt=
liche Gefahren mit sich führt. Es gibt Dichtungen in Fülle, von
denen sich, trotz ihres entwicklungsgeschichtlich berechtigten sittlichen
Standpunktes, voraussehen läßt, daß, wo sie auf leicht entzünd=
liche Jugendlichkeit oder auf ein am Stofflichen haften bleibendes
Verständnis treffen, wahrscheinlich mehr oder weniger häßliche

Wirkungen eintreten werden. Doch darf um deswillen gegen die
Dichter nicht Vorwurf und Verbot ins Feld geführt werden. Denn
aus dem Wesen der Kunst fließt, wie wir gesehen haben, nur
die Forderung, daß sich der Dichter als ernsten Mitarbeiter an
dem sittlichen Entwicklungsgange der Menschheit fühle; nicht aber
die viel weitergehende, daß von jeder Dichtung auf jedermann
unmittelbar nur sittliche Wirkungen ausgehen sollen. Nur ent=
springt in solchen Fällen, wo sich an eine Dichtung oder ein
Kunstwerk überhaupt die Gefahr einer sittlich untergrabenden
Wirkung auf gewisse Alters=, Entwicklungs= und Bildungsstufen
knüpft, für die Gesellschaft die hochwichtige Pflicht, erzieherisch
dieser Gefahr vorzubeugen. Auf die Frage, wie den aus der
Entwicklung der Kunst sich ergebenden sittlichen Gefahren volks=
erzieherisch entgegengewirkt werden könne und solle, werde ich
weiterhin im Zusammenhange eingehen.

Ebensowenig folgt — und dies ist das Dritte — aus der
hier dargelegten Auffassung vom Zusammenhange der Kunst mit
dem Sittlichen, daß der Künstler dort, wo er Kämpfe des Guten
mit dem Bösen, des Edlen mit dem Gemeinen, des Großen mit
dem Niederträchtigen darzustellen hat, das Gute, Edle, Große
immer zum Siege, mindestens zu innerem, wo möglich auch zu
äußerem, führen müsse. Auch ein Künstler von tiefsittlicher Lebens=
stimmung kann darum doch den Untergang des Guten, den Sieg
der Niedertracht, den kläglichen Zerfall edler Kräfte und segens=
reicher Entwicklungen schildern. Denn er darf sich sagen: zur Be=
deutung des menschlichen Lebens, zum Sinn und Wesen mensch=
licher Entwicklung gehört auch dies, daß das Gute, edel Auf=
strebende, Großangelegte häufig furchtbare Niederlagen, äußere
und innere Zusammenbrüche erleidet. Daher wird doch wohl,
so darf er hinzufügen, die Kunst, wenn sie die innere Wahrheit
des menschlichen Lebens und Strebens, Kern und Schicksal der
irdischen Dinge ehrlich und unerschrocken darstellen will, auch solche

Schöpfungen hervorbringen müssen, die das Menschliche nach seinen pessimistischen Kräften und Entwicklungen, nach seinen grauenhaften Tiefen und Geheimnissen schildern. Eine Kunst, die ausschließlich Dichtungen hervorbrächte, deren Ausgang unmittelbar das sittliche Bedürfnis befriedigte, uns unmittelbar sittlich erhöbe und tröstete, wäre nicht Offenbarerin und Deuterin der Welt, sondern müßte sich den Vorwurf des wohlfeilen Idealismus, der Harmonisierungssucht, der Schönmacherei gefallen lassen. Es kommt nur darauf an, daß sich in der dichterischen Darstellung niederdrückender und beklemmender menschlicher Entwicklungen ein ernster und großer Sinn ausspricht. Dies kann so geschehen, daß edle, erhabene Trauer, sei sie weich oder herb, über der Dichtung schwebt, oder so, daß aus ihr ein gequälter, empörter Geist zu uns spricht; aber auch so, daß die trostlose Entwicklung in der Sprache scharfer, nackter, höhnend wirkender Tatsächlichkeit geschildert wird; ja auch des wilden, zynischen Humors kann sich der Dichter bei Darstellung solcher pessimistischer Entwicklungen bedienen. Für die Darstellung im Geiste weicher Trauer bietet Turgenjeff Beispiele dar; die gequälte und empörte Art der Darstellung kann, in verschiedenen Weisen, aus Dostojewski und aus Tolstoi entnommen werden; der dritte Fall — die nackte Tatsächlichkeit des Darstellens — liegt beispielsweise vielfach bei Balzac und Mérimée, auch bei Hauptmann — man denke an Florian Geyer — vor; den zynischen Humor endlich kann man aus Byrons Don Juan oder aus Jean Pauls Leibgeber-Schoppe kennen lernen. In allen diesen Fällen kann die Dichtung, trotz des niederdrückenden, quälenden Eindrucks, der unmittelbar von ihr ausgeht, doch weiterhin eine sittlich stärkende Wirkung ausüben. Schon die ernste, unerschrockene Wahrhaftigkeit, die aus ihr spricht, wirkt in dieser Richtung. Das spürt man selbst bei so abgrundtief in sittlichem Schlamme watenden Dichtungen wie etwa Zolas La Terre, Tolstois Macht der Finsternis oder Gorkis Nachtasyl.

Naturgemäß sind es besonders die Darstellungen tragischer Vor=
gänge, wo sittlich beklemmende und erschreckende Ausgänge häufig
vorkommen. Ich habe daher in meiner Ästhetik des Tragischen
das Tragische der erhebenden und das der niederdrückenden Art
unterschieden.

IV

Was folgt denn nun in bejahendem Sinne aus dem Zu=
sammenhange zwischen Kunst und Moral, wie er hier von mir
festgehalten wird? Nur zwei Folgerungen will ich hervorheben.

Erstens ist für jeden Künstler, der mit ernstem Fühlen und
Streben an dem sittlichen Entwicklungsgange der Menschheit teil=
nimmt, die Unmöglichkeit gegeben, auf sein Schaffen die Absicht
des Gierigmachens, Tierischstimmens, gemeinen Aufregens Einfluß
nehmen zu lassen. Erzeugnisse, die eine solche Absicht versteckt
oder offenkundig fühlen lassen, sündigen nicht nur gegen das
Sittliche, sondern schließen sich auch in dieser Hinsicht aus dem
Reiche der Kunst aus. Es gibt eine ganze Anzahl begabter
moderner Dichter, in deren Lebensanschauung der Satz voransteht,
daß der Umgang mit Dirnen oder ehebrecherischen Frauen im
Leben des Mannes die Hauptsache sei, daß Dirnenliebe und Ehe=
bruch dem Manne die reichsten und köstlichsten Lebenserfahrungen
gewähre, daß vor allem Jugendgenuß ohne das heilige Recht
auf Unzucht nicht zu denken sei, und daß es kaum etwas Wich=
tigeres in der Welt gebe als die Dirne oder ehebrecherische Frau.
Und sie halten begreiflicherweise in ihren Dichtungen mit dieser
ihrer tiefsinnigen Lebensanschauung nicht zurück, sondern scheuen
sich nicht, ihre Begabung in den Dienst des Strebens nach mög=
lichster Verbreitung dieser schmierigen Lebensstimmung zu stellen.
Man hat oft den Eindruck, daß der laut und überlaut erhobene
Anspruch, das Leben so, wie es wirklich ist, zur Darstellung ge=
bracht zu haben, sich in der Hauptsache auf die Erfahrungen
gründet, die sich der liederliche Dichterjüngling in der Kneipe, im

Kaffeehaus, im Kabaret und an noch schmutzigeren Orten er=
worben hat.

Es gibt genug Dichtungen, in denen ungeheure Unzuchts=
gemälde und Wollustausbrüche vorkommen, und die dennoch nicht
unter diesen häßlichen Gesichtspunkt fallen. In manchen Dich=
tungen gehört das Schwelgen in Wollustgefühlen in den erhöhen=
den Zusammenhang großer und kühner Weltstimmungen, von
denen die Feuerseele des Dichters erfüllt ist. So ist es in Schillers
Anthologie, in Klingers Simsone Grisaldo, heutigen Tages bei
d'Annunzio oder etwa in dem dithyrambisch gestimmten Roman
Ingeborg von Kellermann, auch die Unzuchtsbilder in der Goethi=
schen Walpurgisnacht und überhaupt in den Faustdichtungen ge=
hören hierher. Anderswo wieder ist es das schmerzvolle Ringen
eines zerrissenen Genius (wie bei Byron), oder die sonnige Naivität
eines sinnlich=seelisch gesunden Geistes (wie in Goethes Rö=
mischen Elegien), oder auch das überschäumende, naturkraftstrotzende
Gesundheitsgefühl eines Kolossalmenschen (wie bei Rabelais), oder
der unerbittliche Wahrheitsfanatismus (wie bei Zola), oder der
geniale, magendürfende, alles Stoffliche tilgende Humor (wie bei
Aristophanes), wodurch von den Wollustschilderungen alle Absicht
des Gemeinstimmens, des Seelenbesudelns ferngehalten wird.
Was ich hier treffen will, sind einzig solche Künstler, die sichtlich
ihren Spaß dabei haben, den Leser oder Beschauer in die Niede=
rungen geschlechtlicher Gier herabzuziehen. Dies kann geistreich
und zierlich geschehen, wie etwa in Ovids Ars amatoria. Dann
wird man zu urteilen haben: in gewissen Beziehungen hat die
Dichtung wohl künstlerische Vorzüge; allein hierdurch ist sie nicht
in vollem Maße gerechtfertigt, vielmehr fällt sie, insofern sie den
Leser in sinnliche Aufregung zu setzen trachtet, geradeso aus der
Kunst heraus wie eine, die dies mit plumpen und trivialen
Mitteln bewirken will.

Mir ist die Absicht des Gemein=Stimmenwollens in der

letzten Zeit nirgends so unangenehm entgegengetreten wie in den mannigfaltigen modernsten Bemühungen, das Tingeltangel mit dem Anspruch auf Kunst zu überkleiden. Wo alles Sinnen und Trachten der Verfasser, des Leiters, der darstellenden Personen sich darauf richtet, eine gierig stierende und horchende Menge durch immer neue Einkleidungen der Dirnenliebe in geschlechtliche Aufregung zu versetzen, in den betäubenden Qualm erotischer Wallungen hineinzuschmeicheln, dort kann es nur zu einer frechen Herabwürdigung der Kunst kommen. Man lasse das Tingel=tangel doch sein dunkles und verachtetes Dasein führen! Es durch einen gewissen Firnis und Esprit auf die Höhe der Kunst heben zu wollen, bedeutet vielmehr Herabzerrung und Besudelung der Kunst.

Zweitens sei noch darauf hingewiesen, daß mit der hier vertretenen kulturgeschichtlich=ästhetischen Auffassung alle nur for=malistische Kunstausübung in unvereinbarem Widerspruche steht. Es gibt eine Menge Künstler und Kunstfreunde, die das Wesen der Kunst ausschließlich in technische Aufgaben setzen. In ihren Augen ist ein Kunstwerk gerechtfertigt, sobald in ihm ein neuer technischer Einfall oder Kunstgriff, eine Verfeinerung oder kühne Steigerung der Technik, vielleicht die Überwindung bisher unüber=windlich gewesener technischer Schwierigkeiten zutage tritt. Be=sonders in der bildenden Kunst pflegen solche äußerliche Maßstäbe, durch die das Kunstwerk wie ein Kunststück behandelt wird, angewandt zu werden. In jeder modernen Gemäldeausstellung kann man zahlreiche Bilder sehen, die im besten Falle als Farben=experimente gelten können. Es soll durch sie das verwöhnte, übersättigte, ermüdete Auge des modernen Menschen in über=raschender Weise gereizt und gekitzelt werden. Solche Bilder entgehen übrigens ihrem verdienten Schicksale nicht. Nachdem sie von den Besuchern und Kritikern einer Ausstellung an=gestaunt und gepriesen wurden, werden sie durch neue Fluten

ähnlicher oder noch waghalsigerer Experimente für immer weg=
geschwemmt.

Es gibt indessen auch eine feinere und innerlichere Art der
formalistischen Kunstauffassung. Man macht den Anspruch auf
künstlerische Geltung einzig und allein davon abhängig, daß sich
in dem Erzeugnis individuelle und möglichst neue Eigenart aus=
spreche. Es wird für altmodisch angesehen, daß es bei Beurtei=
lung der künstlerischen Berechtigung auch auf den Gehalt der
Individualität, auf das menschlich Bedeutsame in ihr ankomme.
Jedwede Individualität, wenn sie nur eigenartig ist, vom Ge=
wöhnlichen abweicht, eine neue Färbung, Mischung, Zuspitzung
aufzuweisen hat, soll künstlerisch vollberechtigt sein. Das Eigen=
artige, Neue, Aparte der Individualität wird zum ausschließlichen
oder doch ausschlaggebenden künstlerischen Maßstab erhoben. Hier=
nach wäre also die vergiftete Individualität künstlerisch geradeso
berechtigt wie die gesunde, die verkrüppelte geradeso wie die wohl=
gewachsene, die schrullenhafte geradeso wie die tiefsinnige, die
wahnverfinsterte geradeso wie die hellsehende, die tierische geradeso
wie die göttliche; vorausgesetzt immer, daß sie etwas noch nicht
Dagewesenes aus sich zu schöpfen wisse. Wer vor dieser Folge=
rung zurückscheut, bekennt eben damit, daß er auch ein Gehalts=
prinzip als Maßstab des Künstlerischen anerkennt. Ich pflege
dieses Prinzip in dem Ausdruck „Das Menschlich=Bedeutungsvolle"
zusammenzufassen. Was menschlich bedeutungsvoll ist, hat
in der Kunst das Recht, sich auszusprechen; nicht aber soll man
allem, was sich um jeden Preis zu individueller Besonderheit und
Einzigkeit hinaufgetrieben hat, mag die Richtung dieser Zuspitzung
auch ein verdrehter oder schamloser Augenblickseinfall sein, künst=
lerisches Recht zuerkennen. Soll nun das Menschlich=Bedeutungs=
volle in der gehörigen Fülle und Weite aufgefaßt werden, so
muß es natürlich seinen Inhalt vom Standpunkte der Ent=
wicklung der Menschheit aus erhalten. So kommt man auch

von dieser Seite wieder zu der kulturgeschichtlich-ästhetischen Betrachtungsweise.

Man könnte vielleicht denken, daß durch den Maßstab des
Menschlich-Bedeutungsvollen eine Verkürzung und Gefährdung
der individuellen künstlerischen Eigenart eintreten müsse oder doch
nahegelegt sei. Diese Befürchtung ist hinfällig, sobald das
Menschlich-Bedeutungsvolle mit Weitherzigkeit und Geistesfreiheit
aufgefaßt wird. Menschlich-bedeutungsvoll ist nicht nur die individuelle Eigenart bei Segantini oder Thoma, sondern auch bei
Leibl oder Liebermann; bei Meunier wie bei Klinger; bei Gerhart
Hauptmann nicht minder als bei Frenssen; sowohl bei Brahms
wie bei Liszt. Kurz das Menschlich-Bedeutungsvolle beengt in
keiner Weise die Entfaltung künstlerischer Eigenart.

V

Wenn ich mir den Künstler, wie er in seinem Verhältnis
zu Moral und Kultur dem vorhin gezeichneten Ideale entspricht,
vorstelle, so ist er damit zugleich in ein bestimmtes Verhältnis
zu den Aufgaben der Volkserziehung gesetzt. Indem ein solcher
Künstler sich in selbstverständlichem Zusammenhange mit der Entwicklung der übrigen Kulturwerte fühlt, muß er naturgemäß auch
den Wunsch haben, daß sein Schaffen sich in Einklang mit den
Aufgaben und Zielen der Volkserziehung befinde. Damit soll
nicht etwa gesagt sein, daß er bestrebt sein solle, sein künstlerisches
Schaffen den Zwecken der Volkserziehung zuliebe in andere
Bahnen zu lenken, als sein künstlerischer Genius ihn treibt, also
etwa sein dramatisches Dichten in den Dienst der Aufklärung und
Veredlung des Volkes zu stellen. Dies hieße, um einen Kantischen
Ausdruck zu gebrauchen, „Heteronomie" auf ästhetischem Gebiete
einführen. Sondern jene Übereinstimmung der Entwicklung der
Kunst mit den Interessen der Volkserziehung soll bedeuten, daß
ungewollt, innerlich notwendig aus dem von der Idee der

Kulturgemeinschaft getragenen künstlerischen Schaffen zugleich
Förderung der volkserzieherischen Aufgaben erwachsen werde.
Freilich weiß der Künstler auch, daß es durch das Eigentümliche
der Kunst zu gewissen Zwiespältigkeiten zwischen beiden Bereichen
kommen könne. Er weiß, daß, wenn die Kunst die Aufgabe hat,
allem, was menschlich-bedeutungsvoll ist, Ausdruck zu geben,
notwendig auch Kunstwerke mit freigeisterischer, sittlich revolutio=
närer, gewagt erotischer Richtung entstehen müssen, und daß da=
her gewisse Alters= und Bildungsstufen und gewisse Gemütsarten
nur zu leicht, wenn sie unter die Einwirkung solcher Kunstwerke
geraten, bösen Schaden leiden können. Aber er wird sich zugleich
sagen, daß, wenn nur von den Eltern, Lehrern, Erziehern und
überhaupt von den führenden Kreisen der menschlichen Gesell=
schaft die Aufgaben der Volkserziehung richtig aufgefaßt und aus=
geübt werden, entweder jenen Gefahren umsichtig vorgebeugt oder
den tatsächlich eingetretenen Schädigungen mit Erfolg entgegen=
gewirkt werden könne.

Auf diese Weise wäre das Verhältnis von Kunstentwicklung
und Volkserziehung in dem Idealfall geartet, das heißt unter
der Voraussetzung, daß sich die Künstler in ihrem Schaffen wie
selbstverständlich mit der Entwicklung der hohen Kulturwerte eins
fühlten, und daß ferner in dem Publikum das Bewußtsein von
der Wichtigkeit der Aufgaben der Volkserziehung lebendig wäre
und diese Aufgaben von den dazu berufenen Kreisen richtig auf=
gefaßt und zweckentsprechend durchgeführt würden. Diesen Ideal=
fall aussprechen und voll Beschämung erkennen, daß die Zustände
unserer Zeit himmelweit von ihm entfernt sind, ist eines.

Was zuerst die Künstler betrifft, so gehe ich wohl nicht mit
der Annahme fehl, daß gegenwärtig den allermeisten unter ihnen
das Verhältnis, in dem ihr künstlerisches Schaffen zu den Inter=
essen der Volkserziehung steht, grenzenlos gleichgültig ist. Sie
sind von ihren technischen Experimenten und der Sucht, etwas

Überraschendes, Verblüffendes, Unerhörtes zu bieten, so gänzlich erfüllt, daß es ihnen schlechtweg an allen verbindenden Fäden zwischen ihren Bestrebungen und den Aufgaben der Volkserziehung fehlt. Das Gefühl von der Würde und Selbstherrlichkeit der Kunst spitzt sich ihnen — um mich trivial und grob auszudrücken — zu dem Gefühl der unbedingten Wurstigkeit gegenüber der Frage zu, ob der Erziehung des Menschengeschlechtes dadurch in die Hände gearbeitet oder geschadet werde.

Aber diese Losreißung der Kunst aus den befruchtenden Zusammenhängen mit der vollen Menschlichkeit ist bei weitem nicht das Schlimmste. Weit schwerere Sorge muß dem Volks= erzieher die Wahrnehmung machen, daß die Zahl der Künstler, die in ihrem Schaffen von der Lust getrieben werden, die Sinne gierig und trunken zu stimmen, in unserer Zeit ins Ungeheure angewachsen ist. Besonders wenn man die Stücke betrachtet, die auf gewissen und zum Teil sich sehr vornehm dünkenden Bühnen der Großstädte aufgeführt zu werden pflegen, erhält man den Eindruck, als ob ein Preis darauf ausgesetzt wäre, das Volks= gemüt möglichst rasch und gründlich zu vergiften und vor allem die jungen Seelen derart zu besudeln, daß sie für das Bordell reif werden. Es gibt eine Menge von Theaterschriftstellern, die ihr Sinnen und Trachten darein setzen, der Unzucht irgend eine neue anreizende Seite abzugewinnen und die Darstellung der unsitt= lichen Vorgänge so nahe an das Äußerste heranzuführen, daß sich der Zuschauer nur durch eine möglichst dünne und durchsichtige Scheidewand von der Ausführung des geschlechtlichen Aktes ge= trennt fühle. Und selbst unter den vornehmeren und künstlerisch durchaus ernst zu nehmenden Dichtern gibt es nicht wenige, die uns zu dem betrübten Ausrufe veranlassen: „Warum denn immer und immer wieder in dem Sumpfe der Erotik herumschnüffeln, um etwas menschlich Interessantes zu finden! Gibt es denn keine anderen Quellen menschlichen Lebens, aus denen sich bedeutsame

Verwicklungen und Kämpfe für die dichterische Darstellung schöpfen ließen!" Und welche Gefahren drohen der Volkserziehung nicht gar, wenn man zu der sogenannten „Kunst" des Variétés und ähnlichen Unterhaltungsdarbietungen herabsteigt. Stellt man sich das atemlose, gehetzte Treiben vor, das auf diesen zahlreichen Ge= bieten herrscht, die, lediglich dem geschlechtlichen Unfug und Laster dienend, sich mit einer dünnen Kunstschicht umgeben; stellt man sich vor, in welchen Massen unerfahrener, entzündbarer junger Seelen alltäglich durch sogenannte künstlerische Photographien, Ansichtspostkarten, Zeichnungen in Witzblättern, durch Kinemato= graph, Kabaret, Schandbühnen der verschiedensten Art die Wollust= empfindungen aufgestachelt werden, und in wie ausgeklügelter Weise dies geschieht, so wird man dessen inne, welch unermeß= liches Verderben durch solche nichtsnutzige Afterkunst im Innersten der Volksseele angerichtet wird.

Was sodann weiter das Publikum angeht, so drängen sich dem Freunde der Volkserziehung noch heftigere Klagen auf. Vor allem niederschlagend ist die Wahrnehmung, daß in den weitesten Kreisen das Bewußtsein so gut wie gänzlich fehlt, daß es hochwichtige Aufgaben der Volkserziehung gegenüber den gekennzeichneten Ausschreitungen der Kunst gibt. Man sieht die sittlichen Gefahren nicht oder will sie nicht sehen. Man ist ent= weder zu kurzsichtig oder zu bequem und feig, um sich eine um= fassende und eindrucksvolle Vorstellung davon zu bilden, was in den Gemütern der Jugend entstehen müsse, wenn durch Bühne, Schaufenster, illustrierte Blätter, Romane und so weiter den Sinnen, dem Triebleben, der Phantasie der Jugend unablässig verführende und besudelnde Eindrücke zugeführt werden. Andere wieder sehen wohl mehr oder weniger diese Mißstände, allein sie nehmen sie mit stumpfer Ergebenheit hin, indem sie sich sagen: dies sei nun einmal mit unserer hohen Großstadtkultur un= abtrennlich verbunden, und bei der Freiheit, die auf allen Gebieten herrsche, lasse sich hiergegen nichts unternehmen. Ich halte es vielmehr für die allernächste Aufgabe, die heutigen Tages der Volkserziehung durch die Ausschreitungen der Kunst gestellt wird, daß das Volksbewußtsein wach gerüttelt und zu der Überzeugung gebracht werde, daß hier ungeheure Gefahren vorliegen, und daß es Pflicht der Gesellschaft und vor allem ihrer führenden Kreise sei, diesen Gefahren innerlich und wo nötig auch durch äußere Mittel entgegenzuwirken. Mit solcher Wachrüttelung wäre schon sehr viel gewonnen.

Ein gewisses Hindernis freilich gälte es hierbei wegzuräumen. Um es kurz zu sagen: gegenüber denen, die ihren Lebensberuf darin haben, daß sie auf dem Wege sogenannter Kunst in den jungen Seelen und im Volksgemüt überhaupt das Bedürfnis nach Unzucht nähren und steigern, verhält sich die moralische Beurteilung in äußerst zahlreichen Fällen unglaublich nachsichtig. Ein Brandstifter und Mörder kann ein harmloses Glied der menschlichen Gesellschaft sein im Vergleiche mit einem Menschen, dessen — dazu noch gut bezahltes — Geschäft darin besteht, durch sogenannte künstlerische Darbietungen die Zuhörer, Zuschauer, Leser für Dirnenliebe und Bordell reif zu machen. Wer beispiels= weise ein Theater leitet, das ausschließlich oder mit Vorliebe porno= logische Stücke bringt, wer für solche Bühnen dichtet oder in solchen Stücken auftritt, sollte als nichtsnutziges Glied der mensch= lichen Gesellschaft der äußersten Verachtung anheimfallen. Statt dessen beklatscht und bejubelt das gebildete und elegante Publi= kum solche methodische Vergifter der Volksseele und feiert sie wie Volkswohltäter.

Wollte ich erörtern, welche Mittel die Volkserziehung er= greifen müsse, um in der gekennzeichneten Richtung zu wirken, so würde eine besondere und langwierige Untersuchung dazu gehören. Hier will ich nur wenige Bemerkungen hierüber machen und mit ihnen diese Betrachtungen überhaupt schließen.

VI

Wenn der Volkserzieher seine Hauptaufgabe darin sähe, dahin zu wirken, daß Verbote gegen die pornologischen Aus-schreitungen der Kunst erlassen, Unterdrückungen und Bestrafungen herbeigeführt werden, so würde er oberflächlich und zudem wenig zweckmäßig verfahren. Seine Hauptsorge muß vielmehr darauf gerichtet sein, das ästhetische Empfinden und das moralische Fühlen derart zu verfeinern, daß sich Widerwille und Ekel vor allem, was mit der aufdringlichen Absicht auftritt, zur Wollust auf-zustacheln, und wäre es noch so sehr mit künstlerischer Feinschmeckerei ausgeführt, in der Seele festsetze. Käme es dahin, dann würden alle Darbietungen und Veranstaltungen, die den Zweck haben, den Wollustbedürfnissen zu schmeicheln und neuen Zündstoff zuzuführen, aus Mangel an Zuspruch von selbst aufhören. In-dem ich dies hinschreibe, weiß ich freilich, daß ich damit eine heut-zutage der Gefahr der Komik ausgesetzte Utopie ausspreche. Gilt es doch Unzähligen als selbstverständlich, daß man, um sich in der vornehmen Gesellschaft nicht als altmodisch zu zeigen und lächerlich zu machen, für die geistreichen modernen Unzuchts-dichter Interesse und Vorliebe haben müsse. Solche Leute würden glauben, man rede eine fremde Sprache, wenn man sie fragte: ob sie sich nicht schämten, sich durch dieses oder jenes Schmutz-drama geschlechtlich kitzeln und erhitzen zu lassen. Schamgefühl in geschlechtlichen Dingen gilt vielen überhaupt als ein veraltetes, zum Aussterben bestimmtes Gefühl. Ich gebe mich daher auch hinsichtlich des Eindrucks, den das, was ich hier über die Aufgabe des Volkserziehers sage, auf die Anhänger der üblichen Lebens-genußmoral machen muß, keiner Selbsttäuschung hin. Diese werden mich als Rückschrittler bemitleiden und belächeln. Das kann mich aber nicht abhalten, nochmals hervorzuheben, daß ich das Ideal der erzieherischen Gegenwirkung gegen die gekennzeich-neten Ausschreitungen der Kunst darin erblicke, daß in der jungen

Seele Scham und Ekel entstehe, wo auch immer ihr die Kunst als Aufreizerin zu Wollust und Unzucht begegne.

Anderseits wäre es unerfahrener Idealismus, wenn der Volkserzieher nur auf diesem inneren Wege wirken wollte. Wie die menschliche Natur nun einmal geartet ist, kann er die Hilfe des Staates nicht entbehren, der geeignete Einschränkungen ge= setzlich festzulegen, unerläßliche Verbote und Unterdrückungen zu veranlassen haben wird. In welcher Art und Weise und in welchem Umfange dies zu geschehen habe, ist eine Frage, die sich immer nur gemäß den allgemeinen kulturgeschichtlichen Bedin= gungen und den bestimmten gegebenen Verhältnissen entscheiden lassen wird. Doch kann ich die Bemerkung nicht unterlassen, daß mir gegenüber der pornologischen Afterkunst die heutige Gesetz= gebung viel zu rücksichtsvoll vorzugehen scheint. Zahllosen Er= zeugnissen, Aufführungen, Schaustellungen, die geeignet sind, durch raffinierte Aufstachelung des Geschlechtstriebes die Volksseele wahrhaft zu vergiften, läßt sich mit den bestehenden Gesetzes= paragraphen nicht beikommen. Verwirrend für die Gesetzgeber wirkt das Geschrei, das selbst bei dem Verbote wertlosester Schmutz= dramen erhoben zu werden pflegt: die Kunst sei in ihrer freien Entwicklung bedroht, die Entfaltung des künstlerischen Genies werde polizeilich gehemmt! So entsteht die dunkle, aber um so einflußreichere Furcht: man könnte sich in den Geruch der Rück= schrittlichkeit bringen, sich geradezu lächerlich machen, auch wenn man nur den sittenlosesten Erzeugnissen sogenannter Kunst hem= mend entgegenzutreten wage.

Ohne Zweifel hat die staatliche Gesetzgebung und Gesetzes= ausführung das, was den Namen Kunst vollgültig zu tragen verdient, seiner ungestörten Entwickelung zu überlassen. Dieser Satz von der Pflicht des Staates, die Kunst sich ungehemmt ent= wickeln zu lassen, steht mir (das brauche ich dem, der meine ästhetischen Schriften kennt, nicht erst zu versichern) über allen

Streit erhaben sest. Dieser Satz aber wird durch die Frage, um die es sich hier handelt, nicht im mindesten berührt.

In den Fällen, die ich hier überall im Auge habe, liegt nur Afterkunst vor, die die Mittel der Kunst dazu benützt, um gröbste stoffliche Wirkungen, vor allem Gelüste erotischer Natur zu erzeugen. Man denke etwa an Otto Erich Hartleben, Julius Bierbaum, Artur Schnitzler, Hermann Bahr, Frank Wedekind und lege sich die Frage vor, ob die Entwicklung der Kunst in deutschen Landen wohl einen erheblichen Schaden erlitten hätte, wenn die eine oder andere der Unzuchtsverherrlichungen dieser Dichter dem Publikum vorenthalten geblieben wäre. Ich würde mir geradezu lächerlich vorkommen, wenn ich diese Frage bejahen wollte. Auf der anderen Seite aber erscheint es mir nicht als zweifelhaft, daß durch zahlreiche Erzeugnisse dieser Dichter unermeßlicher moralischer Schaden angerichtet wurde. Gerade weil die genannten Dichter geistreich sind und ein eigenartiges künstlerisches Können besitzen, fürchte ich, daß durch sie auch edleren jungen Gemütern der Glaube eingeimpft wurde: zur Freiheit des Künstlers gehöre auch das Sichwohlfühlen im geschlechtlichen Schmutze.

Ich stehe am Schlusse. Die hier gegebenen Betrachtungen würde ich schon dann für nicht nutzlos halten, wenn sich der Leser, sollte er auch in vielen Stücken mit mir nicht einverstanden sein, durch mich zu der Überzeugung hätte bringen lassen, daß zwischen Kunst und Moral nicht das Verhältnis reiner Gleich=gültigkeit, sondern ein positiver Zusammenhang besteht, ein Zu=sammenhang, der viele Seiten und Verwicklungen in sich schließt und zu zahlreichen nicht ganz leicht zu beantwortenden Fragen Anlaß gibt.

XI

Bühne und Publikum

I

Daß von der Bühne gewaltige Einwirkungen auf das Leben des Volkes ausgehen, wird niemand bezweifeln. Dieselben Ge=stalten und Gedanken, die, aus dem Buche zu einem Leser sprechend, mit nur geringem Eindruck an ihm vorübergegangen sind, können eine bezwingende Macht auf seine Seele gewinnen, sobald sie ihm in der eindringlichen Anschaulichkeit und fesselnden Gegenwärtigkeit einer Bühnenaufführung dargeboten werden. Selbst wer mit matter Phantasie und befremdetem Gemüte irgend ein Drama gelesen hat, kann durch das Erhöhende und Zwingende der schauspielerischen Vorführung in den Bann des Dichters ge=raten. Sodann aber muß man bedenken, daß für die meisten Theaterbesucher die dramatische Literatur überhaupt nur wenig oder gar nicht in der Form von Büchern vorhanden ist. Be=sonders mit den modernen Dramatikern macht nur ein kleiner Bruchteil des Theaterpublikums durch ihre gedruckten Werke Be=kanntschaft. Mustert man die Lesewelt, so wird man, soweit es sich dabei um schöne Literatur handelt, bei weitem überwiegend auf Roman= und Novellenleser stoßen. Die Bühne ist sonach für viele so gut wie die einzige Stätte, von der aus dramatische Schöpfungen zu ihnen sprechen. Und endlich ist nicht außer acht zu lassen, daß für einen nicht geringen Teil der Zuschauer der Zusammenhang mit dem geistigen Leben überhaupt, abgesehen von den Zeitungen, vorwiegend durch die Darbietungen der Bühne vermittelt wird.

Die Gesamtwirkung, die von der Bühne auf die bunte Zu=schauermenge ausgeht, ist, wie sich nicht anders erwarten läßt, ein Gemisch verschiedenartigster Bestandteile. Der seelische Boden, den die schauende, bewegte Menge darbietet, ist nach Anlagen und zufälliger Stimmung, nach Können und Bedürfen von so unübersehbarer Vielgestaltigkeit, daß dieselbe Dichtung von den verschiedenen Zuschauern mit allen Graden und Arten von Ver=ständnis und Unverständnis, von Unterhaltungs= und Aufregungs=bedürfnis, von Neugier und Stoffhunger, von moralischen und künstlerischen Interessen aufgenommen wird. Wer erinnert sich nicht, wie Goethe in dem Vorspiel zu Faust den Direktor die mannigfaltigen unreinen Stimmungen, in denen die Menge zum Theater strömt, schildern läßt!

Stellt man sich ein ideales Theaterpublikum vor, so kann wohl keine Frage sein, daß für ein solches der künstlerische Wert der Dichtungen und schauspielerischen Leistungen entscheidend sein müßte. Menschlicherweise würden selbst in einem solchen Falle natürlich auch andere Bedürfnisse mitspielen; aber diese anderen Rücksichten dürften daran nicht hindern, daß die Gefühle und Urteile, mit denen das Publikum die Bühnenaufführungen begleitete, in ausschlaggebender Weise von seiner feingestimmten, anschmiegsamen künstlerischen Empfänglichkeit abhängig wären.

Wie steht es nun aber mit dem tatsächlichen Theater=publikum? Darf man wohl annehmen, daß jener ideale Fall sich auch nur in annäherndem Grade verwirklicht finde? Ich glaube, daß man sich den Teil der Theaterbesucher, der zu den dargebotenen Stücken überwiegend in ein künstlerisches Verhältnis tritt, kaum klein genug vorzustellen hat. Für die meisten sind ganz andere als künstlerische Maßstäbe entscheidend. Indem ich dies ausspreche, habe ich nicht etwa das Publikum irgend eines abgelegenen, zurückgebliebenen Städtchens mit einem dürftigen Theater im Auge, sondern ich denke an ernst zu nehmende, hervorragende Bühnen in Städten mit regem geistigen Leben. Man stellt sich, so scheint es mir, die künstlerische Empfänglichkeit und Urteilsgabe der Theaterbesucher oft als viel zu bedeutend vor. Es ist daher vielleicht nicht überflüssig, einmal der Frage ein wenig nachzugehen, was man von der Fähigkeit des Theaterpublikums, sich von der Bühne aus künstlerisch berühren und bilden zu lassen, zu halten habe. Dabei will ich ein Publikum unter den angedeuteten günstigen Verhältnissen voraussetzen.

II

Ich fange mit einem ganz harmlosen Beispiel an. Das Weiße Rößl hat nach seinem Erscheinen vor etwa zehn Jahren einen wahren Siegeszug über alle Bühnen gehalten. Es wäre nun sicherlich griesgrämig geurteilt, wenn man meinen wollte, es sei eines Menschen mit hohen künstlerischen Ansprüchen unwürdig, sich durch ein Posse, wenn sie nur aus froher, erfindungsreicher, witziger Laune hervorgegangen ist, zwei Stunden lang vergnügen zu lassen. Aber selbst mit so bescheidenem Maßstabe gemessen, kommt das Weiße Rößl sehr tief zu stehen. Das Mißverhältnis zwischen seinem dichterischen Unwert und seinem jubelnden und lange dauernden Erfolg ist so schreiend, daß sich die Frage förmlich aufdrängt: wie ist es möglich, daß eine Posse von solcher Erfindungsarmut und spießbürgerlicher Trivialität unzählige Abende ein volles Haus zu machen imstande war? Dies ist nur dadurch zu erklären, daß der großen Masse der Theaterbesucher die überaus niedrige künstlerische Stufe, auf der diese sich „Lustspiel" nennende Posse steht, kaum oder gar nicht zu Bewußtsein gekommen ist. Was das Publikum dem Stücke so gewogen machte, war vor allem der Umstand, daß das Treiben in dem Salzburger Luftkurort den Zuschauer in vielen Zügen an Selbstgeschautes,

Selbsterlebtes erinnerte und schon darum in behagliche Stimmung versetzte. Sodann aber hat sicherlich die Überraschung, die die Dichter durch den niederprasselnden Regenschauer dem Publikum bereitet haben, nicht wenig dazu beigetragen, daß der Ruhm des Stückes von Mund zu Munde flog. Blumenthal und Kadelburg rechneten auf das Bedürfnis des Publikums nach harmlos und wohlfeil behaglichen Stunden, nach einer ohne jeden Geistes=aufwand zustande kommenden Vergnüglichkeit, nach halb kindlichen, halb kindischen Späßen.

Zu ähnlichen Betrachtungen gibt das Husarenfieber An=laß, das im verflossenen Winter immer neue Scharen Schaulustiger ins Theater führte. Von der einen Seite hatte ich fast meine Freude daran, daß bei der gegenwärtig herrschenden Sucht nach Überpfefferung eine harmlos lustige Posse soviel Vergnügen zu erwecken vermag. Auf der anderen Seite aber darf man sich nicht verhehlen, daß dieses Vergnügen nur bei völligem Verzicht auf künstlerisches Genießen entstehen kann. Kadelburg und Skowronnek hofften auf das Behagen, das den vaterländisch ge=sinnten Zuschauer überkommen werde, wenn er sich in die bunte, lustige, liebenswürdige Offizierswelt versetzt fühle. Mag, so sagten sie sich, die Durchführung der Charaktere und Vorgänge noch so oberflächlich und dürftig sein: der aufgeräumte, flotte Ton, ver=bunden mit einigen kindlich=witzen Einfällen und mit der von dem Leutnants=Milieu ausgehenden elektrisierenden Wirkung wird schon für eine entgegenkommende Stimmung sorgen. Und sie haben sich mit dieser Bewertung großer Kreise des Publikums nicht verrechnet.

Bedeutend höhere künstlerische Ansprüche erhebt Meyer=Förster mit seinem Alt=Heidelberg. Um so ärgerlicher ist die Enttäuschung. Das Stück ist voll von falschen Rührungen und törichter Romantik. Der Dichter rechnete darauf, daß die Ver=bindung von studentischem und prinzlichem Milieu so recht einen

Boden abgebe, auf dem sich für den Halbgebildeten in wohl=
feiler und massiver Weise Rührung und Idealitätsdusel erzeugen
lasse. Was bedarf es da noch, so dachte er, der Beachtung äußerer
und innerer Wahrscheinlichkeit? Und die Herrschaft, zu der das
Stück vor sieben Jahren allenthalben gelangte, zeigt, wie sehr
er mit seinem Fernbleiben von aller künstlerischen Behandlung
recht hatte.

Die Bedürfnisse des Publikums, auf die uns diese drei
Stücke geführt haben, machen sich in unzähligen Fällen geltend.
Es sind außerästhetische Bedürfnisse typischer Art. Besonders bei
Possen, Schwänken, Rührstücken, Volksstücken geraten die Zu=
schauer überaus häufig in die gekennzeichneten Arten der Gemüts=
haltung. Ja eine Menge von Theaterstücken ist geradezu darauf
zugeschnitten, daß in den Zuschauern das Verlangen sei es nach
wohlfeil behaglichem, harmlos spaßhaftem Zeitvertreib oder nach
plumper, unechter Rührung Befriedigung finde. Diese Stücke
erhalten sich nur dadurch auf der Bühne, daß sie einem sich nach
der Hetze des Tages brav und friedlich ausspannen wollenden
Publikum begegnen. Jeder, der sie mit künstlerischem Maßstabe
genießen wollte, müßte sie rundweg ablehnen.

III

Durch einige andere Stücke wollen wir uns nach ganz an=
derer Richtung führen lassen. Ich wähle zuerst die Posse Hans
Huckebein. Blumenthal und Kadelburg haben sie mit wirkungs=
vollerer Komik ausgestattet als das Weiße Rößl. Allein auch
hier steht der gewaltige Bühnenerfolg in argem Mißverhältnis
zu dem ästhetischen Werte. Vor allem fällt unangenehm auf,
daß es den Verfassern nicht gelungen ist, das Schmierige und
Versumpfte der Welt, in der die Männer des Stückes wie selbst=
verständlich leben, in heitere, lachende Komik aufzulösen. Die
Komik ist nicht entfernt genug geistreich und beflügelt, um der

stumpfsinnigen Gemeinheit das Grobstoffliche zu nehmen. Es
gibt genug Stücke, die weit derber und verwegener in das Gebiet
der geschlechtlichen Liederlichkeit greifen, und die doch durch das
Übermütige, Sprühende, Witzige der künstlerischen Behandlung
den Vorgängen das verletzend Gemeine nehmen. In Hans Hucke=
bein dagegen ist ein widerwärtiger, schlammiger Bodensatz vor=
handen, die Personen des Stückes sind viel zu lahm und trivial
gehalten, als daß das Gemeine durch die künstlerische Form auf=
gezehrt würde. Woher kommt denn nun dessenungeachtet der
unermüdliche Beifall, den diese Posse gefunden hat? Sicherlich
setzte schon der Kinematograph das Stück bei zahlreichen Zuschauern
in Gunst. Eine so moderne, Aufsehen erregende Erfindung, zur
komischen Triebkraft eines Theaterstücks gemacht — das zog an,
das wirkte und leuchtete ein. Sodann aber wird sich der Menschen=
kenner der nun einmal nicht wegzuleugnenden Tatsache erinnern,
daß es nur zu viele Menschen gibt, die an dem beständigen
Hindurchscheinen und Hervorplatzen eines schlüpfrigen, geschlechtlich
geladenen Untergrundes ihr Behagen haben. Ohne Zweifel hatte
Hans Huckebein bei jeder Vorstellung eine Menge Zuschauer, die
an der faulen Luft des Stückes Mißfallen empfanden oder sie
wie eine leidige Zugabe eben noch ertrugen. Für nicht wenige
aber war, wie die Menschen nun einmal sind, gerade das
derbe Spiel mit der ehelichen Liederlichkeit, und sei es noch so
wenig künstlerisch veredelt, eine besondere Quelle für lustiges
Lachen.

　　Aber auch bei Dramen von erheblichem, ja hohem künst=
lerischen Wert kann es geschehen, daß sie vom Zuschauer mit
stofflichem Vergnügen am Erotischen statt mit künstlerischer Stim=
mung aufgenommen werden. Man denke etwa an Sudermanns
Dramen. Sicherlich gibt es genug Zuschauer, von denen die
groben und widerlichen geschlechtlichen Vorgänge in Sodoms
Ende, in der Schmetterlingsschlacht oder im Blumenboot nur

als wesentliche Bestandteile der dramatisch geschickt und wirkungs=
voll geführten Handlung und in wesentlicher Verknüpfung mit
den lebensvoll charakterisierten Personen aufgefaßt werden. Einem
nicht geringen Teil der Zuschauerschaft dagegen ist das Geschlecht=
liche in diesen Stücken lediglich eine angenehm kitzelnde, pikant
aufregende Darbietung. Man stelle sich nur vor, wie selbst in
der feinsten, gebildetsten Gesellschaft, sobald ein skandalöser ero=
tischer Vorfall erzählt wird, die meisten aufhorchen und sich daran
wahrhaft erlaben. Kein Wunder also, wenn so viele Zuschauer
die künstlerischen Eigenschaften der genannten und anderer ähn=
licher Stücke, in denen geschlechtliche Laster in ihrer Schmutzigkeit
recht sinnenfällig dargestellt werden, wenig beachten und aus=
schließlich oder vorwiegend an dem Geschlechtlichen stofflich kleben
bleiben.

Man halte sich einmal den ungeheuren Erfolg vor Augen,
den Maeterlinck mit seiner Monna Vanna errungen hat.
Es war im Winter 1902 auf 3, daß sie in Deutschland von
allen ernsten Stücken die größte Anzahl von Aufführungen er=
lebte. Ich möchte wohl wissen, ob diese Tragödie, wenn in ihrem
Mittelpunkte nicht das Motiv der zwar verhüllten, aber für die
Phantasie grell hindurchscheinenden Nacktheit eines weiblichen
Körpers stünde, soviel Aufsehen erregt und so viel Zulauf erfahren
hätte. Ich werde wohl mit der Annahme nicht fehlgehen, daß
die phantasiekühne, psychologisch ungewöhnliche Auffassung und
Durchführung der Charaktere und die anderen künstlerischen Vor=
züge dieses Dramas für sich allein niemals solche Scharen von
Besuchern in das Theater gezogen hätten. Nachdem einmal von
diesem Drama durch Zeitungen und durch Weitererzählen jenes
raffinierte Nacktheitswagnis bekannt geworden war, glaubte fast
jedermann, sich diesen pikanten Genuß verschaffen zu müssen.
Wohl nur ein kleiner Teil der Zuschauer sagte sich: Maeterlinck
hätte wohl besser getan, ein solches Wagnis seinem Drama fern

bleiben zu lassen, weil dadurch mindestens der Schein eines
lüstern wirken sollenden Theatereffektes auf das Stück falle.

Im Spielplan unserer Theater nimmt die Operette einen
sehr breiten Raum ein. So allbekannt diese Tatsache ist, so selten
macht man sich doch Gedanken über sie. Würde wohl die Ope=
rette, so frage ich, so vielbegehrt sein, wenn das Publikum mit
überwiegend künstlerischen Ansprüchen an sie heranträte? Nur
weil das Verhalten zur Operette bei einem großen Teile des
Publikums überhaupt mit Kunst nur noch wenig zu tun hat,
sondern vorwiegend von der Befriedigung ganz anderer Bedürf=
nisse und Gelüste abhängt, ist die Nachfrage nach der Operette
beim Publikum eine so starke. Es könnte mir nun jemand sagen:
es sei pedantisch und ungehörig, die Operette überhaupt ernsthaft
unter einen künstlerischen Gesichtspunkt zu rücken; man dürfe an
sie nur den Maßstab angenehmen Zeitvertreibes legen. So zu
sprechen, hätte vielleicht etwas für sich, wenn Operetten lediglich
in Theatern niederer Art aufgeführt würden. Jedermann aber
weiß, daß es sich so nicht verhält, sondern daß sie auch auf
Bühnen, die als Stätten edler Kunst gelten wollen, neben Opern,
Tragödien und anderen ernst zu nehmenden Stücken dargeboten
werden. Hierin gibt sich zu erkennen, daß die Operette doch als
so etwas wie Kunst angesehen sein wolle. Und sie hat Recht
damit; es wäre eine engherzige Ästhetik, die ihr keine Berechtigung
im Reiche der Kunst zuerkennen wollte. Und so gibt es denn
auch wirklich manche Operetten, die hohen künstlerischen Anforde=
rungen genügen. Man denke etwa an die Fledermaus oder an
den Bettelstudenten; oder an einen in seiner Art so genialen
Meister wie Offenbach.

Freilich macht es die Operette den Zuschauern schwer, sie mit
künstlerischer Stimmung zu genießen. Gehört es doch nun ein=
mal zu ihrer Natur, sich durch das zweideutige, leichtfertige Spielen
mit geschlechtlichen Dingen und durch das Ausstellen pikanter

weiblicher Reize angenehm zu machen. Ohne Zweifel gibt es
zahlreiche Zuschauer, die diesen Seiten der Operette kühl gegen=
überstehen und sich lediglich an den reizenden Melodien und
Bildern und der ganzen übermütigen Lustigkeit erfreuen. Bei
dem größeren Teile der Zuschauer aber wird es wohl so sein,
daß das von der Bühne ausgehende starke Betonen leichtfertiger
Gelüste und zweideutiger Weiblichkeit grobstoffliche Empfindungen
erweckt und das Aufkommen künstlerischen Genießens nahezu oder
gänzlich unmöglich macht. Kann man sich doch die Entzündbar=
keit der Sinne und der Phantasie besonders im Jugendalter kaum
als groß genug vorstellen.

Man nehme etwa die Fledermaus: ohne Frage kann diese
Operette bei zarter und geistreicher Darstellung einen hohen künst=
lerischen Genuß gewähren. Sie in der Wiener Hofoper auf=
geführt zu sehen, ist ein geradezu erlesenes Vergnügen. Freilich
bewegt man sich nach Dichtung und Musik in dem Elemente
bodenlosen Leichtsinns. Da ist auch nicht eine einzige unter allen
Personen, die es mit den Pflichten ehelicher Treue irgendwie ernst
nähme. Allein dieser Leichtsinn verliert sein Verletzendes dadurch,
daß er in der Gestalt spielenden Übermutes auftritt. Die lieder=
lichen Streiche sind nicht dick aufgetragen, nicht in der Ernsthaftig=
keit gierigen Lechzens und plumper Gemeinheit vorgeführt. Vor
allem die Musik nimmt den unsittlichen Vorgängen alle grobe
Versumpftheit: sie hat etwas Schaumartiges, Flüchtiges, tändelnd
und leicht Darüberhinwegeilendes. Aber auch die Komik der
Vorgänge selbst trägt das ihrige dazu bei, daß die Schlechtigkeiten
ihre gegen das Sittliche gerichteten Spitzen verlieren. Den lieder=
lichen Unternehmungen ist überall ein auflösendes Etwas bei=
gemischt; ein gewisses Lachen über sich selbst, ein Sichselbstbeschauen
in dem Sinne, daß dies alles doch nur Torheit sei. Die ganze
Welt der Fledermaus steht uns so schließlich als eine Welt sprü=
henden, lachenden, reizvollen Scheines vor Augen.

Wer die Fledermaus so genießt, hat sie künstlerisch auf sich wirken lassen. Allein ich möchte bezweifeln, daß dies von einem besonders großen Teile des Publikums gilt. Hält man sich vor Augen, daß die allermeisten Operetten an ästhetischem Wert nicht entfernt an die Fledermaus heranreichen, sondern daß sehr oft auf diesem Gebiet ein erfindungsarmer, läppischer Schwachsinn herrscht, der sich des Mittels einiger hübscher Melodien und zahlreicher pikanter Anregungen bedient, um sein Erzeugnis in Sinne und Phantasie der Zuschauer hineinzuschmeicheln, so kann kein Zweifel bestehen, daß der in solchen Fällen gespendete Beifall zum Teil darin seinen Grund hat, daß man den Anregungen der angedeuteten niedrigen Art mit Behagen folgt. Wäre dies nicht der Fall, so müßten viele dieser Machwerke sofort beim Auftauchen auch wieder von der Bühne verschwinden. Dies hätte auch mit der Lieblingsoperette der letzten Zeit, mit der Lustigen Witwe, geschehen müssen. Was an dieser Operette so widerlich wirkt, ist einmal die plumpe, witzlose, ordinäre, aufdringliche Art, mit der sich das Geschlechtliche breit macht, sodann aber die ekelhafte Verbindung des schmierig verlumpten Grundtons des Machwerkes mit sentimentalen, süßen Melodien. Trotz des musikalisch Hübschen, was diese Operette reichlich hat, ist doch Stil und Haltung des Ganzen nicht im entferntesten imstande, das geschlechtlich Massive in künstlerische Form aufzulösen. So haftet denn dieser Operette ein fataler Bordellgeruch an. Dem Publikum ist dieser Geruch entweder angenehm, oder es ist so stumpf, ihn nicht zu bemerken.

Wozu ich gerade über die Operette so viel Worte mache? Weil man sie meistenteils gedankenlos als ein Bestandstück unserer Spielpläne hinnimmt. Man bringt sich selten zum Bewußtsein, daß man auch an die Operette künstlerische Maßstäbe anlegen solle, und daß, weil dies so wenig geschieht, die Operette bei einem großen Teile des Publikums Sinne und Phantasie in

einer Richtung beeinflußt, die wahrlich nicht als heilsam anzusehen ist.

IV

Von der Operette zu den Tonwerken Wagners ist ein
gewaltiger Sprung. Aber auch sie fallen einigermaßen, wenn
auch in ganz anderer Richtung, unter den Gesichtspunkt dieser
Betrachtungen. Ich sehe es als eine hocherfreuliche Erscheinung
an, daß die Schöpfungen Wagners einen hervorragenden Platz
in den Spielplänen einnehmen, die Theaterräume füllen und
die Zuschauer zu begeistertem Beifall hinreißen. Auch glaube ich,
daß gerade Wagner durch die überzeugende Kraft und bezwingende Wucht seiner Künstlerschaft in besonders hohem Grade
imstande ist, in den Seelen der Zuschauer alle ablenkenden, unreinen Regungen zurückzudrängen und ernste, hohe künstlerische
Stimmung zu erzeugen. Aber es wäre doch verfehlt, anzunehmen, daß der den Wagnerschen Tondichtungen gespendete
Beifall auf eine gleich große Fülle künstlerischer Erhebung im
Publikum schließen lasse. Es wird von dem Beifall nicht weniges
in Abzug zu bringen sein, wenn man ihn als Maßstab für den
Grad der künstlerischen Stimmung benutzen will. Durch die
bühnenmäßige Einrichtung der Wagnerschen Tonwerke wird auch
der gewöhnlichen Schaulust, der Neugier des Auges reichliche
Nahrung geboten. Was gibt nicht allein schon das Rheingold
zu schauen! Schwimmende Rheintöchter, Wallhall und Erd-
inneres, Gewitterzauber und Regenbogenbrücke, Götter, Riesen
und Nibelungen! Sicherlich ist bei vielen der gewaltige Eindruck
der Wagneraufführungen zum Teil auf die sinnengierige Freude
an Glanz und Pracht, an Überraschung und Zauber zurück-
zuführen. Und würde sich etwa der zweite Teil des Goethischen
Faust einer so lebhaften Teilnahme des Publikums erfreuen, wenn
das Auge nicht mit überraschenden Bildern förmlich überschüttet
würde! Nebenbei mag hier bemerkt sein, daß ich es immer als

eine Sünde gegen Goethe empfunden habe, den zweiten Teil
seines Faust zu einem Schau-, Prunk- und Zauberstück herabzudrücken. Wohl ist es richtig, daß durch die massenhaften Strei-
chungen und starken Zusammenrückungen für viele der zweite
Teil in seinem Grundgerüst allererst durchsichtig wird. Aber ist
es solchen Nutzens wegen gerechtfertigt, dieses bei allen bösen
Mängeln doch weisheitsschwere, aus tiefer und stiller Beschaulichkeit herausgereifte Werk so ganz auf das Äußerliche und Opern-
hafte hin zurechtzumachen? Erst kürzlich wieder, als ich den
zweiten Teil Faust in der durch viele glücklichen Neuerungen
ausgezeichneten Bühnenbearbeitung von Witkowski sah, sagte ich
mir, daß für jemanden, der diese Dichtung nicht durch langsames,
eindringendes Lesen kennt, das auf der Bühne Gesprochene zum
großen Teil in seinem genauen Sinn unverstanden bleiben
müsse und nur eine ungefähre Vorstellung von dem Gröbsten
entstehen könne.

Überhaupt ist die gemeine Schaulust eine Macht, die der
künstlerischen Stimmung und Beurteilung in hohem Grade Ab-
bruch tut. Dies gilt naturgemäß vor allem gegenüber der Oper.
Salome von Richard Strauß könnte als weiterer starker Beleg
angeführt werden. Aber auch sonst greift dieses Motiv, wohin
man blickt, störend ein. Würde denn etwa Hartlebens Rosen-
montag eine solche Anziehung ausgeübt haben, wenn sich die
Personen des Stückes nicht fast ausschließlich aus Offizieren in
Uniform zusammensetzten? Mit Rücksicht auf diese künstlerisch
verderbliche Wirkung der Schaulust ist es daher gerechtfertigt, daß
unter den Dichtern der modernen Richtung die Neigung besteht,
die Vorgänge des Dramas möglichst in einfachen Räumen, die
dem Auge wenig Zerstreuendes und Überraschendes bieten, spielen
zu lassen. So wird für die Zuschauer die Möglichkeit künstlerischer
Sammlung erhöht.

Leider wird freilich das Publikum von vielen Theaterleitern

zu einer unersättlichen Schaugier förmlich erzogen. Ich habe da=
bei nicht etwa die niedrige Gattung der sogenannten Ausstattungs=
stücke im Sinne; diese fällt überhaupt kaum noch unter den Ge=
sichtspunkt der Kunst. Sondern ich denke an die unverständige
Art, wie in der Vorführung von Dramen, in denen die Worte
von gewichtvoller Art und künstlerischer Bedeutsamkeit sind, und
die die Aufwendung von Pracht und von allerhand bühne=
belebendem Beiwerk nur in engen Grenzen gestatten, so oft eine
zerstreuende, betäubende Masse von sinnereizenden Äußerlichkeiten
dargeboten wird. Die Regisseure können sich oft nicht genug daran
tun, möglichst viele Personen im Hintergrunde kommen und gehen
und sie allerhand Hantierungen, wohl gar grobkomische, mit der
Stimmung des Dramas in Widerstreit stehende Scherzchen treiben
zu lassen und zudem in Gewändern, Zimmereinrichtungen, De=
korationen eine sinneverwirrende Pracht zu entfalten. Den Schwulst,
den man in der Dichtung vermieden sehen will, führt man in
der Ausstattung ein. Ich habe noch in der letzten Zeit sogar
auf Hofbühnen Aufführungen klassischer Werke gesehen, die durch
allerhand aufdringliches Beiwerk, selbst durch groteske Mätzchen,
den tiefinnerlichen Gehalt in geschmacklosester Weise schädigten.
Zu ihrer Zeit haben die Meininger mit ihrer belebenden Behand=
lung der stummen Personen, mit ihrem kundigen Blick für die Er=
höhung der künstlerischen Wirkung der Dichtung durch eine intim
dazu stimmende Ausstattung auf unser Bühnenwesen in gutem
Sinne gewirkt. Heute dagegen ist es weit mehr an der Zeit, den
gesprochenen Kern der Dramen vor dem Überwuchertwerden
durch sinnereizende Zutaten zu schützen.

V

Nach einer ganz anderen Richtung führt uns Flachsmann
als Erzieher. Dieses schwankartige Lustspiel ist ein Tendenzstück
im üblen Sinn. Während die Vertreter der vom Dichter be=

kämpften Partei plumpe Karikaturen sind, ist der Hauptvertreter
der Auffassung des Dichters — der ideal gesinnte Lehrer Flem=
ming — nicht viel mehr als ein in eine Hauthülle gestecktes
Glaubensbekenntnis. Seine dem Inhalt nach sicherlich gerecht=
fertigten Anklagen und Wünsche wachsen nicht als natürliche und
notwendige Äußerungen aus dem Grunde des Charakters und
dem Drange der Vorgänge und Lagen hervor, sondern sie wirken
wie Deklamationen, die der Dichter durch den Mund eines Schau=
spielers an das Publikum hält. Überhaupt aber ist die Kraft
des Gestaltenschaffens in diesem Stück überaus gering, geringer
als in des Dichters früherem Lustspiele Jugend von heute. Alle
Personen — etwa mit Ausnahme des Professors Prell — sind
flächenhafte Gebilde ohne seelisches Relief; sie wirken wie Scheiben,
die der Dichter mit einigen typischen Farben bunt angestrichen
hat. Das „Lustspiel" erhebt einen hohen Anspruch: es will eine
tiefgreifende, erzieherische Frage mit Ernst und Kraft behandeln.
Allein die Mittel, die der Dichter anwendet, sind im Vergleiche
zu diesem Anspruch wohlfeil und flach.

Woher stammen nun die Beifallsstürme, die nach jedem
Akte erschallen? Zu allermeist aus der Tendenz, die das Stück
laut und grell verkündet. Diese Tendenz ist ohne Zweifel löb=
licher Art. Sie richtet sich gegen nur zu weit verbreitete schwere
Schulübel: insbesondere gegen die schablonenhafte, bureaukratische,
sich faul und feige vor allem Neuen verschließende Schulmeisterei.
Der Dichter spricht mit Recht von der Arbeit des Volksschullehrers
als einer edlen und feinen Kunst, die einen ganzen, begeistert
selbstlosen Mann fordert. Da hält sich nun ein großer Teil der
Zuhörer allein an die schöne Tendenz. Es wird darüber hinweg=
gesehen, daß diese Tendenz aufdringlich, lehrhaft hervortritt, und
daß das Stück auch sonst selbst mäßigen dichterischen Ansprüchen
nicht genügt. Die pädagogische und moralische Begeisterung ist
entfesselt; da wird auf die künstlerischen Eigenschaften des Stückes

kaum geachtet. Dreyers Probekandidat ist eine weit höher
stehende, Anerkennung verdienende Leistung. Aber auch hier ist
der Beifall zum großen Teile Ausdruck weniger der Freude an
den dichterischen Vorzügen, als der Befriedigung über das kühn
ausgesprochene Goethe=Darwinsche Glaubensbekenntnis.

Noch in anderer Beziehung ist der jenem Stück von Otto
Ernst gespendete überreiche Beifall bezeichnend. Dem Publikum
gefällt die Gerechtigkeit, die am Schlusse den Guten und den
Bösen mit ganz besonderer Genauigkeit ihr verdientes Los be=
reitet. Das hierüber empfundene moralische Behagen verdunkelt
das ästhetische Urteilen. Hiermit sind wir auf eine weitere Quelle
unkünstlerischer Empfindungen gestoßen, die in überaus zahlreichen
Fällen das Publikum über schwere dramatische Mängel hinweg=
sehen oder auch unter Umständen dichterische Vorzüge verkennen
läßt. Woher kommt es denn, daß man so oft äußern hört:
Hauptmanns Versunkene Glocke hätte mit dem vierten Akte
schließen sollen; der fünfte Akt verwirre den Eindruck. Diese
Frage läßt sich nur aus der Befriedigung des Gerechtigkeits=
gefühles verstehen, die der Schluß des vierten Aktes erzeugt. Das
verlassene, betrogene Weib — so fühlt man — hat jetzt die sitt=
lich geforderte Rache an dem freverischen Glockengießer genommen.
Man übersieht, daß das Drama von Anfang an von einer tief=
pessimistischen Grundstimmung beherrscht wird. Der dem Über=
menschlichen zustrebende Künstler ist, dahin geht der große Sinn
der Dichtung, ein unselig zerteiltes Wesen. Er gehört einerseits
der klaren, pflichtmäßig geordneten Menschenwelt, anderseits der
dunklen, überschäumenden, heiligen, furchtbaren Natur an und
geht an dieser tragischen Zwiespältigkeit zugrunde. Dieser moralisch
freilich nicht sonderlich behagliche Sinn des Dramas bedarf durch=
aus des letzten Aktes; denn in ihm erst kommt er zur vollen Aus=
prägung. Auch auf Ibsen kann hier hingewiesen werden. Von
Nora angefangen, enden alle seine Schöpfungen so, daß von

einem bequemen Ausruhen des Gemütes in dem Gedanken voll-
zogener Gerechtigkeit nicht die Rede sein kann. Die Art, wie
Ibsen seine Dichtungen zu Ende führt, fordert von dem sittlichen
Gefühle des Zuschauers freiere, eigenartigere Bewegungen, ein
kraftvolles Mitmachen herber, schwieriger Erhebungen und Auf-
lösungen. Hierfür bringen nun die meisten Zuschauer teils nicht
das gehörige Können, teils nicht den nötigen guten Willen mit,
und so sind ihnen denn Ibsens Dichtungen befremdliche, wo nicht
geradezu widrig erregende Erzeugnisse. Hauptmann wie Ibsen machen
den wohlfeilen moralischen Bedürfnissen niemals Zugeständnisse.

Mit dem moralischen Behagen steht in nahem Zusammenhange die Freude an einem gewissen gutmütigen Austeilen von
Glück. Das Publikum findet sein Gefallen daran, wenn die
Personen des Stückes, wofern sie es nur irgendwie verdienen,
zum Schlusse glücklich werden. Besonders kommt dabei das
Glücklichwerden in Liebe, Verlobung und Heirat in Betracht. Es
ist dies ohne Frage ein liebenswürdiger Zug am Publikum, aber
mit künstlerischer Würdigung hat er nichts zu tun. Oft ist es
kaum glaublich, wie vergnüglich sich die Zuschauer in dieser Hinsicht die gröbsten Flüchtigkeiten und Ungereimtheiten von den
Dichtern gefallen lassen. Auch wenn mit unerhörtem Geschwind-
schritt, wider alle äußere und innere Wahrscheinlichkeit, vom Dichter
vor dem Fallen des Vorhanges verschiedene Paare zusammen-
getan werden: das Publikum spendet nun einmal mit dem Dichter
Liebes- und Eheglück gern mit freigebigen Händen aus und klatscht
Beifall.

Die Dichter natürlich kennen diese Schwäche des Publikums
und leiten nur zu oft die Stücke ihr zu Gefallen. Das gilt selbst
in gewissem Grade von Max Dreyers trefflichem Seelendrama
Hans. Die beiden ersten Akte erinnern an den Stil der modernen
Schule: schwere, langsam sich entwickelnde Innerlichkeit herrscht in
ihnen. Der Zuschauer sagt sich: hier ist eine zu trübem Ende, zu

einem Hinauslaufen auf Bruch und schmerzvolle Entsagung
führende Entwicklung eingeleitet. In dem dritten Akte dagegen
fällt der Dichter in den älteren Lustspielton: er kommt rasch über
tiefe und scharfe Gegensätze und Kämpfe hinweg, er nimmt es
mit den Umwandlungen leicht, kurz, er läßt alles sichtlich zu Verlobung und Heirat hineilen. Und Dreyer hat hierdurch sein
Drama sicherlich weit mehr in die Gunst des Publikums gesetzt,
als wenn er folgerichtig verfahren wäre und die Entwicklung in
trübe Spaltung und Entsagung hätte auslaufen lassen.

Auf eine besonders der künstlerisch reinen Stimmung und
Beurteilung abträgliche Ursache mag uns folgendes Beispiel hin-
leiten. In dem zweiten Teile von Björnsons Dichtung Über
unsere Kraft offenbart sich, wie in dem ersten, ein erhabener
Dichtergeist. Glaubensstarken Seelenflug, wilde, keusche Schwärmerei hat der Dichter ebenso glaublich und individuell zu gestalten
verstanden, wie herrisches Wollen und dumpfe Not. Und doch enthält
dieses Drama eine überaus schwere künstlerische Sünde. Ich meine
nicht etwa den lauen, ratlosen vierten Akt, sondern die Brutalität
im dritten. Ich halte es für ganz oder nahezu ausgeschlossen,
daß angesichts der von Minute zu Minute drohenden Dynamit-
explosion, angesichts der unerbittlich dem Zerrissenwerden geweihten,
wahnsinnig durcheinanderrennenden Menschenherde, angesichts des
zur sinnlichsten Gegenwärtigkeit gebrachten und doch nach seinen
Ursachen in das Geheimnis des Unterirdischen gehüllten Massen-
mordgreuels ein künstlerisches Schauen und Genießen aufzukommen
vermag. Schon die leibliche Aufregung, in die man notwendig
gerät, macht jede künstlerische Stimmung unmöglich. Ich meine:
dergleichen Roheiten gehören in den Zirkus. Schade genug, daß
dort so häufig Gefühle wollüstiger Grausamkeit gepflegt werden.
Von einer der Kunst gewidmeten Bühne sollten derartige grobstoffliche Einwirkungen auf die schlechten Triebe im Menschen nicht
ausgehen. Ist denn nun aber der dritte Akt, wie es im Namen

der Kunst hätte der Fall sein müssen, abgelehnt worden? Bei
der ersten Aufführung im Leipziger Stadttheater wenigstens brach
nach dem dritten Akt von einem großen Teile des Publikums aus
ein so leidenschaftlicher, elementarer, ja wahnwitziger Beifallssturm
los, wie ich ihn noch niemals in einem Theater gehört habe. Ich
frage: galt dieser fanatische Beifallsdonner etwa vorwiegend den
dichterischen Vorzügen des dritten Aktes oder den sicherlich treff=
lichen schauspielerischen Leistungen? Es wäre lächerlich, so etwas
behaupten zu wollen. Aus dem Beifallsgetose sprach nur zu ver=
nehmlich die Stimme der Parteileidenschaft und des Parteihasses.
Es war, als ob ein lange unterdrücktes Rachebedürfnis die Ge=
legenheit ergriffe, sich Luft zu machen. Es klang wie Triumph
darüber, daß dieser Bande von ausbeutenden Kapitalisten endlich
das wohlverdiente Schicksal bereitet worden sei. So wurde bei
einem großen Teile des Publikums das künstlerische Urteil von
der durch das Drama brutal hervorgereizten politischen Leiden=
schaft vollständig verdunkelt.

So haben sich uns also allerhand moralische, pädagogische
und politische Erregungen in ihrer widerkünstlerischen Wirkung
gezeigt. Und wie in den früheren Fällen, lassen auch hier die
von mir gewählten Beispiele mit Gewißheit darauf schließen, daß es
sich in äußerst zahlreichen anderen Dramen ähnlich verhalten werde.

VI

Bisher hatten wir es nur mit unerfreulichen Hindernissen,
wo nicht gar völligen Vereitelungen des künstlerischen Betrachtens
und Genießens zu tun. Denn auch wo es sich, wie beim
Weißen Rößl, um harmlose Bedürfnisse oder, wie bei Flachs=
mann als Erzieher, gar um löbliche Regungen handelte, waren
diese doch schuld daran, daß die künstlerische Minderwertigkeit
und Verwerflichkeit des Dramas nicht empfunden und überhaupt
eine falsche ästhetische Stellung zu dem Drama eingenommen

wurde. Es gibt nun aber auch nichtkünstlerische Einwirkungen von der Bühne aus, die wesentlich anders zu beurteilen sind. Was ich dabei vor Augen habe, setzt sich aus folgenden Voraus= setzungen zusammen: das Drama, um das es sich handelt, hat einen hohen künstlerischen Wert; in die Gesamtwirkung des Dramas gehen außerästhetische Elemente von hohem menschlichen Werte ein; die künstlerische Wirkung des Dramas wird durch sie nicht erheblich oder überhaupt nicht gestört.

Wir haben dabei vor allem an moralische Erregungen zu denken. Nicht freilich an jenes weitverbreitete, wohlfeile, satte, moralische Behaglichkeitsgefühl, wie ich es vorhin geschildert habe. Schon Schiller hatte eine geringe Meinung von der platten „poetischen Gerechtigkeit". „Wenn sich das Laster erbricht, setzt sich die Tugend zu Tisch." Wohl aber können die moralischen Aufrüttelungen, Erweckungen, Reinigungen eine segensreiche Zu= mischung zu den künstlerischen Wirkungen der Bühne bilden.

Der ideale Fall besteht nun darin, daß diese edlen mora= lischen Erregungen sich des Publikums zugleich mit dem unab= geschwächten, vollen künstlerischen Verständnis für die Dichtung bemächtigen. Aber auch, wenn das künstlerische Empfinden und Verstehen hierbei einige Abschwächung und Störung erfährt, kann in jenen moralischen Erregungen doch eine so bedeutende menschliche Förderung liegen, daß die Herabminderung des ästhe= tischen Verhaltens hiergegen nicht in die Wagschale fällt. Man denke an Schillers Tell oder Don Carlos oder Lessings Nathan. Welche Fülle edler Vaterlands=, Freiheits= und Duldungsgefühle mag nicht schon von den Bühnendarstellungen dieser drei Dich= tungen kräftig und nachhaltig in die Herzen der Hörer geströmt sein! Oder man nehme Beethovens Fidelio oder Wagners Meistersinger. Unzählige Menschen werden von dem reinigen= den, ermutigenden Seelenaufschwung zu berichten wissen, den sie von ihnen erfahren haben. Ja wenn auch das dichterische und

musikalische Verständnis sehr unvollkommener Art gewesen sein
sollte, so bedeutet doch diese Einwirkung auf Gemüt und Ge=
sinnung einen so starken menschlichen Gewinn, daß keine Ver=
anlassung vorliegt, im Namen der Kunst Klage zu erheben.

Aber auch viele neuere Dramen sind geeignet, sittlich zu
wecken und zu reinigen. Die modernen Dichter lieben besonders
den Weg des Erschreckens und Abschreckens. Sie stellen den Zu=
schauern die Entartung, Verhärtung, Versumpfung gewisser Kreise
und Schichten des Volkes vor Augen und wollen so durch die
Schärfe des Gegensatzes aufrüttelnd wirken. Tolstois Macht der
Finsternis, Ibsens Gespenster, Hauptmanns Weber können
das, was ich meine, veranschaulichen. Und auch mit Rücksicht auf
diese durch das Mittel des Erschreckens aufrüttelnd wirkenden
Dramen sage ich: auch bei unvollkommenem dichterischen Ver=
ständnis können von ihnen höchst segensreiche sittliche Klärungen
und Antriebe ausgehen. Nur darf natürlich das künstlerische
Nichtverstehen nicht einen solchen Grad erreicht haben, daß man
diese Dichtungen verurteilt und sich unwillig von ihnen abwendet.

Übrigens fehlt es in der modernen Dichtung auch nicht an
Dramen, die den Blick des Zuschauers auf positive sittliche
Ideale hinlenken. Kein dramatischer Dichter ist in dieser Be=
ziehung mit so starkem Nachdruck wie Ibsen zu nennen. Ibsen
glaubt an Menschen mit hohen, seltenen Entschlüssen, an Menschen,
die sich aus ihrem Adelsgefühl heraus selbstherrlich ihre Sittlich=
keit schaffen. Er glaubt an eine Menschlichkeit, die frei und stark
wie Sturm ist, der von den Bergen herweht. Er glaubt an die
Fähigkeit des Menschen zu innerer Neugeburt, an sein Vermögen,
sich innerlich umzuarbeiten und eine freiere Stufe der Menschlich=
keit in sich zu erzeugen. So ist es besonders bei Nora, bei Ellida,
bei Rebekka und Rosmer, bei Alfred und Rita. Ich will nun
nicht etwa behaupten, daß Ibsens menschliche Ideale in jeder
Hinsicht und im ganzen Umfange gut zu heißen seien; ich habe

vielmehr zahlreiche gewichtige Einwendungen gegen sie zu erheben.
Ich will nur sagen: gerade von seinen Dramen können besonders
starke Anstöße zu sittlichen Aufraffungen und Umbildungen aus=
gehen. Freilich ist, damit dies möglich werde, bis zu gewissem
Grade wenigstens, ein Entgegenkommen in menschlichem und auch
in künstlerischem Verstehen erfordert. Und da dies nicht so leicht
zu leisten ist, so wird die sittliche Wirkung der Ibsenschen Dich=
tungen immer auf eine nicht zu große Gemeinde beschränkt bleiben.

Will man die gute Wirkung, die solche Stücke ausüben, in
ihrem vollen Umfang ermessen, so muß man auch die große
Menge derer in Betracht ziehen, die überhaupt nicht oder nur in
sehr geringem Grade künstlerischer Eindrücke fähig sind. Personen
dieser Art werden selbst dann, wenn die Dichtung auch nicht zu
den geringsten moralischen oder sonstigen stofflichen Ablenkungen
Anlaß bietet, nicht rein künstlerisch berührt. Da bei diesen Per=
sonen künstlerisch überhaupt nichts zu erzielen ist, so kann es nur
begrüßt werden, wenn sie von ihrem Theaterbesuch wenigstens
eine sittlich veredelnde Wirkung davontragen. So kann beispiels=
weise jemand von Björnsons Fallissement, auch wenn er sich
nur rein stofflich für die Vorgänge darin interessiert hat, doch von
diesem Drama, das von einem wohltuenden Glauben an die
Macht des Guten im Menschen getragen ist, einen wahrhaft er=
quickenden inneren Gewinn mit nach Hause nehmen.

VII

Die Theater pflegt man allgemein als Stätten der Kunst
anzusehen. Die Theaterdirektoren gebärden sich, wenigstens nach
außen, als wichtige Mitarbeiter im Reiche der Kunstpflege. Jeder
Schauspieler rechnet sich, auf welcher Bühne er auch auftreten
mag, mit stolzem Selbstgefühl zu dem auserwählten Geschlechte
der Künstler. In den Zeitungen werden alle Theaterangelegen=
heiten, und mag es sich selbst um solche nichtswürdige Machwerke

wie haben Sie nichts zu verzollen? oder Das Bett handeln, unter der ehrenden Rubrik „Kunst" besprochen. Und wenn
jemand in der sogenannten gebildeten Gesellschaft naiv ein-
gesteht, irgend einen Bühnenvirtuosen nicht gesehen zu haben
oder gar überhaupt nicht zu kennen, so stellt er sich damit in
den Augen vieler als einen in Sachen der Kunst arg Zurückgebliebenen bloß.

Legt man sich die Frage vor, ob die Theater, wie sie gegenwärtig sind, wirklich als Stätten der Kunstpflege und des künstlerischen Genusses angesehen werden dürfen, so wird man durch
solche Betrachtungen, wie ich sie über das Verhalten des Theaterpublikums angestellt habe, gar sehr herabgestimmt. Der Erfolg
mindestens, den die Theaterdarbietungen beim Publikum haben,
ist nur zu einem sehr kleinen Teile als künstlerisches Aufnehmen
und Verarbeiten zu bezeichnen. Ich habe eine größere Anzahl
von Bühnenstücken herangezogen, die sich mir für unseren Zweck
als typisch und lehrreich darboten: das Ergebnis, zu dem wir
dabei gelangten, ließ uns die Theaterbesucher als eine von einem
wahren Wirrsal widerkünstlerischer Bedürfnisse und Interessen
durchwogte Masse erscheinen. Und aus diesem Wirrsal stofflicher
Erregungen hoben sich uns als eine besonders stark wirkende und
weit verbreitete Gruppe die erotischen Gelüste hervor. Es gibt
zahllose Bühnenstücke, durch die der allergrößte Teil des Publikums in eine derartige geschlechtliche Erregung versetzt wird, daß
man den ekelhaftesten, ja erschreckendsten Eindruck erhielte, wenn
einem die psychophysischen Vorgänge in diesen Zuschauern offen vor
Augen dalägen.

Aber vielleicht ist es allein die Schuld der Zuschauer selbst,
daß die Bühnenaufführungen in ihren Gemütern eine so trübe
und häßliche Wirkung erzeugen. Vielleicht sind die Bühnenleiter
rein nur der Kunst ergebene Idealisten, die alle Anstrengungen
machen, um edle Kunstwerke darzubieten und das Publikum

künstlerisch zu erziehen, die aber beim Publikum auf einen so
unergiebigen künstlerischen Boden treffen, daß ihren löblichen
Absichten nur ein dürftiger Erfolg entspricht. Diese Annahme
machen und die Gewißheit haben, daß sie eine Umkehrung der
wirklichen Verhältnisse bedeutet, ist eines und dasselbe.

Wenn ich ein für allemal gewisse vornehme Bühnen aus=
schließe, so liegt in Wahrheit die Sache so, daß die Theater=
direktoren bei weitem in der Hauptsache, wenn nicht ausschließlich
Geschäftsleute sind, die ihrer Kasse möglichst große Einnahmen
zuführen wollen, und die daher auf allerhand stoffliche und un=
reine Bedürfnisse des Publikums spekulieren, in der richtigen
Meinung, daß die Aussicht auf die Erregung gewisser grober
Triebe größere Massen ins Theater zieht als streng künstlerische
Darbietungen. Schon dieser eine Umstand, daß für die Herstellung
der Spielpläne der allermeisten Bühnen der Kassenerfolg in aus=
schlaggebender Weise bestimmend ist, derart, daß ein Stück er=
barmungslos als abgesetzt gilt, wenn es nach den üblichen drei
Aufführungen nicht den gewünschten Geldgewinn ergeben hat,
läßt die Behauptung als lächerlich erscheinen, daß unsere Theater
Stätten der Kunst sind. Vergleicht man die Theater mit unseren
Konzerten und Kunstausstellungen, so kann man so recht des
niedrigen Standes unserer Bühnen inne werden. Für unsere
Symphonie= und Kammermusikaufführungen, ja auch für die
Virtuosenkonzerte, ebenso für die Auswahl der Bilder und Bild=
werke in unseren Kunstausstellungen ist mindestens in hohem
Grade der rein künstlerische Wert ausschlaggebend. Freilich kommen
sehr häufig Irrungen in dieser Hinsicht vor. Allein hierdurch
wird die Absicht, künstlerisch Wertvolles zu bieten, nicht berührt.
Unseren Konzerten und Kunstausstellungen kann daher mit un=
vergleichlich größerem Recht der auszeichnende Titel von Kunst=
pflegestätten gegeben werden als unseren Theatern.

Besonders tief unter aller Kunst stehen die zahlreichen

Theater, die die Erhitzung des Geschlechtstriebes mit allen vor den Augen des Strafgesetzes und der Polizei nur irgend erlaubten Mitteln betreiben. Nur wer in der Kunst eine schamlose Dirne sähe, könnte solche Theater wie das Residenztheater in Berlin oder das Josefstädter Theater in Wien dem Reiche der Kunst zuzählen. Zola läßt in seiner Nana den Theaterdirektor Bordenave, auf dessen Bühne geschlechtliche Frechheit herrscht, jedesmal, wenn jemand zu ihm von seinem „Theater" spricht, mit zynischer Offenherzigkeit berichtigend einfallen: Bitte, sagen Sie: mein „Bordell". Auch besser angelegte Schauspieler müssen, wenn sie täglich in Unzuchtsstücken auftreten, in den Sumpf herabsinken.

Und wie verhalten sich unsere Kritiker und Dichter dazu? Die Zeitungsschreiber pflegen — immer mit gewissen Ausnahmen — über die Vorkommnisse auf diesen pornologischen Bühnen wie über wichtige Kunstangelegenheiten zu berichten und über die darin auftretenden Schauspieler wie volle Künstler zu sprechen, während es sich doch nur um Ungeziefer handelt, das die Kunst verunreinigt. Und was die Bühnendichter betrifft, so steht man vor der betrübenden Tatsache, daß es unter ihnen gegenwärtig nicht wenige gibt, die ihr bedeutendes und eigenartiges künstlerisches Können in den Dienst der pornologischen Bühnen stellen. Am allerschlimmsten ist es, wenn solche Dichter darauf ausgehen, die Geschlechtsbegierden in perverser Weise aufzuregen und durch Unnatur gewürzte, durch ihre Verfaultheit reizende Leckerbissen dem Großstadtpublikum vorzusetzen.

In dieser Hinsicht ist die Beliebtheit besonders bezeichnend, die heute Frank Wedekind genießt. Seine „Kindertragödie" Frühlings Erwachen gehört ohne Zweifel zu den aufsehenerregendsten Bühnenereignissen der jüngsten Zeit. Dem Verfasser wird wie einem großen Dichter, ja wie einem Menschheitsbefreier zugejubelt. Von der Stümperhaftigkeit des Stückes in der dramatischen Handlungsverknüpfung will ich ganz absehen. Was die

Charakterisierung der Personen betrifft, so fällt das Tendenziöse in ihren Reden auf: manche Szenen sind kaum etwas anderes als äußerlich ins Dramatische umgeformte medizinische und pädagogische Erörterungen. Der entschiedenste Einspruch aber muß gegen die Charakterisierung der Kinder, die vom Dichter typisch gemeint sind, erhoben werden. Fast alles, was diese Knaben und Mädchen reden, ist von geschlechtlichem Dunst und Qualm vollgesogen. Das ist Fälschung der Kinderpsychologie vom Standpunkte der tierischen Brunst aus. Was Wedekind formt, wird nun einmal Mißgeburt und Fratze. Aber nicht nur die Charakterisierung der Kinder, sondern der ganze Geist des Dramas stellt nach der geschlechtlichen Seite hin ein Äußerstes dar. Wedekind begnügt sich nicht damit, den Zuschauer für die wilde Befriedigung der Geschlechtsgier günstig zu stimmen, sondern er würzt die Wollustsphäre, in die er den Zuschauer zieht, durch die wohl kaum noch dagewesene Verlegung der dargestellten geschlechtlichen Erregungen und Akte in die Kinderwelt. Aber er mischt auch aus der Welt der Bordelle Vorstellungen von Unzuchtsformen der scheußlichsten Art hinzu. Und damit die Nervenpeitschung eine noch gründlichere werde, wird die Geschlechtsgier mit Kloake und Verwesung, mit Selbstmord und Kirchhofsspuk gepaart. Und diesen Trank weist das Publikum nicht als ein von einem Seelenbesudler gereichtes Gebräu von sich, sondern genießt ihn mit schauerlichem Behagen. Wohl haben freigeisterische, nihilistische Anschauungen das Recht, sich in der Kunst auszusprechen. Allein aus Wedekinds Dichtungen erhält man den Eindruck, daß der darin vertretene moralische Anarchismus nicht etwa aus ernstem und Gerechtigkeit übendem Nachdenken, sondern aus frecher Begierde entsprungen ist. Seine ganze Freigeisterei ist für ihn nichts als raffinierter Nervenkitzel. Für solchen Nihilismus im Namen der Gemeinheit ist die Kunst nicht da. Ich gebrauche Wedekinds Dichtungen gegenüber mit vollem Bewußtsein starke Ausdrücke.

Wo man auf Grundschlechtes stößt, soll man es deutlich und unabgeschwächt auch als solches bezeichnen.

Wo auch immer man Frank Wedekinds Erzeugnisse anrührt, beschmutzt man sich. So gehört wahrer Mut in der Ekelüber= windung dazu, das novellistische, lyrische und dramatische Zeug zu lesen, das er vor zehn Jahren unter dem Titel Fürstin Russalka veröffentlicht hat. In diesen hingeschmierten porno= graphischen Machwerken herrscht ein Geist, der sich sachgemäß nur als Geist sittlicher Verworfenheit bezeichnen läßt. Oder man denke an sein Pandora=Drama, auch in seiner zweiten Gestalt. Wer innerlich unvergiftet ist, wird dieses in Unzucht und Blut, Bestialität und aller Art Kulturseuchen knietief watende, zudem mit absurder Schauerromantik aufgeputzte Schandstück mit äußerstem Ekel von sich weisen. Wenn dieses Machwerk Kunst ist, dann ist die Kunst eine Dirne, die ihre Lust daran hat, fressende Gifte auszuspritzen. Ich sehe einen Schandfleck in der Entwickelung deutschen Geisteslebens darin, daß ein nicht geringer Teil der Künstler, Kritiker und der sogenannten gebildeten Welt über= haupt einen Mann feiert, der solche Erzeugnisse wie Fürstin Russalka, Der Erdgeist, Die Büchse der Pandora, Frühlings Er= wachen der Öffentlichkeit darbietet.

VIII

Eine Bühne, die ihrem Ideal entspräche, wäre nicht nur eine der Kunst geweihte Stätte, sondern sie würde auch der sitt= lichen Veredlung des Volkes dienen. Es hieße, ein höchster Wirkungen fähiges Mittel zur Volkserziehung aus der Hand geben, wenn man die Bühne ausschließlich als eine Anstalt für Kunstpflege ansehen wollte. Die Bühne soll vielmehr in und mit den künstlerischen Einwirkungen zugleich sittlich ver= edelnd und befreiend auf das Volksleben einwirken. Das Ideal wäre dies: Verfeinerung und Kräftigung des künstlerischen

Fühlens und Verstehens als oberstes Ziel und sittliche Veredelung als ein durch das Verfolgen und Erreichen dieses Zieles sich von selbst einstellender Erfolg! Der Volkserzieher wird sonach nicht sagen: die Bühne solle ihre künstlerische Aufgabe hintansetzen und ihren sittlich-erziehenden Beruf in den Vordergrund rücken; sondern er wird dessen gewiß sein, daß, wenn nur die Bühne ihren künstlerischen Beruf ernst und rein auffaßt und durchführt, ebendamit zugleich auch der sittlichen Erziehung des Volkes am besten gedient sein werde.

Über die moralische Bedeutung der Bühne hat schon der jugendliche Schiller Treffendes und Umfassendes gesagt. Sein Aufsatz „Die Schaubühne als eine moralische Anstalt betrachtet" ist noch immer nicht veraltet. Er führt darin aus, nach wie verschiedenen Seiten hin die Bühne die Wirksamkeit der staatlichen Gesetze, ja der Moral und Religion ergänze. „So gewiß sichtbare Darstellung mächtiger wirkt als toter Buchstabe und kalte Erzählung, so gewiß wirkt die Schaubühne tiefer und dauernder als Moral und Gesetze." Und ebenso hebt er Scherz und Satire als ein wirksames Mittel der Bühne für moralische Einwirkung hervor. Von der Bühne aus, so schärft er weiter ein, werden wirksame Antriebe zu Duldung, Vaterlandsgefühl, Menschlichkeit überhaupt in die Herzen der Zuschauer gepflanzt. Und gegen die Fürsten gewendet sagt er: „Hier nur hören die Großen der Welt, was sie nie oder selten hören — Wahrheit; was sie nie oder selten sehen, sehen sie hier — den Menschen."

In wie weitherzigem Sinne ich die sittlich-erzieherische Aufgabe der Bühne nehme, geht schon aus den Beispielen hervor, die ich vorhin unter Nummer sechs gebracht habe. Auch Ibsens und Gerhart Hauptmanns Dramen vermögen auf ein genügend reifes Publikum sittlich reinigend und befreiend zu wirken. Nicht nur wohltuend versöhnende, sondern auch steil aufrüttelnde, schroff wehetuende, furchtbar niederdrückende Dramen können zu sittlicher

Vertiefung und Reifung beitragen. Ebenso kann aber auch herz=
haftes, übermütiges Lachen sittlich wohltätige Folgen haben. Eine
Aufmischung der seelischen Kräfte durch erquickliche Komik bedeutet
zugleich eine Stärkung der Aufgelegtheit zu frischem Tun, zu freu=
digem Ergreifen, zu mutigem Leben, also eine Wirkung im Sinne
des Guten.

Ich brauche die Frage, in welchem Grade unsere Bühnen
gegenwärtig ihre volkserzieherische Aufgabe erfüllen, kaum für sich
aufzuwerfen. Fast alles, was ich vorgebracht habe, um zu zeigen,
daß unsere Theater ihrem künstlerischen Berufe in beschämendster
Weise ferne stehen, ist auch ein Beweis für den gleich kläglichen
Stand der Dinge hinsichtlich der volkserzieherischen Aufgabe.
Besonders bedeuten die erotischen Abwege, auf denen es sich
unsere Bühnen wohl sein lassen, nicht nur äußerste Entfernung
von dem künstlerischen, sondern auch von dem sittlichen Ziele.
Wenn man von dem hohen Stande der Kunst und von dem
Gedeihen der volkserzieherischen Tätigkeit in unserer Zeit spricht:
unsere Theater wenigstens stehen in beiderlei Hinsicht auf einer
äußerst niedrigen Stufe.

Gibt es doch gegenwärtig Bühnenkunstwerke, die den An=
spruch erheben, dem hohen, ja höchsten Stile zugerechnet zu werden,
und die dennoch das Gegenteil von volkserziehender Wirkung
ausüben. Ich denke hierbei besonders an die Oper Salome von
Richard Strauß. Ich erkenne diese Tonschöpfung unter einer ge=
wissen Voraussetzung als ein geniales, in sich vollendetes Kunst=
werk an — unter einer Voraussetzung allerdings, die ich nicht zu=
zugeben geneigt bin. Nur dann nämlich hätte jenes Werturteil
volle Geltung, wenn der Tonschöpfer das Recht hätte, Stimmungen
und Leidenschaften jedweder Art, auch die scheußlichsten und stin=
kendsten, zu musikalischem Ausdruck zu bringen. Um solche Stim=
mungen und Leidenschaften aber handelt es sich der Hauptsache
nach in Salome. In Wildes Drama ist diese widernatürlich=

wollüstige Welt noch einigermaßen erträglich. Bei Strauß aber,
der mit virtuosem Können alle Mittel des Tonreichs aufbietet,
um das in den Worten des Dichters Liegende gerade nach der
Stimmungsseite hin bis aufs äußerste zu steigern, und der durch
die Länge gewisser Tonfolgen den Zuhörer zwingt, gerade bei
den äußersten Zuspitzungen der verpesteten Stimmungswelt weit
länger zu verweilen, als es im gesprochenen Drama verlangt
wird, entsteht eine Nervenaufwühlung und seelisch-leibliche Marte=
rung, die jedwede künstlerische Haltung des Gemüts ausschließt.
Ich habe schon öfters behaupten hören: je häufiger man Salome
auf sich wirken lasse, desto reiner genieße man sie. Ich kann mir
diese Behauptung nur so erklären, daß denen, die so sprechen, die
Musik der Salome immer mehr zur Formsache wird. Sie haben
ihre Lust daran, in das Verwickelte dieser Musik immer mehr ein=
zudringen, die Klangwirkungen zu entwirren, die hineingewobenen
musikalischen Bezüge sich durchsichtig zu machen. In solchem for=
malen Aufnehmen besteht aber nicht das volle künstlerische Ge=
nießen von Musik, und am allerwenigsten einer Musik wie der von
Strauß uns gebotenen. Die Musik der Salome ist im höchsten
Grade inhaltserfüllt; Strauß will den Sinn und Geist der
Wildeschen Tragödie in eindringlichster Weise ins Musikalische
übersetzen. Und da meine ich nun: wer diese Musik als Ton=
verkörperung der Stimmungs= und Leidenschaftswelt der Wildeschen
Dichtung in sich aufnimmt, muß sich mit Grausen von ihr abwenden.
Denn er fühlt, daß die von dieser Musik mit ungeheurer Ein=
dringlichkeit verkörperte Stimmungswelt in der Mischung von
feinschmeckerischer Wollust, dunstiger, qualmender Blutgier und
tändelnder Freude an stinkender Verwesung besteht. In diese
verrückt krankhafte, bis in den tiefsten Grund perverse, durch die
Würzung von Blut und Leichnam sich aufpeitschende Wollust
mußte sich das Genie des Tonschöpfers in der angespanntesten
Weise hineinfühlen. Nur so konnte es gelingen, die Musik bis

in die feinsten Schattierungen hinein dem Drama Wildes dienstbar
zu machen. Straußens Salome ist daher eine künstlerische Tat,
die Entsetzen zu erregen geeignet ist. Die Wirkung, die von diesem
Werk auf weiteste Kreise ausgeht, kann nur in einer Untergrabung
des Sinnes für das Einfache, Gesunde und Naturvolle bestehen.
Das Großstadtpublikum wird unter dem Einfluß solcher Werke
für ekelhaft widernatürliches Fühlen und Bedürfen förmlich heran=
gezüchtet.

IX

Man fasse jetzt einmal die Lage des echten und ernsten
Bühnendichters ins Auge. Gerade ihm muß der Zustand unseres
Bühnenwesens wahrhaft entmutigend auf die Seele fallen. Er
sieht, in welch entwürdigender Umgebung und Lage, in welch
bedrängter und geduldeter Stellung an den allermeisten Bühnen
sich die Dichtungen von wahrem künstlerischen Wert befinden.
Mittelmäßige, wo nicht gar schlechte Lustspiele, Possen, Operetten
erfreuen sich auf derselben Bühne einer Menge von Wieder=
holungen, auf der Kunstwerke ein kurzes Leben fristen, um dann
für immer zu verschwinden. Welche klägliche Rolle spielen nicht
auf den meisten Bühnen die Dramen unserer klassischen Dichter!
Wie oft geschieht es nicht, selbst in angesehenen Theatern, daß
lange Wochen hindurch irgend ein Dichter, der kaum diesen Namen
verdient, das große Wort führt, während nur hier und da einmal
dazwischen einer von den großen Dramatikern der Vergangenheit
vor mäßig besuchtem Hause schüchtern zu Gehör gelangt und
die Rolle eines Lückenbüßers spielt. Besonders schlecht ergeht es
bei diesem Stande der Dinge dem Seelendrama. Hier gibt es
wenig zu schauen; denn es kommen hier keine Massenunterneh=
mungen, keine Häufungen überraschender Schicksalsschläge vor; es
fehlt überhaupt an „Handlung“ in dem gewöhnlichen Sinne,
d. h. an Taten und Ereignissen, die in die Augen fallen. So
ist das Seelendrama natürlich kein Liebling des großen Publikums

und ein wahrer Schrecken für die Direktoren. Es war bezeichnend, daß Ibsens Klein Eyolf, diese hochgestimmte, weihevolle Dichtung, nach zwei oder drei Aufführungen von der Leipziger Bühne verschwunden ist. Und wie lau war der Beifall, der kürzlich der Pippa Gerhart Hauptmanns im Leipziger Stadttheater gespendet wurde! Dieser grunddeutschen, überschwenglich schönen Dichtung gegenüber verhielt sich das Publikum verständnislos. Und nicht besser erging es in Leipzig dem Grafen von Charolais. Kaum beachtet vom Publikum, erlebte diese künstlerisch ausgereifte, menschlich tiefe und reiche Tragödie Beer-Hofmanns nur wenige Aufführungen.

Man versetze sich bei solchem Stande der Dinge einmal in die Lage eines Dichters, der ein fein und innerlich durchgearbeitetes Drama geschaffen hat, und nun im Begriffe steht, es auf die Bühne zu bringen. Ich fände es begreiflich, wenn er sich dazu nur mit äußerster Überwindung entschlösse. Muß er doch einen Wettkampf mit einer in breiter Masse die Bühne siegreich beherrschenden minderwertigen Dramenliteratur voraussehen! Wie soll, so muß er sich sagen, dasselbe Publikum, das schaler Spaßmacherei, trivialer Gutmütigkeit, pikanter Zweideutigkeit ein so großes und beharrliches Wohlgefallen entgegenbringt, meine Kunst, die vornehme und verwickelte Ansprüche stellt, zu würdigen verstehen? Er denkt vielleicht an Grillparzer, dessen ausgezeichnetes Lustspiel Weh dem, der lügt, von dem Publikum des Wiener Burgtheaters in rohester Weise verhöhnt wurde, und dessen wehrloses Gemüt durch diese Erfahrung für das ganze Leben eine schmerzende Wunde davontrug; oder an Kleist, dessen Zerbrochener Krug vor dem Weimarer Publikum, freilich nicht ganz ohne Verschulden der von Goethe angeordneten unzweckmäßigen Bühneneinrichtung, einen schmählichen Durchfall erlebte, und für den dieser Mißerfolg gleichfalls eine fast tragische Gemütserschütterung zur Folge hatte. Und in der Tat bedeutet auch

heute noch), besonders für phantasievolle, sinnreiche, innerlich ge=
haltene Kunstwerke, das Hervortreten auf der Bühne einen
Kampf mit einem zum großen Teile spröden und widerwilligen
Boden.

Hier kann auch an das Schicksal der Dramen Paul Heyses
erinnert werden. Ehedem wurde sein Hans Lange ziemlich viel
aufgeführt. Einen durchschlagenden Erfolg dagegen erzielte nur
seine Maria von Magdala; und da waren es weit mehr stoffliche
als künstlerische Ursachen, die dazu führten. Und doch finden
sich unter den überaus zahlreichen Dramen Heyses nicht wenige,
die dem Publikum von der Bühne aus vorgeführt zu werden
verdienten. Freilich fehlt es der dramatischen Art Heyses an der
Kraft des unbedingten Zwingens und wuchtigen Packens sowohl
dem Stoffe wie dem Zuschauer gegenüber. Allein dafür erfreut
uns der Dramatiker Heyse durch das Interessante und Eigenartige
des zugrunde liegenden dichterischen Gedankens, durch die sinn=
reiche und bunte Knüpfung der Handlung, durch die klare, reife,
weise Menschlichkeit. Ich greife etwa Alkibiades, Die Weisheit
Salomons, Der Heilige, Das verschleierte Bild zu Sais, Mutter
und Tochter heraus. Sieht man die Spielpläne unserer Theater
an, so ist es beinahe, als ob es einen Dramatiker Heyse über=
haupt nicht gäbe. Dafür aber führen vielfach Dichterlinge das
große Wort, die mit Paul Heyse in einem Atem zu nennen eine
künstlerische Sünde wäre. Es wird nun einmal von dem Publi=
kum wie von den Bühnenleitern das im Umlauf befindliche
Wort: Heyse sei nur Novellist, weiter gesprochen, ohne daß man
sich die Mühe nähme, ihn als Dramatiker auch nur kennen zu
lernen.

X

Nur berühren, nicht beantworten will ich zum Schluß die
Frage: durch welche Mittel können unsere Bühnen ihrem idealen
Ziele näher gebracht werden?

Sicherlich am wenigsten durch das Strafgesetz. Nur gewisse äußerste Ausschreitungen lassen sich dadurch fernhalten und unterdrücken. Und zu diesem Zwecke sind freilich, besonders angesichts der krampfhaften Anstrengungen unserer Volksvergifter, die Unzucht in ihrer möglichst unverhüllten Gestalt auf die Bühne zu bringen, gesetzliche Androhungen und Verbote nötig. Ja ich finde, daß die Behörden hierin viel zu nachsichtig und nachlässig vorgehen und sich so geradezu zu Mitschuldigen an der Verunreinigung der Volksseele machen.

Viel wichtiger ist die wirtschaftliche Regelung der Theaterverhältnisse. Es würde gelten, von den Stadtgemeinden aus die Theater wirtschaftlich so zu stellen, daß die Möglichkeit gegeben wäre, nicht nur für die Art der Aufführungen, sondern vor allem auch für die Auswahl der Stücke ausschließlich künstlerische Gesichtspunkte maßgebend sein zu lassen. Solange für den Direktor das Theater Geschäft ist, kann von Hebung der Bühnen im Sinne echter Kunst nicht die Rede sein. Eine Voraussetzung freilich muß erfüllt sein, wenn es dazu kommen soll, daß von den Stadtgemeinden aus für die Hebung der Bühnen die nötigen Geldbewilligungen erfolgen sollen. Es müssen die Bevölkerung und die Vertretung der Städte von dem Bewußtsein durchdrungen sein, daß es eine Ehrenpflicht jedes größeren Gemeinwesens sei, eine der hohen Kunst und der Volksveredlung dienende Bühne zu besitzen.

Aber auch diese wirtschaftliche Regelung und Hebung des Bühnenwesens würde nicht viel fruchten, wenn sich das Publikum nicht in seiner ganzen inneren Stellung zum Theater ändert. Das Publikum muß sich durch Selbstbesinnung und Selbsterziehung in seinen Ansprüchen an die Bühne und in der ganzen Stimmung, mit der es in das Theater geht, verfeinern. Nach dieser Richtung wollen auch diese Darlegungen einen kleinen Beitrag liefern. Ich möchte etwas dazu mitwirken, daß es den Theaterbesuchern

25*

mehr, als bisher der Fall ist, zu Bewußtsein käme, daß auch für
sie gegenüber dem Theater künstlerische Aufgaben bestehen, und
daß von der Erfüllung oder Vernachlässigung dieser in hohem
Grade der künstlerische Stand der Bühne mit abhängt. Und im
besonderen wollte ich, wenn ich so sagen darf, auf negative Leit=
fäden für das künstlerische Verhalten hinweisen, indem ich zeigte,
was alles zu ihm nicht gehört und doch so oft mit ihm ver=
wechselt wird. Es ist immer schon etwas gewonnen, wenn die
Zuschauer sich nur überhaupt darauf besinnen, daß es auch der
Bühne gegenüber ein künstlerisches und nichtkünstlerisches, ein
ästhetisches und grobstoffliches, ein vornehmes und gemeines Auf=
nehmen und Fühlen gibt, und daß es darauf ankomme, die
widerästhetischen Maßstäbe und Ansprüche zu beseitigen oder doch
so sehr wie möglich herabzudrücken. Wenn das Publikum von
seinem Theater edle und hohe Kunst erwarten und fordern wird,
dann wird ihm auch viel eher eine solche geboten werden. Vor=
aussetzung freilich ist dabei, daß die geistig hochstehenden Kreise
sich am Theaterbesuch auch wirklich beteiligen. Sobald diese in
falscher Vornehmheit das Theater abseits liegen lassen, erwecken
sie mindestens den Anschein, als ob sie überhaupt nicht darauf
rechneten, mit ihren Ansprüchen berücksichtigt zu werden.

　　　Zweifellos ist ein durchweg auf rein künstlerischem Boden
stehendes Publikum ein Ideal, an das es nur eine Annäherung
von ferne gibt. Schon der Umstand, daß die Theater Tag für
Tag ihre Aufführungen anbieten, bedeutet ein gewaltiges
Hindernis. Dieses tägliche Spielen gibt dem Theater das Gepräge
des Gewöhnlichen, und so kann denn auch von ihm keine sonder=
liche Aufforderung zu Sammlung, zu gehobener Stimmung aus=
gehen. Das tägliche Spielen macht den Eindruck, als ob das
Theater eine gewöhnliche Vergnügungsstätte wäre, die für jeder=
mann am Wege liegt und sich jedermann anbietet. Betrachtungen
dieser Art waren es, die sich Richard Wagner aufdrängten und

ihn zu der Forderung brachten, daß es neben den alltäglich
spielenden Theatern auch besondere Stätten geben solle, wo,
völlig unabhängig „von den Bedürfnissen und Nötigungen des
alltäglichen Theaterverkehres", festliche, in jeder Hinsicht außer-
ordentliche, sich schon durch ihre Seltenheit abhebende Vorführungen
„wahrhaft deutscher Dichterwerke" stattzufinden hätten. Der Zuschauer würde, so sagt er gegen das Ende seiner Schrift „Deutsche
Kunst und Deutsche Politik", in einen solchen besonderen Kunst-
bau nicht mit dem Bedürfnis der Zerstreuung nach der Tages-
anspannung eintreten, sondern mit dem Bedürfnis nach Sammlung und in der Hoffnung, hier um höchster Zwecke willen die
Mühe des Lebens in einem edelsten Sinne zu vergessen. Sicherlich hat Wagner darin vollkommen recht, daß ein besonderes
Festspielhaus, wie für die Art der künstlerischen Darbietungen, so
insbesondere auch für die künstlerische Haltung des Publikums
ungleich günstigere Bedingungen darbietet, als die alltäglich
spielenden Theater. Soll die künftige Entwicklung unseres Bühnenwesens einen Aufstieg zur Kunst bedeuten, so wird es in immer
größerer Anzahl zur Errichtung festlicher Schauspielhäuser kommen
müssen.

CPSIA information can be obtained
at www.ICGtesting.com
Printed in the USA
LVHW100023181022
730905LV00003B/221